Alexandra Ommert

Ladyfest-Aktivismus

Queer Studies | Band 14

Alexandra Ommert (M.A.), Gesellschaftswissenschaftlerin, lebt, forscht und arbeitet in Frankfurt am Main. Ihre Forschungsinteressen liegen im Bereich der queer-feministischen Theorie und Praxis sowie der Sexualwissenschaften.

Alexandra Ommert

Ladyfest-Aktivismus

Queer-feministische Kämpfe um Freiräume und Kategorien

[transcript]

Zugl.: Berlin, Technische Universität, Diss., 2016 u. d. T. »queer-feministische Freiräume – Ladyfest-Aktivismus zwischen Ein- und Ausschlüssen«.

Bibliografische Information der Deutschen Nationalbibliothek
Die Deutsche Nationalbibliothek verzeichnet diese Publikation in der Deutschen Nationalbibliografie; detaillierte bibliografische Daten sind im Internet über http://dnb.d-nb.de abrufbar.

© 2016 transcript Verlag, Bielefeld

Die Verwertung der Texte und Bilder ist ohne Zustimmung des Verlages urheberrechtswidrig und strafbar. Das gilt auch für Vervielfältigungen, Übersetzungen, Mikroverfilmungen und für die Verarbeitung mit elektronischen Systemen.

Umschlaggestaltung: Kordula Röckenhaus, Bielefeld
Lektorat: Claire Horst
Printed in Germany
Print-ISBN 978-3-8376-3650-5
PDF-ISBN 978-3-8394-3650-9

Gedruckt auf alterungsbeständigem Papier mit chlorfrei gebleichtem Zellstoff.
Besuchen Sie uns im Internet: *http://www.transcript-verlag.de*
Bitte fordern Sie unser Gesamtverzeichnis und andere Broschüren an unter: *info@transcript-verlag.de*

Inhalt

Dank

Dieses Buch ist die geringfügig überarbeitete Fassung meiner Dissertation, die im August 2015 an der Fakultät I Geistes- und Bildungswissenschaften an der TU Berlin eingereicht wurde. Sie ist in verschiedenen Arbeitskontexten entstanden und hat mein Leben eine lange Zeit begleitet. Viele Menschen haben mich in dieser Zeit auf die unterschiedlichste Art und Weise unterstützt und ermutigt. Nicht allen kann hier gedankt werden. Ich versuche es dennoch.

Meinen Gutachterinnen Prof. Dr. Sabine Hark und Apl. Prof. Dr. Ulla Wischermann danke ich für die wertschätzende Betreuung und die zahlreichen Anmerkungen und Kritiken, die mich im guten Sinne immer wieder herausgefordert haben. Sabine Hark hat diese Arbeit von Beginn an begleitet und mich angespornt, über den Tellerrand der akademischen Disziplinen hinaus zu denken. Ulla Wischermann war eine kritische Ratgeberin, die immer für mich ansprechbar war. Herzlichen Dank dafür! Ebenso gilt mein herzlicher Dank Prof. Dr. Katharina Liebsch für ihre Unterstützung zu Beginn der Arbeit. Ein dreijähriges DFG-Stipendium im Rahmen des Graduiertenkollegs „Öffentlichkeiten und Geschlechterverhältnisse. Dimensionen von Erfahrung“ am Cornelia Goethe Centrum (CGC) an der Goethe-Universität Frankfurt am Main hat mir ermöglicht, in der Erhebungs- und Auswertungsphase frei von finanziellen Sorgen meinem Forschungsinteresse nachzugehen.

In verschiedenen Arbeitskontexten durfte ich Kapitelentwürfe dieser Arbeit diskutieren. Dort habe ich nicht nur wertvollen Rat und kluge Anmerkungen erhalten, sondern auch Ermutigung und Unterstützung zu den persönlichen Herausforderungen erfahren, die eine solche Arbeit mit sich bringen. Ich danke dafür allen Teilnehmenden des Kolloquiums von Katharina Liebsch, der Doc AG Interpretative Sozialforschung am Fachbereich Gesellschaftswissenschaften der Universität Frankfurt am Main, den Stipendiat_innen des Graduiertenkollegs „Öffentlichkeiten und Geschlechterverhältnisse. Dimensionen von Erfahrung“ und dem Kolloquium am Zentrum für interdisziplinäre Geschlechterforschung am (ZIFG) der Technischen Universität Berlin. Letztere haben mich herzlich aufgenommen, auch wenn ich nicht immer vor Ort sein konnte. Insbesondere danke ich für die ertragreichen Diskussionen in diesem Kontext Hannah Fitsch, Sabine Flick, Inka Greusing, Antje Harms, Mike Laufenberg, Skadi Loist, Tino Plümecke, Christina Rahn, Malaika Rödel, Sebastian Scheele, Uta Schirmer, Claudia Sontowski, Elisabeth Wagner und Mica Wirtz.

Elisabeth Wagner und Christina Rahn haben diese Arbeit so lange und intensiv begleitet wie keine anderen. Ohne sie wäre die Auseinandersetzung mit dem empirischen Material kaum denkbar gewesen. Ich danke Ihnen dafür, dass auch die zähen Phasen der empirischen Auswertung durch die gemeinsame Arbeit und die Abende angenehm und genauso ertragreich wurden.

Ohne Hannah Fitsch würde ich immer noch am Fazit schreiben. Ich danke ihr für die Noteinsätze und ihre Hilfe dabei, dass diese Arbeit meine eigene bleiben konnte. Ich danke Diego Badian, Alexander Brunke, Christian Schmidt, Ursula Schmidt und Stefan Weigand für ihre aufmerksame Lektüre und hilfreichen Kommentare zu verschiedenen Fassungen einzelner Kapitel, Sabine Flick und Daniel Loick für pragmatische Hinweise (and for being SAD), Susanne Heyn für die Disziplinierung der Mittagspause, dem Team der pro familia Bundesgeschäftsstelle für ihr Verständnis und Mitfiebern, Dietmar Flucke, John Kannankulam und Martin Hünemann für den Alltag, Evi Sösemann für die kritische Begleitung des Arbeitspensums, Claudia Willms, Emel Schattner und Hannah Fitsch dafür, dass ich meine Interviewtechnik an ihnen ausprobieren durfte, Gerald Flinner für die Übernahme der Anwaltschaft dieser Arbeit, Annika Grewing und Maria Skejic für ihre Freundschaft, Diego Badian für seine Geduld, seine sprachliche Finesse und die Hinweise auf die wirklich wichtigen Dinge des Lebens.

Ich danke meiner Familie, insbesondere meinen Eltern, Helmut und Elli Ommert, die mich trotz der vielen Fragezeichen immer vorbehaltlos mit all ihren Mitteln unterstützt und damit dieses Buch ermöglicht haben. Meiner Großmutter Gertrud Ommert danke ich für ihre großzügige Unterstützung und Anerkennung in vielerlei Hinsicht.

Diese Arbeit wäre nicht ohne die Menschen möglich gewesen, die ihre Gedanken und Perspektiven auf die Welt in den Interviews mit mir zu teilen bereit waren. Ich danke allen meinen Interviewpartner_innen, die hier anonym bleiben müssen, und allen Ladyfest-Aktivist_innen, die ich kennenlernen und an deren Aktivismus ich teilhaben durfte.

1. Einleitung

1.1 Problemaufriss: Ladyfeste als inklusiver Aktivismus

„Mein erstes Ladyfest habe ich im Dezember 2005 in Nürnberg besucht. Im Sommer zuvor hatte ich mich einer Gruppe angeschlossen, die ein Ladyfest in Frankfurt am Main plante, und der gemeinsame Besuch in Nürnberg sollte Inspiration und Erfahrungsaustausch bringen. Die angekündigten Auftritte namhafter Bands, DJ_anes und Performances taten ihr Übriges, um uns trotz heftigen Schneefalls auf die Autobahn zu locken. Viele Eindrücke und Erlebnisse dieses ersten Ladyfests stellten sich im Nachhinein als typisch heraus, wie bspw. die Selbstverständlichkeit, dass uns – obwohl wir doch ziemlich spontan losgefahren waren und niemanden kannten – ein Schlafplatz in einer WG organisiert wurde. Es fanden jedoch so viele Konzerte und Veranstaltungen gleichzeitig statt, dass von Freitag bis Sonntag an Schlafen kaum zu denken war. Wir konnten uns kaum entscheiden, ob wir nun *Chicks on Speed* oder *Kevin Blechdom, Boyskout* oder *Riots not Diets* sehen wollten. Auch die Workshop-Auswahl war riesig. Nach dem gemeinsamen veganen Frühstücksbuffet gab's für uns morgens Punkrock-Aerobic[1] und Diskussionen um Polyamory[2], nachmittags Filme über Intersexualität und den Alltag von trans*-Personen. Zwischendurch konnten wir uns die Ausstellungen ansehen, zum Beispiel *Rag Dolls – Beauty and Blackness*, eine Puppen- und Toninstallation, die die Verwobenheit von Geschlecht und Schwarzsein, aber auch Schönheitsidealen und Rassismus thematisiert. Wir konnten Stunden in der internationalen riot-grrrl-zine[3]-Ausstellung schmökern

---

1 Ein Workshop inspiriert unter anderem von Jasper/Mancini (2004).

2 ‚Polyamory' steht als „Sammelbegriff für vielfältige nicht-monogame Beziehungsentwürfe" (König 2008: 274). Für den englischsprachigen Kontext siehe Ravenscroft (2004) und Easton/Liszt (1997).

3 Der Begriff Zine bzw. Fanzine bezeichnet selbst hergestellte und distribuierte Medien, meist Hefte, mittlerweile aber auch Internetseiten und Blogs, siehe hierzu Schmidt/

oder am Buttonstand selbst entscheiden, welches Motto wir uns an Revers heften wollten. Abends gab es wieder Lesungen, Konzerte, Performances, wie bspw. die der *Sissy Boys,* eine queere Boyband-Show. Zwischendrin und immer wieder haben wir Leute kennengelernt, fragten vor allem die Nürnberger_innen aus: Wie kann man Geld besorgen? Was waren Streitpunkte und Schwierigkeiten in der Gruppe? Zur Eröffnung hatte eine Diskussionsveranstaltung über Sinn und Zweck, aber auch die Notwendigkeit von Frauennetzwerken stattgefunden. „Frauennetzwerke", so steht es im Programmheft: Denn obwohl das Ladyfest als „von Ladies für alle" angekündigt und von einer „postfeministische[n] Sehnsucht nach einer Auflösung der Zweigeschlechtlichkeit und Zwangsheterosexualität" (Ladyfest Nürnberg 2005) die Rede war, war für die Organisator_innen doch klar, gegen welche Privilegien und Hierarchien sie sich richteten: das „straight white male hetero network" (ebd.), dem ‚Frauennetzwerke' entgegengestellt wurden. Aber schließen sich der Bezug auf Frausein und gleichzeitige Kritik an Zweigeschlechtlichkeit nicht aus? Diese Frage hatten wir schon im Auto diskutiert, nicht nur in Bezug auf die Ankündigung des Ladyfests Nürnberg, sondern auch im Hinblick auf den Umgang mit unserem eigenen, zukünftigen Fest. Wen wollten wir warum explizit einladen? Wer bestreitet das Fest, steht auf der Bühne, wird repräsentiert? Wie kommunizieren wir unsere Ausschlüsse?"

(Aus meinem Forschungstagebuch)

Wie jedes Forschungsprojekt hat auch dieses eine Entstehungs- und Entwicklungsgeschichte, die nicht allein auf die Rezeption wissenschaftlicher Texte zu reduzieren ist. Die Idee dazu entwickelte sich parallel zu meinen Erfahrungen auf verschiedenen Ladyfesten und während der Mitarbeit in einer Ladyfest-Gruppe in Frankfurt am Main. Fragen wie die nach Ein- und Ausschluss, der Spagat zwischen ‚postfeministischer Sehnsucht', wie es im Programm des Ladyfests Nürnberg genannt wird, und der Kritik an patriarchalen, heteronormativen Strukturen, die Menschen auf eine eindeutige geschlechtliche Identität verweisen, prägen meine Begegnungen mit dem Ladyfest-Aktivismus. Diese und andere Erfahrungen auf Ladyfesten und während der Mitarbeit in der Ladyfest-Gruppe standen in einem beträchtlichen Kontrast zu den akademischen Debatten, die ich zur gleichen Zeit an der Universität erlebte. Hier bescheinigte bspw. Barbara Holland-Cunz der aktuellen feministischen Bewegung den „weitgehenden Verlust der inneren Leidenschaft und den Verlust der Attraktivität nach außen" (Holland-Cunz 2003: 173).[4] Zwar bezog sie sich damit auf die Neue

Scholl (2004). Zines sind Medium und zentraler Bestandteil der riot-grrrl-Bewegung, worauf im entsprechenden Kapitel genauer eingegangen wird. Speziell zu Zines der riot-grrrl-Bewegung siehe bspw. Zobl (2004ab).

4 Vgl. zur Generationenfrage in der Frauenbewegung Christine Thon (2008: 51ff.).

Frauenbewegung und somit auf eine andere Generation von Aktivist_innen[5], dennoch schien diese Einschätzung auch ein Ausdruck der Unsichtbarkeit von aktuellem queer-feministischem Aktivismus im akademischen Diskurs zu sein. Wenn queer-feministische Bewegungen darin auftauchten, so wurde ihnen aufgrund ihrer Ablehnung identitätspolitischer Orientierungen politische Handlungsfähigkeit per se abgesprochen.[6] Isabell Lorey fasst die vorherrschenden Befürchtungen prägnant zusammen:

> „Manche Feministinnen befürchten, daß dekonstruierende Kritiken an essentialistischen Denkweisen bei ‚Frau/en' einen Schritt zu weit gehen. Denn wird die Kategorie ‚Frau/en' als der zentrale Bezugspunkt von feministischer Theorie und Politik in Frage gestellt, wie soll ein Bezug auf konkrete Frauen, in deren Namen Politik gemacht werden soll, noch möglich sein?" (Lorey 1998: 93)

Es waren diese feministischen Befürchtungen und die Konstatierung einer Abwesenheit von lebendigem Aktivismus, die mich zum Widerspruch anregten: Verunsicherte tatsächlich eine Kritik an der Kategorie Frau die (queer-) feministische Praxis oder thematisierte diese Kritik nicht gerade ein Problem, das die queer-feministischen Entwicklungen seit Jahrzehnten begleitet, nämlich die Frage, aus welcher Position heraus feministisches Sprechen möglich ist? Ist es nur in Bezug auf Frauen – oder Frauennetzwerke wie das Ladyfest Nürnberg formuliert – möglich? Und wie kann der Bezug auf die Identität ‚Frau' mit einer ‚postfeministischen Sehnsucht' vereinbart werden?

Der ‚Stachel' meiner Untersuchung ist demnach die Diskrepanz zwischen akademischen Debatten und deren Einschätzung der aktuellen Verfassung feministischer Bewegungen und dem Erleben queer-feministischer Zusammenhänge

---

5 Ich verwende die mittlerweile in politischen Kontexten weit verbreitete Schreibweise „_i" (im Gegensatz zum großen Binnen-I), wenn die Bezeichnung verschiedene geschlechtliche Positionierungen einschließen soll. Diese Schreibweise verweist zumindest symbolisch auf mehr als zwei Geschlechter (vgl. Herrmann 2007). Diese statische traditionelle Variante des Unterstrichs habe ich gewählt, obwohl mittlerweile die Kritik daran formuliert wurde, sie fordere eine ‚Zweigenderung' nicht heraus, sondern reproduziere sie (vgl. Hornscheidt 2012: 312). Sprachlich auf die Verhaftungen im zweigeschlechtlichen Kategoriensystem hinzuweisen, erscheint mir jedoch auch inhaltlich sinnvoll, da sich genau an diesem Spannungsverhältnis viele Fragen in meinem Feld auftun.

6 Eine Ausnahme in dieser akademischen Debatte war bspw. die Untersuchung lesbischer Politiken von Sabine Hark (1996).

als einer lebendigen politischen Praxis. In dieser Praxis geht es nicht nur um die Kritik an Geschlechterverhältnissen und Heteronormativität, sowie um die Herstellung von Räumen, um queer-feministische Musik, Kultur und Formen des solidarischen Miteinanders. Vielmehr versucht sie mit den in akademischen Debatten diskutierten Widersprüchen umzugehen. Hier stellt sich ‚praktisch' die Frage, wie politische Handlungsfähigkeit aussehen kann, ohne auf identitätspolitische Kategorien zu rekurrieren. Dieser Aktivismus stellte sich mir voller Leben, Lust am Widerstand, Widerspruch und geprägt von einer Dringlichkeit dar, was mir die akademische Einschätzung vom Ende der Frauenbewegung völlig unverständlich erscheinen ließ.[7]

Am Beginn der Forschung stand daher die Frage nach der Vermittlung von Theorie und Praxis. Ich wollte verstehen, wie Ladyfeste queere und feministische Theorien aufnehmen und praktisch umsetzen. Mein Anliegen war es, der Praxis einen Raum im akademischen Diskurs zu geben und sie in ihren Besonderheiten darzustellen, in der Hoffnung, die Praxis würde dann für sich selbst sprechen. Wie sich herausstellte, lag dieser Frage jedoch ein problematisches Theorie-Praxis-Verständnis zu Grunde. Isabell Lorey zufolge gründet die Annahme, dass der Verlust der Kategorie Frau ebenso einen Verlust von Handlungsfähigkeit bedeute, auf einer problematischen Vorstellung des Verhältnisses von Theorie, Praxis und Politik. Der Schlüssel zum Verständnis der Handlungsfähigkeit, so argumentiert Lorey, liege darin, wie das Verhältnis von Theorie und Praxis bestimmt wird:

> „In diesem Sinne geht es nicht um die Frage, ob ein Bezug auf Frauen mit einer dekonstruierten Identitätspolitik noch möglich ist. Das hieße, das Verhältnis von Theorie und Praxis weiterhin als Repräsentationsverhältnis zu betrachten: Die konkreten Frauen existieren, bevor in theoretischen oder politischen Überlegungen Bezug genommen wird, bevor sie repräsentiert werden. Mit einer solchen Perspektive bleiben die produktiven Momente eines Sprechens-über und die komplexen Konstitutionspraktiken, durch die Frauen zu Frauen werden, unberücksichtigt." (Lorey 1998: 97)

Lorey setzt Theorie, Praxis und Politik nicht gleich, vielmehr problematisiert sie lediglich scheinbar eindeutige Grenzziehungen. Sie versteht Theorie als „diskursive Praxis" (ebd.: 95), allerdings sei nicht jede Praxis als Politik zu verstehen. Nur diejenigen Praktiken sollten als politische bezeichnet werden, „die immer

7 Eine ähnliche Forschungsfrage stellt auch Melanie Groß (2008) in ihrer Arbeit *Geschlecht und Widerstand*, folgt in der Bearbeitung jedoch anderen Schwerpunkten. Siehe dazu ausführlich Kapitel 2.

wieder auf die historische und materialisierende Dimension von Bezeichnungen und Bedeutungen aufmerksam machen, darauf daß Bezeichnungen umkämpft sind und potentiell verändert werden können" (ebd.: 95). Theorien sind in diesem Sinne als gesellschaftliche Praktiken zu verstehen, die Wirklichkeit mit hervorbringen. Daher sind Denkweisen und Praktiken nicht nur als relational zu betrachten, sondern Denkweisen sollten selbst als eine spezifische Art von Praktiken verstanden werden, die mit konkretem Handeln und politischen Konsequenzen verwoben sind.

Vor dem Hintergrund von Loreys Ausführungen können die Verhandlungen im Ladyfest-Aktivismus als Konstruktionsprozesse gedeutet werden, durch die das queer-feministische Referenzsubjekt erst hervorgebracht wird – und zwar als ein Subjekt mit einem inklusiven Anspruch, der stets scheitert (insbesondere, wie zu zeigen sein wird, an der implizit weißen Norm). Die hier herausgearbeiteten Erkenntnisse über die politische Praxis des Ladyfest-Aktivismus sind daher als Ausdruck eines Prozesses zu verstehen, in dem Denkweisen und Praktiken ineinandergreifen, sich gegenseitig bedingen und mit hervorbringen. Dabei ist eine Besonderheit des Feldes (die auch auf den queer-feministischen Aktivismus in anderen Bereichen zutrifft), dass die Aktivist_innen selbst theoretische Debatten rezipieren, ihren Aktivismus dazu ins Verhältnis setzen und reflektieren. Aus diesem Grund tritt in diesem Feld die Verwobenheit von Denkweisen und Praktiken umso deutlicher hervor.

Das Theorie-Praxis-Verhältnis rückte somit im Laufe der Forschung in den Hintergrund. Die Feststellung, dass Aktivismen aktuelle, theoretische Debatten aufnehmen, schien bald zu banal. Die konsequente und am empirischen Material orientierte Auseinandersetzung mit der Frage, in welcher Form soziale Bewegungen akademische Debatten aufnehmen, rückte einen anderen Fragekomplex in mein Blickfeld. Es zeigte sich nämlich, dass der Dreh- und Angelpunkt der Verhandlungen im Ladyfest-Aktivismus die Suche nach einem gemeinsamen ‚Wir' zu sein schien. Und dieses ‚Wir' sollte möglichst keine Ausschlüsse bilden. Fragen nach Zugehörigkeiten und Grenzziehungen, nach Bündnissen und Abgrenzungen zeigten sich als zentrale Themen, die vielmehr als eine Konkretisierung und Operationalisierung des Theorie-Praxis-Verhältnisses verstanden werden müssen.

Insofern interessierte mich in meiner Untersuchung weniger, wie die Aktivist_innen akademische Diskurse verarbeiten und in eine Praxis umsetzen, sondern wie sie ein bestimmtes Kernthema des queer-feministischen Aktivismus verhandeln und damit auch Möglichkeiten politischer Handlungsfähigkeiten ausloten. Ich suchte folglich nach Ein- und Ausschlusspraktiken sowie nach Grenzziehungspraktiken, und dies in einem Feld, in dem eindeutige Grenzen und

Grenzziehungen als problematisch empfunden werden. Im Verlauf der Forschung zeigte sich immer deutlicher, dass genau dieses ‚Dilemma' eine Produktivität entwickelt und eine Perspektive auf eine Politikform eröffnet, die ich als transkategoriale Bündnispolitik bezeichne.

In dieser Studie frage ich daher insbesondere nach dem Umgang mit Pluralität in queer-feministischen Bewegungen. Was hält die Aktivist_innen zusammen? Was ist das Gemeinsame, der geteilte Rahmen queer-feministischer Politik? Wie wird der Wunsch nach einem ‚Wir' trotz der Skepsis gegenüber Identitätskonzepten diskutiert und umgesetzt? Und warum werden Ein- und Ausschlüsse überhaupt problematisiert? Was wird durch Identitätspolitik verunmöglicht? Und was ermöglicht? In meiner Untersuchung erkunde ich die verschiedenen Dimensionen der Verhandlungen von Ein- und Ausschlüssen: die Dimension der Bezeichnung bzw. Kategorie, auf deren Grundlagen politisch gehandelt wird, die Dimension des Raumes und die Dimension der gesellschaftlichen Strukturen von Ungleichheit.

Um diese Überlegungen und Fragen zu konkretisieren, gebe ich vorerst einen ersten Einblick in mein Forschungsfeld: Im Ladyfest-Aktivismus herrscht die Überzeugung vor, dass es mehr als zwei Geschlechter gebe, die auch im queerfeministischen Aktivismus repräsentiert, also sichtbar gemacht und vertreten werden müssten. Aus dieser Perspektive ist die Kategorie Frau ungenügend, weil sie nicht nur in einem System von eindeutiger Zweigeschlechtlichkeit verhaftet ist, sondern ihr auch normative Annahmen zu Grunde liegen, wie eine ‚Frau' ‚ist' – nämlich heterosexuell, weiß, gesund, etc. Lesben, Menschen mit Behinderung oder auch Schwarze Frauen würden in dieser Kategorie nicht sichtbar, so lautet die Kritik, weil in ihr gesellschaftliche Normen wirksam würden, die ausschließend für jene wirkten, die diesen nicht oder nur teilweise entsprechen. Eine Politik, die sich auf die Annahme einer Identität der ‚Frau' stützt, laufe Gefahr, diese Annahme als gemeinsame Grundlage zu bestätigen und zu reproduzieren und sie somit zur Grundlage der politischen Analysen und Forderungen zu machen. Identitätspolitiken verunmöglichten es demzufolge, unterschiedliche Positioniertheiten und Vielfalt angemessen zu denken. Sie ließen es nicht zu, eine Welt utopisch zu denken, die jenseits identitärer Zuschreibungen liegt.

Der Ladyfest-Aktivismus zeichnet sich gerade durch einen starken inklusiven Anspruch aus, der darauf zielt, in der Verwendung der Bezeichnungen Ausschlüsse und Grenzziehungen zu vermeiden, sodass alle queer-feministischen Aktivist_innen sich selbst und ihre Themen darin wiederfinden können. Gleichzeitig wird um die Formulierung von Gemeinsamkeiten gerungen, um auch strukturelle Ungleichheiten thematisieren zu können. Aus diesem Grund wird im Ladyfest-Aktivismus – um einem Ergebnis vorzugreifen – ein hoher Aufwand betrieben, um Selbstbezeichnungen wie ‚Lady' und Weiterentwicklungen davon wie ‚_' (‚Unterstrich') zu reflektieren (vgl. insbesondere Kapitel 10). Bereits das erste Ladyfest beschäftigte sich mit Ein- und Ausschlüssen in den Begriff Lady, mit Zugehörigkeit und Zugang zum Ladyfest. Unter der Rubrik *Frequently Asked Questions* wird die Frage aufgenommen, was die Bezeichnung Lady bedeutet und für wen das Ladyfest offen, wer – und hier sind explizit geschlechtliche Identitätszuschreibungen angesprochen – willkommen ist.

„What does ‚lady' mean? Are transgendered ladies welcome?
Yes! Events listed as ‚ladies only' are open to all women, including women who identify as men, and ladies who were born gentlemen. This also applies to performing at ladyfest. Transgendered women are welcome to lead workshops, play music, show art, do performance art, etc." (www.ladyfest.org, [rev. 28.7.2015])

Dies zeigt, dass die Verhandlungen von Ein- und Ausschluss als zentrales Thema im Ladyfest-Aktivismus im Sinne von Einladungspolitik bereits hier relevant waren und um Bezeichnungen und Zugehörigkeiten gerungen wurde. Ich werde diese Bezeichnungen dabei als politische Referenzen betrachten, die stets in Bewegung und damit offen für neue Bedeutungen sind. Dieser Prozess kann allerdings auch scheitern, weil in diesen Bewegungen immer wieder Schließungsprozesse stattfinden. Die Verhandlungen von Ein- und Ausschlüssen und die Thematisierung eines inklusiven Anspruches im Ladyfest-Aktivismus lassen aus meiner Sicht eine queer-feministische Utopie sichtbar werden, ein Suchen danach, wie die Welt ohne Angst vor Verschiedenheit sein könnte. Daher sehe ich darin einen Ansatz, um zu einer Politik der transkategorialen Bündnisse zu gelangen (vgl. insbesondere Kapitel 11.4).

1.2 QUEER-FEMINISMEN

Meine zentrale Ausgangsthese ist, dass Ladyfeste Teil eines aktuellen queer-feministischen Aktivismus sind. Ich werde im Folgenden einige zentrale Eckpunkte des Begriffs queer-Feminismen[8] vorstellen und diese in Bezug auf mein Forschungsfeld diskutieren – ohne Anspruch auf Vollständigkeit.

8 Ich habe mich für die Schreibweise queer-Feminismus/queer-feministisch entschieden, weil hier die Eigenheiten der jeweiligen Begriffe erhalten werden. Der Begriff queer wird häufig auch in deutschen Texten klein geschrieben, weil somit auf seine grammatikalische Funktion als Verb oder Adjektiv hingewiesen wird. ‚queer' ver-

Die erste Grundannahme drückt sich bereits im Plural ‚Feminismen‘ aus und meint, dass heute von einer Pluralität[9] feministischer und queer-feministischer Ansätze ausgegangen werden muss.[10] Ich nehme daher eine nicht-homogenisier ende Perspektive auf Feminismen oder queer-Feminismen ein, eine Perspektive, die die vielfältigen (queer-)feministischen Positionen sichtbar macht[11]. Dabei spielt auch eine zentrale Rolle, (queer-) feministische Referenzsubjekte, also jene Personen, für die queer-feministische Politik steht und von denen sie betrieben wird, immer wieder in Frage zu stellen und deren Vielfältigkeit und Differenzen sichtbar zu machen: Es geht nicht darum, ob der Feminismus die Frauen braucht, sondern ob er es aushalten kann, nicht zu wissen, wer sie sind (vgl. Butler 1993b).[12]

Die Pluralität feministischer Ansätze ist in den letzten Jahren in verschiedenen Aufsatzbänden immer wieder aufgegriffen worden. Gudrun-Axeli Knapp weist in ihrem Geleitwort zum Aufsatzband *Feminismen heute* (2014) darauf

---

wende ich im Sinne einer Analyseperspektive, die Binaritäten und Normierungen in Frage stellt. Feminismus als Bezeichnung für feministische Theorie und Praxis bleibt als großgeschriebenes Substantiv erhalten. Der Bindestrich weist auf deren Verhältnis hin und drückt eine Nähe, aber auch gleichzeitig Distanz aus. Andere mögliche Schreibweisen sind ebenfalls im Gebrauch: queer_Feminismus (Bretz/Lantzsch 2013), Queerfeminismus (Kitchen Politics – Queerfeministische Interventionen 2012), queer | Feminismus (Gross/Winker 2007), Queer/Feminismus (Engel 2002).

9 Ich verwende in dieser Arbeit den Begriff Pluralität statt Diversität. Pluralität bedeutet mehrfaches, vielfaches, vielfältiges Vorhandensein; Nebeneinanderbestehen; Mehrheit. Diversität bedeutet Vielfalt, Vielfältigkeit, das Vorhandensein eines breiten Spektrums, Mannigfaltigkeit (nach Wahrig Fremdwörterlexikon, München 1999 und Duden Fremdwörterbuch, Mannheim 2005). Die Unterschiede der Begrifflichkeiten bestehen darin, dass Pluralität nicht meint, dass aus der Vielheit verschiedener Teile eine Einheit entsteht, sondern dass die Vielheit als solche (als bspw. plurale Interessen) sichtbar bleibt. Diversität verweist zunächst auf die bloße Existenz von Mehreren oder Verschiedenen, wobei die im Wortstamm verwandte Diversifikation auf Veränderung und Abwechslung hindeutet.

10 Vgl. bspw. Villa (2007: 165ff.), Knapp (2008) und Walgenbach (2007).

11 Nicht allein um gegen jene antifeministischen Angriffe gewappnet zu sein, die meist von *einem* Feminismus reden, um ihn dann als überholt zu kritisieren (vgl. Hark 2014), sondern auch um die Notwendigkeit dieser unterschiedlichen feministischen Ansätze zu würdigen.

12 Mit Sabine Hark ließe sich fragen, wie kontingent die Fundierungen von Feminismus sein können (vgl. Hark 2014).

hin, dass die vorhandene Pluralität auch im Kontext aktueller anti-feministischer Debatten gelesen werden muss, die stets einen verengten Begriff von ‚einem' Feminismus haben, um diesen dann zu diskreditieren. Genauso aber verweist sie auch auf die innerfeministische Notwendigkeit, diese Pluralität zu reflektieren: Da, wo sich verschiedene feministische Positionen widersprechen, wo sie unvereinbar sind und sich Dominanzverhältnisse zeigen, müssen diese – so Knapp – diskutiert und nicht einfach hingenommen werden. Bei aller Vielfalt sei feministischen Positionen gemeinsam, dass sie Anstoß nehmen „an Diskriminierung, Macht, Herrschaft und Ungleichheit im Verhältnis der Geschlechter sowie an Beschränkungen und Normierungen, die dem Geschlechterbinarismus innewohnen" (Knapp 2014: 13). Ich folge dieser Einschätzung bei meinem Verständnis queer-feministischer Ansätze.[13]

Wenn ich in dieser Studie von queer-Feminismus spreche, zeichnet sich dieser außerdem durch folgende Eckpunkte aus:[14]

1. Ich folge der Annahme von Antke Engel, die konstatiert, dass „Queer Theorie von Anfang an durch feministische Positionen gekennzeichnet" war (Engel 2002: 10). Ich gehe dementsprechend nicht davon aus, dass queere und feministische Ansätze in einem Widerspruch stehen oder dass sie sich durch eine Arbeitsteilung in der Untersuchung von Geschlecht und Sexualität unterscheiden: Im wissenschaftlichen Kontext wird der Unterschied von queeren und feministischen Perspektiven meist anhand der verschiedenen Gegenstände festgemacht, denen sie sich widmen: queere Perspektiven richteten sich eher auf Sexualität, feministische Perspektiven auf Geschlecht bzw. Geschlechterverhältnisse. Diese ‚Erzählung' wird jedoch regelmäßig angeführt, um sie dann als Vereinfachung und ‚akademisches Märchen' zu entlarven. So verweist bspw. Sabine Hark darauf, dass die Geschichte der Unterscheidung queerer und feministischer Theorien als akademische bzw. wissenschaftliche Verteilungskämpfe gelesen werden könne. Dabei werde unsichtbar, wie queere und feministische Ansätze aus politischen Kämpfen heraus entstanden sind und diese sich in der Wahl ihrer Gegenstände nie strikt an angenommene Arbeitsteilungen gehalten haben (vgl. Hark 1998c: 19ff.). Andere Wissenschaftler_innen haben darauf hingewiesen,

---

13 Auch andere Autor_innen verweisen auf die Gemeinsamkeiten von queer-feministischen Ansätzen bezüglich ihrer Kritik an Dominanz, Herrschafts- und Machtverhältnissen, wie bspw. Klapeer (2007), Pewny (2005: 115ff.), die Beiträge in Bergmann et al. (2008), Schuster (2008).

14 Bei dieser Zusammenstellung waren die Überlegungen von Karen Wagels (2014) hilfreich, denen ich hier teilweise folge.

dass weit mehr theoretische Anknüpfungen und Überlappungen vorhanden seien, als Trennendes oder Unterschiede.15 So argumentiert bspw. Christine Klapeer:

> „Aufgrund seines radikalen geschlechtlichen Separatismus werden der Lesbische Feminismus und queer oft fälschlicherweise als gegensätzliche Strömungen bzw. Ansätze dargestellt, doch die konstruktivistische Auffassung von Sexualität, die geschlechtersensiblen Kritiken am männlich dominierten Homosexualitätsbegriff ebenso wie die theoretische und analytische Verbindung von Geschlecht und Heterosexualität trugen maßgeblich zur Herausbildung queerer Ansätze bei." (Klapeer 2007: 26)

Aus diesen Gründen gehe ich von einer gemeinsamen Entwicklungsgeschichte aktueller queerer und feministischer Ansätze aus.

2. Das Hinterfragen von Heteronormativität ist ein zentrales Anliegen von queer-feministischen Ansätzen. Heteronormativität meint eine Analyseperspektive, die die Naturalisierung und Normalisierung von Zweigeschlechtlichkeit und Heterosexualität gleichermaßen in den Blick nimmt.[16] So geht bspw. auch Engel davon aus, „dass zwischen hierarchischer Geschlechterdifferenz und normativer Heterosexualität ein gegenseitiges Konstituierungsverhältnis besteht" (Engel 2002: 10). Somit muss die Analyse unter Berücksichtigung einer gemeinsamen Perspektive vollzogen werden.

3. Zu dieser queer-feministischen Perspektive gehört es, die Kategorie Frau – oder allgemeiner – die politische Referenzkategorie zu hinterfragen und deren Konstruktionsprozess sichtbar zu machen. Unter anderem mit Judith Butlers *Unbehagen der Geschlechter* (1991) wurde die Kritik an der Kategorie ‚Frau' zu einem zentralen Paradigma der aktuellen queer-feministischen Debatte. Diese Kritik stellt vor allem die Universalität der Kategorie in Frage und damit auch die Vorstellung, dass Frau-Sein für eine gemeinsame, politische Basis bereits genüge. Vielfach wurde dagegen argumentiert, dass eine Kritik am Essentialismus und an bestimmten Formen der Bezugnahme auf Identität in der politischen Praxis feministische Politik verunmögliche.[17] Dies ist eine Lesart der Entwick-

15 Vgl. zur ausführlichen Diskussion von Überschneidungen von queeren und feministischen Theorien Richardson et al. (2006), insbesondere Richardson (2006), außerdem Lay (1999).

16 Vgl. hierzu bspw. Wagenknecht (2007), zur Einordnung in feministische Ansätze Wagels (2014: 80).

17 Vgl. bspw. Bezug nehmend darauf Mouffe (2002: 18), skeptische Einschätzungen bezüglich aktueller feministischer Praxen Holland-Cunz (2003: 173) und Parpart (2000: 328ff.) Es ist sogar von einer „feministischen Identitätskrise" (Singer 2003) die Rede.

lung von identitätspolitischen Kritiken. Andere Lesarten weisen darauf hin, dass feministische Positionen stets ihre eigenen Grundlagen hinterfragt und „sich an den Aporien ihrer Kollektivreferenz, eines zugleich unverzichtbaren und unmöglichen ‚Wir', abgearbeitet" haben (Knapp 2014: 14). Die selbstreflexive Auseinandersetzung mit dem feministischen ‚Wir' und einer Kategorienkritik wird damit zum ‚Urthema', das noch heute Debatten im queer-feministischen Aktivismus bestimmt.[18]

4. Daran anschließend bedeutet eine queer-feministische Perspektive einzunehmen auch, die normativen Grundlagen des eigenen Denkens zu hinterfragen und sich somit selbstreflexiv im Sinne einer kritischen Wissenschaft zu verorten. Dies beinhaltet, so Sabine Hark, nicht vollständig in der Institution Wissenschaft aufzugehen, sondern die Wissensproduktion stets mit widerständigen queer-feministischen Praktiken ins Verhältnis zu setzen und zu konfrontieren (Hark 2014: 60). Kritische Wissenschaften zeichnen sich laut Hark vor allem durch ihre „reflexive Praxis" aus, denn „eine wissenschaftliche Praxis, die es unterlasse, sich selbst in Frage zu stellen, wisse im eigentlichen Sinne nicht, was sie tue" (Hark 1998c: 22). Hark hebt die Notwendigkeit einer wissenschaftlichen reflexiven Praxis hervor: Notwendig sei es, das Verhältnis von Forscher_in und Gegenstand sowie die „Kontingenz der eigenen Prämissen und Konstruktionen zu reflektieren" (ebd.). Dies ist in zweierlei Hinsicht für diese Studie relevant. Zum einen gilt es teilweise, (wenn nötig) akademische Konventionen über Bord zu werfen, die ‚Objektivität' als Forscher_in kritisch zu reflektieren und die eigenen Grundannahmen stets zur Disposition zu stellen. Zum anderen findet sich diese

---

Vgl. zur Kritik an Butler in diesem Zusammenhang Nussbaum (1999), Benhabib et al. (1993) und Benhabib (1995), zusammenfassend Niekant (1999). Zur Diskussion mit Blick auf die US-amerikanische Debatte auch Hark (1996: 53f.). Als Thema zwischen queeren und feministischen Theorien benennt Tom boi gängige Vorurteile: „Zum etablierten Bestand gegenseitiger Beschuldigungsformeln gehören einerseits der Vorwurf, dass die Ablehnung von Identitätskategorien zu Lasten der politischen Handlungsfähigkeit gehe, andererseits derjenige, dass das Beharren auf einer core-identity in essentialisierenden Denk- und Handlungsmustern verhaftet bleibe" (boi 2008: 32).

18 Wie stark ‚anti-identitär' eine queer-feministische Perspektive geprägt ist, kann je nach Kontext unterschiedlich bewertet werden. So argumentiert Tiina Rosenberg bspw., dass im US-amerikanischen Kontext der Begriff queer als „anti-identity project" gelesen werden müsse, während er in Schweden gerade für eine Reformulierung von Identitätspolitiken (im Kontext von LGBTQI-Gruppen) gebraucht worden sei (Rosenberg 2008: 15f.).

Haltung, die Grundlagen des eigenen Tuns in Frage zu stellen, auch in meinem Feld und spiegelt insofern kritische Wissenspraxen wider.

Zusammenfassend lässt sich sagen, dass ich von einer Pluralität von Ansätzen in queer-Feminismen ausgehe. Die Verortung des politischen Aktivismus in diesem Feld stellt sich als komplex dar, da die Bezüge, Abgrenzungen und Kämpfe an unterschiedlichsten Fronten verlaufen. Insofern ist das Interesse dieser Studie auf die aktuelle Verfasstheit queer-feministischer Politiken und Aktivismen gerichtet und insbesondere darauf, welche Fragen darin als besonders virulent diskutiert werden. Der Ladyfest-Aktivismus muss in einer bestimmten Phase von queer-feministischer Theorieproduktion, in einer spezifischen Bewegungs- bzw. Aktivismusphase und im Kontext von bestimmten Erfahrungen und Erzählungen von queer-feministischen Aktivismen verortet werden (vgl. zur Politik der Erzählungen Hark 2006). Ich möchte dieses Feld untersuchen, indem ich es als einen sich kontinuierlich weiterentwickelnden Aktivismus verstehe. Viele der Fragen bezüglich Identitätspolitiken, Ein- und Ausschlüssen sind in queer-feministischen Diskursen nicht neu. Es geht also nicht darum, Ladyfeste als ein Feld vorzustellen, in dem neue Fragen auf neue Weise verhandelt werden, sondern als ein Feld, das in einer Kontinuität und Tradition von bestimmten Debatten steht. Diese Kontinuitäten aufzuzeigen wird eine Aufgabe dieser Studie sein.

1.3 ZUM VORGEHEN

Der Aufbau des Textes folgt in seiner Grundstruktur der Idee, sich von ‚außen' immer näher an die Innen-Perspektive des Ladyfest-Aktivismus heranzuarbeiten. Ich beginne mit einer Präsentation des Forschungsstandes, einer Begriffsklärung des (kulturell-politischen) Aktivismus sowie mit der Ausarbeitung meiner theoretischen und methodologischen Perspektive (Kapitel 2 bis 5). Diese Kapitel dienen dazu, die theoretischen Grundlagen der Fragestellung zu entfalten, Begriffsarbeit für die empirische Analyse zu leisten und mein forschungspraktisches Vorgehen zu begründen.

Der erste Annäherungsschritt an den Ladyfest-Aktivismus erfolgt anhand der Diskussion seiner Entstehungskontexte riot-grrrl-Bewegung und Punk-Rock-Feminism (Kapitel 6). Hier werden bereits Themen sichtbar, die auch in der empirischen Analyse eine Rolle spielen werden, wie bspw. performative Strategien der Begriffsaneignung und Diskussionen über strukturelle Ausschlüsse innerhalb des Aktivismus. Als Scharnier zwischen Feldbeschreibung und empirischer Analyse dient Kapitel 7 dazu, anhand von Interviewpassagen die konkreten Praktiken herauszuarbeiten, die Ladyfest-Aktivist_innen in Bezug auf ihre informelle Selbstorganisierung entwickeln, und den gesellschaftskritischen Kontext aufzuzeigen, in dem der Ladyfest-Aktivismus verortet werden muss.

Anschließend stelle ich die Ergebnisse der Analyse des Materials dar. Ich habe danach gefragt, anhand welcher Themen die Aktivist_innen Ein- und Ausschlüsse verhandeln, das heißt, wie sie ihre eigene Praxis im Hinblick auf ein- und ausschließende Praktiken und Diskurse reflektieren. Kapitel 8 widmet sich der Innenperspektive der Ladyfest-Aktivist_innen, indem die Ansprüche, Strategien und Positionsbestimmungen der Ladyfest-Gruppen anhand ihrer Selbstverständnistexte analysiert werden. Hier werden bereits die drei relevanten Dimensionen der Verhandlungen von Ein- und Ausschlüssen skizziert, die in den nachfolgenden Auswertungskapiteln der Interviews weiter vertieft werden. Erstens zeigt sich in den Selbstverständnistexten die Dimension der Raumpraktiken, die anschließend in Kapitel 9 im Hinblick auf die Vorstellungen von Freiräumen diskutiert wird. Zweitens zeigt sich die Dimension der Bezeichnungspraktiken, die dann in Kapitel 10 anhand des Begriffs Lady und dessen Weiterentwicklung analysiert wird. Und drittens zeigt sich die Dimension der gesellschaftlichen Ungleichheit, die in Kapitel 7 im Hinblick auf die informelle Selbstorganisierung aufgegriffen wurde.

In der Interviewauswertung habe ich Orientierungen herausgearbeitet, die Auskunft über das zu Grunde liegende Wissen und den Bezugsrahmen der Aktivist_innen geben. Diese werden mit den ausgeführten theoretischen Ansätzen konfrontiert und diskutiert. Das Ergebnis gibt somit detailliert Auskunft über die aktuellen Debatten zu queer-feministischen Politiken. Insofern ist diese Studie zuallererst ein Beitrag zum Verständnis gegenwärtiger queer-feministischer Aktivismen und dessen, was diese bewegt. Sie sichert somit Bewegungswissen.

2. Forschungsstand Ladyfest-Aktivismus

Der aktuelle Stand der Forschung zu Ladyfest-Aktivismus wird hier im Hinblick auf die Schwerpunkte der Forschungsarbeiten systematisiert dargestellt. Bisher sind über Ladyfeste Zeitschriftenartikel, Aufsätze und wissenschaftliche Arbeiten erschienen, insbesondere auch Diplomarbeiten aus verschiedenen Fachdisziplinen.[1] Alle Veröffentlichungen und Untersuchungen verorten Ladyfeste in der Tradition der riot-grrrl-Bewegung (vgl. exemplarisch Zobl 2004b); die Autorin Katja Peglow bezeichnet die Adaption der Ladyfeste in Deutschland sogar als erfolgreichsten „Riot-Grrrl-Import" (vgl. Peglow 2011: 166). An diese These anknüpfend werde ich in Kapitel 6 den Entstehungskontext der riot-grrrl-Bewegung rekonstruieren und diskutieren, da diese als maßgeblich für das Verständnis des Ladyfest-Aktivismus erscheint. Nachfolgend geht es daher ausschließlich um die Forschung zum Ladyfest-Aktivismus.

2.1 Ein Ladyfest ist ein Ladyfest: ein Überblick

Was sind also Ladyfeste? Abgesehen vom Eindruck der oben beschriebenen Szene aus dem Forschungstagebuch, lassen sich einige Merkmale und Fakten zusammentragen. Dabei muss jedes Ladyfest als einzigartig und vor seinem lokalen Hintergrund und den Ansprüchen der jeweiligen Aktivist_innen betrachtet werden.

Das weltweit erste Ladyfest fand 2000 in Olympia, Washington (USA) statt und wurde maßgeblich von Musiker_innen und Aktivist_innen initiiert, die in

1 Bspw. Trimmel/Mooshammer (2007), Maldoner-Jäger (2008) und Ellerbrock (2006).

riot-grrrl-Zusammenhängen aktiv waren.[2] Zwei bis drei Jahre später fanden Ladyfeste auch in Europa und ab 2003 im deutschsprachigen Raum statt. Bis 2010 fanden weltweit ca. 264 Ladyfeste statt[3], etwa 30 davon in verschiedenen Städten im deutschsprachigen Raum (vgl. Zobl 2012: 6).[4] In der Aufstellung von Zobl lässt sich ab 2009 eine Abnahme der Zahl der Ladyfeste feststellen. Quantitativer Höhepunkt war das Jahr 2008 mit 41 Ladyfesten weltweit. Zum Zeitpunkt der Erhebung (2006-2008) fanden Ladyfeste demnach im deutschsprachigen Raum eine weite Verbreitung in emanzipatorischen, autonomen Kontexten. Aktuell finden Ladyfeste vereinzelt noch statt, jedoch haben sich auch verschiedene Projekte und Festivals entwickelt, die in dieser Tradition stehen. Zahlen zu Ladyfesten nach 2010 liegen meines Wissens nicht vor. Nachdem die Veranstaltungsdichte im deutschsprachigen Raum in den letzten Jahren abgenommen hatte, waren für 2015 wieder mindestens sechs Ladyfeste angekündigt.[5] Eine Prognose ist daher nur schwer abzugeben.

Da quantitative Daten in einem selbstorganisierten Feld rar sind, lassen sich nur wenige mehr zusammentragen. Ladyfeste erreichen teilweise Publikumszah-

---

2 Ausführlich zur Geschichte und Entstehung siehe Kapitel 6. Eine weitere Beschreibung des Gegenstandes findet sich in den Feministischen Studien 2/2008 (Ommert 2008).

3 Ladyfeste sind in westlichen Industrieländern weiter verbreitet als anderswo, eine kleine Liste verschiedener Städte illustriert jedoch die vielfältigen Orte, an denen bisher welche möglich waren: Jakarta, Indonesien (2003), Sao Paolo, Brasilien (2004), Trier, Deutschland (2004), Warschau, Polen (2004), Singapur, Singapur (2005), Timisoara, Rumänien (2005), Johannesburg, Südafrika (2006), Ottawa, Kanada (2006), Malmö, Schweden (2006), Las Vegas, USA (2006), Buenos Aires, Argentinien (2007), Kopenhagen, Dänemark (2007), Turku, Finnland (2007), Honolulu, Hawaii (2008).

4 Die Zahlen von Elke Zobl beziehen sich auf den Zeitraum von 2000 – 2010. Eine relativ große, aber sicher nicht vollständige Sammlung von internationalen Ladyfest-Terminen findet sich auf http://www.grrrlzines.net/resources/ladyfests.htm [rev. 12.4.2015] und dem digitalen Archiv www.grassrootsfeminism.net [rev. 12.4.2015] In der riot-grrrl-Anthologie „riot grrrl. revolution grrrl style now!“ ist unter der riot-grrrl-Timeline eine Liste von Ladyfesten, die in den USA und UK bis 2008 stattgefunden haben, abgedruckt (Monem 2007: 168–173).

5 Die Daten sind meist über die Facebook-Auftritte der Gruppen einzusehen: Lady*fest Lüneburg, 6.-8. März 2015, Ladiyfest Kiel, 15.-17. Mai 2015, Heidelberg 3.-7. Juni 2015, Lady*fest Kassel, 31.7.-2.8.2015, Lady*fest Karlsruhe, 7.-9. August 2015, Ladyfest Rostock 9.-13. September 2015.

len im vierstelligen Bereich. Das Ladyfest Los Angeles, USA, hat bspw. im Jahr 2002 über 10.000 US-Dollar für eine Non-Profit-Organisation gesammelt, die Hilfe bei häuslicher Gewalt und für Infizierte von HIV/Aids anbietet (Hoffmann 2006: 86). Julia Downes schreibt in ihrem Beitrag, dass 2.000 Besucher_innen auf dem ersten Ladyfest in Olympia waren und 30.000 Dollar für Frauenprojekte eingenommen wurden (vgl. Downes 2007: 47).

Meist sind Ladyfeste selbstorganisiert und nicht auf die Einnahme von Geldern ausgerichtet. Obwohl es keine Vorgaben für den Ablauf eines Ladyfests oder ein Copyright auf den Begriff gibt, ähneln sich die unter dem Namen Ladyfest laufenden Veranstaltungen dennoch sehr, da ein reger virtueller und lokaler Austausch der Aktivist_innen stattfindet. Die Verbreitung funktioniert jedoch auch über Erlebnisberichte, Erfahrungen der Aktivist_innen und Erzählungen von Freund_innen. Bspw. beschreiben Bettina Mooshammer und Eva Trimmel ihre erste Ladyfest-Erfahrung und wie diese schließlich in der Beteiligung an einem Ladyfest in ihrer Stadt mündet.

„Für mich [...] hat alles in Hamburg begonnen. Im August 2003. Ladyfest in der Hansestadt. Damals kannte ich das Ladyfest nur aus Erzählungen von Freundinnen, die 2000 beim allerersten Ladyfest in Olympia waren. Die Glücklichen! Ich kann mich noch erinnern, wie euphorisiert sie damals zurückgekommen sind. Mit vielen CDs im Gepäck. Und Geschichten von Menschen, die sie dort getroffen haben. Aber so ganz verstanden habe ich ihre Euphorie damals trotzdem nicht. Dann wurde ich überredet, mit nach Hamburg aufs Ladyfest zu kommen. Rückblickend muss ich sagen: Was für ein Glück! Ladyfest changed my life.“ (Mooshammer/Trimmel 2007a: 184)

Die konkrete Erfahrung des Festes und das vor-Ort-Sein spielen eine entscheidende Rolle für die Beteiligung am Aktivismus und seine Verbreitung. In zahlreichen Zeitschriftenartikeln schildern weitere Aktivist_innen ähnliche Erfahrungen, und es ist davon auszugehen, dass die Entstehung einiger Ladyfest-Gruppen auf diese Formen der informellen Weitergabe und den ‚Funkenübersprung der Euphorie‘ zurückgeht (vgl. bspw. Hoffmann 2006, Hölzl et al., Geisriegler 2007).

Was passiert aber konkret auf einem Ladyfest? Im Fokus stehen kulturelle und politische Veranstaltungen, wobei die Themen und Inhalte stets gesellschaftliche Verhältnisse im Allgemeinen und Geschlechterverhältnisse und Heteronormativität im Besonderen thematisieren. Für die Dauer eines Ladyfests gibt es meist einen zentralen Ort, an dem die Besucher_innen Informationen bekommen, Kaffee trinken und essen, andere treffen oder sich austauschen können. Tagsüber finden meist Workshops, Veranstaltungen oder Filmprogramme statt.

Es geht dabei um die Vermittlung von Wissen und Fertigkeiten sowie um die Bereitstellung von Diskussionsräumen für queer-feministische Themen. Neben Kunstausstellungen und Demonstrationen, die im Rahmen von Ladyfesten veranstaltet werden, sind ein weiterer wichtiger Bestandteil die Konzerte und Partys, auf denen meist eine Mischung von unbekannten, lokalen Bands, DJ_anes und bekannten ‚Szene-Bands' auftritt.

Ladyfeste sind temporäre Räume, die in der Regel an Orten wie Autonomen Zentren und selbstorganisierten Clubs stattfinden. Das Internet spielt für die Ankündigung, Verbreitung und Vernetzung eine zentrale Rolle; fast jedes Ladyfest hat eine eigene Seite in sozialen Netzwerken wie Myspace oder Facebook[6]. Dadurch ist mittlerweile ein Netzwerk von Ladyfestgruppen entstanden, in das Musiker_innen ebenso wie Künstler_innen und ‚Freund_innen' eingebunden sind. Die Internetpräsenz dient jedoch nicht nur der Vernetzung, sondern bietet zudem auch die Möglichkeit, Inhalte und ästhetische Ausdrucksformen zu repräsentieren (vgl. Groß 2006a). Auf den Internetseiten werden Informationen und Ressourcen geteilt, die zur Planung und Organisation von Ladyfesten nützlich sind. Sie sind Bestandteil des DIY(Do-it-yourself)-Anspruches[7], den viele Ladyfeste ausdrücklich formulieren. So können Interessierte bspw. auf der Seite des Ladyfests Olympia die Erfahrungen mit der Planung anhand von Berichten nachvollziehen oder auf der Seite des Ladyfests Wien Flyer, Trailer, Buttonentwürfe, Cocktailrezepte (die hier auch Cunttail genannt werden), aber auch Informationen über die verwendete Internetplattform herunterladen.[8] Die Internetseiten dienen der Weitergabe von Wissen, das Ressourcen zum Selbstgestalten bereitstellt, und stellen somit eine Ermöglichungsbedingung und einen Multiplikationsfaktor für diese spezifische Verbreitung des Ladyfest-Aktivismus dar.[9]

---

6 Zur Rolle des Internets vgl. den Forschungsstand in Kapitel 2.

7 DIY (Do-it-yourself) bezeichnet nicht-kommerzielle, selbstorganisierte Formen von Aktivismus und kultureller Betätigungen, die in verschiedenen subkulturellen Traditionen stehen. Bspw. definiert George McKay: „DiY Culture, a youth-centred and -directed cluster of interests and practices around green radicalism, direct action politics, new musical sounds and experiences, is a kind of 1990s counterculture" (McKay 1998: 2). Eine ausführliche Auseinandersetzung findet vor allem in Kapitel 7 statt. Zum Begriff DIY vgl. außerdem Schmidt (2004), im feministischen Kontext Eismann/Erharter (2007).

8 Vgl. http://ladyfest.org/planning/index.html [rev. 28.7.2015] und http://www.ladyfestwien.org/ladyfest07/diy.html [rev. 28.7.2015]

9 Damit unterscheiden sich Ladyfeste von der riot-grrrl-Bewegung, deren Ermöglichungsbedingungen vielmehr durch Fanzines und Musik geprägt waren.

Ladyfeste unterscheiden sich trotz der Ähnlichkeiten in ihrem Schwerpunkt – einige Gruppen beschäftigen sich vornehmlich mit antikapitalistischen, antifaschistischen oder antirassistischen Themen, andere legen ihren Schwerpunkt auf DIY, künstlerische Ausdrucksformen oder Musik. Allein in Europa sind die Unterschiede in Ausrichtung, Schwerpunkten und Formen groß, da jedes Ladyfest die lokalen Strukturen und Ausrichtungen der Aktivist_innen widerspiegelt. Eine Ladyfest-Aktivist_in aus Italien erlaubt sich den Versuch einer Kategorisierung:

> „In UK and Germany the focus is on gender and transgender issues. In Italy and Poland they focus on basic women's rights (abortion, just to mention one) and getting girls on stage to start with. Italy and Croatia were very nostalgic of first wave riot grrrl. France was crazy and artistic – those people know how to party. In Holland they want to integrate more non-white women, so this year they have a complete urban stage with rappers and spoken word artists. Ladyfest molds and adapts to local situations more and more with time. It's important to understand that." (Darlin 2008: 34)

Die Schwerpunkte von Ladyfesten sind damit vielfältig: Es geht um feministische Interventionen in die männlich dominierte Punk- und Hardcore-Szene, um das Anbieten von Empowerment-Strategien für Mädchen und Frauen oder um die Bereitstellung von Räumen und Rahmen, um „kritische Haltungen zu den bestehenden patriarchalen, kapitalistischen, rassistischen und heteronormativen gesellschaftlichen Verhältnissen" zu diskutieren (Geisriegler 2007: 20).

Neben diesen unterschiedlichen Schwerpunkten gibt es aber auch Gemeinsamkeiten, die die Ladyfest-Gruppen in unterschiedlicher Intensität teilen. Ladyfeste stehen in einer feministischen Tradition, da sie an Formen feministischer Frauenmusikfestivals anknüpfen, machen dies aber wenig explizit. Was Ladyfeste darüber hinaus verbindet, ist eine kritische Auseinandersetzung mit Kategorien. So meint ‚Lady' nicht unbedingt nur ‚Frauen' im herkömmlichen Sinne, sondern der Begriff ist eine Weiterentwicklung von ‚grrrl' aus der riot-grrrl-Bewegung und wird meist als offen für Aneignungsstrategien interpretiert: „woman positive and queer friendly" (Aragon 2008: 78f.). Dies zeigt sich bereits bei der Definition von Lady als offen für transgender-Personen beim ersten Ladyfest in Olympia (www.ladyfest.org [rev. 28.7.2015].)

2.2 LADYFESTE ALS RHIZOMATISCHE NETZWERKE

Netzwerke haben in feministischen Bewegungen immer schon eine zentrale Rolle gespielt (vgl. bspw. Wischermann 2003b). Ladyfeste werden in verschiedenen Veröffentlichungen als besondere Netzwerke beschrieben, die die neuen Möglichkeiten der seit Anfang der Jahrtausendwende existierenden sozialen Netzwerke im Internet nutzen. Diese Onlineplattformen ermöglichen eine virtuelle Selbstdarstellung und die Vernetzung mit anderen Nutzer_innen. Eine quantitativ ausgerichtete Studie von Janni Aragon über US-Ladyfest-Seiten zeigt, dass die Treffer für den Suchbegriff ‚Ladyfest' allein auf myspace.com von 3.000 (Februar 2007) auf 5.800 (August 2007) gestiegen sind (Aragon 2008: 72). Mittlerweile ist die Nutzung von Myspace zu Gunsten von Facebook oder Blogs zurückgegangen.[10]

Unabhängig von den genutzten Social-Media-Plattformen beschreibt Melanie Groß die gegenseitige Bezugnahme der Gruppen aufeinander im Internet als „virtuelle Nachbarschaften" (Groß 2006a: 5), durch die ein gegenseitiges Finden und Repräsentieren im Netz möglich werde. Nach Groß ermöglicht diese Art der Vernetzung durch die Verwendung desselben Namens nicht nur den Bezug auf eine gemeinsame Tradition und Geschichtserzählung, sondern auch ein eigenes Profil der jeweiligen Ladyfeste (vgl. Groß 2006b: 9). Dabei gehen die Effekte dieser virtuellen Vernetzung nach Groß noch weiter: „Die Websites dienen der Szene auch als Plattform der Selbstdefinition, als Orte zur (Selbst-)Repräsentation alternativer Lebens-, Konsum- und Kulturformen" (ebd.: 10).

Auch im Bereich des Popfeminismus werden Ladyfeste als Netzwerke für Künstler_innen und Musiker_innen verstanden (vgl. bspw. Erharter/Zobl 2006, beschreibend auch Nemec 2005). Insbesondere Tine Plesch ordnet Ladyfeste in den Kontext des popkulturellen Feminismus ein, weil sie sowohl an feministische Frauenmusikfestivals als auch an aktuelle Debatten um Geschlechterverhältnisse im Pop anknüpfen würden (vgl. Plesch 2004 und 2011)[11].

In einer Studie über die Organisation des Ladyfests in Wien im Jahr 2004 hat Silke Graf den Netzwerkcharakter von Ladyfesten auf lokaler Ebene anschaulich herausgearbeitet. Nicht nur die Gruppen untereinander seien vernetzt, sondern jede Ladyfest-Gruppe entstehe durch die Vernetzung von queer-feministischen Aktivist_innen vor Ort, bei der auf die vorhandenen Ressourcen der Akti-

10 Zur Nutzung von Social Software im Ladyfest-Kontext und zum Phänomen der ‚dead webspaces' siehe auch Ommert (2009b). Zu den Potenzialen von Social Media für soziale Bewegungen vgl. Schmidt (2006).

11 Siehe vertiefend Plesch (2013) und Volkmann (2011).

vist_innen zurückgegriffen werde (vgl. insbesondere Graf 2010: 135ff.). Graf zeigt jedoch auch die Grenzen von Vernetzungen auf, wenn bspw. Differenzen nicht überwunden werden können, und spricht daher stattdessen von einer „strategischen Allianz“ (ebd.: 181).

Rückblickend auf zehn Jahre Ladyfest-Aktivismus beschreibt Elke Zobl[12] Ladyfeste als Teil der „rhizomatischen Netzwerke kultureller Produktion von jungen Frauen“ (Zobl 2012: 1). Dabei unterscheidet sie lokale, transnationale sowie virtuelle Ladyfest-Netzwerke. Diese unterschiedlichen Formen der Vernetzung, so Zobl, bestehen neben- und übereinander, dezentral und nichthierarchisch (vgl. ebd.: 3). Diese Systematisierung wird den verschiedenen Ebenen des Aktivismus gerecht und fängt die Vielfältigkeit der Organisierungsformen und Bedeutungsebenen von Ladyfesten ein. Daher schließe ich an dieses Verständnis von rhizomatischen Netzwerken an und werde dies insbesondere im Kapitel 3 über die Begriffsbestimmung eines (kulturell-politischen) Aktivismus weiter diskutieren.

2.3 LADYFESTE IM FELD QUEER-FEMINISTISCHER BEWEGUNGEN

In welche kulturellen und politischen Kontexte Ladyfeste eingeordnet werden, hängt von der Aktualität und Perspektive der jeweiligen Forschung ab. Bspw. setzt Zobl Ladyfeste selbstverständlich in einen queer-feministischen Kontext (ebd.: 14). Janni Aragon hingegen analysiert Ladyfeste im englischsprachigen Raum als feministische Festivals im Rahmen des *Third Wave Feminism*. Sie hebt besonders hervor, dass Ladyfest-Aktivist_innen als politische Akteur_innen verstanden werden müssten (vgl. Aragon 2008). Aus queerer Perspektive argumentiert dagegen Judith (Jack) Halberstam 2003, dass Ladyfeste (neben anderen Festivals) das Erbe von lesbisch-feministischen Musikfestivals angetreten hätten (vgl. Halberstam 2003: 328). Sie zeigt nicht nur die Bezüge von riot-grrrl-Aktivismen, sondern auch die von Ladyfesten zu queeren Subkulturen auf.

Indem ich Ladyfeste als Teil queer-feministischer Bewegungen verstehe, knüpfe ich an die Forschungsergebnisse von Melanie Groß an, gehe aber auch darüber hinaus: In ihrer empirischen Untersuchung analysiert Melanie Groß Pra-

12 Zobls weitere Forschungen über Ladyfeste und die riot-grrrl-Bewegung fokussieren die Themenbereiche Fanzines (Zobl 2004a und Zobl/Schilt (2008), feministische Medien (Zobl/Drüeke 2012) und feministische Kunstproduktion (Chidgey et al. 2009).

xen und Verortungen von drei feministischen Gruppen, von denen einige Aktivist_innen auch im Kontext von Ladyfesten aktiv sind:

> „So sprechen alle Gruppen von Politik, Macht und Widerstand, allerdings verbergen sich dahinter unterschiedliche Ideen und Vorstellungen, die zu abweichenden und konkurrierenden Einschätzungen darüber führen, welche politischen Strategien sinnvoll sein könnten und welche nicht." (Groß 2008: 218)

Als Ergebnis ihrer Analyse beschreibt sie die Widerstandsformen dieser Gruppen mit unterschiedlichen Schwerpunkten als post-feministisch, queer-feministisch und linksradikal-feministisch. Während für die post-feministische Orientierung die Kritik an Normativität im Vordergrund stehe, stünden bei der queer-feministischen Orientierung Zuschreibungsprozesse und identitäre Anrufungen im Fokus. Die linksradikal-feministische Orientierung wiederum stelle die Wirkmächtigkeit des Geschlechterdualismus ins Zentrum (vgl. ebd.: 218ff.). Wie sich im Verlauf meiner Studie zeigen wird, lassen sich ähnliche Orientierungen auch in meinen empirischen Ergebnissen finden. Anders als Groß fasse ich diese Aspekte der Orientierungen der Aktivist_innen jedoch alle unter den Begriff queer-feministisch, da in meinem Verständnis die Auseinandersetzung mit Normativität und mit der Wirkmächtigkeit herrschender Geschlechterverhältnisse zentrale Bestandteile von queer-Feminismen sind. Wie ich in den empirischen Auswertungskapiteln dieser Studie zeigen werde, macht die Gleichzeitigkeit dieser Orientierungen, wie auch Groß sie herausarbeitet, eine besondere Spannung im Ladyfest-Aktivismus aus.

Anschließen kann ich auch an weitere Ergebnisse von Groß, die in meiner Studie bestätigt werden: So zeigt sie, dass durch den zentralen Stellenwert der Verhandlung von Konflikten die Anforderung der Selbstreflexivität zu einem wichtigen Teil der untersuchten Widerstandsformen wird. Wie ich zeigen werde, ist die Selbstreflexion der Ladyfest-Aktivist_innen Bestandteil ihrer Strategien im Umgang mit der Kritik an der Kategorie Frau. Auch für Groß ist der Umgang mit Ausschlüssen ein zentrales Thema (vgl. ebd.: 226), an das ich mit meiner Fragestellung anknüpfe. Ich werde untersuchen, wie Ein- und Ausschlüsse im Aktivismus verhandelt werden. Ebenso teile ich die Grundannahme von Groß über die „enge Verzahnung von Wissenschaft und Politik innerhalb der Szene", wie sie sich in der Verbindung von „Theorierezeption und -umarbeitung" und politischen Aktionsformen zeige (Groß et al.: 112).

Die Befunde von Groß stützen die Annahme, dass Ladyfeste in einem größeren Kontext von unterschiedlichen queer-feministischen Aktivismen (oder, wie Groß formuliert, ‚politischen Aktionsformen') gesehen werden müssen.

2.4 LADYFESTE UND DIE PRODUKTION VON RÄUMEN

Die Produktion von Räumen steht vor allem in zwei Forschungsarbeiten über Ladyfeste im Mittelpunkt. Eva Trimmel und Bettina Mooshammer (2007) untersuchen in ihrer Diplomarbeit Ladyfeste als feministische Raumpraktiken. Sie analysieren verschiedene Strategien anhand von Interviews, Selbstverständnistexten von Gruppen und Beobachtungen am Beispiel der Ladyfeste in Wien und Berlin im Jahr 2007. Den Schwerpunkt legen sie dabei auf den Aspekt der Raumaneignung.[13]

Barbara Maldoner-Jäger (2008) arbeitet in ihrer Diplomarbeit ebenfalls mit einem Raumbegriff, der die gesellschaftlichen Herstellungsprozesse von Raum in den Vordergrund rückt. Sie verbindet die Analysekategorien Geschlecht und Sexualität mit der Raumfrage, indem sie Raum als öffentliche und private Sphäre untersucht. Ihre Arbeitshypothese ist, dass aus einer feministischen Tradition heraus Raum stets als Faktor für die Stabilisierung von Macht- und Herrschaftsverhältnissen verstanden wurde. Maldoner-Jäger hat ihr empirisches Material (Interviews und Texte von Ladyfest-Gruppen) im Hinblick auf Strategien der Raumherstellung analysiert und diese anschließend systematisiert. Ladyfeste stellen demnach „Ladyspaces als Gegenräume“ (ebd.: 127) her und erzeugen auf spezifische Art und Weise einen temporären Raum. Das Spezifische der Ladyfeste bestehe in der diskursiven Bearbeitung der Themen Geschlecht und Sexualität, so Maldoner-Jäger. Diese Auseinandersetzung mit Geschlecht verknüpft sie mit politischen und kulturellen Praktiken, insbesondere mit DIY-Praktiken, und diskutiert diese vor dem Hintergrund der Vergeschlechtlichung von Privatheit und Öffentlichkeit.

Beide Arbeiten beziehen sich auf ein Verständnis von produktiver Raumkonstitution, an das ich ebenfalls anknüpfe und das ich insbesondere in Kapitel 4.3 und anschließend in Bezug auf mein empirisches Material in Kapitel 8.5 und 9 eingehender erläutere. Mein Erkenntnisinteresse richtet sich jedoch – anders als bei den genannten Autor_innen – nicht auf die Strategien der Raumproduktion, sondern vielmehr auf die *Effekte*, die sich dadurch für die Verhandlung von Ein- und Ausschlüssen ergeben.

13 Siehe auch Mooshammer/Trimmel (2007a und 2007b).

2.5 LADYFESTE UND THEMATISIERUNG VON GESCHLECHT

Dass Geschlecht im Fokus der Auseinandersetzung mit und von Ladyfesten steht, scheint vor dem Hintergrund der Verortung in feministischen und queerfeministischen Diskursen nicht allzu überraschend. Wie bereits erwähnt, arbeitet Melanie Groß die unterschiedlichen feministischen Widerstandsformen heraus. Dabei stellt sie aber fest, dass von allen Gruppen ein ähnliches Geschlechterkonzept zu Grunde gelegt wird, das vor allen Dingen von einer biologischen Fundierung absieht und die soziale Konstruktion von Geschlecht in den Vordergrund rückt (vgl. Groß 2008: 170f.). Zu diesem Ergebnis kommt auch Silke Graf in ihrer Forschung über das Ladyfest Wien 2004. In einem Aufsatz weist sie auf die geschlechtliche Offenheit des Begriffs Lady hin: „Lady verweist nicht unbedingt auf eine weibliche Identität, sondern kann im Zuge queerer Betrachtungsweisen als offene Kategorie verstanden werden, die multiple Identitätsbezüge ermöglicht und auch für alle genders offen ist" (Graf 2005: 8). Somit geht auch Graf in ihrer Forschung davon aus, dass die Geschlechterkategorie eine zentrale Rolle im Ladyfest-Aktivismus spielt. Während in ihrem Feld Konsens darüber herrsche, dass Geschlecht sozial konstruiert ist, sei die *Art und Weise* der Kritik an der Konstruiertheit von Geschlecht umstritten:

> „So wird auf der einen Seite betont, dass gerade die Konstruktion der Kategorien politisch angegriffen werden muss, wohingegen auf der anderen Seite die umfassenden strukturellen Auswirkungen, die solche Kategorien zur Folge haben, in den Fokus der politischen Interventionen gerückt werden." (Graf 2010: 180)

Daher hält Graf resümierend fest, dass Dekonstruktion als zentrale Verhandlungskategorie erscheine.

Ellen Wesemüller, die Selbstverständnistexte von deutschsprachigen Ladyfesten analysiert, sieht die darin aufgeworfene Infragestellung der Zweigeschlechtlichkeit jedoch als eine Vereinfachung der Argumentation, was sie in Anlehnung an Paula Irene Villa als „Simplifizierungsthese" fasst. In ihrer Untersuchung kommt sie zu dem Schluss, die von ihr untersuchten Ladyfest-Aktivist_innen gingen davon aus, „es reiche, von Geschlechtern nur noch in Anführungsstrichen zu reden, um Geschlechter aufzuheben" (Wesemüller 2009: 113), und stellt damit vor allem die geschlechterpolitische Wirksamkeit des Ladyfest-Aktivismus in Frage. Ich verfolge jedoch die These, dass sich die Aktivist_innen differenziert und vielschichtig mit der Frage der Geschlechterkonstruktion und den sich daraus ergebenden Konsequenzen für ihr Handeln befassen (siehe hierzu insbesondere Kapitel 8 und 10).

Um die Auseinandersetzung der Aktivist_innen mit Geschlechterkonzepten angemessen zu erfassen, bedarf es also differenzierterer Auseinandersetzungen, wie bspw. die von Elisabeth Keenan in einer Untersuchung von Ladyfesten im US-amerikanischen Raum. Sie argumentiert, dass hier die Konzepte von Weiblichkeit („femininity") mit ihren unterschiedlichen Ausprägungen im Fokus stünden. In ihrer Analyse zeigt sie, dass der Begriff Lady den Aktivist_innen sowohl Bezugspunkte für hetero- als auch für homosexuelle Weiblichkeitsentwürfe biete, weshalb er umkämpft sei. Keenan beschreibt anhand einer Anekdote, dass die Bezeichnung im Vorfeld des ersten Ladyfests in Olympia zu Veralberungen geführt habe: „Straightyfest" verwies darauf, dass einige queer-Bands sich weigerten, auf dem Ladyfest aufzutreten. Die Abwandlung „Ladyquest" wiederum verwies darauf, dass das Ladyfest viel eher als eine Partner_innenbörse für Lesben gesehen wurde. „Since its inception in 2000, Ladyfest has provided a forum for debates about the resurgence of femininity among queer and straight women" (Keenan 2008: 378). Nach Keenan eröffnete dieses Ladyfest ein Forum, um diese unterschiedlichen Entwürfe von Weiblichkeit zu diskutieren. Insofern steht aus ihrer Sicht mit der Strategie der Repräsentation das Ziel im Vordergrund, subversive Formen von Weiblichkeit zunächst sichtbar und lesbar zu machen. Diese können jedoch, so Keenan, immer auch ‚fehlgedeutet' („misread") werden (ebd.: 396). So hätten bspw. Weiblichkeitsdarstellungen, die als Intervention in einen männlich geprägten queeren Diskurs intendiert gewesen seien, durch einen sexistischen Mainstream ungebrochen aufgenommen werden können. Diese Fehldeutungen seien Anlass für Konflikte, aber eben gleichzeitig auch für die Verhandlung von Weiblichkeitsentwürfen gewesen.[14]

Mit Blick auf Keenan und Halberstam lässt sich feststellen, dass in der englischsprachigen Auseinandersetzung mit Ladyfesten stärker deren queere und lesbische Bezüge sichtbar gemacht werden, während in deutschsprachigen Texten vermehrt die Verhandlung des politischen Referenzsubjekts anhand der Geschlechterkategorie im Zentrum steht. So werden nicht selten Lesben oder auch Personen mit verschiedenen Trans*-Identitäten unter der Bezeichnung Frauen-

14 Dass es auf Ladyfesten nicht nur um Weiblichkeit, sondern um geschlechtliche Verkörperungen insgesamt geht, zeigt Uta Schirmer in ihrer Untersuchung von Drag Kinging. Sie weist darauf hin, dass Ladyfeste Räume für Drag-King-Performances oder Workshops sein können vgl. Schirmer (2010: 88), in denen auch Männlichkeitsentwürfe und geschlechtertransgressive Praktiken eine Rolle spielen.

LesbenTrans*Personen[15] subsumiert und in ein ‚gemeinsames' queer-feministisches Subjekt eingeschlossen.

In meiner Untersuchung fokussiere ich auf die Geschlechterkonzeptionen im Hinblick auf das queer-feministische Referenzsubjekt und die einschließenden und ausschließenden Wirkungen der Kategorie Geschlecht. In dieser Hinsicht knüpfe ich an die Debatten im deutschsprachigen Raum an, die die Kategorie Geschlecht als ‚Marker' für identitätspolitische Verhandlungen betrachten. Dabei schließe ich insbesondere an die These von Graf an, der zufolge ‚Lady' als ‚offene Kategorie' zu analysieren sei. Dabei untersuche ich – besonders durch den Fokus auf die Grenzziehungsverhandlungen – ob und wie Bezüge zu queeren Identitätskonzepten sichtbar werden.

2.6 ANTIRASSISTISCHE KRITIK AN LADYFESTEN

Eine häufig innerhalb akademischer und aktivistischer Debatten formulierte Kritik an Ladyfesten lautet, sie seien vor allem durch weiße Aktivist_innen geprägt[16] und würden People of Color[17] ausschließen bzw. nicht genügend reprä-

---

15 Ich verwende in der Arbeit – sofern es sich nicht um Zitate handelt – stellvertretend für vielfältige Bezeichnungen die Schreibweise ‚FrauenLesbenTrans*Personen'. Die Schreibweise mit Stern steht dafür, dass es gleichgültig ist, in welche Richtung die Geschlechter gewechselt werden, in welchem Ausmaß der Körper und das juristische Geschlecht verändert wurden, ob es ein andauernder oder abgeschlossener Prozess ist. Die von mir verwendete Schreibweise Trans* soll hier das gesamte Spektrum geschlechtlicher Transformationsprozesse und Uneindeutigkeiten bezeichnen und schließt die Begriffe Transgender und Transsexuelle, Intersexuelle und queer, wie sie unter anderem in den Texten verwendet werden, ein. Diese Verwendung ist es etwas grob, weil sich für die verschiedenen Formen der Intersexualität mittlerweile die Schreibweise Inter* etabliert hat (vgl. Mittag/Sauer 2012). Weil in meinem Feld hauptsächlich verschiedene Formen der Transgeschlechtlichkeit thematisiert werden, die auch Intersexuelle betreffen können, habe ich mich für die Verwendung der Schreiweise Trans* entschieden.

16 Auch Keenan konstatiert, dass die Ladyfest-Aktivist_innen vornehmlich aus der weißen Mittelklasse stammten und daher auch die Auseinandersetzungen mit Weiblichkeitsbildern vor diesem Hintergrund stattfänden (vgl. Keenan 2008: 379). Eine ähnliche Kritik wurde bereits gegenüber riot-grrrl-Aktivist_innen formuliert. Insbesondere waren universelle Haltungen wie ‚every girl is a riot grrrl' Gegenstand der Kritik (vgl. Graf 2010: 105).

sentieren. Ich halte diese Kritik für so zentral und notwendig für die weitere Forschungsarbeit, dass ich sie hier im Forschungsstand aufnehme.

So diskutiert bspw. Hoffmann das Fehlen von „ethnic diversity" innerhalb des hauptsächlich weißen Aktivismus: „Ladyfest generally is viewed as a white-girl thing" (Hoffmann 2006: 92). Ihrer Einschätzung nach werde dies zwar meist kritisch von den Aktivist_innen reflektiert, dennoch fehle allzu häufig die Vernetzung mit Aktivist_innen of Color und die praktische Umsetzung einer ‚feministischen Bewegung der Vielfalt', die verschiedene Unterdrückungskategorien gleichzeitig thematisiert (vgl. ebd.: 93). Terese[18] kritisiert nicht nur das überwiegende Weißsein der Aktivist_innen und des Publikums auf Ladyfesten, sondern diskutiert auch den Anspruch der Teilnehmer_innen, der sich durch die „awareness of white privilege and a desire to challenge it" (Terese 2007) auszeichne. Dieser Anspruch, so Terese, schlage sich weder auf der Organisationsebene nieder, noch werde die Adressierung von People of Color als ‚die Anderen' reflektiert. Damit formuliert sie eine fundamentale und vielfach geteilte antirassistische Kritik am Ladyfest-Aktivismus. Um dieser Situation entgegenzuwirken, schlägt sie vor, die Inhalte der Veranstaltungen und das Verständnis von Feminismus einer kritischen Revision zu unterziehen, um Ladyfeste auch für People of Color relevant zu machen (vgl. ebd.). Diskriminierungserfahrungen einer Gruppe bedeuteten häufig auch Privilegien einer anderen Gruppe, was aktiv in der Praxis reflektiert werden müsse. Tereses Vorschläge orientieren sich an der Anerkennung der Differenzen und dem Aushalten von Widersprüchen. Hierbei bezieht sie sich auf das Konzept der *Coalition Politics* von Bernice Johnson Reagon, die darunter so genannte „places of crisis" versteht (Johnson Reagon 1983: 368).[19] Eine derart gestaltete Bündnispolitik müsse die Teilnehmer_innen verändern, so die Autor_in, und bringe die Herausforderung mit, sich mit teils schmerzvollen Erlebnissen auseinanderzusetzen. Aktivistische Dynamiken endeten jedoch meist nicht in einer solch intensiven Auseinandersetzung, sondern in Marginalisierung und Ausschlüssen. In einem Interview berichtet die Aktivist_in Terese:

---

17 Der Begriff People of Color bzw. Women of Color (oder auch heute oft Queers of Color) wird auch im deutschsprachigen Kontext verwendet, da es keine angemessene Übersetzung gibt (vgl. Kazeem/Schaffer 2012: 180, FN 6).

18 Der im Zine *Race Revolt* erschienene Text ist lediglich mit dem Vornamen der Autor_in gekennzeichnet. Ob es sich um dieselbe Terese handelt, deren Interview im Folgenden ebenfalls diskutiert wird, lässt sich nicht nachvollziehen.

19 Vgl. ausführlich zu Reagons Konzept Kapitel 4.4.

„Ladyfests inevitably seem to end up narrow and cliquey, while espousing to do the opposite. They perpetuate this white middle class cultural activism which, although a lot of white middle class girls and women get a lot out of it, make women of colour and working class women often feel excluded or marginalised, which is just rubbish and really not good enough." (Chidgey/Zobl 2008)

Tereses Kritik richtet sich gegen die rhetorische Inklusivität bei gleichzeitig ausschließenden Praktiken. Diese Gleichzeitigkeit erschwere das Vortragen antirassistischer Kritik. Humaira Saeed berichtet, dass es teilweise zum guten Ton gehöre, „race workshops" auf Ladyfesten zu veranstalten, in denen die Kritik an der „normalised whiteness" des Ladyfests jedoch meist von People of Color vorgetragen und ihnen somit die ‚Zuständigkeit' für das Thema Antirassismus übertragen werde (Saeed 2008: 32). Saeed beschreibt ihre Ambivalenz, sich einerseits in diesen aktivistischen Zusammenhängen ‚zu Hause' zu fühlen, andererseits Gefühle der Resignation und Wut darüber zu verspüren, immer die einzige Kritiker_in von weißer Dominanz zu sein:

„It broke my heart to be in a room full of feminists who have read a wealth of work by feminists of colour, who have themselves inspired me through personal chats to work on things like this zine, who have gotten so much out of race workshops I have run. But these (white) feminists on that day were silent and try as I might I cannot feel okay about that and I cannot get over that. These are people I love, who inspire me. But where were their voices?" (Ebd.: 32)

Diese antirassistische Kritik muss bei meiner Fragestellung nach Ein- und Ausschlusspraktiken als zentrales Feld für Auseinandersetzungen berücksichtigt werden. In meinem empirischen Material ist dieses Thema jedoch – vor dem Hintergrund dieser Kritik wenig erstaunlich – so wenig präsent, dass es in der Studie nicht im Zentrum stehen kann. Insofern trifft die oben ausgeführte antirassistische Kritik am Ladyfest-Aktivismus auch hier zu: Zwar thematisieren die Aktivist_innen Antirassismus als wichtigen Bestandteil ihrer Praxis, in der Reflexion, Beschreibung konkreter Praktiken und Erfahrungen nimmt dieses Themenfeld allerdings wenig Raum ein. Zudem ist es mir nicht gelungen, Interviewpartner_innen of Color zu gewinnen.

Zusammenfassend lässt sich sagen, dass die bisher durchgeführten Studien in einem hohen Maße für die Bearbeitung meiner Forschungsfrage nach der Verhandlung von Ein- und Ausschlüssen anschlussfähig sind. Auch die antirassistische Kritik am Ladyfest-Aktivismus kann ich mittragen, weil meine Ergebnisse zeigen, dass wenig nennenswerte Verhandlungen geführt werden, die über die

Benennung der Problematik hinausgehen. Somit bereitet der Forschungsstand über den Ladyfest-Aktivismus eine gute Grundlage für meine Forschung. Es zeigt sich jedoch auch, dass bisher eine Zuspitzung auf die Verhandlungen von Ein- und Ausschluss in einer größer angelegten Studie fehlt.

Zudem fehlt in den bisherigen Studien eine Auseinandersetzung mit Begriffen, um Ladyfeste zu erfassen. Daher werde ich im folgenden Kapitel den Begriff des Aktivismus entfalten. Diese Begriffsarbeit ist die Grundlage für die Auswahl der Aspekte des Aktivismus, die in meine empirische Untersuchung einfließen, und für die Abgrenzung des untersuchten Feldes.

3. (Kulturell-politischer) Aktivismus

Um meinen Untersuchungsgegenstand zu beschreiben verwende ich den Begriff Aktivismus, den ich nachfolgend entwickeln, theoretisch unterfüttern und ins Verhältnis zu anderen sozialwissenschaftlichen Konzepten setzen werde. Diese begriffliche Klärung ist notwendig, um den Blick auf das empirische Feld zu schärfen und darin vorgefundene Phänomene angemessen beschreiben zu können.

Vom Sinngehalt her bezeichnet der Begriff Aktivismus ein aktives Verhalten bzw. zielstrebiges Handeln. Er ist auch im Feld selbst gebräuchlich und wird zudem vor allem im englischsprachigen Kontext als ‚activism' sowohl in der politischen Praxis als auch in akademischen Arbeiten verwendet (vgl. bspw. Stark et al. 2013 sowie alle Aufsätze in dieser Ausgabe und für eine empirische Untersuchung vgl. exemplarisch Ward 2008). In der deutschsprachigen Literatur setzt sich die Bezeichnung Aktivismus langsam durch.[1] Als wissenschaftlicher Begriff ist Aktivismus jedoch wenig theoretisch diskutiert und bestimmt. Daher schließt sich auch die Frage an, warum ich den Begriff Aktivismus anderen sozialwissenschaftlichen Konzepten wie soziale Bewegungen, Szene oder Subkultur vorziehe. Im Folgenden möchte ich das Verhältnis des Begriffs Aktivismus zu diesen Konzepten diskutieren sowie herausarbeiten, auf welche Aspekte mit dem Begriff fokussiert werden kann.

1 So wird das politische Handeln bei Attac bspw. als Aktivismus bezeichnet (Pasqualoni/Treichl 2004).

3.1 TEMPORÄRES, GEMEINSAMES HANDELN

Der Aktivismus-Begriff lenkt die Analyseperspektive auf das konkrete Handeln der Aktivist_innen und setzt nicht voraus, dass es eine kollektive Identität für ein gemeinsames Handeln geben muss. In der sozialen Bewegungsforschung werden kollektive Identitäten sowohl als Ursache für das Entstehen von sozialen Bewegungen angesehen (vgl. Raschke 1985), als auch kollektive Identitäten als ein wesentlicher Bestandteil und ‚Kitt' von sozialen Bewegungen diskutiert (vgl. bspw. Sänger 2005: 73). In aktuelleren Veröffentlichungen aus der Bewegungsforschung rücken die Vielfältigkeit (Roth/Rucht 2008: 24) und Prozesshaftigkeit (Haunss 2004: 47) von kollektiven Identitäten in sozialen Bewegungen in den Vordergrund. So unterscheidet bspw. Sebastian Haunss zwischen kollektiven Identitäten als nach innen gerichtete Größe, die der Stabilisierung der Bewegung und als Mobilisierungsfaktor dient, und als nach außen orientierte Größe, indem sie als Ankerpunkt in einer immer prekärer werdenden Welt fungiert. Jedoch kommt auch Haunss zu dem Schluss, dass kollektive Identitäten immer noch als wesentliches Merkmal von neuen sozialen Bewegungen gelten (vgl. Haunss 2002). Da also in Konzepten der sozialen Bewegungsforschung kollektive Identitäten eine zentrale Rolle spielen, werde ich mich in meiner Forschungsarbeit nur marginal auf sie beziehen. Denn die Auseinandersetzung mit meinem Untersuchungsgegenstand zeigt, dass das Konzept kollektive Identität auch von den Aktivist_innen selbst kritisch diskutiert wird und in ihrer Praxis gerade deren Überwindung eine Rolle spielt. Somit lässt sich mit dem Begriff der sozialen Bewegung mein Untersuchungsgegenstand nicht angemessen beschreiben. Dagegen ermöglicht es der Begriff Aktivismus, das politische Handeln von Gruppen jenseits von Identitätskategorien oder Identitätskonstruktionen auch begrifflich zu markieren.

Aktivismus ist ebenfalls ein passender Begriff, um das Phänomen zu beschreiben, dass Aktivist_innen sich temporär zusammenfinden, um ein konkretes Projekt gemeinsam zu verfolgen oder eine Aktion zu planen. In dieser Hinsicht bekommt die Aushandlung der gemeinsamen Schnittmengen oder Bündnisse eine größere Bedeutung als die Entwicklung kollektiver Identitäten. Somit lassen sich mit dem Begriff des Aktivismus Bündnisprozesse und Verhandlungen politischer Inhalte in den Vordergrund rücken.

Aus Michael Grevens kontingenztheoretischer Perspektive lässt sich eine weitere Schwierigkeit des Begriffs der sozialen Bewegung identifizieren. Ihm zufolge fassten die klassischen Konzepte (hier: Raschke 1985 und Rucht 1994) Bewegungen zu wenig als *politisch*, sondern erklärten ihre Entstehung und Entwicklung stattdessen in erster Linie mit sozialstrukturellen Bedingungen. In ihrer

Analyse stünden vielmehr die Organisationsformen statt die Motive und Gründe politischen Handelns im Vordergrund. Diese können sich jedoch Greven zufolge „‚frei' bilden [...], was nicht zuletzt überhaupt ermöglicht, dass geschichtlich Neues" entsteht (Greven 2004: 234). Daher erscheint es mir sinnvoll, sich einer Begrifflichkeit zuzuwenden, die den Fokus weniger auf die Organisationsformen legt, sondern die politischen Inhalte des Aktivismus in den Vordergrund rückt. In meiner Forschungsarbeit habe ich daher die Organisierungsformen von Ladyfest-Aktivist_innen im Hinblick auf ihre politischen Implikationen untersucht. Die informelle Selbstorganisierung wird folglich auch als gesellschaftskritische Praxis diskutiert (vgl. Kapitel 7).

3.2 VERBINDUNG VON ÖFFENTLICHKEIT/PRIVATHEIT UND KULTUR/POLITIK

Durch den Begriff des Aktivismus lassen sich die Dichotomien öffentlich – privat und Kultur – Politik vermeiden und die vermeintlichen Gegensätze als ineinandergreifend verstehen. Damit sollen nicht die Unterschiede dieser Sphären negiert werden, vielmehr geht es darum, dichotome Denkweisen zu vermeiden. Auch andere Ansätze, insbesondere feministische Konzepte von Öffentlichkeiten und Gegenöffentlichkeiten, weisen über eine dichotome Denkweise hinaus. Hier geht es mir jedoch darum, zu diskutieren, warum sich der Aktivismus-Begriff besonders dafür eignet, diese Dichotomisierungen zu umgehen.

Feministische Forschungen haben sich intensiv mit der Theoretisierung des Privaten und des Öffentlichen beschäftigt (vgl. bspw. Lettow et al. 2005, Wischermann 2003a). In diesen Untersuchungen geht es unter anderem um die geschlechtliche Bedeutung der Sphären des Öffentlichen und des Privaten sowie um die Politisierung des Privaten als feministische Strategie und Forderung. Die Sphäre des Privaten wird in dieser Analyseperspektive selbst als genuin politischer Raum verstanden, in dem gesellschaftliche Verhältnisse wirken. Laut Marie Theres Knäpper geht es dabei auch um die Politisierung von weiblicher Subjektivität, was zum einen die Subjektwerdung von Frauen und zum anderen die Veränderung weiblicher Subjektivität verlangt (vgl. Knäpper 1984: 105ff.). Für diesen Prozess erscheint es notwendig, die Trennung von öffentlicher und privater Sphäre aufzuheben. Die Politisierung des Privaten betrifft auch das Verständnis von kulturellen Aktivitäten als Formen politischer Artikulation:

„The notion that ‚the personal is political' meant both that ‚personal' problems had political roots, and that making feminist revolution entailed constructing new communities and identities. From the very beginning, cultural activities like women's bands, the writing of nonsexist literature, and feminist film making went hand in hand with more conventional political activism." (Whittier 1995: 245)

Daran anknüpfend haben sich feministische Debatten auch mit der Schaffung von Gegenöffentlichkeiten beschäftigt, die als Verbindung zwischen privaten und öffentlichen Sphären und als Orte für politische Artikulation und Selbstverständigung verstanden werden.[2] Hier wird auch deutlich, dass wir nicht von *einer* Öffentlichkeit, sondern von einer Pluralität von Öffentlichkeiten ausgehen müssen. Der Begriff Gegenöffentlichkeit verweist schon aus sich heraus auf die Vorstellung einer hegemonialen Öffentlichkeit, gegen die sich eine ‚andere' Gegenöffentlichkeit richtet.[3] Ulla Wischermann hebt hervor, dass gerade „die feministischen Diskurse über Privatheit und Öffentlichkeit [...] kontinuierlich Grenz-auflösung und Grenzüberschreitungen thematisiert" (Wischermann 2003a: 23) und dadurch diese Trennung von Öffentlichkeit und Privatheit in den theoretischen Debatten immer wieder unterlaufen haben. Sie plädiert für eine Perspektive, die beide Sphären als relationale begreift und Polarisierungen und Dichotomisierungen vermeidet. Meines Erachtens kann gerade der Begriff des Aktivismus eine solche Perspektive ermöglichen, weil er auf politische Praktiken fokussiert, die sowohl in der öffentlichen Sphäre stattfinden, als auch deren Grenzen und ‚Spielregeln' herausfordern, die also die Trennung dieser beiden Sphären bereits konzeptionell aufheben. Schließlich fasse ich unter den Begriff Aktivismus diejenigen politischen Aktionsformen, die Gegenöffentlichkeiten herstellen, aber zugleich auch Praktiken, die eher der privaten Sphäre zugeordnet werden können. Im Kapitel 7 wird dies konkretisiert, indem mit den Praktiken der informellen Selbstorganisierung diese verschiedenen Komponenten von aktivistischen Tätigkeiten herausgearbeitet werden.

In einer ähnlichen Weise verhält es sich mit dem Begriffspaar Kultur und Politik. Ulla Wischermann zeigt auf, dass Kulturkonzepte im Kontext von Bewegungsforschung und insbesondere Frauenbewegungsforschung im Verhältnis zur Politik diskutiert wurden (vgl. Wischermann 2003b: 23ff.). Bezugnehmend auf ein 1980 in den USA stattgefundenes Symposium resümiert sie:

2 Vgl. bspw. Dackweiler/Holland-Cunz (1991), Spehr (2002), für einen Überblick Wischermann (2003a) und für die englischsprachige Debatte Warner (2002).

3 Um dieser Problematik zu entgehen, habe ich gemeinsam mit Skadi Loist vorgeschlagen, von Interventionsöffentlichkeiten zu sprechen (Loist/Ommert 2008).

> „Während die einen in der Schaffung und Existenz einer Frauenkultur eher die Möglichkeit bzw. die Gefahr des entpolitisierten Rückzugs, sogar den Ersatz für Politik sahen, hielten andere dagegen, dass gerade hier der Raum zu Entfaltung und Einübung politischer Ideen und Potenziale gegeben sei." (Ebd.: 23)

Hier wird deutlich, dass kulturelle und politische Praktiken zwar als im engen Zusammenhang stehend, aber doch auch als widerstreitend verstanden wurden. Wischermann hingegen beschreibt diese als übergreifend, indem sie in ihrer Untersuchung anhand von Briefwechseln persönliche Beziehungen und Freundschaften als Basis für die politische Arbeit der Frauenbewegungen um 1900 herausarbeitet. Damit fokussiert sie auf die Kommunikation der Akteur_innen untereinander und stellt deren Bedeutung für die politische Dimension heraus (vgl. ebd.: 33f.). Daran anknüpfend verstehe ich die untrennbare Verbindung von kulturellen und politischen Praktiken, wie sie anhand der Formen von informeller Selbstorganisierung in Kapitel 7 herausgearbeitet werden, als kennzeichnend für mein Verständnis des Begriffs Aktivismus.

Das Verhältnis von kulturellen und politischen Praktiken ist auch in der Subkulturforschung ein viel diskutiertes Thema.[4] Bspw. wurde in der frühen Subkulturforschung Kultur im Kontext von gesellschaftlichen Verhältnissen, insbesondere Klassenverhältnissen, diskutiert (vgl. Marchart 2008: 95ff.). Jedoch legt der Begriff Subkultur auch nahe, dass dieser nur gegen und in Abgrenzung zu einer ‚großen', hegemonialen Kultur gedacht werden könne. Diese Gegenüberstellung ist jedoch spätestens seit den Diskursen um den *Mainstream der Minderheiten* seit Mitte der 1990er Jahre (Holert/Terkessidis 1996) nicht mehr haltbar. Tom Holert und Mark Terkessidis thematisieren hier die fortschreitende Vereinnahmung und Vermarktung von Symbolen, Praktiken und kulturellen Elemente der – als außerhalb der Mehrheitskultur stehend gedachten – Subkulturen. Eine Vorstellung von ‚Sub'kulturen, die sich den Regeln einer hegemonialen Kultur entziehen, wird damit hinfällig. Vielmehr noch: der Begriff *einer* hegemonialen Kultur wird in Frage gestellt. Wir müssen heute von einer Vielzahl von Kulturen und kulturellen Differenzen – ähnlich wie Öffentlichkeiten – ausgehen. Das im-

4 Für einen Überblick vgl. Vaskovics (1995), als neuere Auseinandersetzung mit der heute gebräuchlicheren Begrifflichkeit Jugendkulturen vgl. Griese (2000), aber auch Rink (2000) und Paris (2000). Für eine frühe feministische Auseinandersetzung vgl. McRobbie (1982). Wegweisend für die Subkulturforschung war das Centre for Contemporary Cultural Studies (CCCS) in Birmingham, vgl. für einen Überblick hierzu Marchart (2008), insbesondere S. 89ff.

pliziert auch, nicht generalisierend von *einer* Kultur zu sprechen (vgl. u.a. Wischermann 2003b: 23f.).

Es geht mir mit meiner Analyseperspektive also um die Überwindung der Trennung von kulturellen und politischen Aspekten im Aktivismus. Dieses Interesse verfolgt auch Sebastian Haunss, der versucht die eher kulturellen Aspekte, die der Szene-Begriff abdecken soll, mit den politischen Inhalten des Bewegungs-Begriffs zusammenzudenken.[5] Er entwirft ein Konzept der ‚Bewegungsszene', das sich dadurch auszeichnet, unter anderem Lebensstile, Rückzugsräume für Aktivist_innen, Mobilisierungspotenzial, Lokalität und Globalität, Freundschaften und Beziehungskonstellationen zu verbinden (vgl. Haunss 2004: 253ff.). Seine Überlegungen sind hilfreich, um die verschiedenen Ebenen aufzuschlüsseln, auf denen sich kulturelle und politische Aspekte des Aktivismus zusammenfinden. Er zeigt anhand seiner vergleichenden Untersuchung der Schwulenbewegung und der Autonomen Bewegung, dass sich kulturelle Aspekte wie Musik und Fragen des Lebensstils – die er der Szene zurechnet – und politische Aktionsfelder – die er der Bewegung zurechnet – ergänzen. Kulturelle Aspekte bieten Rückzugsräume für Aktivist_innen, um während mobilisierungsschwacher Zeiten zu ‚überwintern'[6] und ermöglichen den Einstieg in politische Aktionsformen. Haunss zeigt, dass die Ebene der Freundschafts- und Beziehungskonstellationen[7] und die Wahl der Lebens- und Musikstile – wie etwa vegan oder vegetarisch zu leben, Techno oder Punk zu hören – eng mit den politischen Debatten und Aktionsformen verknüpft sind. Offen bleibt, warum Haunss dennoch bei der konzeptionellen Trennung von Szenen und sozialen Bewegungen bleibt.

Wie ich in Kapitel 7 am Material zeigen werde, sind kulturelle und politische Dimensionen des Ladyfest-Aktivismus verknüpft. Der von mir verwendete Begriff Aktivismus impliziert das Ineinandergreifen politischer und kultureller Praktiken und ist daher eine adäquate Bezeichnung. Mit diesen Überlegungen knüpfe ich unter anderem an das Politikverständnis von Chantal Mouffe an, die

5 Aktuelle Forschungen, die sich des Szene-Begriffs bedienen, verstehen darunter nicht Orte politischer Artikulation. Bspw. fokussiert der Szene-Begriff auf die Lebenswelt Jugendlicher und auf Szenen als ‚Lernorte' für Kompetenzbildungsprozesse (vgl. Hitzler/Pfadenhauer 2007). Die Forscher_innen um Ronald Hitzler (2001) beziehen sich meist auf die theoretische Entwicklung des Szene-Begriffs von Gerhard Schulze (vgl. Schulze 1992: 459ff.).

6 Das Konzept des Überwinterns übernimmt er von Verta Taylor und Nancy Whittier, die von „social movement abeyance structures" sprechen (Taylor/Whittier 1992), vgl. auch Taylor/Rupp (1993).

7 Siehe hierzu insbesondere auch Wischermann (2003b).

alle kulturellen Praxisformen als politisch bedeutungsvoll versteht (Mouffe 2002: 18).[8] Aktivismus verstehe ich in diesem Sinne als eine Praxisform, mit der zwischen öffentlichen und privaten Sphären agiert und in Felder des Kulturellen und des Politischen interveniert wird.

3.3 RHIZOMATISCHES NETZWERK AUS KNOTENPUNKTEN

Ich möchte Aktivismus mit Bezug auf Elke Zobl als rhizomatisches Netzwerk (vgl. Zobl 2012) verstehen, das aus einer Vielzahl von Knotenpunkten besteht.

> „Im Kontext eines rhizomatischen Netzwerkes können Ladyfeste an verschiedenen Orten eigenständig und unabhängig voneinander bestehen, sich weiterentwickeln und neue Strukturen hervorbringen. Im Sinne Castells können wir von neuen ‚Knoten' sprechen, die sich in diesen lokalen, transnationalen und virtuellen Szenen ausbilden sowie von Bündnissen, die im Netz rund um das gemeinsame – aber individuell und lokal einzigartige – Projekt Ladyfest eingeschlossen werden." (Ebd.: 15)[9]

Diese einzigartigen und dezentralen Veranstaltungen stehen in Verbindung miteinander und lassen sich als queer-feministisches rhizomatisches Netzwerk verstehen, zu dem bspw. Ladyfeste, aber auch andere Veranstaltungen wie queerfeste, alternative CSD-Veranstaltungen[10] oder queere Ringvorlesungen gehören. Um diese einzelnen Knotenpunkte näher zu beschreiben, möchte ich den Begriff des Ereignisses im Sinne Foucaults nutzen, den er in *Die Ordnung des Diskurses* skizziert. Das Ereignis besitzt materielle Aspekte, ist aber nicht nur auf der Ebene der Körper zu verorten, es ist nicht allein Prozess oder Qualität:

> „[E]s hat seinen Ort und besteht in der Beziehung, der Koexistenz, der Streuung, der Überschneidung, der Anhäufung, der Sektion materieller Elemente [...] Es handelt sich um

8 Ich gehe auf das Politikverständnis von Chantal Mouffe im Unterkapitel 4.4 an verschiedenen Stellen näher ein.

9 Elke Zobl bezieht sich unter anderem auf den Begriff Rhizom bei Gilles Deleuze und Félix Guattari (vgl. Deleuze/Guattari 1992: 11ff.).

10 Alternativ zu den eher kommerziell ausgerichteten Christopher-Street-Day-Veranstaltungen werden in manchen Städten mittlerweile alternative Feste und Paraden organisiert, bspw. seit 2014 der Transuniversale CSD in Frankfurt am Main (http://transuniversal.tumblr.com/ [rev. 21.7.2015]).

die Zäsuren, die den Augenblick zersplittern und das Subjekt in eine Vielzahl möglicher Positionen und Funktionen zerreißen." (Foucault 2012: 37)

Ein Ereignis hat somit eine zeitliche Ausdehnung, einen Ort, dessen Grenzen jedoch nicht eindeutig zu bestimmen sind. Einzigartigkeit, Flüchtigkeit und Wandel wohnen Ereignissen inne, wobei dieses Verständnis vielmehr die Effekte des Ereignisses bestimmt, als es selbst. Das Ereignis kann als Schnittpunkt betrachtet werden, an dem etwas deutlich und sichtbar wird. Ich folge Petra Gehrings Lesart von Foucaults Ereignis-Begriff, die davon ausgeht, dass er keine „Ereignis-Theorie" vorlegt, sondern sein Verfahren als Erzählung des Ereignisses versteht (vgl. Gehring 2004: 281). In diesen Erzählungen werden Widerstandspunkte bzw. Widerstandsereignisse sichtbar. Insofern zeigt sich in der Erzählung des Ereignisses der Wandel, der Widerstand, die Kumulation von Bedeutung und Entwicklung. Die Knotenpunkte eines rhizomatischen Netzwerks können daher – im Sinne des Ereignisses – als Kämpfe um Bedeutung und damit als Konflikte verstanden werden.

Ich verstehe somit Ereignisse als Knotenpunkte, in denen auch Diskursproduktion stattfindet, und als Arenen, in denen um Bedeutung gekämpft wird. Insofern begreife ich das von mir untersuchte Feld des Ladyfest-Aktivismus als rhizomatisches Netz bestehend aus Knotenpunkten. Die einzelnen Ereignisse können als Orte verstanden werden, an denen queer-feministische Perspektiven und Positionen verhandelt werden. Ideen und Denkrichtungen werden vertieft und weiterverfolgt, andere verworfen und marginalisiert. Dieser Prozess braucht Raum und Zeit, er braucht Akteur_innen, die sich aufeinander beziehen, um zumindest im Kern gemeinsame Überzeugungen und Ideen zu entwickeln. Für diesen Prozess sind Ereignisse wie Ladyfeste Arenen bzw. Räume, in denen der Kampf um Deutungen, um queer-feministische Positionen stattfindet. Im Sinne von Foucaults frühem Diskursbegriff kämpfen sie um Definitionsmacht, sind gleichermaßen an der Diskursproduktion beteiligt und ihr unterworfen: Der Diskurs „ist dasjenige, worum und womit man kämpft; er ist die Macht, deren man sich zu bemächtigen sucht" (Foucault 2012: 11).

Mit der Perspektive auf die Knotenpunkte des Aktivismus als Räume der Verhandlung von Konflikten lege ich den Schwerpunkt auf einen Begriff des Politischen, der den Dissens in den Vordergrund stellt. Damit folge ich Chantal Mouffe, der zufolge sich das Politische vor allem durch eine „untilgbare Dimension des Antagonismus" (Mouffe 2007b: 156) auszeichnet. Pluralität, Agonalität, unauflösbare (Interessens-)Konflikte sind nach Mouffe wesentlicher Bestandteil des Politischen, wobei sie durchaus von einer Notwendigkeit eines „konflikthaften Konsens" spricht; „eine[s] Konsens über die ethisch-politischen Werte der

Freiheit und der Gleichheit aller, eine[s] Dissens aber über die Interpretation dieser Werte" (ebd.: 158). So gesehen kann es nur um den Prozess der Auseinandersetzung gehen, nie aber um eine endgültige Lösung.

Aktivismus möchte ich also als ein rhizomatisches Netz von Ereignissen verstehen. Diese Ereignisse erscheinen als Räume, in denen um (Be)deutungen gekämpft, plurale Positionen miteinander konfrontiert und Konflikte geführt werden. Dabei geht es um diesen Prozess der Aushandlung und nicht um eine vermeintliche Lösung oder Integration.

Zusammengefasst setzt sich mein Verständnis des Begriffs Aktivismus aus diesen teils unterschiedlichen Überlegungen, Positionierungen und Konzepten zusammen. In Abgrenzung von und mit Bezugnahme auf gängige sozialwissenschaftliche Konzepte wurde der Begriff entwickelt. Er ermöglicht es, das von mir untersuchte vielfältige und vielschichtige Feld begrifflich adäquat zu fassen. Dieses Feld zeichnet sich dadurch aus, dass politische und kulturelle Praktiken und Interventionen ineinandergreifen. Dabei treten kollektive Identitäten in den Hintergrund bzw. werden selbst Gegenstand von politischen Aushandlungen. Verstanden als rhizomatisches Netz bestehend aus Knotenpunkten, bietet der Aktivismus-Begriff die Möglichkeit, dezentrale und lokale Strukturen darzustellen, die queer-feministische Inhalte und Themen bündeln.

4. Theoretische Perspektiven auf Verhandlungen von Ein- und Ausschlüssen

In den folgenden Unterkapiteln werden unterschiedliche theoretische Perspektiven dargestellt, auf die ich mich in meiner Forschungsarbeit beziehe. Diese schärfen den Blick auf den Untersuchungsgegenstand und erfüllen verschiedene Funktionen. Daher werden die Darstellung und die Argumentation der jeweiligen Unterkapitel unterschiedlich ausfallen. Zusammengenommen stellen diese theoretischen Perspektiven einen Werkzeugkasten mit Begriffen und Ansätzen zur Verfügung, mit denen die empirische Frage nach Verhandlungen von Ein- und Ausschlüssen im Ladyfest-Aktivismus operationalisiert und bearbeitet werden konnte.

- Die Darstellung queer-feministischer Kritik an Identitätspolitiken dient dazu, das diskursive Feld zu beschreiben und aufzubereiten, in dem die Debatten der von mir untersuchten Aktivist_innen stattfinden. Im Zentrum dieser Theorien steht eine Kritik an Identitätspolitiken, die die Prozesshaftigkeit von Identitätskonstruktionen hervorhebt.
- Die Begriffe Ein- und Ausschluss sind zum einen in der theoretischen Diskussion um die Kritik an Identitätspolitiken zentral, zum anderen sind sie für die Operationalisierung in der empirischen Arbeit notwendig. Ein- und Ausschlüsse werden hier als Effekte und Ergebnisse von Identitätspolitiken verstanden und stellen deshalb Kristallisationspunkte der Diskussionen in meinem Feld dar. Ich verstehe Ein- und Ausschlüsse nicht nur als ineinandergreifend, sondern ebenso als prozesshaft: Sie sind das Ergebnis von Konstruktionsprozessen, unabgeschlossen und dauerhaft in Bewegung.
- Diese Überlegungen werden durch ein produktives Raumverständnis ergänzt, das sich als hilfreiches Werkzeug erwiesen hat, um die Raumpraktiken der Aktivist_innen zu analysieren. In diesem Zusammenhang beziehe ich mich in großen Teilen auf die Forschungsarbeiten von Martina Löw.

- Im letzten Unterkapitel bereite ich theoretische Konzepte und Ansätze auf, die sich mit der Frage beschäftigen, wie Politik nach der Kritik an Identitätspolitiken gestaltet werden kann. Dieses Unterkapitel unterscheidet sich insofern von den vorherigen, als dass es verschiedene theoretische Ansätze und Begriffe einführt, die gemeinsam haben, politisches Handeln jenseits von Identitätskategorien zu konzipieren. Abschließend fasse ich zentrale Punkte zusammen, die mir als Folie für meine empirische Untersuchung dienen.

4.1 QUEER-FEMINISTISCHE KRITIK AN IDENTITÄTSPOLITIK

Die queer-feministische Kritik an Identitätspolitiken speist sich sowohl aus akademischen und theoretischen Debatten als auch aus Erfahrungen und Auseinandersetzungen des Aktivismus. Zentrale Impulse der Kritik an Identitätspolitiken sind stets von Aktivist_innen und von der politischen Praxis selbst ausgegangen. Im Zentrum standen und stehen Kämpfe um ‚kollektive Identität', also darum, wer in (queer-)feministischen Bewegungen anerkannt, repräsentiert und dadurch sichtbar wird. Diese Kämpfe um Ein- und Ausschlüsse waren im (queer-)Feminismus von Beginn virulent.[1] So spalteten bspw. unterschiedliche Interessen von Arbeiter_innen und bürgerlichen Frauen bereits die Alte Frauenbewegung.[2] In den Neuen Frauenbewegungen seit den 1960er Jahren waren es ebenfalls Fragen der Klassenzugehörigkeit, aber auch Unterschiede in der sexuellen Orientierung, der (kulturellen) Herkunft und Hautfarbe, die als zentrale Differenzen zwischen Frauen diskutiert wurden. Folgenreiche Interventionen in die feministische Debatte gab es unter anderem durch lesbische/queere Aktivist-

1 Für einen Überblick über Differenzen und Frauenbewegung vgl. Knapp (2008), Walgenbach (2007), ausführlich auch Lenz (2008). Für den englischsprachigen Raum vgl. Lauretis (1993). Hierbei folge ich insbesondere Gudrun Axeli Knapp, die darauf hinweist, dass eine lineare Erzählung, nach der „die Frauen- und Geschlechterforschung eine Entwicklung vom differenzvergessenen essentialistischen Universalismus hin zu einem differenzsensiblen dekonstruktiven Postfeminismus durchlaufen hat" (Knapp 2008: 39), irreführend ist.

2 Vgl. insgesamt Gerhard (1995). Wie Pia Garske diskutiert, lehnte bereits Clara Zetkin, die ihren Fokus auf die Klassenunterschiede zwischen Frauen richtete, die „Kategorie ‚Frau' als identitäre Grundlage für emanzipatorische Forderungen ab" (Garske 2013: 249) und verwies damit auf die unterschiedlichen Interessen von Frauen. Siehe dazu auch Walgenbach (2007: 25f.).

_innen und Schwarze Aktivist_innen /Aktivist_innen of Color[3], die Ausschlussmechanismen in feministischen Bewegungen thematisierten und kritisierten. Damit stellte sie auch die Eindeutigkeit der Kategorie Frau grundsätzlich in Frage. Es ging und geht bei derartigen Interventionen meist um zweierlei. Erstens geht es um Repräsentationsfragen, also wer mit einer kollektiven Selbstbezeichnung gemeint ist, wer für wen spricht und wer gehört wird. Es geht im weitesten Sinne also um die Dimensionen von Repräsentation (Darstellung/ Vertretung). Diese Kritik wird zumeist von der Position der Ausgeschlossenen aus formuliert.[4] Zweitens geht es um die Anerkennung verschiedener Diskriminierungserfahrungen aufgrund von unterschiedlichen gesellschaftlichen Positionierungen. Mehrfachzugehörigkeiten und deren Überschneidungen wurden ebenfalls thematisiert und theoretisiert.[5] Die Theoretisierungen der queer-feministischen Kritik an Identitätspolitiken überschneiden sich somit mit den Themen des queerfeministischen Aktivismus. Auf einer theoretischen Ebene trifft sich die Infragestellung der Identitätskategorien mit poststrukturalistischen und dekonstruktivistischen Perspektiven, die den Fokus auf Brüchigkeit und Inkohärenz von Identitätskonzepten legten.

---

3 Ich verwende in dieser Arbeit den Begriff Schwarze Aktivist_innen in Anlehnung an die politische Selbstbeschreibung von Aktivist_innen (vgl. bspw. Oguntoye et al. (1992) oder Initiative Schwarzer Deutscher, www.isdonline.de) und im US-amerikanischen Kontext als ‚Black'. In dieser Anlehnung verwende ich auch die Großschreibung, um die Selbstdefinition zu kennzeichnen (vgl. Lorde 1993: 212). Ebenso verwende ich in der Arbeit die heute gebräuchlichen Bezeichnungen Person / People of Color, Women of Color oder Queers of Color. Wie Kien Nghi Ha, Nicola Lauré al-Samarai und Sheila Mysorekar in ihrer Einleitung zum Sammelband *re/visionen, Postkoloniale Perspektiven von People of Color auf Rassismus, Kulturpolitik und Widerstand in Deutschland* deutlich machen, ermöglicht die Bezeichnung People of Color Bündnisse, die „die Myriaden von Zwischenpositionen innerhalb von Schwarz-Sein gleichberechtigt ein[..]beziehen" (Ha et al. 2007: 14). Zur Geschichte und Genese des Begriffs People of Color vgl. Ha (2007).

4 Einen Überblick über die Debatte geben Tuider (2013) und Walgenbach (2007). Siehe für Repräsentationskritik aus postkolonialer Perspektive Spivak (2003) und Gutiérrez Rodríguez (2012).

5 Vgl. Combahee River Collective (1983), Hooks (1992), Hill Collins (1991: 222) und Crenshaw (2010).

Identitäten

Die Erfahrungen der Brüchigkeit von Identitäten spiegeln sich im modernen Verständnis von Identität, das sich immer mehr zu einem Projekt entwickelt hat, „an dem ständig gearbeitet werden muß“ (Hark 1996: 82). Damit erscheint Identität als ein Ergebnis von Identitätsarbeit und wird in sozialwissenschaftlichen Debatten laut Katharina Liebsch zunehmend nicht als einheitlich und kohärent beschrieben, sondern als fragmentiert, vielfältig, in Auflösung begriffen und situativ: „Die Selbst-Entwürfe von Einzelpersonen haben einen geringer werdenden Anspruch auf Dauerhaftigkeit und Verbindlichkeit“ (Liebsch 2008: 82). Identität ist in Bewegung und wird auch zunehmend als Prozess und nicht als Ergebnis analysiert. Insofern wird der (wissenschaftliche) Blick auf die Konstruktionsprozesse von Identität gerichtet. Ich arbeite daher mit einer Analyseperspektive, die auf die Verhandlungsprozesse schaut, die um kollektive Identitätsbezüge stattfinden.

In der Einschätzung des Stellenwerts und der Funktion von Identitäten in politischen Bewegungen folge ich unter anderem Sabine Hark und Judith Butler. Identitäten sind ihnen zufolge als ‚fiktiv‘ zu verstehen. Das bedeutet, dass sie als ‚leere Zeichen‘ füllbar sind, „mit denen Individuen und Kollektive sich politisch, historisch und kulturell situieren“ (Hark 1996: 62). Als Konstruktionsprozess ist der Ausgang der ‚Herstellung‘ von Identität stets ungewiss – und kann scheitern. Identität erscheint daher eher als „ein normatives Ideal als ein deskriptives Merkmal der Erfahrung“ (vgl. Butler 1991: 38).

Daran anschließend formuliert Hark zwei Problematiken, die Identitätspolitiken ausmachen und fasst damit die zentralen Kritikpunkte aus queer-feministischer Perspektive zusammen: Erstens, dass eine kollektive Identität angenommen wird, die für alle, die davon bezeichnet werden, gleich ist, und zweitens dass „diese Identität intrinsisch verbunden ist mit bestimmten politischen Interessen“ (Hark 1996: 139). Als problematisch daran diskutiert sie, dass die damit produzierten kollektiven Identitäten als ‚natürliche‘ erscheinen und vorgeben, den authentischen Kern der jeweiligen Identitätspositionen zu repräsentieren. Dabei verquicken sich in problematischer Weise, wie Hark am Beispiel der Lesbenbewegung zeigt, die zwei Bedeutungsebenen von Repräsentation – nämlich Darstellung und Vertretung. Daraus ergibt sich „die Problematik der Reifizierung politischer (d.h.) künstlicher Identitäten im Akt der Repräsentation selbst“ (Hark 1994: 92). Das heißt, Repräsentation stellt nicht nur etwas nach ‚außen‘ dar, sondern produziert Bedeutung in diesem Akt der Darstellung auch nach ‚innen‘. Die Logik der Repräsentation ist in der Identitätspolitik maßgeblich verankert, und in dieser Logik müssen notwendig Ausschlüsse produziert werden, da sich keine Identitätsbezeichnung bzw. keine Kategorie finden lässt, die alles mit einschließen würde. Vielmehr funktioniert die Logik der Bezeichnung gerade dadurch, dass sie etwas Bestimmtes meint und etwas Anderes dafür ausschließt (vgl. in Bezug auf Hark und Butler auch Paulus 2001: 89).

Zudem werden im Aktivismus und in akademischen Debatten die in identitätspolitischen Praktiken als gemeinsam unterstellten Unterdrückungserfahrungen problematisiert. Denn diese Annahme gehe von gleichen Erfahrungen aus, wodurch die Unterschiede innerhalb dieser Gruppe unsichtbar oder zumindest dethematisiert würden (vgl. bspw. Bauer 2001: 332ff.).

Die praktische Bezugnahme auf kollektive Identitäten, mit der politische Ziele verbunden werden – wie bspw. die feministische Kategorie ‚Frauen' –, funktioniert als Abgrenzung nach außen und erhält damit ein ausschließendes Moment, in dem andere Entwürfe und Definitionen keinen Platz finden oder zumindest hoch umkämpft und umstritten sind. Für Butler ist daher das feministische ‚Wir' stets nur eine

> „phantasmatische Konstruktion, die zwar bestimmten Zwecken dient, aber zugleich die innere Vielschichtigkeit und Unbestimmtheit dieses ‚Wir' verleugnet und sich nur durch die Ausschließung eines Teils der Wählerschaft konstituiert, die sie zugleich zu repräsentieren sucht." (Butler 1991: 209)

Butler weist zudem auf die Problematik der Identität hin, die nie ganz mit sich identisch sei, sondern immer auch das ‚Andere' beinhalte, das sie nicht ist und von dem sie sich abgrenzt. Identität sei damit nicht nur prozessual, sondern auch immer „verunreinigt" durch das ‚Andere'. Die Kohärenz, die hergestellt werden soll, müsse daher immer scheitern (vgl. auch Paulus 2001: 91). Die daraus folgende Herausforderung für meine Studie ist es, die Perspektive darauf zu lenken, welche Aspekte von Identitätskonstruktionen in der konkreten Praxis des Ladyfest-Aktivismus in den Vordergrund gelangen, welche nicht thematisiert werden und ob sich Spuren der ‚Verunreinigung' finden und bestimmen lassen. Das bedeutet, Identität in einer sehr grundlegenden Form als offenes, unfertiges und uneindeutiges Konzept zu verstehen.

Die Pluralisierung dieser Logik, also die Aufzählung verschiedener einzuschließender Kategorien, verschiebt lediglich die Problematik; denn eine solche Erweiterung muss notwendigerweise unabgeschlossen bleiben (vgl. Butler 1991: 210). In diesem Sinne argumentiert auch Hark, dass das Verbleiben innerhalb einer Repräsentationslogik von Identitäten den Umgang mit Differenz notwendig problematisch mache, da diese nicht als „Differenz *in* Identität selbst" erscheine, sondern lediglich als „Differenz *zwischen* Identitäten" (Hark 1996: 55).

Insofern verstehe ich nach Butler und Hark die Konstruktionsprozesse von (kollektiven) Identitäten als notwendig unabgeschlossen, weil sie aufgrund der Bezeichnungspraxis in der Repräsentationslogik verbleiben (müssen) und deshalb temporäre und umkämpfte Ausschlüsse produzieren. Der Ausgang der Dynamik einer Bezeichnungspraxis ist daher stets offen. Aus diesem Grund beschreibt Paulus im Anschluss an Butler den Horizont von (feministischer) Politik als eine ständige Auseinandersetzung mit der „Ambiguität von Identität jenseits positionaler Festschreibungen" (Paulus 2001: 94). Dieser Prozess ‚endet' mit Identitätspolitiken jedoch in seinem Gegenteil: Identitäten werden in Bewegungen zum Selbstzweck, es finden Schließungen statt und – wie es Sabine Hark beschreibt – die Identitätskategorien werden „zu einem steinharten *Identitätsbrocken*" (Hark 1996: 17). Angelehnt an Foucaults Machtbegriff argumentiert sie darüber hinaus:

> „[In] dem Maße, wie Identitätsbewegungen daran arbeiten, ihrer Identität Gestalt zu geben, sich also selbst zu einem Fall machen und sich damit dem Geständnisimperativ moderner Disziplinarmacht unterwerfen – und das gilt auch für den politischen Diskurs –, partizipieren sie an einer Art, über sich nachzudenken, die eine Modalität der Macht darstellt." (Hark 1998a: 40).

Die Bezugnahme auf geteilte Identitäten sei deshalb immer auch mit dem Partizipieren an der Macht im Foucaultschen Sinne verbunden. Das bedeutet, dass die aktivistischen Praktiken – gerade auch dann, wenn sie für sich in Anspruch nehmen, selbstreflexiv jene Identitätspolitiken zu vermeiden – kritisch auf ihre ‚blinden Flecken' und die Beteiligung an jenen ‚Modalitäten der Macht' hin untersucht werden müssen.

Aus dem hier dargestellten Punkten ergibt sich die Notwendigkeit für (queer-)feministische Politiken, Identitätspolitiken zu reflektieren und gleichzeitig Ein- und Ausschlüsse als Folge von Identitätskonstruktionsprozessen zu verstehen, also als Praktiken, die Zugehörigkeiten und kollektive Identitäten, aber auch Ausschlüsse und Nicht-Zugehörigkeiten hervorbringen. Davon ausgehend argumentiert Butler für eine Politik, „die die veränderlichen Konstruktionen von Identität als methodische und normative Voraussetzungen begreift, wenn nicht gar als politisches Ziel anstrebt" (Butler 1991: 21). Es geht also nicht darum, kollektive Identitäten durch eine politische Praxis herzustellen, die dann zu ‚Identitätsbrocken' werden, sondern darum, den stetigen Prozess des Werdens als politisch notwendigen Prozess zu begreifen. Daher stellt Sabine Hark fest, dass es nicht darum geht, „ob wir *für* oder *gegen* Identitäten sind" (Hark 2013: 39) sind, sondern darum, welche Schlüsse für politische Strategien aus der Debatte gezogen werden (siehe hierzu Unterkapitel 4.4). Diesen Prozess gilt es stetig kritisch-reflexiv zu diskutieren.[6]

Mit dieser Forschungsarbeit wird ein empirischer Beitrag zur Frage nach den queer-feministischen Kritiken an Identitätskonzepten und politischem Handeln geleistet. Bezogen auf mein Untersuchungsfeld des Ladyfest-Aktivismus ergeben sich hier bereits auffällige Widersprüche, die aus den Ansprüchen der Selbstreflexivität und Inklusivität folgen: Der Anspruch, keine Ausschlüsse zu produzieren, muss den obigen Ausführungen nach scheitern. Insofern gilt es, sich näher mit den Begriffen Ein- und Ausschluss zu befassen.

4.2 EINSCHLUSS UND AUSSCHLUSS

Ausgehend von diesen Annahmen über kollektive Identitäten und politisches Handeln wird der analytische Blick notwendig auf die Widersprüche einer politischen Praxis gelenkt, die explizit den Anspruch formuliert, keine Ausschlüsse aufgrund von Identitäten zu vollziehen, also in dieser Hinsicht inklusiv zu sein.[7] Diesen Widersprüchen gehe ich in meiner Untersuchung nach, was es notwendig macht, mein Verständnis der Begriffe Ein- und Ausschluss zunächst zu diskutieren. Ein- und Ausschlüsse verstehe ich als Begriffe, die in einem logischen Abhängigkeitsverhältnis stehen (ohne Einschluss keinen Ausschluss). Die für Ein- und Ausschlüsse notwendigen Grenzziehungen sind stets prozessual und uneindeutig.[8]

---

6 In gegenwärtigen queer-feministischen Verhandlungen werden kollektive Identitäten und Identitätspolitiken immer wieder problematisiert und diskutiert, allerdings verstärkt unter Rückgriff auf die Begriffe Kollektivität und Solidarität (vgl. Jähnert et al. 2013 oder die Ausgabe der Feministischen Studien 1/2015).

7 Ein- und Ausschlüsse werden im Feld Ladyfeste vor allem als Ge- und Verbote thematisiert: Ausschlüsse sollen möglichst nicht vollzogen werden; und wenn doch, so sind sie in jedem Fall legitimationsbedürftig.

8 Ich lasse hier die ungleichheitstheoretischen Begriffsbestimmungen zu Inklusion und Exklusion außen vor, da sie mit anderen Grundannahmen arbeiten (vgl. für Überblicke über ungleichheitstheoretische Ansätze sowie systemtheoretische Ansätze Bohn (2006), Burzan (2007), Farzin (2006), Hahn (2008) und Stichweh (2005)). Ich folge hier den konstruktivistischen Ansätzen von Butler und Foucault, die es mir erlauben, stringenter an meiner Begriffsentwicklung zu arbeiten.

Ausschlüsse als Kernthema queer-feministischer Theoretisierungen zu verstehen, führt zu Foucaults Machtkonzeption, die es laut Beatrice Michaelis erlaubt

> „die Mechanik von Ausschlüssen zu analysieren und den konstitutiven Charakter ‚abweichender' Kategorien wie ‚Frau' oder ‚Homosexualität' als notwendig für die Konstruktion von universalisierter Männlichkeit und Heterosexualität zu dechiffrieren." (Michaelis et al. 2012: 184)

Mit Foucault lässt sich demzufolge der Ausschluss von Abweichendem thematisieren. Als Beispiel führt Michaelis die Kategorie Frau an, die relativ zur universalisierten Männlichkeit als das Abweichende konstruiert werde. In meinem Feld des queer-feministischen Aktivismus stellt sich die Norm anders dar. Die ‚Cis-Frau'[9] stellt hier keine Abweichung, sondern ein normatives Ideal dar, das ausschließend wirken kann. Die Frage lautet hier also anders, nämlich, wie die Kategorie ‚Frau' ausschließend wirkt. Daher ist die Auseinandersetzung um Ausschlüsse auch im Feld des queer-feministischen Aktivismus davon geprägt, dass sie immer auch die Kritik an Heteronormativität mitführt. Damit rückt auch das, was als Norm gilt, ins Blickfeld. Somit stellt sich die Auseinandersetzung mit Ausschlüssen in meinem Feld als spannungsreich, wenn nicht sogar widersprüchlich dar.

Ausschlüsse werden unsichtbar

Folgt man Butler und Hark, muss – wie bereits dargelegt – in Frage gestellt werden, ob sich Ausschlüsse in einer Bezeichnungs- und Repräsentationslogik überhaupt vermeiden lassen. In der Konsequenz bedeutet das für meine Perspektive, die Effekte und Folgen von Ausschlüssen zu untersuchen, statt davon auszugehen, dass sich diese vermeiden lassen. Butler formuliert im Anschluss an Foucault, dass bereits die „Rechtsformation von Sprache und Politik" (Butler 1991:

---

9 Die Bezeichnung Cis-Mann oder Cis-Frau meint Männer und Frauen, die als solche in einem eindeutigen Körper geboren sind und als solche leben. „Denn wenn es ein Trans, ein Jenseits (des Körpergeschlechts) gibt, muss es ein Cis, ein Diesseits geben. Indem der Transsexualismus beweist, dass auch die Geschlechtlichkeit ein kulturell Zusammengesetztes und psychosozial Vermitteltes ist, fallen Körpergeschlecht und psychosoziale Geschlechtsidentität bei den Cissexuellen, die bisher die einzig Gesunden und Normalen waren, nicht mehr fraglos und scheinbar neutral zusammen" (Sigusch 2005: 108).

16) sowohl auf Ausschlüssen beruhe, als auch die Effekte dieser Ausschlüsse als natürliche erscheinen lasse:

„Für die Politik, besonders für die feministische, steht die Frage des ‚Subjekts' im Mittelpunkt, weil die Rechtssubjekte stets durch bestimmte Ausschlußverfahren hervorgebracht werden, die nicht mehr zum Vorschein kommen, sobald die Rechtsstruktur der Politik etabliert ist." (Ebd.: 17)

Butler beschreibt hier das Unsichtbarwerden von Ausschlussmechanismen. Zugespitzt auf das Thema Identitätspolitik formuliert Hanna Meißner einen ähnlichen Gedanken: Der Konstitutionsprozess einer besonders (geteilten) Subjektidentität sei nicht immer unmittelbar zugänglich und erfahrbar, sondern vielmehr sei das Problem, „dass das Subjekt die gesellschaftliche Form einer Identität annehmen muss, die es jedoch als *eigene* Identität erfährt und daher nicht *als gesellschaftlich konstituiert* begreifen kann" (Meißner 2012: 64). Diese Identität sei Teil eines „Prozess[es] der Disartikulation von Machtverhältnisse[n]" (ebd.).

Das bedeutet für meine Analyseperspektive, Ausschlüsse als notwendige Effekte von Identifizierungen zu verstehen, wobei diese gesellschaftlichen Konstitutionsprozesse für die Handelnden jedoch nicht unmittelbar transparent und zugänglich sind, sondern die Resultate derartiger Identifizierungsprozesse oftmals als natürliche wahrgenommen werden.

Mit Butler müssen aber nicht nur Ausschlüsse aus der feministischen Identitätskategorie thematisiert werden, sondern auch Ausschlüsse aus gesellschaftlichen Anerkennungsverhältnissen bzw. aus gesellschaftlich anerkannten Kategorien, wie bspw. Mann/ Frau. Mit ihrem Begriff der Intelligibilität[10], der auf das Anerkennbare und damit Lebbare zielt, lässt sich zeigen, dass es sich dabei – auch wörtlich – um eine Frage des Überlebens handelt. Butler spitzt dies zu:

„Some people have asked me what is the use of increasing possibilities for gender. I tend to answer: Possibility is not a luxury; it is as crucial as bread. I think we should not underestimate what the thought of the possible does for those for whom the very issue of survival is most urgent." (Butler 2004: 29)

---

10 „Mit dem Begriff erfasst Butler gewissermaßen den produktiven Effekt von Diskursen: Intelligibel sein heißt, in einem bestimmten historisch-kulturellen Kontext sinnvoll erkennbar, verstehbar zu sein. Für das Subjekt bedeutet Intelligibilität, für sich und andere erkennbar und anerkennbar zu sein – und damit überhaupt als Subjekt lebensfähig zu sein." (Meißner 2012: 124)

Hier geht es um Möglichkeiten des Lebbaren, die auch das Überleben im ganz konkreten Sinne beinhalten und um die Bedingungen von Handlungsfähigkeit. Butler führt aus, dass es bspw. um die Frage geht, inwieweit man als Transgender-Person im sozialen und juristischen Sinne Anerkennung findet, auf sozioökonomischer Ebene diskriminiert wird und mit welcher Wahrscheinlichkeit man durch einen von Vorurteilen motivierten Angriff verletzt oder getötet wird. Mit Butlers Begriff der Intelligibilität rücken damit stärker die gesellschaftlichen Bedingungen, die Mechanismen der Abweichung (von dem, was als ‚normal' gilt) und Devianz in den Blick. Das Unsichtbarwerden der Ausschlüsse kann aus dieser Perspektive sichtbar gemacht und die Herstellungsmechanismen aufgezeigt werden.

Repressive Effekte von Einschluss

Die Bemühungen um Einschlüsse bzw. inklusive Praktiken erscheinen zunächst als das ‚logische Gegenstück' von Ausschlüssen. Mit Foucault lassen sich jedoch auch potenzielle repressive Effekte von Einschlusspraktiken betrachten. Es lässt sich der einschließende Ausschluss durch Normierung und Disziplin beschreiben, der auch als „totalitäre Struktur der Inklusionsmechanismen" (Gertenbach 2008: 318) verstanden werden kann. Hier rücken Normabweichungen und die Überwachung ins Zentrum, und zwar *durch* Einschlüsse in diskursive Felder wie bspw. Medizin, Psychologie, Psychiatrie, Pädagogik etc. Ein bekanntes Beispiel ist die von Foucault beschriebene Entwicklung vom Sodomiten zum Homosexuellen: „Der Sodomit war ein Gestrauchelter, der Homosexuelle ist eine Spezies" (Foucault 1999: 58). Die Sichtbarmachung von Homosexualität als Abweichung erscheint hier als eine diskursive Praxis zur Stabilisierung und Normalisierung von Heterosexualität (vgl. ebd. insbesondere 50ff.). Wie Mike Laufenberg weiter argumentiert, würden nicht nur ‚Homosexuelle', sondern alle durch den Diskurs homosexueller Devianz diszipliniert (vgl. Laufenberg 2014: 139).[11]

Mit dieser Perspektive lassen sich die disziplinierenden Funktionen der Einschlusspraktiken betrachten. Damit zeigt sich die Ambivalenz des Diskurses, wie Foucault ihn in *Die Ordnung des Diskurses* beschreibt: Diskurs ist hierbei zugleich Mittel zur Macht und Macht selbst (vgl. Foucault 2012: 11).[12] Ich folge

---

11 Mike Laufenberg weist darauf hin, dass die Lesarten dieser Passage nicht selten die Wahrnehmung des gesamten Textes beeinflussen und Foucaults Pointe der Verschiebung von Machtstrategien häufig an Bedeutung verliere (vgl. Laufenberg 2014: 121ff.).

12 Ich fokussiere hier auf einen bestimmten Gedanken von Foucault, der mir für die Perspektive meiner Arbeit hilfreich erscheint, wohl wissend, dass Foucault im Laufe sei-

diesem theoretischen Verständnis von Macht und Diskurs, das unter anderem Lars Gertenbach stark macht, der mit Foucault darauf insistiert, dass „Inklusion keineswegs stets als erstrebenswertes gesellschaftliches Ideal zu begreifen ist“ (Gertenbach 2008: 314).

Damit sind zwei zentrale Aspekte der theoretisch-analytischen Perspektive meiner Untersuchung beschrieben: Erstens verfolge ich die Frage, inwiefern Bemühungen um Einschlüsse bzw. Inklusivität disziplinierende, repressive Effekte haben. Inwiefern finden dadurch Homogenisierungen, Normalisierungen und (neue) Differenzierungen statt? Zweitens folge ich der These, dass eine politische Praxis unter den gegebenen Bedingungen nicht ohne Ausschlüsse auskommt. Eine solche Sichtweise steht in einem Spannungsverhältnis mit dem zentralen Paradigma des heutigen queer-feministischen Aktivismus, der darauf zielt, eine inklusive Praxis zu gestalten. Den Verhandlungen dieses Widerspruchs gehe ich in der Analyse des empirischen Materials nach. Dabei beschäftigt mich auch die Frage, wo sich dennoch Potenziale, Freiräume und Gestaltungsräume finden lassen.

4.3 Raumkonstitution

Ladyfest-Aktivist_innen wenden ausdrücklich Strategien an, um Räume temporär nach ihren Vorstellungen zu gestalten. Die Verhandlungen von Ein- und Ausschlüssen drücken sich insbesondere in der Raumgestaltung und Einladungspolitik aus. Insofern nehmen Raumkonzeptionen eine besondere Rolle im Ladyfest-Aktivismus ein, denn Räume werden auch von den Aktivist_innen selbst als auch von gesellschaftlichen Strukturen und Ungleichheiten geprägt wahrgenommen und beschrieben. Sie werden gleichzeitig aber auch als gestaltbar verstanden, als Produkte von sozialen Prozessen, die aktiv hergestellt und insofern auch beeinflusst werden können.

Ich wende in meiner Untersuchung ein Raumverständnis an, demzufolge Räume als gesellschaftliche Konstitutionsprozesse verstanden werden und mit dessen Hilfe diese Räume als prozesshaft analysiert werden können. Dabei folge ich in weiten Teilen Martina Löw (2001), die ein umfassendes theoretisches Modell der Raumkonstitution anbietet und sich dabei begrifflich und konzeptionell auf unterschiedliche theoretische Arbeiten bezieht. Für meine Perspektive

---

nes Werkes den Begriff des Diskurses beständig weiterentwickelt hat. Für einen Überblick vgl. Ruoff (2009: 91ff.).

sind insbesondere die Ansätze von Henri Lefèbvre, Dieter Läpple und Pierre Bourdieu relevant, die ich daher kurz mit Rekurs auf Löw skizzieren werde.

Für die Theoretisierung von materiellen und sozialen Faktoren, die die Raumproduktion und deren Wechselverhältnisse untereinander bestimmen, sind die Arbeiten von Henri Lefèbvre prägend, denn er entwickelt mit seinem Werk „Production de l'espace" von 1974 einen relationalen Raumbegriff. Raum ist nach Lefèbvre in der jetzigen Verfasstheit der Gesellschaft nahezu immer gesellschaftlicher Raum und – hier wird seine marxistische Perspektive deutlich – durch die jeweiligen Produktionsweisen geprägt (vgl. Lefèbvre 1991). Er unterscheidet drei Ebenen der Raumproduktion:

Erstens entwickelt er die Ebene einer *räumlichen Praxis*, die auf eine alltägliche, nicht-reflexive Erfahrung von Raum abzielt. Zweitens ist die Ebene der *Repräsentation von Raum* relevant, da sie sich auf einen geplanten, konzeptualisierten, auch wissenschaftlichen Raum bezieht. Und drittens beschreibt er die symbolische Ebene von Raum als *Räume der Repräsentation*, die sich über Bilder und Symbole vermitteln (vgl. ebd.: 31; 38ff., aber auch Elden 2002 und Löw et al. 2008). Mit dieser Raumtriade entwirft Lefèbvre einen bis heute wirkmächtigen Ansatz, mit dem Räume als Produkte von sozialen Prozessen zu denken sind. Insofern sind seine Arbeiten eine zentrale Referenz, wenn es um ein produktives Raumverständnis geht.

Als Vorreiter in der deutschsprachigen Debatte entwirft Dieter Läpple (1991) sein Konzept des so genannten „Matrix-Raumes". Darunter versteht er einen relationalen Raum, der sich nicht getrennt von gesellschaftlichen Inhalten entwickelt (ebd.: 194ff.).

> „Als Resultat der materiellen Aneignung der Natur ist ein gesellschaftlicher Raum zunächst ein gesellschaftlich produzierter Raum. Seinen gesellschaftlichen Charakter entfaltet er allerdings erst im Kontext der gesellschaftlichen Praxis der Menschen, die in ihm leben, ihn nutzen und ihn reproduzieren." (Ebd.: 197)

Lefèbvres und Läpples Arbeiten ist gemeinsam, dass sie sich von einer Konzeption abgrenzen, die Räume als bloße Behälter versteht und dass sie mit einer marxistisch geprägten Theorie auf die gesellschaftlichen Herstellungsprozesse von Räumen hinweisen. Insofern sind die Perspektiven von Lefèbvre und Läpple hilfreich, um die Produktion von Räumen unter Bedingungen sozialer Ungleichheit konzeptuell zu erfassen.

Auch Pierre Bourdieu versteht Räume als Machtfelder und bezieht gesellschaftliche Ungleichheitsverhältnisse explizit in seine Analyse ein. Bei Bourdieu fallen räumliche und soziale Distanzen insofern ineinander, als dass soziale Hierarchien sich in räumlichen Strukturen widerspiegeln (vgl. Bourdieu 1991: 26f.). Räume seien in einer hierarchisierten Gesellschaft stets hierarchisch, dies „allerdings in mehr oder minder deformierter Weise und durch Naturalisierungseffekte maskiert" (Bourdieu 2008: 160).

Um dies zu beschreiben, unterscheidet er zwischen dem *sozialen* und dem *physischen Raum*, die jedoch eng miteinander verwoben seien:

> „Der soziale Raum ist nicht der physische Raum, realisiert sich aber tendenziell und auf mehr oder minder exakte und vollständige Weise innerhalb desselben. [...] Der in bestimmter Weise von uns bewohnte und uns bekannte Raum ist sozial konstruiert und markiert." (Bourdieu 1991: 28)

Der *angeeignete physische Raum* hingegen verweise auf die Möglichkeit, sich aufgrund von verschiedenen Kapital(-sorten)[13] Räume anzueignen, sie zu dominieren und die dort vorhandenen Ressourcen tatsächlich nutzen zu können. Es geht also um die Möglichkeiten des Zugangs: „Man kann durchaus ein Wohngebiet physisch belegen, ohne wirklich und im strengen Sinne darin zu wohnen; wenn man nämlich nicht über die stillschweigend geforderten Mittel dazu verfügt, angefangen mit einem bestimmten Habitus" (ebd.: 31). Zudem ist dieser angeeignete physische Raum ein Ort, an dem sich symbolische Gewalt am ehesten vollzieht und somit auch ein Ort des Machtvollzugs (vgl. ebd.: 27).[14] Es wird deutlich, dass Bourdieu Räume als mächtige und ‚träge' Faktoren in der Reproduktion gesellschaftlicher Hierarchien versteht, die durch die Verteilung von anderen Ressourcen bestimmt werden. Während Ausschließung räumlich einen Raum strukturiert, sind es Mechanismen der Distinktion, die den sozialen Raum als einen hierarchisierten hervorbringen (vgl. ebd.: 26ff.). Mit Bourdieu lassen sich die sozialen Ungleichheitsverhältnisse konkreter denken, die sich in der ak-

---

13 Die verschiedenen Kapitalsorten, die hier implizit angesprochen sind und zu Bourdieus theoretischen Grundbegriffen zählen, sowie den Begriff der Distinktion entwickelt Bourdieu maßgeblich in *Die feinen Unterschiede* (Bourdieu 2003).

14 Es stellt sich die Frage, wie sich der soziale Raum und der angeeignete physische Raum genau unterscheiden. Martina Löw, die sich auf Bourdieu stützt, bringt diese Unterscheidung auf den Punkt: „Bourdieu stellt demnach zwei Räume gegenüber: der metaphorisch gemeinte soziale Raum und der sozial angeeignete geographische Raum. Während also der Begriff des sozialen Raums nur als Bild verwendet wird, um soziale Prozesse zu verdeutlichen, folgen die Ausführungen zu dem angeeigneten physischen Raum der Logik eines starren Raums, in den sich soziale Prozesse einschreiben" (Löw 2001: 182).

tiven Herstellung von Raum reproduzieren. Bourdieus soziologische Raumtheorie erlaubt es Räume unter den aktuellen gesellschaftlichen Bedingungen als nicht hierarchiefrei zu verstehen. Auf diese Perspektive werde ich insbesondere im empirischen Kapitel über Freiräume zurückkommen.

Die Kritik von Martina Löw an Bourdieus Konzeption, der ich hier folge, zielt darauf, dass er zwar den Raum relational zu sozialen Ungleichheitsverhältnissen konzipiert, den Einfluss des Raumes selbst auf diese Verhältnisse jedoch vernachlässigt. Löw zufolge ist Bourdieu durch seinen absolutistischen Begriff des angeeigneten sozialen Raums gezwungen, „das Soziale dem Räumlichen einseitig strukturierend gegenüberzustellen" (Löw 2001: 183), der Raum selbst also werde in letzter Konsequenz passiv gedacht. Wechselwirkungen können demnach nicht konzeptuell erfasst werden. Daher eigne sich Bourdieus Theoriemodell nicht, um ein konsequent relationales Raumkonzept zu entwerfen, so Löw.

Anknüpfend an Lefèbvre, Läpple und Bourdieu konzipiert auch Löw Raum in Relation zu sozialen bzw. gesellschaftlichen Hierarchien, versteht ihn prozesshaft und berücksichtigt die Praxis bzw. die gesellschaftlichen Voraussetzungen der darin handelnden Personen. Ihr Konzept erweitert dieses Raumkonzept jedoch. Grundlegend wird Raum von Löw als „relationale (An)Ordnung sozialer Güter und Menschen" (ebd.: 158) verstanden. Sie schlägt eine theoretische Konzeption vor, mit der sie Teilaspekte der Konstitution von Raum und die Veränderungen von gesellschaftlichen Rahmenbedingungen zusammen denken kann (vgl. ebd.: 263). Dabei zielt sie auf ein Verständnis von Raum, in dem dieser das Ergebnis einer Wechselwirkung zwischen Struktur und Handeln ist (ebd.: 152ff.). „Räumliche Strukturen müssen, wie jede Form von Strukturen, im Handeln verwirklicht werden, strukturieren aber auch Handeln." (Löw et al. 2008: 63) Insofern sei Raum Teil der Dualität von Handlung und Struktur. Sehen könne man das bspw. an der Strukturkategorie Geschlecht, die bestimmend für Raumaufteilungen und -zuschreibungen ist, aber auch in Form von geschlechtlichen Rollenmustern das Handeln der Personen bestimmt. Insofern sind Räume sowohl auf der Strukturebene als auch auf der Handlungsebene das Ergebnis sozialer Interaktionen in gesellschaftlichen Strukturen, und gleichzeitig prägen sie das soziale Handeln. „In der fortwährend wechselseitigen Konstitution von sozialem Handeln und sozialen Strukturen entstehen Räume als Ergebnis und Voraussetzung des Handlungsverlaufs" (ebd.: 64). Das wechselseitige Verhältnis von Mensch und Raum, von Handlung und Struktur, beschreibt Löw ausführlicher mit den zentralen Begriffen des *Spacing* und der *Syntheseleistung*. Als Spacing bezeichnet sie bewusstes „Errichten, Bauen oder Positionieren" (ebd.) von Menschen oder Gütern im Raum, also das, was wir als Raumgestaltung fassen können. Unter der Syntheseleistung versteht sie das Zusammenfassen von Gütern und Menschen im Raum durch „Wahrnehmungs-, Vorstellungs- oder Erinnerungsprozesse" (Löw 2001: 159). Die Prozesse von Spacing und Syntheseleistung finden stets gleichzeitig statt (vgl. ebd.).

Das heißt, Löw beschreibt Menschen nicht nur als aktiv an der räumlichen Gestaltung beteiligt, sondern sie betont auch, dass sie durch ihr Handeln und Wahrnehmen in alltäglichen Praxen Raum herstellen. Für die Syntheseleistung, also das Wahrnehmen, Vorstellen und Erinnern seien Sozialisationsprozesse und Bildungsprozesse zentral. Diese hätten sich in den letzten 60 Jahren nachhaltig verändert und in diesem Zuge auch die Formen der Syntheseleistung. Vor allem die Erfahrung von virtuellen Räumen, so Löw, verändere die Raumvorstellung hin zum Diskontinuierlichen, und es „verfestigt sich die Vorstellung von Raum als vernetzter (An)Ordnung einzelner Räume" (ebd.: 266). Löw kommt zu dem Ergebnis, dass unter den aktuellen Voraussetzungen die Konstitution verschiedener Räume an einem Ort denkbar werde. Räume müssen insofern stets im Plural gedacht werden (vgl. ebd.: 268ff.).

Für meine Perspektive auf Räume und Raumkonstitution kann ich verschiedene Aspekte aus Löws Arbeit produktiv nutzen. So lässt sich mit ihrem Konzept die Herstellung von Räumen als Wechselwirkung von Handelnden (Aktivist_innen) und strukturellen Bedingungen (Verfasstheit von Freiräumen bzw. vorgefundenen Räumen) angemessen erfassen. Räume als institutionalisiert zu denken, bedeutet, dass sie auch jenseits des Handelns der Einzelnen wirksam bleiben (vgl. ebd.: 272). Mit diesem Aspekt der Wirksamkeit in Räumen sind die Aktivist_innen konfrontiert, und sie reflektieren diesen Umstand in den Interviews. Insofern sind die Aktivist_innen als ‚bewusste' Raumproduzent_innen zu betrachten.

In meinem Feld ist die queer-feministische Gestaltung von Räumen ein wichtiges Thema, also die Frage, wie Räume derart gestaltet werden können, dass sie einer queer-feministischen Lebensrealität Rechnung tragen und sie repräsentieren. Damit wird gleichzeitig eine Abgrenzung gegenüber hegemonialen Normen der Raumgestaltung vollzogen. Dahinter steht die Annahme, dass Räume gesellschaftliche Strukturen widerspiegeln. Mit Löw und ihrem Bezug auf Bourdieu lässt sich dieser soziale Sachverhalt theoretisch fassen:

> „Räume bringen Verteilungen hervor, die in einer hierarchisch organisierten Gesellschaft zumeist ungleiche Verteilungen bzw. unterschiedliche Personengruppen begünstigende Verteilungen sind. Räume sind daher oft Gegenstände sozialer Auseinandersetzungen." (Ebd.: 272)

Insofern erscheint es als logische Konsequenz, dass sich auch in den von den Aktivist_innen gestalteten Räumen gesellschaftliche Hierarchien spiegeln. Daher gehe ich davon aus, dass in den Verhandlungen von Ein- und Aus-schlüssen im Aktivismus auch die gesellschaftlichen (Identitäts-) Kategorien relevant werden. Ich betrachte in dieser Untersuchung daher Räume selbst als Ergebnis von gesellschaftlichen Hierarchien und Kämpfen um soziale Positionierungen. Dabei müssen die Begriffe Raum und Ort konsequent voneinander unterschieden werden, um verschiedene, gleichzeitig vorhandene Räume an einem Ort zu denken.

Die aktive und bewusste Herstellung von Räumen, wie sie im Ladyfest-Aktivismus praktiziert wird, stelle ich anhand meines empirischen Materials in Kapitel 9 dar. Für meine Analyseperspektive ist hierbei ein relationales und produktives Raumverständnis von Bedeutung, mit dem Räume in ihrem sozialen Konstitutionsprozess betrachtet werden können. Räume werden in ihrer spezifischen Bestimmtheit hergestellt, sie sind geprägt von den sie durchziehenden gesellschaftlichen Kategorien. Mit Hilfe dieser Perspektive lassen sich die Raumpraktiken der Aktivist_innen untersuchen.

4.4 Strategien politischen Handelns jenseits von Identitätskategorien

Die Kritik an Identitätspolitiken ist ein zentraler Bezugspunkt sowohl für die theoretische als auch für die empirische Perspektive meiner Studie. Daher lautet eine Frage, wie Aktivismus ohne Bezug auf Identitätskategorien in theoretischen Debatten konzipiert wird und welche alternativen Handlungsstrategien daraus erwachsen. Im Folgenden werde ich deshalb theoretische Ansätze und Konzepte zusammentragen, die sich mit der Frage des politischen Handelns jenseits von Identität befassen. Die ausgewählten queer-feministischen Ansätze verweisen auf Heterogenität, Unabschließbarkeit und den Prozess des Werdens und lassen sich in poststrukturalistischen Theorien des Politischen verorten (vgl. bspw. Engel 2013: 76). Die Zusammenfassung dieser Ansätze dient mir dazu, einen theoretischen Bezugsrahmen für die Analyse des empirischen Materials zu erarbeiten. Ich gehe damit der Frage nach, wie politisches Handeln ohne den Bezug auf Identitätskategorien möglich ist.

Reflexivität und Unabgeschlossenheit

Viele Ansätze, die über Strategien politischen Handelns jenseits von Identitätskategorien nachdenken, heben die Notwendigkeit des reflexiven Prozesses und dessen Unabgeschlossenheit hervor. Es geht bei diesen Strategien nicht darum, Identität als Ganzes abzulehnen, denn der „Verzicht auf Identität wäre auch Verzicht auf Bedeutung, auf Differenz überhaupt" (Hark 1996: 170). Deswegen sind in der politischen Praxis vielmehr die Entstehungsbedingungen von Identität hervorzuheben. Identitäten *sind* nicht einfach, sondern sie *werden*. In dem Wissen, dass Identitäten und Differenzen daher ein ‚Dauerthema' sind, geht es auch um die Unabgeschlossenheit dieses Prozesses.

Statt statische Beschreibungen und Positionierungen zu verfolgen, ist eine Alternative die „Bewegung des sich permanent neu Entwerfens" (ebd.: 171). Damit steht die Auseinandersetzung mit dem Konstruktionsprozess selbst im Vordergrund. Das ‚Ergebnis' eines solchen Prozesses beschreibt Hark als *deviante Subjekte*,

> „deren Identität niemals abgeschlossen ist, auch wenn ihre Bedeutung temporär geschlossen wird. *deviante Subjekte* sind nicht über Zeit und Raum identisch, und ihr Ausgangspunkt ist die Differenz innerhalb von Identität, der konstitutive Mangel an der Wurzel jeder Identität." (Ebd.: 174f.)

Es geht also darum, Handlungsfähigkeit als prekäres und ambivalentes Projekt aufzufassen, indem die Konstitutionsbedingungen von Handlungsfähigkeit selbst stets in Frage gestellt werden (vgl. ebd.: 175). Identitätskategorien sind dabei Ort der Regulierung *und* Ort des Einspruchs dagegen (vgl. ebd.: 11). Damit ist eine Perspektive eröffnet, Identitätskategorien nicht nur als beschränkend und normierend, sondern auch als ermöglichend zu betrachten.

Um identitätspolitische Fallen zu vermeiden, werden Strategien gewählt, die sich einem reflexiven Umgang mit den Bedingungen von Identitätskonstruktionen verpflichten. Dieser reflexive Umgang ist gekennzeichnet von Ambivalenzen, Unabgeschlossenheiten, Widersprüchen und dem Zulassen von grundlegenden Veränderungen. Das bedeutet auch, den Aushandlungsprozess darüber, wer das ‚Wir' einer kollektiven Identität ist, in den Vordergrund zu stellen. Damit wird die Auseinandersetzung darum, ‚wer für wen spricht' zu einem zentralen Bestandteil des Aktivismus und der politischen Praxis. Und das bedeutet auch, dabei selbstreflexiv die politische Praxis nach Schließungen zu befragen, also Ein- und Ausschlüsse zu benennen und zu verhandeln. Der Ausgang eines solchen Prozesses bleibt stets ungewiss und daher umkämpft. Im Sinne von Harks Sichtweise befähigt ‚eine Identität zu haben' somit auch zum Widerspruch: Als handlungsfähige Subjekte können wir auch gegen das, was uns konstituiert, widerständig agieren. Butler formuliert diesen Gedanken in dem oft zitierten Artikel *Ort politischer Neuverhandlungen*. Zwar können Identitäten für politische

Bewegungen notwendig sein, so Butler, sie müssen aber nicht endgültig definiert und können auch offen gelassen werden: „Der Feminismus braucht ‚die Frauen', aber er muß nicht wissen ‚wer' sie sind" (Butler 1993b). Daher geht Butler davon aus, dass die Konstitutionsbedingungen der Handlungsfähigkeit diese nicht determinieren (vgl. Butler 1991: 210). Vielmehr begründet sie ihren Begriff der Handlungsfähigkeit mit dem Konzept der Performativität (siehe ausführlicher folgender Abschnitt), in dem die Konstruktionsprozesse von gesellschaftlich wirkmächtigen Konzepten und deren Reproduktion durch die einzelnen Subjekte selbst im Vordergrund stehen.

Parodie und Subversion als queere Strategien

Daran anknüpfend schlägt Butler Strategien der Parodie vor, die subversive Wirkungen erzielen können. Dabei sei gerade die Parodie in der Lage, nicht nur das ‚Original' zu imitieren, sondern auch die Echtheit des Originals grundlegend in Frage zu stellen. Am Beispiel der Travestie macht sie deutlich, dass diese vermag, die *„Imitationsstruktur der Geschlechtsidentität als solche – wie auch ihre Kontingenz"* darzustellen (ebd.: 202, Hervorhebung im Original). Butlers Konzept der Geschlechterparodie ist häufig derart missverstanden worden, als ob Geschlecht etwas sei, das beliebig wählbar wäre und somit lediglich dargestellt werden müsste.[15] Genau das besagt Butlers Theorie allerdings nicht, sondern sie nimmt die Konstitutionsbedingungen von Geschlechtsidentität in ihrer Komplexität in den Blick.

> „Die kritische Aufgabe besteht eher darin, Strategien der subversiven Wiederholung auszumachen, die durch solche Konstruktionen ermöglicht werden, und die lokalen Möglichkeiten der Intervention zu bestätigen, die sich durch die Teilhabe an jenen Verfahren der Wiederholung eröffnen, die Identität konstituieren und damit die immanente Möglichkeit bieten, ihnen zu widersprechen." (Ebd.: 216)

Veränderungen bzw. politische Ziele sind dann subversive Verschiebungen von Bedeutungen und Erweiterungen der Lebbarkeit und Intelligibilität, bleiben also zunächst dem gesellschaftlichen Gefüge immanent (vgl. auch Ommert 2004). Insofern kann Butlers Konzept der Parodie und Subversion auch als ‚Politik der kleinen Schritte' gelesen werden.

---

15 Vgl. für eine Auseinandersetzung im deutschsprachigen Kontext Hark (1998b). Auch Christine Klapeer weist den Vorwurf des Voluntarismus zurück (vgl. Klapeer 2007: 76).

Die hier dargestellten Theorieansätze von Hark und Butler prägen heute das Verständnis von queerer Politik, die sich mittlerweile in unterschiedliche aktivistische Formen ausdifferenziert hat. Entscheidend ist in queeren Politik-konzepten, Identitätskategorien als offen zu betrachten, als unabgeschlossen und als ein Terrain von Erzählungen mit offenem Ausgang.

> „Eine Politik, die nicht repräsentiert, ‚was' wir sind, sondern performativ generiert, ‚wer' wir sind, indem kontinuierlich neue, episodische Identitäten hervorgebracht werden, die der Anfang immer neuer Geschichten wären, könnte der Rahmen einer solchen Umarbeitung der Beziehung von Repräsentation, Identität und Politik sein. Queer steht für solche performativen und theoretischen Praktiken, die auf der Ebene symbolischer Repräsentation agieren." (Hark 1994: 107)

Kritisch diskutiert wird im Hinblick auf die Praxis von Geschlechterparodien, dass queere Politik darüber hinaus politische Praxen vernachlässige, die auf die Einforderungen von Diskriminierungsfreiheit und Egalität abzielen. Auch wird kritisch darauf hingewiesen, dass queere Ansätze häufig auf die Themen Geschlecht und Sexualität beschränkt blieben (vgl. Klapeer 2007: 76f., Raab 2011: 71). Queere Konzeptionen bieten jedoch die Möglichkeit, die Kategorien des politischen Kampfes als offen zu haltende zu diskutieren, sodass Ausschlüsse thematisiert und aufgehoben werden können. Der politische Mehrwert ist daher hier nicht die Verhinderung von Ausschlüssen, sondern ihre Thematisierung und Sichtbarmachung.

Pluralität

Differenzen sichtbar zu halten, erfordert politische Praktiken, die Pluralität zur Grundlage haben. In Gudrun Perkos norm- und herrschaftskritischem Verständnis von queerer Politik geht es bspw. um die Anerkennung von vielfältigen Identitäten bzw. Selbstbezeichnungen, um das „Bestehenlassen von Mehrdeutigkeiten" (Perko 2005: 29) und die Eröffnung von Möglichkeitsräumen. Mit ihrem plural-queeren Entwurf fokussiert Perko die Anerkennung der Vielfältigkeit als Prozess, der auch einen nicht-normativen, nicht-ausschließenden Ausgang haben kann. Vielmehr ist der Fokus darauf gerichtet, trotz der Ablehnung eines eindeutigen Identitätsbegriffs gemeinsame politische Strategien zu formulieren, im Sinne einer Übereinkunft von vielen Menschen (vgl. ebd.: 88f.). Pluralität wird hier in Verbindung mit der Frage konzeptioniert, wie ungleiche Verteilungen und Interessenskonflikte gelöst werden können, also der Blick auch auf die Aushandlung und Durchsetzung politischer Forderungen ausgeweitet.

Bezug nehmend auf Begriffe der griechischen Philosophietradition argumentiert Perko, dass queere Subjektpositionen, denen der institutionelle Bereich der Politik nicht offensteht, den *agoralen Raum* für ihre Interessen nutzen könnten. In der Athenischen Polis war der Bereich der impliziten Machtausübung, die *agora,* der Markplatz, ein Ort des Beratens, Diskutierens, des Dialogs, ein Ort, der halb privat, halb öffentlich war (vgl. ebd.: 74f.).

> „In den agoralen Räumen queerer politischer Praxis steht die konfliktuale Pluralität der dort Anwesenden immer wieder in Bezug auf die Fragen der Differenzen und (Nicht-) Identitäten [...] im Mittelpunkt: sowohl als Diskussionen untereinander als auch in Bezug auf jenes gesellschaftlich Forcierte, gegen das Queer sich richtet." (Ebd.: 76f.)

Pluralität verstanden in diesem Sinne bedeutet auch, einen Umgang mit auftretenden Konflikten zu finden. So konzeptioniert bspw. Chantal Mouffe einen „agonalen Pluralismus" jenseits eines essenzialisierenden Subjektverständnisses, der Politik als einen „konflikthaften Konsens" versteht (vgl. Mouffe 2007a: 44f.). Subjektwerdung wird in diesem Modell als Prozess verstanden, der in der politischen Artikulation selbst zustande kommt und somit ein Ergebnis von Identifizierungen ist. Das heißt, Identitäten werden in der politischen Praxis, in den Artikulationspraxen, wie sich Mouffe ausdrückt, entwickelt (vgl. Mouffe 2002, aber auch Thon 2013: 114).

Zentral ist ebenso der Gedanke, dass Pluralität einen Raum für die Austragung von Konflikten erfordert. Die Lösungen von Konflikten – und damit geschlossene Konsense – werden von Mouffe als vorübergehende Resultate verstanden, nicht als dauerhafte Ergebnisse. Damit denkt sie die demokratische Gesellschaft als grundlegend agonistisch. Die Lösung von Konflikten sei demzufolge lediglich temporär, um die dadurch entstehenden Exklusionen nicht zu stabilisieren (vgl. Mouffe 2007a: 46). Das politische Subjekt müsse notwendig unbestimmt bleiben, da sich die kollektive Identität erst aus der ‚Artikulation' heraus ergebe, also aus dem Prozess des politischen Kampfes (vgl. Bezug nehmend auf Mouffe und Laclau: Thon 2013). Notwendig bleiben somit der Dissens und dessen Verhandlung.

Einen weiteren wichtigen Gedanken, den Andrea Maihofer formuliert, möchte ich hinzufügen. In Maihofers Arbeiten geht es um die Notwendigkeit, Differenz jenseits von essenzialisierenden Konzepten zu denken und diese grundlegend, also in ihren Bedingungen und Anhängigkeiten zur Norm, von der das Differente abweicht, anzuerkennen (vgl. Maihofer 1995). Das bedeute bspw. verschiedene Bedingungen für und Zugänge zu Handlungsfähigkeit in Betracht zu ziehen. Differenz sei auch eine normative Kategorie in dem Sinne, dass sie Hierarchien befördere. Pluralität, wie sie hier als alternative Strategie vorgestellt wird, nimmt allerdings die Herausforderung an, Differenzen nebeneinander bestehen zu lassen (vgl. Maihofer 2013: 39). Maihofer geht es also um die Thematisierung und Ermöglichung von Differenz, um eine Utopie des „Ohne-Angst-Verschieden-Seins", ein „doppeltes Insistieren auf Differenz in Gleichheit und auf Gleichheit in Differenz" (Grisard et al. 2013: 16). Entscheidend für Pluralität ist demzufolge der Umgang mit Differenzen.

Diese Konzepte von Pluralität möchte ich um einen Gedanken ergänzen, der die Frage nach Differenz und Gleichheit bereichern kann. Nancy Fraser und Axel Honneth weisen mit ihrer Debatte um *Anerkennung oder Umverteilung?* (2003) darauf hin, dass Kämpfe um eine gerechte Verteilung von Ressourcen und Kämpfe um Anerkennung, wie sie von der Frauenbewegung oder von LGBTI-Gruppen lange Zeit geführt wurden und immer noch geführt werden, als gegensätzliche Ansätze verstanden wurden. Insbesondere Fraser weist dabei auf die Begrenztheit von identitätspolitischen Anerkennungskämpfen hin und erscheint für mich anschlussfähig, da sie für eine Konzeption argumentiert, „die legitime Ansprüche auf soziale Gleichheit mit legitimen Forderungen nach Anerkennung von Unterschieden in Einklang zu bringen vermag" (Fraser 2003: 17). Damit betont sie, dass soziale Kämpfe nicht vernachlässigt werden dürfen. Pluralität würde in diesem Sinne auch politische Forderungen der Teilhabemöglichkeiten einschließen, die sich unter anderem an den Staat richten.

Affinität und Zugehörigkeit

Um alternative Strategien jenseits des Bezugs auf Identität zu entwickeln, wird sich auch auf den Begriff der Affinität bezogen, wie er von Donna Haraway verwendet wird. Haraway entwirft ihren Identitätsbegriff situativ und geht von seiner Brüchigkeit und Hybridität aus (vgl. Haraway 1995: 40ff.). Mit ihrem alternativen Identitätskonzept des/der Cyborg geht es ihr vor allem darum, die Vorstellung zu hinterfragen, es gebe einen authentischen Kern eines Ichs. Sie schlägt „Affinität statt Identität" (ebd.: 41) als Strategie möglicher Koalitionsbildung vor. Für politische Bündnisse sei eine Identität denkbar, die „nicht mit Handlungen auf der Grundlage natürlicher Identifikation gefüllt werden kann, sondern nur aufgrund bewußter Koalition, Affinität und politischer Verwandtschaft" (ebd.: 42). Damit stehen nicht die Differenzen zwischen den einzelnen Individuen im Vordergrund, sondern deren (selbst gewählte) Gemeinsamkeiten, Solidarität sowie affektive Aspekte wie Freundschaften und Begehren. Stärker noch als mit Butler und Hark lässt sich mit Haraways Perspektive die Fragmentierung, das Unfertige und Bruchstückhafte denken, da sie sich mit der Cyborg-Metapher auch auf das Nicht-Natürliche und Künstliche positiv bezieht.

In der Diskussion um Alternativen zu identitätspolitischen Konzepten greift u.a. Birgit Bauer Haraway auf, um die Kommunikation in den Fokus zu stellen. Das Selbst, wie Haraway es entwirft, sei fähig zur

> „Verbindung mit anderen und zu einer gemeinsamen Sichtweise, ohne der Illusion anheim zu fallen, genau wie der andere zu sein. Bei den so hergestellten partialen Verbindungen geht es um Interpretationen, Übersetzungen, Stottern, partiell Verstandenes, darum mit jemandem zu sprechen, statt für sie/ihn." (Bauer 2001: 338)[16]

Im Vordergrund stehen somit die Kommunikation und die Verständigung zwischen Individuen, um Differenzen nicht unsichtbar zu machen, sondern in ihrer Komplexität zur Geltung zu bringen. Politische Bewegungen sollten – so Haraway – nicht nur die Komplexität der gesellschaftlichen Bedingungen und der Menschen als Selbstverständlichkeit annehmen (vgl. ebd.: 121f.), sondern auch die Unterschiedlichkeit, das Unabgeschlossene und das Partielle als Grundlage ihrer Zusammenarbeit sehen. So plädiert Do Gerbig in Anlehnung an Haraway dafür, „*Differenz* in ihrer Mehrdimensionalität [zu] erkennen und *strategisch* nutzbar" zu machen (Gerbig 2009: 154). Es gehe somit um Bündnisse vielfältiger Positionen und die Anerkennung von Differenzen innerhalb dieser Bündnisse.

Dies ließe sich auch als selbst gewählte Zugehörigkeit konzipieren, wofür sich der Begriff der Zugehörigkeit eignet, wie er von aktuellen Bildungstheoretiker_innen verwendet wird. Paul Mecheril weist ihm eine Ordnungsfunktion zu, die sowohl ermöglicht als auch reglementiert, sich dabei aber von einer Identitätslogik löst.[17] Zugehörigkeit zeichne sich dadurch aus, „inwieweit Menschen in diesem Kontext identifizierbar, handlungsfähig und repräsentativ sind" (Offen 2013: 37), also inwiefern sie auf verschiedenen Ebenen Anerkennung finden – ob sie sprechen können, gehört werden und anerkannt handeln können. Die Grenzen von Zugehörigkeit werden dann genauso ausgehandelt, wie sie Handlungsfähigkeit bieten, aber auch einschränkend wirken. In diesem Sinne ergänzt der Begriff der Zugehörigkeit Überlegungen zu Affinität in queer-feministischen Politiken, um die Verständigung über gemeinsame Ziele stärker in den Blick zu rücken und Gemeinsamkeiten als bewusste Wahl der Zugehörigkeit zu verstehen.

---

16 Vgl. auch Haraway (1995: 86).

17 Siehe insbesondere Mecheril (2008: 83), aber auch Mecheril et al. (2010).

Strategischer Essenzialismus

Der Begriff des strategischen Essenzialismus ist vor dem Hintergrund postkolonialer und dekonstruktivistischer Theorie von Gayatri Chakravorty Spivak formuliert und vielfach aufgegriffen worden. Sie setzt sich weniger mit Identitätskonstruktionen auseinander, sondern fokussiert das Thema Repräsentation bzw. Selbstrepräsentation aus der Position der Subalternen. In ihrem bekannten Aufsatz *Can the Subaltern Speak?*[18] kommt sie zu dem Schluss, dass die Subalternen in dem Sinne nicht sprechen können, weil sie unter den bestehenden Macht- und Herrschaftsverhältnissen weder gehört noch verstanden werden. Den Prozess der Repräsentation problematisiert sie in Auseinandersetzung mit Marx, indem sie auf die beiden Bedeutungsebenen von Repräsentation – die Ebenen des Darstellens und des Vertretens – verweist (vgl. Spivak 1988: 276f.). Insofern richtet sie sich gegen „die Idee, dass der Begriff ‚Subalterne' authentische Subjekte bezeichne" (Kerner 2005: 227), deren Authentizität lediglich dargestellt werden müsste. Nach Ina Kerner ließen sich essenzialisierende Aussagen Spivak zufolge nicht vermeiden, daher plädiere sie

> „in Sonderfällen wie identitätspolitischen Kämpfen seitens Subalterner, Frauen etc. für ihren strategischen Einsatz: einen Strategischen Essenzialismus, der sich seiner Gefahren – insbesondere Homogenisierungen und Ausschließungen – bewusst ist." (Ebd.: 229)

Mit dem Begriff des strategischen Essenzialismus nach Spivak wird daher ein bewusster Einsatz von Gruppenidentitäten aus der Position der Subalternität heraus befürwortet. Damit sind allerdings keine Bündnisse gemeint, da Spivak die Möglichkeit der Schwesternschaft zwischen westlichen feministischen Aktivist_innen und denen kolonisierter Länder in Frage stellt (vgl. Castro Varela /Dhawan 2005: 59, insgesamt auch Kerner 2005). Was Spivak mit ihrem Begriff in den Vordergrund rückt, ist zum einen die Reflexion der Bedingungen für eine gelingende Selbstrepräsentation, die im globalen Machtgefälle sehr unterschiedlich sind. Zum anderen problematisiert sie die Begrenzungen des ‚Sprechens für eine Gruppe', insbesondere wenn sich hier rassistische und koloniale Herrschaftsverhältnisse wiederfinden (vgl. u.a. Spivak 2003: 51).

---

18 Siehe Spivak (1988), eine gekürzte, deutschsprachige Übersetzung erschien in der Zeitschrift *Die Philosophin* (Spivak 2003).

Coalition Politics / Bündnisse

In den bereits diskutierten Überlegungen zu Strategien jenseits von Identitätspolitiken spielen Bündnisse eine bedeutende Rolle und werden immer wieder als Strategie angeführt. Bspw. hält es Gerbig für queer-feministische Politikformen erstrebenswert, „strategische Bündnisse zu errichten, die nicht auf Identität als Basis rekurrieren, sondern sich eher auf gemeinsame Ziele hin formieren und sich dabei dem konstitutiven Außen verpflichten" (Gerbig 2009: 153). Für Elisabeth Tuider sind Bündnisse eine mögliche Alternative, um sich von einer „feministischen Bewegung zu verabschieden", ohne die kritischen Perspektiven auf Herrschaftsverhältnisse und Machtrelationen zu verlieren (Tuider 2013: 96). Als logische Folge einer intersektionalen Perspektive versteht Jane Ward die Bündnispolitik: „If intersectionality is the theory, then ‚coalition politics' is the practice" (Ward 2008: 35). Auch Butler schlägt Bündnisse vor, die in ihren Augen die Widersprüchlichkeit anerkennen und diese im politischen Handeln mittragen müssen. Formen und Inhalte eines Bündnisses müssten nach Butler zunächst offen sein und Machtverhältnisse reflektieren, die die Partizipation an diesen Bündnissen einschränken könnten. Schließlich finde in einem Bündnis ein Dialog statt, dessen Ausgang zu Beginn offen ist und der nie ‚glatt' und linear verläuft: „Vielleicht gehört es auch zur dialogischen Verständigung, daß man die Divergenzen, Brüche, Spaltungen und Splitterungen als Teil des oft gewundenen Demokratisierungsprozesses akzeptiert" (Butler 1991: 35).

Ich möchte ergänzend auf eine Konzeption von Bündnissen eingehen, die Bernice Johnson Reagon mit dem Blick auf Bündnisse zwischen weißen und Schwarzen Feminist_innen in den USA formuliert hat.[19] In ihrem Text, der aus einem Vortrag auf dem West Coast Women's Music Festival entstanden ist, diskutiert sie die Unmöglichkeit, einen homogenen Raum zu schaffen, wenn gleichzeitig Diversität und Differenzen von unterschiedlichen Frauen einen Platz haben sollen. Die Coalition Politics, die sie einfordert, würden vielmehr bedeuten, dass solche Orte kein ‚place like home' seien, sondern Orte, an denen Konflikte ausgetragen und unterschiedliche Interessen ausgehandelt werden müssten.[20] Dementsprechend beschreibt sie diese Orte der Coalition Politics als „places of crisis" (Johnson Reagon 1983: 368), die die Teilnehmer_innen herausfor-

---

19 Diese Konzeption ist an dieser Stelle auch besonders ergiebig, weil sie im Kontext der Frauenmusikfestivals der 1970er und 1980er Jahre entstand, in deren Tradition mittelbar auch Ladyfeste stehen.

20 „Coalition work is not work done in your home. Coalition work has to be done in the streets" (Johnson Reagon 1983: 359).

dern und verändern, und die teilweise mit schmerzvollen Erlebnissen verbunden sein können. Die Vorstellung des ,Unter-Sich-Seins', wie sie Orte wie Frauenmusikfestivals oder auch Ladyfeste hervorrufen, setze eine gemeinsame Identität der Teilnehmer_innen voraus und verkenne die Differenzen zwischen ihnen, die somit keinen Raum mehr erhielten. Für Reagon geht es aber im Kern um eine Kritik an der Vorstellung, man könne Orte schaffen, an denen alle gleich seien, einer Vorstellung, die in dieser Zeit – der Vortrag ist von 1981 – in den feministischen Bewegungen sehr präsent war.

„We have pretty much come to the end of a time when you can have a space that is ,yours only' – just for the people you want to be there. Even when we have our ,women only' festivals, there is no such thing. The fault is not necessarily with the organizers of the gathering. To a large extent it's because we have just finished with that kind of isolating. There is no hiding place. There is nowhere you can go and only be with people who are like you. It's over. Give it up." (Ebd.: 357)

Reagon adressiert damit die weißen Frauen im Publikum und fordert sie auf, die Vorstellung einer Koalition ohne Differenzen aufzugeben. „You don't really want Black folks, you are just looking for yourself with a little color to it" (ebd.: 359), spricht Reagon die weißen Feministinnen direkt an. Vielmehr gehe es darum, die Chancen zu nutzen, die aus einer echten Auseinandersetzung mit Unterschieden entstehen. Anknüpfend an Reagon formuliert Terese in einem Beitrag im bewegungsnahen Zine *Race Revolt* die Aufgaben und Herausforderungen von Bündnissen, die auf solchen Veranstaltungen (temporär) geschlossen werden.

„If we want Ladyfest to become a more diverse place for feminist activists of different colours to come together, we have to make it relevant to people we want to involve. And that means to be open to major possibly fundamental changes, including ones that make us feel threatened and uncomfortable. That might mean, for example, questioning our definitions of feminism. Are xenophobic immigration and asylum policies not feminist issues?" (Terese 2007)

Terese wirft die Frage auf, ob die Aktivist_innen im Ladyfest-Kontext – die sie mit einem ,Wir' adressiert – das Risiko einer Bündnispolitik eingehen wollen. Im Vordergrund stehen hier die Hürden für Bündnisarbeit, die sich aus den Differenzen ergeben, die beschwerlich, konflikthaft und teils schmerzhaft sein können. Reagon zufolge – auf die auch Terese sich bezieht –schließt die Bündnisarbeit das Gefühl, ,zuhause zu sein' und sich sicher und geborgen zu fühlen, aus. Damit bedeutet eine Bündnispolitik, wie Reagon sie beschreibt, immer auch eine persönliche Herausforderung und Anstrengung, die eine Auseinandersetzung mit sich selbst und der eigenen Positionierung erfordert. Dabei geht es um unterschiedliche Erfahrungen mit Diskriminierungen, um unterschiedliche gesellschaftliche Positionen, um Rassismus und weiße Privilegien, die reflektiert und ausgehalten werden müssen. In Sabine Harks Lesart entwirft Reagon hier eine politische Strategie, in der es nicht um Stabilisierung von Identität geht, sondern um Differenzen, und zwar auch jene Differenzen, „von denen wir noch nichts wissen“ (Hark 2013: 43).

Wichtig ist dabei im Blick zu behalten, dass die Bündnisgruppen genauso wenig homogen sind, sondern auch hier die Bündnisarbeit reflektiert werden muss (vgl. hierzu bspw. Cole/Luna 2010). Wie bei Butler stehen die Widersprüche im Vordergrund, aber auch die Arbeit und Anstrengung, die eine solche Bündnisarbeit von den Einzelnen verlangt und verlangen muss.

4.5 ZWISCHENFAZIT

Die Auseinandersetzung mit queer-feministischen Verhandlungen von Ein- und Ausschlüssen verlangt unterschiedliche theoretische Perspektiven. Wie gezeigt wurde, werden Verhandlungen von Ein- und Ausschlüssen im untersuchten Feld nur vor dem Hintergrund queer-feministischer Kritiken an Identitätspolitiken verstehbar. Die darin zu Tage tretende grundlegende Kritik an Identitätskategorien liegt – mit Butler und Hark betrachtet – in ihren normativen Grundlagen begründet, die jedoch auch Einschränkungen *und* Ermöglichungen bedeuten. Während durch Identitätskategorien also definierende Grenzziehungen vorgenommen und beschrieben werden, wer dazu gehört und wer nicht, ermöglichen sie auch eine Widersetzung gegen diese Grenzziehungen.

Daran schließt sich die konzeptionelle Frage an, wie in dieser Untersuchung Ein- und Ausschlüsse verstanden werden. Der Zugang wird hier bewusst weit gefasst und geht über konkrete Praktiken hinaus. Vielmehr werden Einschlüsse mit Foucault als soziale Formen begriffen, in denen Sichtbarmachung, Disziplinierung und Normalisierung ineinandergreifen. Ausschlüsse hingegen werden als unvermeidbare Effekte von Identitätskonstruktionsprozessen und politischen Positionierungen verstanden. Damit wird der Blick auf die Herstellungsweisen und die Effekte von Ausschlüssen gelenkt. Für meine Forschungsperspektive bedeutet das, Praktiken des Einschlusses auch auf ihre repressiven, ordnenden und disziplinierenden Effekte hin zu untersuchen sowie den Fokus auf die Herstellungsprozesse und damit auf deren Verhandlungen zu legen.

Da Ein- und Ausschlüsse in meiner Forschungsarbeit auch räumliche Dimensionen besitzen, wurde ein produktives Raumverständnis skizziert, das das Verständnis von Ein- und Ausschlüssen theoretisch anreichert. Dieses Raumverständnis ermöglicht es nicht nur, die Raumpraktiken der Aktivist_innen in den Blick zu nehmen, sondern auch zu zeigen, wie sich gesellschaftliche Strukturkategorien in Räume einschreiben und räumliche Ein- und Ausschlüsse bewirken können. Die vorangegangenen Überlegungen werden somit in Bezug auf die Raumpraktiken konkretisiert. In diese Raumkonstitutionsprozesse geht stets die Grundannahme ein, dass Räume ohne Ausschlüsse bzw. Grenzziehungen nicht denkbar sind. Dabei spielen soziale Kategorien eine ausschlaggebende Rolle, da sie Zugänge ermöglichen oder beschränken. Dies konnte insbesondere mit der Bezugnahme auf Bourdieu gezeigt werden.

An die Kritik an Identitätspolitiken anschließend, habe ich die Frage gestellt, wie Aktivismus ohne Bezug auf Identitätskategorien in theoretischen Debatten konzipiert wird. Aus den oben analysierten Ansätzen, politische Handlungsfähigkeit und Politikformen zu denken, lassen sich einige zentrale Aspekte für eine queer-feministische Praxis extrahieren. Diese Aspekte dienen mir als Folie für die Untersuchung der von den Aktivist_innen formulierten Strategien und Praktiken, also als Analyseraster für die empirische Untersuchung. Sie sind weder als ‚Checkliste' noch als Vollständigkeit beanspruchende Aufzählung zu verstehen. Vielmehr möchte ich sie verstanden wissen als ein Spektrum der Möglichkeiten für die queer-feministische politische Praxis.

1. Verständnis von Identität als unabgeschlossener Prozess. Dabei ist zentral, dass Identität nie mit sich identisch ist, und daher einen unabgeschlossenen Prozess von Identifizierungen darstellt, der auf Differenz bzw. Differenzierung beruht. Identität erscheint in diesem Sinne als ein normatives Ideal, an dessen Erfüllung man notwendig scheitern muss. Somit ist in einem queer-feministische Verständnis (kollektive) Identität nichts, was *ist*, sondern vielmehr etwas, das *wird*. Identität ist aufgrund dieser Prozesshaftigkeit weder klar umrissen noch eindeutig. Das politische Subjekt, so könnte man die Quintessenz aus diesen Gedanken formulieren, muss notwendig unbestimmt bleiben.

2. Es geht nicht ohne Ausschluss. Ich folge unter anderem Butler und Hark in dem Gedanken, dass das Ideal von Inklusivität – als einer Politik, die keine Ausschlüsse mehr produziert – nicht nur nicht erreichbar, sondern auch nicht denkbar ist. Bemühungen um vollständige Inklusivität müssen zwangsläufig scheitern – aufgrund der Beschaffenheit von Kategorien im Allgemeinen, aufgrund der ‚Grammatik' der Identitätspolitik im Besonderen. Die in der queer-feminis-tischen Praxis notwendig vollzogenen Ausschlüsse können lediglich reflexiv bearbeitet werden. Inklusivität ist genauso wie Identität ein Prozess, der stets unabgeschlossen bleiben muss, der aber dennoch sinnvoller Weise betrieben werden kann. Vielmehr geht es in der politischen Praxis um die Sichtbarmachung und Thematisierung von Ausschlüssen.

3. Kritik der Effekte von Identitätspolitik. Obwohl Ausschlüsse politisches Handeln notwendig begleiten, können die Effekte dieser Ausschlüsse transparent verhandelt werden. Identitätspolitiken wohnen Repräsentations-ansprüche inne, die kritisch reflektiert werden können, und zwar im Sinne der Frage: Wen stellen ‚wir' dar? Was transportiert diese Darstellung? Und wer bzw. was wird vertreten? Wer spricht, wer kann sprechen? Es geht im Kern um die kritische Reflexion angenommener gemeinsamer Interessen und Unterdrückungserfahrungen und die Frage, wer oder was dabei gerade nicht mit benannt wird und nicht repräsentiert bleibt.

4. Anforderung der Reflexivität. Daraus ergibt sich ein hoher Anspruch an (Selbst-)Reflexivität. In vielerlei Hinsicht ergibt sich also in der queer-feministischen politischen Praxis die Anforderung, die identitätslogische und repräsentative Positionierung kritisch zu reflektieren. Diese Reflexion ist unabgeschlossen, also nicht zu einem Ende zu bringen, sondern stellt eine stete Anforderung an die Praxis dar.

5. Anerkennung von Pluralität. Vielfalt, Heterogenität und Anerkennung von Differenz sind notwendige Grundlagen für eine Politik, die über eine ‚Stellvertreter_innenlogik' hinausgehen will. Sie folgt aus der Erkenntnis der Unabgeschlossenheit von Identität und dem Bemühen nach Inklusivität. Die vielfältigen Positionen, die nicht unter einem Namen bzw. einem Schlagwort vereint werden können, benötigen Raum zur Entfaltung.

6. Die Notwendigkeit strategische und bewusste Bündnisse einzugehen. Die Anerkennung von Pluralität und Verschiedenheit verlangt es, Bündnisse einzugehen, die die Bündnispartner_innen als gleichwertig wahrnehmen und in ihrer Differenz anerkennen. Das kann bedeuten, auch strategisch essentialistisch zu agieren, wenn es bspw. um Bedingungen des ‚Sprechens' und ‚Gehört Werdens' geht. Bündnisse bedeuten, auf die Differenzen zu schauen und sich mit ihnen zu konfrontieren. Das hat den Preis, dass Harmonie und vermeintliche Gleichheit aufgegeben werden müssen.

7. Orientierung an Affinität und selbst gewählter Zugehörigkeit. Jenseits der identitären Logiken ist es erforderlich, Gemeinsamkeiten zu entwickeln und wahrzunehmen, die neben den ‚großen' Kategorien liegen, die verbinden und die es ermöglichen, Bündnisse zu schließen. Das heißt auch, Inhalte, Ziele und relevante Themen in den Vordergrund zu rücken, die als Grundlage für Bündnisse dienen können, ohne dass die Anerkennung der Brüchigkeit von Identitätspositionen dethematisiert wird. Zugehörigkeit qua geteilter Interessen und Ziele ermöglicht unter anderem kollektive Handlungsfähigkeit und betont die bewussten und selbst gewählten Entscheidungen von politischen Subjekten.

Diese hier diskutierten theoretischen Perspektiven sind insbesondere queer-feministischen Ansätzen verpflichtet und korrespondieren daher mit den inhaltlichen Fragen meiner Forschungsarbeit. Um die Forschungsperspektive dieser Studie zu komplettieren, werde ich im Folgenden die methodologische Herangehensweise darlegen, die sich auf die rekonstruktive Sozialforschung stützt. Aus diesen Überlegungen werde ich das methodische Vorgehen ableiten.

5. Methodologie und methodische Reflexion

5.1 Rekonstruktive Sozialforschung und dokumentarische Methode der Interpretation

Ausgehend von meinem Bezugsrahmen soziologischer und (queer-) feministischer Theorien richtet sich mein Erkenntnisinteresse auf die Hervorbringung von sozialer Wirklichkeit. Dabei gehe ich von der Grundannahme aus, dass soziale Wirklichkeit als solche nicht zugänglich, sondern Ergebnis von sozialen Konstruktionsprozessen ist (vgl. Berger/Luckmann 1999), die mit spezifischen Methoden rekonstruiert und verstanden werden können. In diesem Sinne wird in der rekonstruktiven Sozialforschung vornehmlich nicht nach sozialer Realität ‚an sich', sondern nach der Art und Weise ihrer Hervorbringung gefragt (‚vom Was zum Wie'). Entsprechend richtet sich mein Erkenntnisinteresse auf die Art und Weise der Verhandlungen der Aktivist_innen. Für die Bearbeitung der Forschungsfragen nach dem ‚Wie' der Verhandlungen von Ein- und Ausschlüssen bediene ich mich der dokumentarischen Methode der Interpretation, wie sie von Ralf Bohnsack (2008) unter Rückgriff auf Karl Mannheims Wissenssoziologie und den darin formulierten Überlegungen zur Erkenntnistheorie (Mannheim 1964) sowie mit Bezug auf die Tradition der Ethnomethodologie (Garfinkel 1967)[1] entwickelt wurde.

1 Vor allem die Ethnomethodologie hat in der feministischen Forschungstradition einen zentralen Platz. Harold Garfinkel forschte bspw. ethnomethodologisch über Transsexualität, und im Anschluss daran wurden Forschungen über die Bedeutung von Zweigeschlechtlichkeit für die Gesellschaft durchgeführt (Kessler/McKenna 1978) oder das Konzept des ‚doing gender' (West/Zimmerman 1987) entwickelt (vgl. für einen Überblick Behnke/Meuser [1999: 39ff.]). Unter anderem deswegen ist der Rückgriff auf diese methodologische Ausrichtung auch konsistent im Hinblick auf die queer-feministische Theorie- und Forschungstradition.

Karl Mannheims wissenssoziologischer Ansatz, der für meine methodische Herangehensweise in Anknüpfung an Bohnsack relevant ist, stellt das „sozial generierte Wissen innerhalb einer Gemeinschaft bzw. Gesellschaft“ (Kruse 2015: 33) in den Mittelpunkt. Das bedeutet, nicht nur den Erkenntnisprozess der Subjekte in den Blick zu nehmen, sondern die Beziehung „zwischen dem erkennenden Subjekt und dem erkannten Gegenstande“ (Mannheim 1980: 179). Mannheim geht davon aus, dass die Beziehungen zu den Erkenntnisgegenständen neue Erkenntnisbeziehungen ermöglichen, also auch das Denken verändern können. Insofern zeigen sich hier Ähnlichkeiten zu theoretischen Ansätzen, die die Konstruktionsprozesse sozialer Wirklichkeit betrachten, wie dies bspw. in Bezug auf Identitätskategorien mit Butler und Hark bereits diskutiert wurde (vgl. Kapitel 4.1). Die Mannheimsche Perspektive einzunehmen bedeutet, die „Generierung des sozialen Wissens [...] in der unumgänglichen ‚Seinsverbundenheit‘ von Gemeinschaften bzw. Gesellschaften“ zu denken, „die sich durch die konkreten Erlebens- bzw. Erfahrungskategorien der sozialen Akteure ausdrückt“ (Kruse 2015: 33). Dabei können jedoch aus der Vielfalt sozialer Wirklichkeit homologe Muster herausgearbeitet werden. Es geht also darum, aus der Vielheit eine Einheit der Vielheit erkennen zu können (vgl. ebd.: 36). Von diesem Grundverständnis des Sozialen ausgehend richtet sich das Erkenntnisinteresse dieser Forschungsarbeit auf das (handlungsleitende) Wissen der Akteur_innen. Es werden dabei homologe Muster dieses handlungsleitenden Wissens herausgearbeitet. Hierfür bietet die dokumentarische Methode nach Bohnsack hilfreiche Instrumentarien an.

> „Die Rekonstruktion der Handlungspraxis zielt auf das dieser Praxis zugrunde liegende habitualisierte und z. T. inkorporierte Orientierungswissen, welches dieses Handeln relativ unabhängig vom subjektiv gemeinten Sinn strukturiert. Dennoch wird dabei die empirische Basis des Akteurswissens nicht verlassen. Dies unterscheidet die dokumentarische Methode von objektivistischen Zugängen, die nach Handlungsstrukturen ‚hinter dem Rücken der Akteure‘ suchen.“ (Bohnsack et al. 2007: 9)

Es geht also weder allein um den subjektiv gemeinten Sinn, noch wird von einem privilegierten Zugang der Forscher_innen zur ‚objektiven‘ Realität ausgegangen. Mit den Grundlagen dieser Methode – so Bohnsack – habe Mannheim in den 1920er Jahren einen Beitrag zur Auflösung der Aporie von subjektivistischen und objektivistischen Zugängen geleistet (vgl. Bohnsack 2006a: 41). Anknüpfend an Mannheim geht die dokumentarische Methode davon aus, dass die Akteur_innen über ein implizites Wissen verfügen, das durch die Analyse verschiedener Sinnebenen zugänglich gemacht werden kann (abduktives Vorgehen). Unterschieden wird dabei zwischen dem theoretischen bzw. reflexiven und dem handlungsleitenden bzw. inkorporierten Wissen der Akteur_innen (Bohnsack et al. 2007: 11ff.). Theoretisches bzw. reflexives Wissen meint Alltagswissen und öffentliche bzw. allgemeingültige Wissensbestände; handlungsleitendes bzw. inkorporiertes Wissen rekurriert hingegen auf konjunktives Wissen und den so genannten konjunktiven Erfahrungsraum[2] der Akteur_innen. „Beide Wissensbestände bzw. Sinnhorizonte stellen für die Subjekte jeweils relevante Orientierungsrahmen bereit" (Kruse 2015: 439). Durch die Analyseverfahren, die in diesem Kapitel detaillierter beschrieben werden, wird das implizite Wissen als ‚konjunktives Orientierungswissen' sichtbar (vgl. Bohnsack et al. 2007: 11ff.) und es lassen sich Orientierungsrahmen herausarbeiten, die sich auf verschiedenen Sinnebenen der Äußerungen der Akteur_innen manifestieren.

Die dokumentarische Methode stellt ein Verfahren bereit, diese beiden Sinnebenen der Äußerungen herauszuarbeiten: Die zwei Analyseschritte der formulierenden und reflektierenden Interpretation zielen auf den *immanenten Sinn* und den *dokumentarischen Sinn*. Beide Sinnebenen strukturieren als Doppelstruktur menschliche Äußerungen. Während der immanente Sinngehalt auf den Objektsinn zielt, auf gesellschaftlich verfügbares Wissen, meint der dokumentarische Sinn diejenigen Orientierungen, die sich im Gesagten ‚dokumentieren' (vgl. Nohl 2008). Der dokumentarische Sinn ist jedoch kontextabhängig und so werden insbesondere Alltagsäußerungen erst im Zusammenhang verstehbar.[3] For-

---

2 Das konjunktive Wissen speist sich aus spezifischen Erfahrungen und Positionalitäten der Einzelnen, ist also persönlich gebunden. „Diese konjunktive Erfahrung ist zunächst *sachlich* dadurch charakterisiert, daß sie vom Gegenüber, vom anderen (das auch ein Ding sein könnte) nur eine Seite, nur eine Perspektive abgewinnt und zwar eine Perspektive, die eingebettet ist in alle jene persönlichen Dispositionen, mit denen ich an das Ding oder an das Gegenüber herantrete." (Mannheim 1980: 211f.) Zusammen mit anderen, so argumentiert Mannheim, entstehen konjunktive Erfahrungsräume: „Nunmehr handelt es sich also nicht mehr nur darum, daß der einzelne Mensch mit dem Gegenüber eine spezifische Konjunktivität besitzt, sondern daß sich bereits zwei Menschen mit ‚dritten' (sowohl Dingen als Menschen) einen konjunktivgültigen Erfahrungsraum schaffen können – in dem und auf den bezogen die Erfahrungen eine konjunktive, nicht objektive Gültigkeit bekommen" (ebd.:214). Vgl. dazu auch Bohnsack (2006a: 43).

3 Bohnsack nennt dies Indexikalität. „Dieses indexikale Wissen ist von seiner Genese her ein grundlegend kollektives oder (in der Sprache von der Mannheim) ‚*konjunktives*' Wissen, welches in der gemeinsam gelebten *Praxis* angeeignet wird und diese *Praxis* zugleich in habitualisierter Weise orientiert" (Bohnsack 2006c: 137).

schungspraktisch heißt das, in der Analyse mit der formulierenden und reflektierenden Interpretation sowie durch ein komparatives Verfahren mit Gegenhorizonten die Textpassagen zu erschließen (siehe hierzu ausführlicher den Abschnitt *Auswertung und Darstellung der Ergebnisse* in diesem Kapitel). Durch das komparative Verfahren (auch Kontrastierung genannt, vgl. Kruse 2015: 447) lassen sich geteilte Erfahrungen und lokale bzw. temporäre Bezogenheit im Sinne eines homologen Musters oder auch Orientierungsmusters herausarbeiten. Diese Orientierungsmuster lassen auf den Kontext und das konjunktive bzw. atheoretische Wissen der Akteur_innen schließen. Über die Rekonstruktion von konjunktiven (oder auch gemeinsam verbindenden) Erfahrungsräumen ist es möglich, die geteilten Ansprüche und Erfahrungen der Interviewpartner_innen zu analysieren.

Aus diesen Überlegungen ergeben sich methodologische Konsequenzen für die Forschung, insbesondere folgt daraus ein kontextsensitiver und reflexiver Umgang mit dem Material (vgl. ebd.: 39). Diesen Konsequenzen wird im Folgenden insofern Rechnung getragen, als dass die reflexiven Prozesse im Verlauf der Forschung zumindest teilweise abgebildet und nachvollziehbar gemacht werden.

5.2 STANDORTBESTIMMUNG IM FORSCHUNGSPROZESS GOING NATIVE/GOING ACADEMIC

Wie oben herausgearbeitet wurde, erfordert rekonstruktive Sozialforschung die Selbstreflexion der Forschungspraxis. Deshalb halte ich es für notwendig, meinen Standort im Forschungsfeld zu diskutieren, auch wenn dies in der rekonstruktiven Sozialforschung deutlich weniger praktiziert wird als in ethnographischen Forschungen (vgl. zur Diskussion der Beforschung der eigenen Kultur Hirschauer/Amann 1997). Feministische methodische Ansätze haben zu Recht wiederholt auf die Bedeutung der eigenen Standortbestimmung hingewiesen und diese eingefordert, um Transparenz und Nachvollziehbarkeit der Forschung herzustellen (vgl. exemplarisch Harding 2006, für einen Überblick über eine feministische Methodendiskussion Behnke/Meuser 1999). Diese Forderung, der ich mich anschließe, stellt letztlich ein zentrales Kriterium von Wissenschaftlichkeit dar. Das folgende Unterkapitel ist daher als eine Art Selbstethnografie zu verstehen.

Feld- und Forschungsprozess

Um entscheidende Momente im Forschungsprozess und in der Zeit im Feld zu beschreiben, verwende ich die Begriffe *going native* und *going academic*, die im Verlauf dieses Unterkapitels näher erläutert werden. Sie beschreiben gleichzeitige und zugleich widerstreitende Prozesse. Denn das wissenschaftliche Erkenntnisinteresse dieser Studie ist eng verknüpft mit meinem eigenen Aktivismus im (Um)Feld der Ladyfeste. Die Arbeit an diesem Forschungsprojekt begann, nachdem ich als Teil einer Gruppe ein Ladyfest in Frankfurt am Main mitorganisiert hatte. Insofern hatte ich bereits einen Einblick in Praxis und Geschichte von Ladyfesten. Als Aktivistin habe ich an Debatten teilgenommen, Erfahrungen gemacht und Haltungen entwickelt, die in den Forschungsprozess eingeflossen sind. Insbesondere Wissen über die Organisierungsformen und aktuelle Debatten erleichterten mir den Einstieg ins Feld und die Suche nach zentralen Forschungsfragen. Gleichzeitig interessierten mich auch als Aktivistin Anschlussmöglichkeiten des Ladyfest-Aktivismus an queer-feministische Theorien und akademische Debatten. Schließlich war ich als Aktivistin *und* Forscherin mit den Diskussionen um die Effekte von identitätspolitischen Praktiken konfrontiert.

Durch meine Besuche auf Ladyfesten und die Interviews, die ich für diese Forschungsarbeit geführt habe, habe ich viel Zeit in Ladyfest-Zusammenhängen verbracht, viele Aktivist_innen kennengelernt und vielfältige, unterschiedliche Umsetzungen der Ladyfest-Idee beobachten können. Es ist das passiert, was in der ethnologischen Forschung als *going native*[4] bezeichnet wird, auch wenn ich dem Feld vorher nicht fremd war. Eine Annäherung an das Feld, die wichtig für den Forschungsprozess war, birgt jedoch auch die Gefahr von Distanzverlust und Überidentifikation.[5] Durch die Kontakte, die im Laufe der Forschung entstanden sind, habe ich mich und meine Arbeit stärker in die Zusammenhänge eingebracht. Bspw. habe ich aufgrund des Kontaktes zur Vorbereitungsgruppe auf

---

4 Der Begriff *going native* wird vor allem in ethnologischen Forschungsansätzen und bei Verfahren der teilnehmenden Beobachtung verwendet (vgl. bspw. Flick 2006: 210ff.). In der klassischen Feldforschung beschreibt der Begriff den Prozess der Initiation und Assimilation im Feld, wobei dieses ‚Vertrautwerden' als Voraussetzung von Verstehensprozessen angesehen wird (vgl. Friebertshäuser 1997: 513ff.). In dieser ‚klassischen' Form ist der Begriff insofern problematisch, als dass er auf die Konstruktion des ‚Anderen' als fremdes Feld fokussiert. Diese Dynamik werde ich durch die Reflexion des Prozesses der Verwissenschaftlichung als *going acadamic* versuchen zu umgehen.

5 Siehe zu dieser Problematik auch die Beiträge im Sammelband *Researching DIY Cultures* (Downes et al. 2013).

einer Veranstaltung erste Forschungsergebnisse vorgestellt, obwohl ich ursprünglich als Forscherin ,nur' Interviews mit Aktivist_innen dort machten wollte. Gleichzeitig flossen Erfahrungen aus dem Forschungsprozess auch in meine aktivistischen Aktivitäten ein, indem ich mitgebrachte Flyer oder Fanzines zur Verfügung gestellt oder Themen von anderen Aktivist_innen weiter getragen habe.

In diesem Prozess haben sich verschiedene methodische Anforderungen teilweise widersprochen und führten gleichzeitig zu gegenläufigen Prozessen. Zum einen wurde das ,Eintauchen ins Feld' verlangt, zum anderen aber auch ein ,Sich-fremd-machen' und die Herstellung von Distanz. Die Distanzierung zum Feld war durch meine Involviertheit eine besonders wichtige Aufgabe, die zum größten Teil während des Prozesses der Interviewauswertung stattfand.

Während der Feldphase und der Interviewauswertung habe ich auch (zum Teil akademische) Vorträge über Ladyfest-Aktivismen gehalten und bin in eine verlockende, aber auch sehr schwierige Rolle als (Re-) Präsentantin des Feldes geraten. Verlockend und schwierig ist diese Rolle aus dem gleichen Grund: dass ich mit meiner Studie sowohl die Themen und Schwerpunkte, als auch die Darstellungsweisen zumindest teilweise auswählen konnte, über die ich gesprochen habe. Damit habe ich mich Kritik auch aus dem Feld ausgesetzt, denn akademische Professionalisierung und hierarchische Repräsentation wurden dort zum Teil sehr kritisch und skeptisch beobachtet, obwohl – oder gerade weil – ich nicht die einzige Forscherin im (Um)Feld der Aktivist_innen war. Diese Rolle hat aber auch dazu geführt, dass ich immer häufiger in eine defensive ,Zwischenposition' geraten bin. Einmal musste ich meine Rolle als Forscherin, ein anderes Mal meine Rolle als Aktivistin verteidigen und rechtfertigen. Diese Zwischenposition bot jedoch ausreichend Anlässe zur Reflexion der Arbeitsschritte.

Die Erfüllung der Anforderungen einer akademischen Arbeit, der Prozess der Distanzierung, die Anpassung an die Erwartungen so genannter ,objektiver Forschung' und die akademische Darstellung der Ergebnisse möchte ich angelehnt an Marc Calmbach als *going academic* bezeichnen. Calmbach fasst unter dem Begriff *going academic* die Probleme zusammen, mit denen ,szeneinterne' Forscher_innen konfrontiert sind. Sie haben als vermeintliche ,Insider' zwar einen guten Feldzugang, jedoch muss das nicht unbedingt heißen, dass „sich aufgrund der eigenen Szene*vergangenheit* die Szene*gegenwart* leichter oder gar von selbst erschließen würde" (Calmbach 2007: 78).[6] Zudem thematisiert Calmbach auch

6 Um dieser Schwierigkeit aktiv zu begegnen, habe ich relativ formale Methoden zur Auswertung meines empirischen Materials gewählt. Dadurch konnte ich für meinen eigenen Blick Distanz herstellen. Zusätzlich habe ich meine Perspektive durch die in-

die Schwierigkeit, dass der Insider-Status zwar einerseits Türen öffnet, andererseits jedoch auch einen gefühlten Wissensunterschied bedeuten kann, der mögliche Interviewpartner_innen abschreckt.

Ich möchte den Begriff des *going academic* zudem noch enger auf die Rolle der akademischen Wissenschaften im Prozess der Forschung beziehen, als Calmbach das tut. Sozialwissenschaftliche Forschung gibt einen eng gesteckten Rahmen für den Umgang mit empirischen Material und der Aufbereitung der Ergebnisse vor. Häufig ist die Folge, dass ein Wissen produziert wird, in dem Widersprüche geglättet werden, Differenzen und Zwischentöne verschwinden. Aus diesem Grund ist mir in meinem Feld immer wieder Skepsis gegenüber der akademischen Forschung begegnet, bspw. in Form des Vorwurfs der wissenschaftlichen Arroganz, mit der das Feld klassifiziert und beurteilt werden solle oder des Vorwurfs der Verwendung von wissenschaftlich geprägten Begriffen, die nicht von allen verstanden würden. Forschungsarbeiten – wie diese – betreiben jedoch auch Quellensicherung und machen den Ladyfest-Aktivismus für andere auch noch nachträglich zugänglich. Forschungsarbeiten sind jedoch Geschichtsschreibungen, die meist eine logische Abfolge von Ereignissen und Entwicklungen darstellen, aber weniger die Brüche, Gleichzeitigkeiten und Widersprüche festhalten. Insofern wird der Wissensunterschied der Forscher_innen auch zum Machtunterschied (ebd.: 77), denn die sehr spezifische Perspektive auf den Gegenstand kann so zur allgemeingültigen Interpretation *der* Geschichte werden.

Die Auseinandersetzung mit diesem Machtunterschied und die Erfahrung, wie vielfältige und vielschichtige Erlebnisse und Ereignisse in methodologische Auswertungsverfahren und soziologische Begrifflichkeiten überführt werden mussten, bezeichne ich ebenso als *going academic*. Die akademische Präsentation der Ergebnisse in Form eines Textes oder Kapitels einer Dissertation erfordert nicht nur eine gewisse Logik und Abstraktion, denn sie verlangt Fußnoten und Beweise, sondern auch Stringenz bei der Beantwortung der Forschungsfrage. Zwar ermöglicht dieses Vorgehen eine neue Perspektive und erschließt systematisch Wissen, dabei gibt es jedoch wenig Platz für Zwischentöne, Ungereimtheiten und Gleichzeitigkeiten sich widersprechender Aspekte, die ein Ereignis einzigartig gemacht haben. Zumindest fallen zaghafte Versuche, solche Zwischentöne hörbar zu machen, immer öfter unter dem Vorwand der Fokussie-

---

tensive Arbeit in Interpretationsgruppen stets mit anderen Lesarten konfrontiert. Darauf gehe ich im folgenden Unterkapitel ausführlicher ein.

rung und Verallgemeinerbarkeit dem Rotstift anheim, rutschen in eine Fußnote, um dann gänzlich, der Lesbarkeit halber, zu verschwinden.[7]

Der hier beschriebene Forschungsprozess ist daher sowohl als *going native* als auch als *going academic* zu verstehen. Die gleichzeitig stattfindenden Prozesse standen nicht selten in heftigem Widerstreit miteinander. Für das Verständnis des Materials waren letztlich beide Seiten notwendig, und insbesondere im Auswertungsprozess hat dies bedeutet, immer wieder die Perspektive zu wechseln bzw. die unterschiedlichen ‚Brillen' aufzusetzen.

5.3 FORSCHUNGSPRAKTISCHES VORGEHEN

Im Folgenden werde ich mein forschungspraktisches Vorgehen beschreiben und die Rückgriffe auf weitere methodische Vorgehensweisen der qualitativen Sozialforschung begründen. Die einzelnen Schritte im Forschungsprozess sind nicht ausschließlich an das Vorgehen der dokumentarischen Methode angelehnt. Nachfolgend begründe ich die Rückgriffe auf weitere methodische Vorgehensweisen der qualitativen Sozialforschung. Diese Ausführungen dienen der Transparenz und Nachvollziehbarkeit hinsichtlich des Zustandekommens des Materials und der Ergebnisse der Auswertung.[8]

Die Forschungsfrage zielt auf die Wissensbestände und den Bedeutungshorizont der Handelnden im Feld, die als Orientierungsmuster systematisch herausgearbeitet werden. Daher war es zentral, Äußerungen und Textdokumente von Aktivist_innen selbst in den Mittelpunkt meiner Forschungsarbeit zu stellen. Ich unterscheide bei meiner Erhebung und Auswertung zwischen von mir initiiertem Material (19 leitfadengestützte Interviews mit Aktivist_innen, 2 Gruppeninterviews, 21 Postskripta der Interviews und Feldtagebuch von 9 besuchten Ladyfesten) sowie Material, das aus dem Feld selbst kommt (Ankündigungs- und Selbstdarstellungstexte sowie Programme von 14 Ladyfesten im Erhebungszeitraum, Internet- und Myspace-Seiten, Broschüren und Fanzines). Teilnehmende Beobachtungen auf den Ladyfesten aus meinem Sample beziehe ich nur ergän-

7 Diese Haltung wird teilweise von Forscher_innen geteilt, die als Involvierte über ihr Feld forschen. Julia Downes leitet ihren Aufsatz über riot grrrls damit ein, dass es „risky" sei, über sie zu schreiben: „Writing can destroy and distort meanings, intentions and experiences by twisting them into an uncomfortable order: confinement in language and linearity" (Downes 2007: 12).

8 Ich orientiere mich hierbei an Jan Kruse (2015: 613ff.).

zend ein. Die verschiedenen Instrumente und Herangehensweisen, um das Material aufzubereiten, werden nachfolgend beschrieben und begründet.

Zugang zum Feld

Der Feldzugang erfolgte über die Kontaktaufnahme mit Gruppen, die zu diesem Zeitpunkt ein Ladyfest organisierten oder bereits organisiert hatten. Die E-Mail-Adressen habe ich in der Regel auf der Homepage der Gruppe gefunden. Vereinzelt habe ich Gruppen auch per Post oder über deren Myspace-Seite kontaktiert.

Per E-Mail habe ich geklärt, ob ich das jeweilige Ladyfest als Forscherin besuchen durfte und ob einzelne Aktivist_innen bereit wären, ein Interview mit mir zu führen. Eine Teilnahme war bei allen angefragten Ladyfesten möglich. Eine Gruppe wollte kein Interview geben. Die Interviewpartner_innen habe ich zum größten Teil auf den besuchten Ladyfesten angesprochen und die Interviews vor Ort durchgeführt. Mit Einzelnen habe ich spätere Termine vereinbaren können. Vereinzelt wurden mir außerdem weitere interessierte Aktivist_innen genannt, die ich per E-Mail anfragen konnte.

Die Resonanz auf meine Anfragen war in der Regel positiv. Nur vereinzelt wurde aus persönlichen Gründen ein Interview abgelehnt. Als hilfreich erwies sich, dass ich mich nicht nur als Forscherin, sondern auch als Teil einer Ladyfest-Gruppe vorstellen konnte. Das heißt, ich habe bereits bei der Interviewanfrage meine Verortung im Feld transparent gemacht.

Dokumentenanalyse

Zur Generierung von ersten Forschungsfragen hat sich die Methode der Dokumentenanalyse als geeignet erwiesen. Sie hat den Vorteil, dass es sich hier um ein „nonreaktives Messen" (Mayring 2002: 47) handelt. Das heißt, die Forschung stützt sich vornehmlich auf Dokumente, die bereits vorhanden sind, und nur in der Auswahl der auszuwertenden Dokumente trifft die Forscherin eine subjektive Wahl. In meiner Untersuchung sind die Dokumente graue Literatur wie Flyer, Aufrufe, aber auch Fanzines, Comics und sonstige Texte, die zur Vor- oder Nachbereitung von Ladyfesten oder auf den Ladyfesten selbst entstanden sind. In Sinne der Quellenkritik habe ich Fanzines und Flyer ausgeschlossen, die auf den Infotischen auf Ladyfesten auslagen. Sie gehören zwar zum Kontext des Ladyfest-Aktivismus, aber dokumentieren nicht im engeren Sinne den Ladyfest-Aktivismus. Ein weiterer Dokumententyp, den ich ausgeschlossen habe, sind die Homepages und Myspace-Seiten der Ladyfest-Gruppen, da diese häufig nur die Texte der Flyer und Programme in digitaler Version zur Verfügung stellen. Zudem hätte eine Berücksichtigung der ästhetischen und visuellen Aspekte einer eigenen Herangehensweise bedurft, die aber wenig zur Beantwortung meiner Fragestellung beigetragen hätte.

Ein Vorteil der Dokumentenanalyse ist, dass auf diesem Weg ein Zugang zu Auseinandersetzungen und Selbstverständigungen möglich ist, der durch die Interviews und die teilnehmende Beobachtung allein nicht gegeben ist: Denn hier haben sich Gruppen über einen Text verständigt, hier wurden im Vorfeld Inhalte und Positionen erarbeitet. Sie stellen das Ergebnis des Gruppenprozesses dar. Überdies konnten durch die Dokumentenanalyse zumindest begrenzte Eindrücke von vergangenen Ladyfesten gewonnen werden. Somit wurden weitere Ladyfeste für die Auswertung zugänglich. Im Verlauf der Sichtung des umfangreichen Materials habe ich entschieden, mich auf die Auswertung der Selbstverständnistexte und Programme der Ladyfeste aus dem Sample zu konzentrieren, um den Textkorpus insgesamt zu begrenzen.

Problemzentrierte Interviews (Leitfaden)

Die Interviews mit Aktivist_innen wurden als problemzentrierte Interviews geführt, weil sich dieses Vorgehen für mein Interesse an den Erfahrungen, Einschätzungen und Deutungen der Interviewten besonders eignete. Problemzentrierte Interviews zeichnen sich durch ihre Gegenstandsorientierung und Prozessorientierung im Forschungsprozess aus (Flick 2006: 135). Im Einzelnen bestehen sie aus dem Gesprächseinstieg, Sondierungsfragen und Ad-hoc-Fragen, sowie einem Kurzfragebogen und dem Postskriptum, in dem erste Eindrücke, Besonderheiten, das Setting sowie das Zustandekommen des Interviews festgehalten werden. Der Kurzfragebogen diente in meinem Fall dazu, einige wenige demographische Daten (Alter, Geschlechtszugehörigkeit bzw. Selbstbezeichnung, Ausbildung) festzuhalten.[9]

Ich verstehe die Aktivist_innen als Expert_innen ihrer politischen Praxis und damit als Produzent_innen eines spezifischen Wissens.[10] Aus diesem Grund beinhaltet der Leitfaden für die Interviews zum Teil halbstrukturierte Fragen zur Organisation der Ladyfeste und aktuellen Einschätzungen der Aktivist_innen, aber auch erzählgenerierende Fragen, die den Interviewten Raum für die Setzung eigener Erzählschwerpunkte lassen. Somit war eine inhaltliche Fokussierung des

---

9 Der Interviewleitfaden und der Kurzfragebogen befinden sich im Anhang der Arbeit.

10 Eine Übersicht über Methode und Probleme der Expert_inneninterviews bietet der Sammelband von Bogner (2005). Aufgrund ihrer Spezifik habe ich die Hinweise zu Expert_inneninterviews nur ergänzend berücksichtigt.

Interviews gewährleistet und situationsbedingte, vertiefende Nachfragen konnten gestellt werden.

Die Leitfragen wurden in Probeinterviews getestet und in einer Interpretationsgruppe diskutiert und revidiert. Zudem wurde der Leitfaden im Laufe der Erhebungsphasen weiterentwickelt und an die jeweiligen Interviewsituationen angepasst.

Die Interviews waren durch den Leitfaden in drei Teile untergliedert. Zunächst habe ich eine offene Frage gestellt, die darauf zielte, eine Erzählung darüber zu generieren, wie die Interviewpartner_innen mit dem Ladyfest-Aktivismus in Kontakt gekommen sind. Im zweiten Teil habe ich nach dem jeweiligen Ladyfest selbst gefragt. Es ging insbesondere um Organisationsprozesse, Konflikte und persönliche Erfahrungen. Hier wurden die Fragen an den jeweiligen Kontext der Interviewpartner_in angepasst. Anschließend habe ich bei Bedarf vertiefende Nachfragen gestellt. Im dritten Teil habe ich gefragt, ob sie persönlich etwas mit der Bezeichnung Lady anfangen können, ob Ladyfeste für sie politisch sind und welche Wünsche die Interviewpartner_innen mit Blick auf die Entwicklung des Ladyfest-Aktivismus haben. Hier hatten die Interviewpartner_innen also die Möglichkeit, sich zu positionieren. Abschließend wurde die Möglichkeit gegeben, ein eigenes Thema einzubringen, das bisher noch nicht erwähnt wurde.

Mit diesem Leitfaden habe ich ein breites Spektrum an Themen in den Interviews abgedeckt. Ich habe ihn bis zum Ende der Erhebung verwendet, auch wenn sich im Laufe der Zeit die Forschungsfragen fokussiert haben.

Entstehungssituation der Interviews

Die Teilnahme am Interview war freiwillig und basierte meist auf einem Interesse am Thema, am Erfahrungsaustausch und an der Reflexion. Die Interviewpartner_innen konnten über den Ort der Durchführung entscheiden (bei den Interviewpartner_innen zu Hause, im Café, im Park, etc.). Alle Interviews habe ich selbst durchgeführt. Mein Verhältnis zu den Interviewpartner_innen und damit auch meine Position als Interviewerin variierten stark. In einigen Fällen gab es nur einen einmaligen Kontakt für das Interview, in anderen Fällen kam es vor und nach dem Interview zu einem regen persönlichen oder schriftlichen Austausch über das Thema Ladyfest-Aktivismus. In zwei Fällen hat sich aus der Feldsituation ergeben, dass ich Gruppeninterviews geführt habe. Das Erkenntnisinteresse und die Auswertungsmethoden lassen es zu, dass ich die Äußerungen der Teilnehmer_innen der Gruppeninterviews genauso auswerte wie die Einzelinterviews.

Für alle Interviewpartner_innen gilt, dass sie über mein Forschungsprojekt informiert waren und auch von meinem früheren Engagement in einer Ladyfest-Gruppe wussten. Vor dem Interview wurde über die Tonbandaufnahme, Transkription, Anonymisierung und Verwendung in der Forschungsarbeit informiert. Die Interviewpartner_innen haben der Verwendung zugestimmt.

Formale Charakteristika des Materials

Die Interviews wurden auf Tonband aufgezeichnet und anschließend vollständig und wörtlich transkribiert. Hierbei stand der Inhalt im Vordergrund. Laute wie ‚äh' wurden entfernt, wenn sie nicht für das Verständnis notwendig waren, und Dialektfärbungen eingedeutscht. Längere Pausen, Stockungen und andere Auffälligkeiten und nonverbale Kommunikation wurden vermerkt. Die Namen und Wohnorte der Interviewpartner_innen wurden anonymisiert. Da sich anderenfalls dennoch Rückschlüsse auf die Personen ziehen lassen würden, wird in der Darstellung der Ergebnisse auf Falldarstellungen verzichtet und Transkripte werden nicht als ganze zugänglich gemacht.

Teilnehmende Beobachtung

Ergänzend zu den Interviews habe ich Praktiken der teilnehmenden Beobachtung[11] angewendet. Weil mir als Forscher_in *und* Aktivist_in das Feld nicht fremd war, diente die teilnehmende Beobachtung als Übung des distanzierenden Blickes auf das Feld sowie zur Akquirierung von Interviewpartner_innen. Zur Unterstützung eines distanzierenden Blicks wurde ein Beobachtungsleitfaden entwickelt, um die verschiedenen Ereignisse auf eine vergleichbare Weise festzuhalten. Ein Forschungstagebuch diente dazu, vielfältige Eindrücke zu verarbeiten und festzuhalten sowie die Selbstreflexion zu begleiten und aufzuzeichnen (vgl. Friebertshäuser 1997: 518f.).

Das Forschungstagebuch wurde jedoch nicht systematisch ausgewertet. Aus forschungsethischen Gründen fließt es nur begrenzt in die Auswertung ein, denn nicht alle Beobachteten wussten um mein Forschungsanliegen und konnten somit teilweise nicht einwilligen. Ich verwende es jedoch an einigen Stellen in der

11 Die teilnehmende Beobachtung ist eine eigenständige Methode, wird jedoch auch häufig triangulierend mit anderen Erhebungsmethoden eingesetzt (als Begründer gilt Bronislaw Malinowski (vgl. bspw. 2013), ein weiterer wichtiger Vertreter ist Clifford Geertz (1983)). Teilnehmende Beobachtung lässt sich auf die „natürliche Umgebung" des Untersuchungsgegenstandes ein, um „näher am Gegenstand zu sein, mehr die Innenperspektive erheben zu können" (Mayring 2002: 80). Der Prozess des ‚going native' ist dabei zentral.

Studie, um Ereignisse zu illustrieren und meine eigene Position sichtbar zu machen.

Sample

Tabelle 1: Sample Selbstverständnistexte (Juni 2006 – Juni 2008)

Ladyfest Ort, Datum	Material	Besuch
Düsseldorf, Juni 2006	Manifest*, Programm	
Berlin, August 2006	Ladyfest?*, Programm	
Hannover, September 2006	Über uns*, Programm, Memo	X
Ruhr, November 2006	Konzept*, Link Eventagentur, Programm	
Wels, April 2007	Warum machen wir ein Frauenfest?, Memo, Forumsdiskussion	X
Wien, Mai 2007	Programm, Und schleich di, Ladyfest goes Gruppenprozess, Interventionen – Räume verändern, Memo	X
Berlin, August 2007	Programm, Memo, Lady(?)-Fest Flyer, Future of Feminism Diskussion Zusammenfassung	X
Leipzig, August 2007	Programm, Again and again and again, Was wir wollen, Memo	X
München, Januar 2008	About*, Programm	
Bern, April 2008	Programm, Infocafe, Memo, Was ist ein Ladyfest?	X
Rostock, Mai 2008	Programm, Kurzinfo, Ladyfest - not Malestream!, Geschichte des Ladyfest	
Mülheim a.d.R., Mai 2008	About*, Programm, Memo	X
Bukarest, Oktober 2007	*Programm, About us*, Memo*	X
London, Mai 2008	*Programm, Our Aim*, Memo, Evaluation Form, Press Release und Ticket Werbung*	X
_fest Köln 2010	_Fest 2010	

*Bezeichnungen wie *About, About us* oder *Manifest* beziehen sich auf die Überschriften bzw. die Rubriken, unter denen die Texte auf der Homepage zu finden sind.

Alle mir bekannten Ladyfeste im deutschsprachigen Raum im Erhebungszeitraum zwischen Juni 2006 bis Juni 2008 wurden in die Analyse der Selbstverständnistexte einbezogen. Nach meiner Zählung fanden in diesem Zeitraum 12 Ladyfeste im deutschsprachigen Raum statt. Über die Hälfte dieser Ladyfeste habe ich besucht. Als internationale Vergleichsfeste habe ich ein osteuropäisches Ladyfest (Bukarest 2007) ausgewählt sowie ein englischsprachiges, das aufgrund der ‚Hauptstadtlage' eine breite Rezeption fand (London 2008).[12]

Alle untersuchten Veranstaltungen haben sich den Titel Ladyfest gegeben. Die einzige Ausnahme ist eine Veranstaltung, die kurzfristig in ‚Frauenfest' umbenannt wurde, weil die Organisator_innen ein Fest nur für Frauen veranstalten wollten.[13] Ich habe dieses Fest dennoch in die Analyse einbezogen, da es hier um Auseinandersetzungen mit Ein- und Ausschlüssen in Bezug auf die Selbstbezeichnungen geht und sich die Aktivist_innen intensiv mit dem Ladyfest-Aktivismus auseinandergesetzt haben.

Die Selbstverständnistexte aus dem Sample sind in den meisten Fällen auf den Internetseiten der Gruppen erschienen und in der gleichen Fassung auch im gedruckten Programmheft – sofern es eines gibt – zu finden. Es handelt sich also um öffentlich zugängliche Texte, die allerdings nicht heute nicht mehr alle online abrufbar sind.

12 Im Erhebungszeitrum fanden im europäischen Raum insgesamt 40 Ladyfeste statt (inklusive der Ladyfeste im deutschsprachigen Raum).

13 „‚Ladyfest' hat sich zu einem Begriff für ein Fest von Frauen, Lesben & Transgender für jeden Menschen entwickelt, deshalb verwenden wir nun ‚Frauenfest'." (Frauenfest Wels 2007)

Tabelle 2: Sample Interviewpartner_innen

Aktivismusform	**Geschlecht/ Selbstbezeichnung**[14]	**Alter**	**Bildungsabschluss/ Beruf**
Organisator_in	Keine Angabe	25	Geisteswissenschaftliches Studium
Organisator_in	Frau	29	Naturwissenschaftliches Studium
Organisator_in	Eher weiblich	30	Geisteswissenschaftliches Studium
Organisator_in	Mensch	38	Naturwissenschaftliches Studium
Organisator_in	Frau	43	Geisteswissenschaftliches Studium
Organisator_in	Keine Angabe	über 40	Technischer Ausbildungsberuf
Besucher_in / Organisator_in	„Die“	26	Geisteswissenschaftliches Studium
Organisator_in	Keine Angaben	Mitte 20	Studium
Organisator_in	female	24	Geisteswissenschaftliches Studium
Organisator_in	female	27	Künstlerische Ausbildung
Besucher_in	weiblich	39	Geisteswissenschaftliches Studium
Besucher_in	weiblich	29	Technische Berufsausbildung
Besucher_in/ Performer_in	egal	30	Naturwissenschaftliches Studium
Besucher_in	nicht	27	Handwerkliche Berufsausbildung

14 Den Interviewpartner_innen wurde beim Kurzfragebogen bei der Frage nach der Geschlechtsbezeichnung freigestellt, mit welchen Begriffen sie sich selbst bezeichnen wollten. Die Nennungen werden hier dokumentiert.

Aktivismus-form	**Geschlecht/ Selbstbezeich-nung**[15]	**Alter**	**Bildungsabschluss/ Beruf**
Besucher_in	biologisch zugeschrieben: weiblich. Aber je nach dem, welchen Geschlechtsbegriff man anlegt. Aber sie beschreibt sich als nicht uneindeutig.	24	Geisteswissenschaftliches Studium
Besucher_in	weiblich	25	Geisteswissenschaftliches Studium
Besucher_in	männlich sozialisiert, weil er auf die eigene Geschichte und Hintergrund verweisen will, aber er identifiziert sich nicht damit	22	Geisteswissenschaftliches Studium
Besucher_in/ Performer_in	Vielseitig/ bewusst	28	Künstlerisches Studium
Besucher_in	queer	29	Technische Berufsausbildung
Gruppeninterviews			
5 Organisator _innen	Keine Angaben	20 bis 40	Keine Angaben
3 Organisator _innen	Queer weiblich/ weiblich / nicht abgefragt	Alle ca. 24	Alle Geisteswissenschaftliches Studium bzw. Fachausbildung

Alle Interviews (mit Ausnahme eines Gruppeninterviews) sind im Erhebungszeitraum entstanden. Das Sample der Interviewpartner_innen ist hinsichtlich des Bildungsgrads und der Alterspanne homogen. Es ließ sich hier trotz Bemühungen keine breitere Streuung herstellen. In der Auswahl der Interviewpartner_innen habe ich mich bemüht, gleich viele Organisator_innen und Besucher_innen zu interviewen, aber auch Beitragende (wie bspw. Künstler_innen oder

15 Den Interviewpartner_innen wurde beim Kurzfragebogen bei der Frage nach der Geschlechtsbezeichnung freigestellt, mit welchen Begriffen sie sich selbst bezeichnen wollten. Die Nennungen werden hier dokumentiert.

Musiker_innen) einzubeziehen. In der Darstellung verwende ich für alle jedoch den Begriff ,Aktivist_innen', da die Trennlinien nicht immer klar zu ziehen sind.

Da die meisten Aktivist_innen eher weiblich verortet sind, habe ich vereinzelt männlich oder als trans*gender verortete Personen gezielt angesprochen. Geplant war, mehr Aktivist_innen of Color als Interviewpartner_innen zu gewinnen, was jedoch nicht gelungen ist. Somit bildet mein Sample ab, was im Forschungsstand in Kapitel 2.6 besonders hervorgehoben wird, nämlich dass der Ladyfest-Aktivismus vornehmlich von weißen, gutgebildeten Frauen* betrieben und repräsentiert wird und andere Gruppen hier keine Sichtbarkeit erlangen.

Auswertung und Darstellung der Ergebnisse

Ich frage in der Analyse der Interviews nach den Verhandlungen von Ein- und Ausschlüssen der Aktivist_innen. Dabei gehe ich – in Bezug auf die rekonstruktive Sozialforschung – davon aus, dass die Aktivist_innen über ein gemeinsames Wissen und über einen geteilten konjunktiven Erfahrungsraum verfügen. Insofern interessierte mich in den Interviews, auf welches Wissen sich die Aktivist_innen beziehen, wenn Ein- und Ausschlüsse thematisiert und verhandelt werden. Anhand welcher Themenkomplexe werden diese Aushandlungen vollzogen? Welche Ansprüche werden formuliert?

Über die von mir gewählte Methode finde ich einen Zugang zum atheoretischen Wissen, das den Verhandlungen von Identitätspolitiken und den Bezügen auf die Kritik von Identitätspolitiken zugrunde liegt. Die Frage nach der Verhandlung von Ein- und Ausschlüssen stellt bereits eine Operationalisierung dar. Denn Strategien einer Politik jenseits von Identitätspolitiken (siehe insbesondere Kapitel 4.4) verhandeln als zentrales Thema durch Identitätskategorien hergestellte Ein- und Ausschlüsse.

Der Auswertungsprozess unterteilte sich in zwei Phasen. Die erste Phase bestand aus der Sichtung des ausgewählten Materials (Interviews und Selbstverständnistexte). Mit Hilfe der Instrumente der qualitativen Inhaltsanalyse wurden die Interviews und Selbstverständnistexte kodiert, wodurch ein Überblick über die Themen möglich wurde.[16] Während dieser ersten Phase hat mich vor allem das Verhältnis von Theorie und Praxis im Ladyfest-Aktivismus interessiert. Daher habe ich in der ersten systematischen Kodierung der Interviews die Begriffe queer, Feminismus und Politik als Analyseheuristiken (Erkenntnishilfen) verwendet, um herauszuarbeiten, was diese Begrifflichkeiten für die Interviewpart-

16 Bei der Arbeit mit der qualitativen Inhaltsanalyse habe ich mich an Philipp Mayring orientiert: vgl. insbesondere Mayring (2007) und Mayring/Gläser-Zikuda (2005).

ner_innen bedeuten und wie sie gefüllt werden. Anschließend sollten Rückschlüsse auf das Verhältnis zu theoretischen Debatten gezogen werden. Zu dieser Phase gehörte auch, unterschiedliche Kategoriensysteme zu entwickeln, indem sowohl offen als auch theoretisch kodiert wurde. Anschließend wurden die Kategoriensysteme immer wieder zusammengeführt und bereinigt. Dabei waren der beständige Rückbezug zur Fragestellung und erste Überlegungen zum Fokus der Auswertung von zentraler Bedeutung. Die verschiedenen Kategoriensysteme halfen, die konkrete Frage an das Material für die vertiefende Analyse zu entwickeln.[17] Dieser Analyseschritt konnte für die Interviews nur teilweise erfolgreich abgeschlossen werden und hatte rückblickend vielmehr die Funktion der Reduktion des Datenmaterials. Die Thematik der informellen Selbstorganisierung konnten jedoch in dieser ersten Phase erfolgreich bearbeitet werden. Diese Ergebnisse werden in Kapitel 7 dargestellt. Ebenso konnten die Selbstverständnistexte mit Hilfe der qualitativen Inhaltsanalyse bearbeitet werden. Hier habe ich auf die Frage fokussiert, wie Ein- und Ausschlüsse thematisiert und verhandelt werden. Fragen an die Selbstverständnistexte waren: Welche Themen sind von Ausschluss/Einschluss betroffen? In welchen Bereichen findet Einschluss/Ausschluss statt? Wer wird explizit ausgeladen/eingeladen? ‚Ein-' und ‚Ausschluss' bezieht sich hier zunächst auf eine räumliche (Wer darf rein?) als auch diskursive Dimensionen des Zugangs (Wer darf mitreden?). Das adressierte Subjekt steht im Vordergrund und damit auch Identitätsanteile (wie Frauen, Männer, Lesben, Trans*Personen) sowie bestimmte Verhaltensweisen[18]. Angeleitet durch meine Analysefragen habe ich Kernthemenkomplexe gebildet, innerhalb derer unterschiedliche Positionierungen und Aussagen verglichen und ins Verhältnis gesetzt wurden. Die Ergebnisse dieses Auswertungsschrittes sind in Kapitel 8 dargestellt.

Für die zweite Auswertungsphase der Interviews habe ich mich auf zwei zentrale Themenkomplexe konzentriert, um diese tiefergehend mit der dokumentarischen Methode zu analysieren. Zum einen habe ich Textstellen (auf der Grundlage der vorherigen qualitativen Inhaltsanalyse) ausgewählt, in denen Ein- und Ausschlüsse konkret verhandelt wurden, da in diesen Verhandlungen die Fragen nach Identitätspolitik, queer und Feminismus thematisiert wurden. Zum anderen habe ich Textstellen analysiert, in denen die Interviewpartner_innen über die Bedeutung der Bezeichnung Lady gesprochen haben, weil hier Verhandlungen

17 Während dieser ersten Phase wurde ein Auswertungstagebuch geführt, um die verschiedenen Phasen festzuhalten und zu reflektieren.

18 Den Blick auf Verhaltensweisen zu richten, stellt bereits ein Ergebnis der Auswertung dar.

über Identitätskategorien und deren Bedeutungen sichtbar wurden.[19] Zentrale Analyseheuristiken waren die Begriffe ‚Ein-' und ‚Ausschluss', da diese zu den Verhandlungen von verschiedenen Kategorien bzw. Kriterien für Identitätspolitiken führten. Hier wurden Fragen virulent, die auf konkrete Ein- und Ausschlusspraktiken hinwiesen: Wer hat Zugang zu den Festen? Wer darf auftreten? Wer wird explizit adressiert? Wer wird geduldet? Den Blick auf Verhandlungen von Ein- und Ausschluss zu richten, ermöglichte es, die verschiedenen Positionierungen, Konflikte, Auseinandersetzungen und Ambivalenzen in den Blick zu bekommen.

Mit Hilfe der Instrumente der formulierenden Interpretation wurde der immanente Sinn der Textstellen rekonstruiert, mit Hilfe der reflektierenden Interpretation der Dokumentensinn.[20] Während mit der Rekonstruktion des immanenten Sinngehalts die Intention des Interviewten nicht erfasst werden kann, lassen sich mit dem Dokumentensinn das atheoretische, implizite Wissen und konjunktive Erfahrungen rekonstruieren, die den Äußerungen zu Grunde liegen (vgl. Nohl 2008: 46ff.). Insofern bietet diese Auswertungsmethode Zugang „zum *handlungsleitenden* Wissen der Akteure und somit zur Handlungspraxis" (Bohnsack 2006a: 40). Mit dieser Auswertungsmethode ließ sich bspw. klären, auf welche Geschlechterkonstruktionen sich die Aktivist_innen bezogen. Das formale Vorgehen der formulierenden und reflektierenden Interpretation erleichterte zudem die Distanzierung vom Material und ermöglichte eine Strukturierung des Verständnisprozesses.

In einem Prozess der fallinternen und komparativen Analyse dieser einzelnen Textstellen habe ich Orientierungsmuster[21] herausgearbeitet, die etwas über das

---

19 Insgesamt 24 Textstellen mit dem Code ‚Lady', 27 Textstellen mit dem Code ‚Strategien', 52 Textstellen, in denen Ein- und Ausschluss verhandelt wurde, sowie 16 Textstellen der Unterkategorie zum Thema ‚Ort'/‚Atmosphäre'.

20 Siehe die vorangegangen Ausführungen zur dokumentarischen Methode in diesem Kapitel. Bei der forschungspraktischen Arbeit habe ich mich vor allem an Arnd-Michael Nohl (2008) orientiert, der sich auf Bohnsack stützt.

21 Die methodologischen Begrifflichkeiten werden teilweise unterschiedlich gebraucht. Nohl nennt die herausgearbeiteten Orientierungen ‚Orientierungsrahmen', die die Grundlage für die sinngenetische Typenbildung darstellen (vgl. Nohl 2008). Bohnsack spricht von Orientierungsmustern als Überbegriff von Orientierungsschemata (Modus des Wissens, vornehmlich von außen geprägt) und Orientierungsrahmen (inkorporierte Wissensbestände). „Währen[d] die Orientierung*sschemata* durch […] Exteriorität und auch Zwang dem einzelnen gegenüber charakterisiert sind, bilden sich Orientierungs*rahmen* im Sinne habitualisierter Wissensbestände dort heraus, wo diese (grund-

handlungsleitende Wissen der Aktivist_innen aussagen. Weil sich mein Interesse auf kollektive Orientierungsmuster richtet, habe ich die Textstellen verschiedener Interviews direkt miteinander verglichen, wie es auch gängige Praxis dieser Auswertungsmethode ist. Um die Orientierungsmuster in ihren Ähnlichkeiten und Kontrasten schärfer herausarbeiten zu können, ist ein Vergleichshorizont notwendig. Durch das komparative Verfahren mit Hilfe von Gegenhorizonten ließen sich im Sinne der dokumentarischen Methode sinngenetische Typen bilden (vgl. Nohl 2008: 57ff.). Diese Typen stelle ich in den Auswertungskapiteln 9 und 10 dar. Aufgrund der Homogenität meines Samples ließen sich keine soziogenetischen Typen bilden, da diese an gesellschaftlichen Strukturkategorien entlang entwickelt werden. In der Darstellung der Auswertungsergebnisse verwende ich vereinfachend den Begriff Orientierungen.

Während des gesamten Auswertungsprozess habe ich mit zwei verschiedenen kollegialen Interpretationsgruppen gearbeitet, mit deren Hilfe verschiedene Lesarten erarbeitet, Vorannahmen reflektiert und Hypothesen kritisch geprüft wurden. Je nach Auswertungsphase wurden mit den Gruppen ganze Fälle bzw. Fallverläufe offen diskutiert, kodierte Textstellen bzw. thematische Schwerpunkte besprochen. Eine Interpretationsgruppe arbeitete selbst mit der dokumentarischen Methode und war daher mit der Auswertungsmethode vertraut. In diesem Rahmen konnten detaillierte Fragen zur Auswertung, aber auch die Darstellung der Ergebnisse besprochen werden. Die zweite Interpretationsgruppe war offen für verschiedene qualitative, insbesondere hermeneutische Verfahren. Insofern wurden unterschiedliche methodische Zugänge an das Material herangetragen und unterschiedliche Lesarten hergestellt.

Die Darstellung der Auswertungsergebnisse fokussiert auf die Beantwortung der Fragestellung. Die Organisierungsformen von Ladyfest-Aktivist_innen werden anhand der Kernthemenkomplexe dargestellt, die in der ersten Auswertungsphase herausgearbeitet wurden. Ebenso werden die Ergebnisse der Auswertung der Selbstverständnistexte mit dem Fokus auf die herausgearbeiteten Strategien präsentiert. In Kapitel 9 und 10 geben die herausgearbeiteten Orientierungen die Struktur der Darstellung vor. Zudem wurde durch die Art und Weise der Darstel-

legend kollektiven) Wissensbestände nicht nur internalisiert, sondern auch inkorporiert, d.h. in den modus operandi der körperlichen und sprachlichen Praktiken eingeschrieben und in diesem Sinne ‚mimetisch' angeeignet werden" (Bohnsack 2006b: 132).

lung der Interviewauswertung darauf geachtet, die Anonymität der Interviewpartner_innen sicherzustellen.

Im nachfolgenden Kapitel werden jedoch zunächst das Feld und der Entstehungskontext des Ladyfest-Aktivismus dargestellt. Dieses Kapitel dient der Feldbeschreibung, stützt sich jedoch nicht auf von mir erhobenes empirisches Material, sondern vornehmlich auf Sekundärliteratur und wissenschaftliche Arbeiten über diesen Kontext.

6. riot-grrrl-Aktivismus als Entstehungskontext von Ladyfesten

Punk-Rock-Feminism[1] und der darin zu verortende riot-grrrl-Aktivismus[2] stellen den zentralen Entstehungskontext des Ladyfest-Aktivismus dar. Die Rolle der Kategorien im queer-feministischen politischen Handeln lässt sich bereits in diesem Entstehungskontext herausarbeiten und somit Kontinuitäten aufzeigen. Die seit den 1990er Jahren geführten Debatten prägen immer noch maßgeblich aktuelle Fragen von Ladyfest-Aktivist_innen. Zudem übernehmen Ladyfest-Gruppen aus diesem Entstehungskontext unterschiedliche Ansprüche, Orientierungen und Praktiken.

6.1 Punk-Rock-Feminism

Einen entscheidenden Beitrag zur Entwicklung von Punk-Rock-Feminism hat der riot-grrrl-Aktivismus geleistet, der sich in den 1990er Jahren entwickelte. Die Deutungshoheit über diesen Aktivismus ist umstritten, und es existieren vielfältige Erzählungen aus unterschiedlichen Perspektiven (vgl. Peglow/Engelmann 2011b, Monem 2007, Juno/Borchardt 1997 und Baldauf 1998). Diese Heterogenität zeigt sich bspw. in unterschiedlichen Definitionsversuchen:

1 Siehe bspw. „Punk Rock Feminism rules okay" (Monem 2007:137) oder das „Punk Rock Feminism Manifest" (ebd.: 40).

2 In der einschlägigen Literatur wird in der Regel von der ‚riot-grrrl-Bewegung' gesprochen (vgl. bspw. Monem 2007). Ich verwende hier jedoch den von mir bevorzugten Begriff des Aktivismus und spreche daher auch von riot-grrrl-Aktivist_innen. Das erscheint außerdem sinnvoll, weil nicht alle Aktivist_innen, die sich mit der Haltung und den Ideen der riot-grrrl-Bewegung identifizieren, sich selbst als ‚riot grrrls' bezeichnen.

„1.) riot grrrl: A grassroots third wave feminist movement deeply connected to the punk rock scene in the early and mid 1990's. Mostly youth oriented, riot grrrl was neither an organization or a specific thought, but instead thrived on non hierarchal ‚chapters' set up across America and parts of Europe connecting mostly young women with music, a thriving zine scene, and direct political action.
2.) riot grrrl: a feminist, who can rock out, have fun, and doesn't give a shit what any one else says.
3.) riot grrrl: Movement/organization of empowered womyn (and occasionally men) dedicated to expressing radical, grassroots feminism through art and activism. Spotlighted in the media around the time the punk band Bikini Kill was at the height of their powers" (http://www.urbandictionary.com [1.6.2011]).[3]

Hier wird bereits deutlich, dass noch nicht einmal Einigkeit darüber herrscht, um welche Form der Organisation oder auch Nicht-Organisation es sich handelt. Deutlich wird hier die Verwurzelung in der Punk-Rock-Szene und die Auseinandersetzung mit und Verortung in feministischen Positionen. Somit geht es um die Verbindung von Punk Rock und Feminismus als Instrumente weiblicher Emanzipation. Elke Zobl beschreibt diese Verbindung als Möglichkeit der Selbstermächtigung der Aktivist_innen:

„Participation in punk rock subcultures and feminist activist groups have been two separate pathways to empowerment and liberation for young women seeking to challenge oppressive norms of femininity. The emergence of the Riot Grrrl movement in the early 1990s created an opportunity for the fusion of these ideologies, merging the punk ethos of ‚do-it-yourself' (DIY) with a critique of sexism and patriarchy." (Zobl/Schilt 2008: 171)

Auch auf einer ästhetischen Ebene spielte diese Verbindung eine produktive Rolle. So beschreibt Elizabeth Keenan das affirmative Aufgreifen feministischer Inhalte und ‚Dauerthemen' als Ursprung einer feministischen Punk-Rock-Ästhetik, die sich im Ladyfest-Aktivismus weiter ausgestaltete und entwickelte (vgl. Keenan 2008: 388).[4]

Aktivist_innen intervenierten somit einerseits in eine zunehmend von Maskulinität bestimmte Punk- und Hardcore-Szene, kritisierten dort Sexismus und thematisierten Themen wie sexuelle Gewalt; andererseits ging es um die Aneig-

3 Am 8.6.2015 sind unter dem Suchwort riot grrrl auf dieser Seite acht unterschiedliche Definitionen zu finden.

4 Auch Ednie Kaeh Garrison beschreibt die riot-grrrl-Bewegung als Verbindung von feministischem Bewusstsein und Punk-Ästhetik (vgl. Garrison 2000: 142).

nung des Begriffs Feminismus durch eine junge Generation von Feminist_innen. „Feminismus wird wieder cool“ (Borchardt 1997: 7) war die Botschaft der frühen riot-grrrl-Bands. Aus diesen Formulierungen lassen sich zwar Abgrenzungsstrategien gegen Feminist_innen früherer Generationen herauslesen, aber eben auch die Aneignung von feministischen Positionen und Themen.

Nicht nur wegen der musikalischen Bezüge, sondern auch wegen der DIY (Do-it-yourself)-Haltung war Punk Rock für riot-grrrl-Aktivist_innen ein zentraler Bezugspunkt.[5] Für meine Studie spielt Musik eine untergeordnete Rolle, weshalb ich Punk hier insbesondere als DIY-Haltung (Dinge selbst in die Hand nehmen, selbst aktiv werden) verstehe, die es Frauen und Mädchen erleichtert, sich subkulturelle Produktionsmittel für feministische Zwecke anzueignen. Gerade Zines, also selbst gestaltete und vertriebene Zeitschriften[6], wurden für riot-grrrl-Aktivist_innen zum Forum und zu einer Ausdrucksform, die maßgeblich zur Verbreitung der riot-grrrl-Idee beigetragen hat. Wie Elke Zobl argumentiert, inspirierten riot-grrrl-Aktivist_innen junge Mädchen und Frauen dazu, selbst initiativ zu werden und z.B. selbst Zines oder Bands zu gründen und damit ihre eigenen, feministischen Ideen und Haltungen, ihre Gesellschaftskritik und Vernetzung zu gestalten (vgl. Zobl/Schilt 2008: 175).

Punk-Rock-Feminism wird teilweise daher von einigen Autor_innen und Aktivist_innen auch unter dem Begriff DIY-Feminism subsumiert. Darunter wird eine Gestaltungsfreiheit ohne Dogmen verstanden: „Your feminism is what you want it to be and what you make of it“ (Marcella Karp, zitiert nach ebd.: 185). Zentral scheint mir die Aneignung des Begriffs ‚Feminismus‘ durch die Aktivist_innen zu sein. Ein wichtiges Medium dafür ist nach Zobl das Zine, weil es die Möglichkeit des Ausdrucks, der Selbstreflexion und des Bezugs auf die eigene, alltägliche Erfahrung ermöglicht. Wenn DIY-Feminism bedeutet, dass jede über ihre eigene Definition von Feminismus nachdenkt, ermöglichen Zines auch die Kommunikation über diese heterogenen Definitionen. Zobl geht so weit, Zines als Rückgrat eines subkulturellen feministischen Aktivismus zu bezeichnen (vgl. Zobl 2008: 187). Diese zentrale Rolle von Zines lässt sich auch für den Ladyfest-Aktivismus zeigen: Ladyfeste werden in bestehenden Zines angekündigt und auch Kontroversen über die Organisierung geführt (vgl. bspw. Interview mit HannaH in trash it away #3), auf Ladyfesten werden Zine-Workshops gegeben (bspw. Ladyfest Bielefeld (2005), Ladyfest Romania (2007), fleeing the arch

5 Die Rolle von DIY für die Ladyfest-Aktivist_innen wird im Kapitel 7 ausführlich dargestellt. Dort gehe ich auch ausführlicher auf den Begriff und die Geschichte von DIY ein.

6 Vgl. bspw. Schmidt (2004), bezogen auf die riot-grrrl-Bewegung Zobl (2004a).

(2007)), und in Zines wird über Ladyfest-Besuche berichtet und es werden die dort gemachten Erfahrungen thematisiert (Not Ladylike (2005)).

Die Entstehungserzählungen über riot grrrl referieren auf die subkulturelle Punk- und Hardcore-Szene. Die Zeit des frühen Punks wird hier als Ära dargestellt, die wenig ausschließend für Frauen war (so zum Beispiel Eilers 2006 und auch Turner 2001), ohne dass dies explizit als feministisch verstanden wurde.[7] Nach André Eilers Interpretation bot Punk mit seinem Dilettantismus, der Nicht-Professionalität und der androgynen Geschlechterinszenierung umfangreiche Partizipationsmöglichkeiten für Frauen. Mit der Entwicklung in den 1980er Jahren hin zum Hardcore[8] setzte eine Maskulinisierung der Szene, und damit einhergehend eine Abwertung der weiblichen Szene-Angehörigen ein. Riot-grrrl-Aktivismus war daher eine Gegenbewegung zu damals aktuellen Szene-Entwicklungen: „If women were no longer accepted as part of the group as they had been back in the late 1970s, they would now just create their own scene" (Turner 2001: 9ff.).

Während die Auseinandersetzung mit der Punk- und Hardcore-Szene eine klare feministische Positionierung und die Kritik an Sexismus und patriarchalen Geschlechterverhältnissen erforderte, war die Auseinandersetzung der riot-grrrl-Aktivist_innen mit feministischen Positionierungen der Frauenbewegung geprägt durch einen Generationenwechsel, der es verlangte, Feminismus neu zu füllen: „Feminism before that point always felt like someone else's revolution. Something that happened in the '70s which was cool but it didn't have anything to do with me now in the '90s" (ebd.: 12). Zwar waren Themen wie sexueller Missbrauch, Gewalt- und Diskriminierungserfahrungen die gleichen geblieben, doch der Umgang und die Art der Thematisierung haben sich verändert. Riot-grrrl-Aktivist_innen, wie auch später Ladyfest-Aktivist_innen, zeichnen sich durch eine Beschäftigung mit Geschlechterkonstruktionen, queeren Positionierungen, sexpositiven-Haltungen[9] und das Eingehen von vielfältigen Bündnissen aus. Exemplarisch lässt sich dieser Aspekt an den Debatten um das Michigan Womyn's Music Festival (MWMF) zeigen, eines der ältesten heute noch existierenden Frauenmusikfestivals in den USA[10], das sowohl für riot-grrrl- als auch für

---

7 Es kann durchaus kontrovers diskutiert werden, ob der frühe Punk der 1970er Jahre wirklich durchlässig und offen für Frauen gewesen ist. Ich folge hier den Erzählungen der Aktivist_innen.

8 Für eine Auseinandersetzung mit Hardcore als Subkultur vgl. Calmbach (2007), mit Blick auf Frauen im Hardcore Eilers (2006).

9 Vgl. bspw. die Darstellung und Texte in ‚Sex Wars' (Duggan/Hunter 1995).

10 2015 feiert das MWMF 40-jähriges Bestehen (www.michfest.com).

Ladyfest-Aktivist_innen eine historische Bezugsgröße ist. Elke Zobl beschreibt die klare Einlasspolitik des Festes, die sich am angeborenen Geschlecht orientiert und auch deshalb kritisiert wurde:

„With roots in lesbian and separatist feminism – a political orientation closely linked to hostile attitudes toward transsexuals, [...] MW[M]F has a ‚womyn-born womyn' only policy for attendance that is designed to exclude transsexual women, people who are not viewed as ‚real' women." (Zobl/Schilt 2008: 177)[11]

Demgegenüber stehen Trans*-inklusive Politiken, die feministische Positionierungen nicht unbedingt an Geschlecht knüpfen, wie sie heute von einigen Ladyfesten praktiziert werden (bspw. hatte das Ladyfest Hannover 2005 eine FrauenLesbenTrans*-Einlasspolitik). Auch der offensive und teils aggressive Umgang mit bspw. sexuellem Missbrauch und die Bühnenperformances von einzelnen riot-grrrl-Bands stießen auf dem MWMF auf Kritik. Um die Heftigkeit und Unversöhnlichkeit der damaligen Debatten zu illustrieren, sei auf ein Interview mit Lynn Breedlove verwiesen. Während eines Auftritts der Band *Tribe 8* wurde als Performance zu einem Song, in dem eine Gruppenvergewaltigung thematisiert wird, ein Gummipenis abgehackt. Gruppen auf dem MWMF protestierten damals gegen die bekannte riot-grrrl-Band und nannten sie

„Frauenfeinde – sie hatten ein großes Transparent, auf dem stand ‚Tribe 8 propagieren Gewalt gegen Frauen'. Eine aus unserer Band ging auf die Demonstrantinnen zu und sagte, ‚weißt du, ich habe einen sexuellen Missbrauch hinter mir', und streckte ihre Hand aus – und die Frau, die ein Transparent trug, drehte sich einfach um." (Juno/Borchardt 1997: 73)

Während *Tribe 8* vor allem ihren Zorn über Gewalt und Missbrauch auf der Bühne präsentierten – unter anderem auch als Verarbeitungsstrategie – fühlten sich Teile des Publikums dadurch angegriffen. Wie Breedlove betonte, hatten alle das gleiche Ziel gegen sexuellen Missbrauch zu kämpfen, jedoch mit unter-

11 Zobl verweist hier auf Pat Califias Kritik am Ausschluss von Trans*Personen in feministischen Kontexten. Die Debatte um das MWMF wird als ein Beispiel dafür angeführt (vgl. Califia 2003: xxxiii). In einem Statement aus dem Jahr 2014 reagieren die Organisator_innen auf die Kritik der Trans*-feindlichkeit: „[W]e reiterate that Michfest recognizes trans womyn as womyn" (http://michfest.com/we-have-a-few-demands-of-our-own-michfest-response-to-nclr-and-hrc-endorsing-eqm-petition-to-boycott-%e2%80%90-81814/ [8.6.2015]).

schiedlichem Ausdruck. Der mit dieser Szene beschriebene Konflikt ist nicht nur Ausdruck von unterschiedlichen Haltungen (Wie zornig dürfen Frauen sein? Wie gewalttätig darf die queer-feministische Thematisierung von sexuellem Missbrauch selbst sein?), sondern auch Ausdruck eines unterschiedlichen Verständnisses davon, welche kulturellen Ausdrucksformen für politische Inhalte angemessen sind.[12]

Zusammenfassend lässt sich also festhalten, dass der riot-grrrl- ebenso wie der Ladyfest-Aktivismus sich durch eine Punk-Rock-Feminism-Haltung auszeichnet: einerseits durch die Thematisierung von queer-feministischen Inhalten und andererseits durch eine subkulturelle ästhetische Ausdrucksform, die nicht selten in anderen FrauenLesben-Zusammenhängen zu Ablehnung, mindestens aber zu Irritationen führten. Es wird zudem deutlich, dass die Entstehung von Punk-Rock-Feminism durch die Auseinandersetzung mit Frauenmusikfestivals wie dem Michigan Womyn's Music Festival geprägt ist. Debatten um Inklusion von Trans*Personen, wie sie bspw. auf dem MWMF geführt wurden, prägen noch heute den Umgang mit und die Diskussionen über das Thema Trans*-Offenheit auf Ladyfesten. Auch die Frage, wer sich in welcher Weise auf der Bühne eines Ladyfests präsentieren darf, für wen dieser Raum also offen ist, ist ein viel diskutiertes Thema von Ladyfest-Aktivist_innen. An dem obigen Beispiel wird deutlich, dass ästhetische Einflüsse von Punk und Strategien der Provokation mit den queer-feministischen Inhalten der Aktivist_innen auch im Ladyfest-Kontext zusammenlaufen. Denn im Punk wurden bestimmte Thematisierungs- und Ausdrucksformen entwickelt, die prägend für riot-grrrl- und Ladyfest-Aktivismen sind.

6.2 ANEIGNUNGEN UND PERFORMATIVE KRITIK: RIOT GRRRL UND LADY

Innerhalb des Feldes ‚Punk Rock Feminism' lassen sich gemeinsame Referenzpunkte des riot-grrrl- und Ladyfest-Aktivismus verorten. Diese liegen zum einen in der queer-feministischen Aneignungspraxis von Begriffen (‚grrrl' und ‚Lady'), aber auch in der performativen Kritik von geschlechtlichen Zuweisungen durch gezielte Repräsentationen[13].

12 Mary Celeste Kearney stellt heraus, dass sich an dieser Debatte um *Tribe 8* Konflikte, aber auch Überschneidungspunkte zwischen Queercore und riot-grrrl-Aktivist_innen zeigen (vgl. Kearney 2011: 69ff., ausführlicher zu Queercore vgl. Beyer 2005).

13 Zum Begriff der Performativität vgl. Kapitel 4.4.

Wie wird zunächst die Entstehungsgeschichte von ‚riot grrrl' erzählt? Bezüglich der Initiierung werden Bands wie *Bikini Kill, Team Dresch, Bratmobile* oder *Heavens to Betsy* genannt.[14] Als zentrale Referenzfigur wird Kathleen Hanna, Teil der Band *Bikini Kill* und später *Le Tigre*, immer wieder herangezogen, was ihr unter anderem auch die Kritik von Aktivist_innen eingebracht hat, riot grrrl unrechtmäßig zu (re)präsentieren.[15] Hanna beschreibt in einem Interview Gespräche mit befreundeten Bands und Aktivist_innen, die zum ersten riot-grrrl-Treffen 1990 geführt hatten (vgl. Juno/Borchardt 1997: 144). Fanzines wie *Jigsaw* oder *Riot Grrrl*[16] spielten eine zentrale Rolle, um die Inhalte zu diskutieren und weitere Frauen zu erreichen, die Diskussionen öffentlich zu machen und die Zusammenarbeit zu verstetigen. 1991 erschien die erste Ausgabe von *Riot Grrrl*, und Molly Neumann, eine der Herausgeberinnen, sagt darüber:

> „Wir hatten an Girl Riot gedacht, aber dann änderten wir ihn in Riot Grrrl mit den drei R's – als würde man knurren. Das war ein cooles Wortspiel und irgendwie auch der Ausdruck für ein Vehikel, mit dem man seine Wut ausdrücken kann." (Andersen/Jenkins 2006: 317)

Durch die spielerische Abwandlung von ‚girl' zu ‚grrrl' fand eine Umdeutung statt, die sowohl eine eindeutige Markierung von Weiblichkeit als auch eine positive Aneignung des ‚Mädchenseins' und eine Betonung des Grollenden, Knurrenden, Zornigen beinhaltet. Im Laufe der Entwicklung des riot-grrrl-Aktivismus wurden dem Begriff riot grrrl weitere Bedeutungen und Geschichten

---

14 Für eine ausführliche Darstellung der Bands und deren Verbindungen untereinander siehe Andersen/Jenkins (2006: 315ff.). Die Bezüge der riot-grrrl-Protagonist_innen zu den frühen weiblichen Punkbands wie *The Slits* oder *X-Ray Spex* werden von Cazz Blaze ausführlich dargestellt (vgl. Blaze 2007).

15 Erwähnt werden muss aber auch, dass es unzählige Bands und Personen gab, die zur Bewegung beigetragen und sie getragen haben, deren Namen nicht in den einschlägigen Büchern und Aufsätzen vorkommen. Ich kann mich hier nur auf die ‚gängigen' Referenzfiguren beziehen, da Interviews mit ihnen – wie bspw. mit Kathleen Hanna – dokumentiert sind. Auch diese sichtbaren Figuren beziehen sich oft auf andere Aktivist_innen, über die weniger publiziert wurde.

16 Der Titel des Fanzines Riot Grrrl entstand in Anlehnung an die Unruhen (‚riots') in D.C. (Mount Pleasant) im Jahr 1991, die losbrachen, nachdem die Polizei dort einen Mann mit hispanischem Hintergrund erschossen hatte. Die Bezugnahme auf diese Auseinandersetzungen muss als Unterstützung dieser Bewegung verstanden werden. Dieser Hinweis findet sich unter anderem im Interview mit Hanna in Juno/Borchardt (1997: 146).

zugeschrieben. Es ging darum, ‚Mädchensein' bzw. ‚Girlism' aufzuwerten und mit der selbstbewussten Selbstbezeichnung als riot grrrl einer sexistischen Abwertung entgegenzutreten. Anja Bierbaum merkt an, dass gängige heterosexistische Stereotype damit durchbrochen werden sollen:

„*Girl-* oder *Grrrl*-Sein wendet sich im *Riot Grrrl*-Kontext gegen stereotype Bilder sowohl eines verniedlichenden Bildes von Kindheit als auch des erwachsenen ‚Frauseins', das mit einengenden Schönheitsnormen, einem sich Einfügen in die symbolische Ordnung heterosexueller Lebensweisen und Seriosität verbunden wird." (Bierbaum 1999: 44)

Die intensive Auseinandersetzung mit geschlechtlichen Zuweisungen, die an den Begriffen girl bzw. grrrl haften, und der Versuch, sie aufzulösen, ist eine Strategie, die mit dem Begriff Lady von Ladyfest-Gruppen ebenso aufgegriffen wird. Zwar geht es einerseits um die Aufwertung von Weiblichkeit, aber andererseits auch darum, die herkömmliche Eindeutigkeit des Begriffs Lady aufzubrechen. Der Begriff wird damit auch zugänglich für queere Positionierungen. Elizabeth Keenan führt bspw. aus, wie der Begriff Lady (im Ladyfest-Kontext) zwischen einer Zuschreibung als queerer und straighter Weiblichkeit changiert und zumindest die Sichtbarkeit von queerer Weiblichkeit (‚queer femininity') ermöglicht (vgl. Keenan 2008, siehe dazu ausführlich Kapitel 2.5 und weiterführend Kapitel 10).

Als performative Kritik lassen sich Repräsentationsstrategien von manchen riot-grrrl-Bands verstehen, da sie Geschlechterverhältnisse und Geschlechterinszenierungen in ihren Performances thematisieren.[17] Dabei entwickeln die Musiker_innen bestimmte Ästhetiken und Repräsentationsstrategien, um ihre Kritik an stereotypen Geschlechterkonstruktionen zu artikulieren. Kathleen Hannas Auftritte mit ihrer Band *Bikini Kill* werden diesbezüglich häufig in Texten angeführt. So analysiert bspw. Katja Kailer einen Auftritt von Hanna:

„Neben einem hyperfemininen Dresscode trägt Kathleen Hannah [sic!] auf Konzerten häufig auch ein langes T-Shirt-Kleid, welches vorne wie hinten einen sonnengebräunten,

17 Ihre Auftritte als Frauen* in einer Punk-Band stellen für ein bestimmtes Publikum bereits eine Provokation dar, und die Performances scheinen die möglichen sexistischen Reaktionen bereits vorweg zu nehmen. So markierten Hanna und andere riot-grrrl-Aktivist_innen sich bspw. bei Auftritten selbst, indem sie sich ‚Slut' oder ‚Bitch' auf den Köper schrieben. Vielfältige Beispiele finden sich im Band *Angry Women* (Juno/Borchardt 1997), der Interviews mit aktiven Künstler_innen dieser Zeit versammelt.

dauerlächelnden Muskelmann in einem knappen Badehöschen abbildet, ebenfalls von vorne und von hinten. Dieses *Outfit* wirkt schon auf den ersten Blick sehr belustigend, da der Männerkörper als Hülle bzw. Oberfläche ihren ‚weiblichen' Körper überlagert. Dadurch erscheint ‚sie' gleichermaßen als ‚Mann' und als ‚Frau' bzw. als ‚Frau-zu-Mann-Frau'. Wann immer ‚sie' sich tänzerisch bewegt, erwacht auch ‚Mr-Super-Sexy-Body' zum Leben und tanzt [...] ‚Er' erhält die Rolle einer besonders sexualisierten Figur und wird durch ‚ihre' Bewegung kontrolliert." (Kailer 1999: 60)

Kailer interpretiert die beschriebene Bühnenperformance als eine ‚queere' Dekonstruktion vergeschlechtlichter Körper, die vor allem im Kontext der feministischen Community, in der diese Auftritte stattfinden, gelesen werden muss. Sie liest dies als „kritische Artikulation und Repräsentation feministischer Belange", da sie mit „traditionellen Wahrnehmungsgewohnheiten in Bezug auf den binär vergeschlechtlichten Körper" (ebd.: 62) breche. Dies steht als ein Beispiel für performative Strategien, um die hegemoniale geschlechtliche Ordnung und insbesondere die Unterordnung von Weiblichkeit zu unterlaufen. Ladyfeste als Plattformen für riot-grrrl-Bands bzw. queer-feministische Bands und Performances bieten einen Raum für eine solche performative Kritik und knüpfen außerdem an die begriffliche Aneignung von Selbstbezeichnungen an.

6.3 SELBSTERMÄCHTIGUNG UND GESELLSCHAFTSKRITIK: RIOT GRRRL MANIFESTO/GIRL LOVE

Um die zentralen Themen der Selbstermächtigung und der Gesellschaftskritik im riot-grrrl-Aktivismus zu illustrieren, diskutiere ich im Folgenden zwei zentrale Referenztexte, auf die sich die Aktivist_innen selbst immer wieder beziehen: das *riot-grrrl-Manifest* (auch: *riot grrrl manifesto*) und ein Text mit dem Titel *Girl Love* (aus dem Fanzine *Ablaze!*). Wie Gudrun Ankele zeigt, haben beide Texte eine große Wirksamkeit entfaltet und müssen als „Beitrag zur feministischen und queeren Geschichte verstanden" werden (Ankele 2011: 51).

Im 1991 in Olympia erschienenen *riot-grrrl-Manifest* steht die Kritik an herrschenden Geschlechterverhältnissen in der Gesellschaft und der subkulturellen Szene, in denen sich riot-grrrl-Aktivist_innen bewegen, im Vordergrund. Aus der Kritik an gesellschaftlichen Herrschaftsverhältnissen (Sexismus, Rassismus, Kapitalismus) wird im Manifest der Anspruch auf ein solidarisches Miteinander und gegenseitige Unterstützung abgeleitet. Somit geht es nicht nur um die Möglichkeit für Frauen und Mädchen, selbst kulturelle Güter wie Fanzines, Musik etc. zu produzieren, sondern auch darum, diese untereinander wahrzunehmen und füreinander präsent zu sein. Das Teilen von Wissen geht mit der Forderung nach eigens geschaffenen Freiräumen und dem Bekenntnis zu DIY als Notwendigkeit einher. All dies wird im Kontext der Geschlechterverhältnisse reflektiert – denn schließlich geht es auch explizit um die Aufwertung von Weiblichkeit und darum, einen Umgang mit erlebtem Antifeminismus und Sexismus zu finden. Das Manifest ist ein Bekenntnis zur Wut über die gesellschaftliche Abwertung von „Frauen". Diese Wut soll sich nach außen richten und helfen, gesellschaftliche Veränderungen voranzutreiben:

„WEIL wir mädchen uns nach platten, büchern und fanzines sehnen, die UNS ansprechen, in denen WIR uns mit eingeschlossen und verstanden fühlen.
WEIL es für uns mädchen einfacher werden soll, unsere arbeiten zu hören/sehen, damit wir unsere strategien teilen und uns gegenseitig kritisieren/applaudieren können. [...]
WEIL wir andere ermutigen und selbst ermutigt werden wollen, angesichts all der unsicherheiten und des männer-sauf-rocks, der uns vermittelt, daß wir keine instrumente spielen können. [...]
WEIL das machen/lesen/hören von coolen, uns selbst wertschätzenden und herausfordernden dingen uns helfen kann, die stärke und den gemeinschaftssinn zu entwickeln, die wir brauchen, um herauszufinden, was scheiße wie rassismus, sexismus, antisemitismus, diskriminierung aufgrund des alters, der spezies, der sexualität, des gewichts, der klasse oder körperlicher behinderungen in unserem leben anrichten.[...]
WEIL wir wütend sind auf eine gesellschaft, die uns sagt, mädchen = blöd, mädchen = böse, mädchen = schwach. [...]
WEIL ich absolut 100%ig überzeugt bin, daß mädchen eine revolutionäre kraft haben, die die welt wirklich verändern kann und wird."[18]

Diese Ausschnitte zeigen die positive Besetzung der Begriffe Mädchen, girl und grrrl. Damit einher geht die Forderung, der hegemonialen Abwertung von weiblichen Eigenschaften entgegenzutreten. Aus queer-feministischer Perspektive springt ins Auge, dass der positive Bezug auf den Begriff Mädchen bzw. girl eine Vereindeutigung herstellt. Insbesondere durch den Bezug auf gemeinsame Bedürfnisse und gleiche Erfahrungen von Abwertung wird Zugehörigkeit und Gemeinsamkeit erzeugt. Damit wendet sich das Manifest gegen gesellschaftliche Strukturen und steht damit in einer feministischen Tradition, Geschlechterverhältnisse als gesellschaftliche Verhältnisse zu kritisieren und verändern zu wol-

18 Ich zitiere hier nach Baldauf (1998: 26f.). Der Text ist allerdings auch in verschiedenen Varianten und Übersetzungen im Internet oder in Publikationen zu finden (vgl. bspw. Ankele 2011).

len. Strukturen der Diskriminierung werden auch in Zusammenhang mit anderen gesellschaftlichen Herrschaftsverhältnissen gestellt und kritisiert (Rassismus, Antisemitismus, Behinderung etc.). Zweigeschlechtlichkeit wird jedoch damit nicht unterlaufen.

Die Aufrufe zu einer aktiven Gestaltung von Kultur und gegenseitigen Wertschätzung (von Musik, Büchern, gegenseitiger Unterstützung) entsprechen feministischen Strategien des Self Empowerments bzw. der Selbstermächtigung. Durch die Thematisierung von unmittelbaren Diskriminierungserfahrungen und deren Auswirkungen auf das eigene Leben bekommt das Manifest einen stark identifikatorischen Charakter. Mit der affektiven Aufladung des Textes ruft er dazu auf, sich mit dem formulierten ‚Wir' (‚wir Mädchen') zu identifizieren und zu solidarisieren.

In ähnlicher Weise funktioniert auch der Text *Girl Love*, der auf die gegenseitige Unterstützung und Solidarität als Selbstermächtigungsstrategie fokussiert. ‚Girl Love' fungierte als Motto für die solidarische Zusammenarbeit, für ein ganzes Lebensgefühl der Aktivist_innen (vgl. bspw. Nguyen 2011). So führt bspw. die Aktivist_in Karen Ablaze die Bedeutung von ‚girl love' als Agenda feministischer Solidarität aus, die zur Selbstermächtigung führen soll. Es gehe dabei um „generating power through mutual support" (Turner 2001: 32).

„Girl Love Is…

- making space where women/girls feel unthreatened and unintimidated
- talking about abuse and rape when no one else will listen [...]
- making other girls feel unafraid to eat in public or around others [...]
- not competing for boys' attention [...]
- knowing that you are connected to all girls and the way you view yourself is related to their self-image as well [...]
- helping each other see our beauty and build our own culture around what we see" (ebd.: 30f.).

Die vorrangigen Themen sind auch hier Gewalt und sexueller Missbrauch, außerdem Essstörungen und der Umgang mit weiblichen Schönheitsidealen, Auseinandersetzungen mit Vorurteilen und zugeschriebenen weiblichen Eigenschaften. Im Fokus steht hier das Verhältnis von „Frauen" und „Mädchen" untereinander, da die geschlechtlichen Rollenzuschreibungen auch von ihnen selbst mitgetragen und reproduziert werden. Insofern lässt sich der Text als normative Handlungsanleitung verstehen, der zudem die Annahme der Heterosexualität zu Grunde liegt. Dies wird bspw. bei der Aufforderung deutlich, nicht um die Aufmerksamkeit von Jungs*/Männern* zu konkurrieren. Das Verhältnis von

Mädchen zueinander als Liebespaar und somit die Thematisierung von lesbischen Positionierungen findet beim naheliegenden Begriff girl love jedoch nicht statt. Damit wird die normative Grundannahme, dass es sich um heterosexuelle ‚Mädchen' handelt, verstärkt.

Als zentrale und gemeinsame Anliegen lassen sich aus beiden Texten der Aufruf zur Selbstermächtigung und Solidarität von ‚grrrls'/‚girls', sowie die Positionierungen innerhalb einer umfassenden Gesellschaftskritik herausarbeiten. In beiden Texten sind die Bezüge zu Geschlechterkategorien vereindeutigend: Das im Manifest bemühte ‚Wir' bezieht sich auf gemeinsame Erfahrungen von Diskriminierung von ‚Mädchen' und eine Praxis der Solidarität. Uneindeutige Geschlechterpositionen und lesbische oder schwule Sexualität finden in den Texten keine Entsprechung. Die oben herangezogenen Texte sind Zeugnis davon, welche Rolle hier persönliche Erfahrungen und deren Politisierung spielten.

Wie Ankele argumentiert, zeigen die riot-grrrl-Manifeste Ähnlichkeiten mit Manifesten der Neuen Frauenbewegung (*bitch-Manifest/SCUM Manifest*).[19] Diese haben zwar „die identitäre Kategorie ‚Frau'" neu entworfen, sie „jedoch nicht grundlegend und konzeptionell" kritisiert (Ankele 2011: 58). Zwar zeigt sich in meiner Lesart deutlich, dass die Infragestellung der Kategorie Frau hier kaum Niederschlag findet. Ankele argumentiert jedoch, dass im Zuge von vereindeutigenden Bühnenperformances und der anschließenden Aneignung durch Ladyfest-Aktivist_innen auch die riot-grrrl-Manifeste in einem queerfeministischen Kontext gelesen werden können (wie bspw. im Kontext des Cyborg-Manifestes von Donna Haraway 1995). Für Ankele zeigen sich jedoch im riot-grrrl-Aktivismus auch die Paradoxien alltäglicher Praxis:

> „Die Riot Grrrls agieren in den 1990er-Jahren in einem schwierigen Spagat zwischen identitätspolitisch motivierter Authentizität und queerer Identitätskritik, zwischen dem Aufbau von neuen Gemeinschaften und radikaler Gesellschaftskritik." (Ankele 2011: 59)

Meiner Einschätzung nach werden in den Verlautbarungen von riot-grrrl-Aktivist_innen kritische Haltungen gegenüber Identitätspolitik nicht sichtbar und erst in nachträglichen Reflexionen und mit der Entwicklung von Ladyfesten in größerem Maße wahrnehmbar.

19 Das *Bitch-Manifest* der Aktivistin Jo Freemann stammt aus dem Jahr 1968, das von Valerie Solanas verfasste *SCUM-Manifest* ebenfalls aus dem Jahre 1968 (vgl. Ankele 2011:56f.).

6.4 Von riot grrrl zur Lady – und strukturellen Ausschlüssen

Anfang der 1990er Jahre fand der riot-grrrl-Aktivismus mit dem Slogan ‚Revolution grrrl style now!' schnell Verbreitung und wurde von den Medien aufgegriffen. Durch die USA-weiten Berichte entstanden an unterschiedlichen Orten riot-grrrl-Gruppen (vgl. bspw. Andersen/Jenkins 2006: 335). Aus einem lokalen Netzwerk entwickelte sich ein internationaler Aktivismus, der vielfältige Fanzines, Bands und kulturelle Projekte hervorbrachte. Doch interne Debatten und Auseinandersetzungen und eine verzerrte Medienberichterstattung führten dazu, dass Aktivist_innen eine Medienblockade[20] verhängten und über den Stand Aktivismusintern diskutierten und reflektierten. Denn zu den antifeministischen Attacken aus den Mainstream-Medien kamen auch interne Stimmen hinzu, die den Umgang mit den Medien, aber auch die Dominanz von weißen Mittelklassefrauen in diesem Aktivismus kritisierten. So thematisierten Aktivist_innen Ausschlussmechanismen innerhalb der eigenen Strukturen, zu denen sie nicht nur strukturelle Rassismen und Unsichtbarkeit von Aktivist_innen of Color zählten, sondern auch die unausgesprochene Zuständigkeit von Aktivist_innen of Color für das Thema Rassismus. Diese weiße Dominanz reproduzierte sich im Sinne von strukturellen Ausschlüssen und als ungelöstes Problem auch im Ladyfest-Kontext (siehe hierzu Kapitel 2.6, vgl. Nguyen 2011, Saeed 2008). In diesem Sinne zeigt sich hier eine gesellschaftskritische Haltung im riot-grrrl-Aktivismus, in dem strukturelle Machtverhältnisse thematisiert werden.

Diese unterschiedlichen Impulse von ‚innen' und ‚außen' führten schließlich dazu, dass ab dem Frühjahr 1993 einige Gruppen und Protagonist_innen immer mehr die Medienöffentlichkeit mieden (vgl. Zobl/Schilt 2008: 176, Gottlieb/Wald 1995). Gleichzeitig nahm die Vermarktung und Kommerzialisierung seitens der Medien und der Musikindustrie zu, und die feministischen Inhalte wurden dabei zu einem entpolitisierten Konzept von ‚Girl Power' umgewandelt und damit auf einen leicht zu konsumierenden und ‚ungefährlichen', weil eingemeindeten, Lifestyle reduziert: „Aus dem knurrenden, grollenden und rebellierenden *Grrrl* ist ein schnuckeliges *Girlie* geworden" (Bierbaum 1999: 49). Diese Entwicklung zeigte sich schließlich auch im deutschsprachigen Raum, ohne dass vorher eine breite Rezeption von riot-grrrl-Aktivismus stattgefunden hätte.

---

20 Umstritten ist, ob es tatsächlich eine Medienblockade gab, oder ob diese lediglich im Nachhinein als eine solche rekonstruiert wird. Das zeigt sich bspw. im Interview mit Jessica Hopper in Peglow/Engelmann (2011a), in dem sie zu den Vorwürfen Stellung bezieht, sie habe als damals Sechzehnjährige die Medienblockade gebrochen.

Diese Entwicklungen und Erfahrungen schienen es notwendig zu machen, neue Selbstbezeichnungen zu finden, die nicht mehr im Zeichen dieser feindlichen Übernahme und von Ausschlussmechanismen standen und dennoch an die Inhalte und die Wirksamkeit dieses Aktivismus anknüpften. Generell werden Ladyfeste, aber auch andere Festivalformen wie das queer-art Homo a Gogo Festival oder Southern Girls Conventions als Weiterentwicklung der riot-grrrl-Conventions verstanden, die seit Mitte der 1990er nicht mehr stattfanden (vgl. Marcus 2010: 325ff.).

Im Jahr 2000 veranstalteten in Olympia, Washington USA, unter anderem einige Protagonist_innen der riot-grrrl-Bewegung ein Festival – Ladyfest –, das ähnlich wie die riot-grrrl-Conventions Auftritte von Bands und Workshops beinhaltete.21 Die Verwendung des Begriffs Lady wird häufig als ironischer Bezug auf die Aneignungspraxis des Begriffes grrrl bezeichnet.22 Ein markanter Unterschied ist jedoch die Umdeutung von ‚Lady' als ein Begriff, der für verschiedene Geschlechterpositionen offen ist. Insbesondere vor dem Hintergrund der vereindeutigenden Referenztexte riot grrrl manifesto und girl love wird dies als Weiterentwicklung deutlich. So lautet ein Motto, das für deutschsprachige Ladyfeste häufig verwendet wird: „Whatever your gender may be, if you feel like a lady, be part of the Ladyfest". Welche geschlechtliche Verortung also Personen haben, die sich vom Begriff Lady angesprochen fühlen, bleibt sehr viel offener und schließlich wird nicht mehr auf das biologische Geschlecht verwiesen (‚girl'/ ‚mädchen'), sondern auf Gender, also im weitesten Sinne das soziale Geschlecht. Dennoch bleibt unausgesprochen, wann sich eine Person als ‚Lady' fühlt oder fühlen kann. Insofern bleibt der Begriff Lady offen für die Frage: Wer ist eingeladen, wer ist gemeint? Wer bleibt ausgeschlossen? Dabei war der Begriff in aktivistischen Kreisen von Beginn an umstritten: „Bereits im Programmheft zum ersten Ladyfest hieß es zur strittigen Verwendung des Begriffes Lady: ‚This name debate ist boring. How could we ever decide what to call ourselves, when we can't decide what we are?'" (zitiert nach: Graf/Yun 2011: 173). Hier wird bereits die Skepsis gegenüber Definitionen einer ‚Wir'-Identität thematisiert.

---

21 1999 fand das Festival Lilith Fair statt, ein weitaus kommerzieller ausgerichtetes Festival, auf dem nur Musikerinnen auftraten. Dessen Erfolg (mehrere tausend Dollar wurden für Frauenprojekte eingenommen) wird teilweise als weiterer Meilenstein in der Entwicklung der Ladyfest-Idee angeführt (vgl. Plesch 2004).

22 Keenan verweist in ihrem Text auf ein Interview mit Allison Wolfe, Organisator_in des ersten Ladyfests und riot-grrrl-Protagonist_in, die vom ironischen Gebrauch des Begriffs Lady spricht (vgl. Keenan 2008: 382).

Wie die Entwicklung des Begriffs ‚riot grrrl zu Lady' interpretiert wird, ist in aktivistischen Kreisen umstritten und mit unterschiedlichen Erzählungen verbunden, in denen auch Ausschlussmechanismen in unterschiedlicher Weise eine Rolle spielen. Maria Lisicki zum Beispiel erzählt die Geschichte des ‚Erwachsenwerdens' als Unbehagen einiger Aktivist_innen darüber, als ‚Mädchen' bezeichnet zu werden. Der Begriff Lady verweise somit unter anderem auf einen eingeforderten Respekt und bezeichne „eine neue, angemessenere Identität, denn Ladys sind souveräner, älter und reifer" (Lisicki 2010: 61). Elke Zobl weist darauf hin, dass der Begriff riot grrrl von manchen Aktivist_innen als limitierend empfunden worden sei (vgl. Zobl/Schilt 2008: 176). Während einige den Begriff Lady als ‚leere Kategorie' verstehen, der ein Kulminationspunkt für multiple Selbstzuschreibungen feministisch-queerer Aktivist_innen sein könnte (vgl. Graf 2005), ist für andere die hegemoniale Bedeutung des Begriffs Lady (im Sinne von Dame) nicht so einfach abzuschütteln: „[T]he women who disliked the name brought up concerns of the race and class privilege of being a ‚lady'" (Keenan 2008: 382). Der Begriff sei somit konnotiert mit Passivität, ökonomischer Abhängigkeit, und Konsumorientierung. In dieser Logik trägt der Begriff strukturell ausschließende Momente entlang der Kategorien Klasse, Herkunft, Hautfarbe in sich. An der Sichtbarmachung von Aktivist_innen of Color scheitert somit auch der Begriff Lady und reproduziert strukturelle Ausschlüsse.

Queer-feministische Aktivist_innen haben bis in die Gegenwart neben Ladyfesten bereits andere Festivals etabliert, die teilweise mit der Kritik am Begriff Lady produktiv umgehen. So werden bereits seit einigen Jahren queeruptions23 oder queerfeste veranstaltet. In verschiedenen deutschsprachigen Städten wurden bspw. queer-feministische Tage organisiert, es entstanden Veranstaltungen wie bspw. Dyke Trans March (2007 in Berlin), Gapfest (_fest) (2010 in Köln), Femfest (2007 in Santiago de Chile), Girl Power Fest (2009 in Koprivnica/Kroatien), KuñaFest Asuncion (2006 in Paraguay), C.L.I.T.-Fest (2007 in Richmond,

23 Queeruptions werden seit 1998 in verschiedenen Städten veranstaltet und können als Vorläufer von Ladyfesten für die schwullesbische/queere Szene gesehen werden. Zum Selbstverständnis heißt es: „What was it about: The purpose of queeruption is to come together as queers of all sexualities to explore, celebrate, enjoy, learn, communicate, network, create. Aims: To find an alternative, both political and artistic/creative, to what we are supposed to see as a symbol of our ‚liberation' and to go beyond the narrow and restricting idea of the ‚gay' scene, world or subculture with its obsession with consumption and lack of radical politics" (http://www.queeruption.org/q1/queeruption 1.htm [9.8.2011]).

USA). All diese unterschiedlichen Veranstaltungen greifen auf queer-feministische Netzwerke zurück, deren Teil auch Ladyfest-Aktivist_innen sind.

6.5 FAZIT: LADYFEST-AKTIVISMUS IM KONTEXT VON PUNK-ROCK-FEMINISM

In diesem Kapitel wurden sowohl die Entwicklung des riot-grrrl-Aktivismus hin zum Ladyfest-Aktivismus nachgezeichnet, als auch Kontinuitäten und Veränderungen hinsichtlich der zentralen Inhalte diskutiert.

Die Auseinandersetzung mit feministischen Themen und Positionierungen mit Hilfe von Punk-Rock-Ästhetik und -Haltungen konnte als Punk-Rock-Feminism herausgearbeitet werden. Die Aktivist_innen haben mit Punk und DIY Ausdrucksformen für ihre (queer-) feministischen Positionen gefunden. Damit lassen sich für den riot-grrrl-Aktivismus und im Anschluss daran für den Ladyfest-Aktivismus Selbstermächtigung und Gesellschaftskritik als zentrale Bezugspunkte festhalten. Die Analyse der zentralen Texte des riot-grrrl-Aktivismus ist meines Erachtens unerlässlich, um die Verortung in feministischen Diskursen – insbesondere dem der Neuen Frauenbewegung – und gesellschaftskritischen Debatten sowie die Funktion der Selbstverständigung der Aktivist_innen sichtbar zu machen.

Kontinuitäten lassen sich in der Fortführung der Strategie der begrifflichen Aneignung und Umdeutung (‚grrrl'/‚Lady') feststellen, die beide die Kritik an hegemonialen geschlechtlichen Zuschreibungen teilen. Die Diskussion um eine Offenheit der geschlechtlichen Kategorien, die eine Verortung auch jenseits von Zweigeschlechtlichkeit ermöglicht, scheint sich jedoch erst explizit im Begriff Lady niederzuschlagen.

In jedem Fall markiert die Veranstaltung von Ladyfesten eine neue Phase im Aktivismus, der sich nun stärker mit „transgender und gender queer rights", mit Trans-Inklusivität und dem Konzept der „‚self-identified' women" (Zobl/Schilt 2008: 177) auseinandersetzt. Ladyfest-Aktivist_innen führen damit kritische Auseinandersetzungen mit Frauenmusikfestivals wie dem Michigan Womyn's Music Festival weiter – wenn auch nur auf einer performativen Ebene als Gegenentwurf.

Festzuhalten bleibt, dass hier – und vor allem anhand des Begriffs Lady – verschiedene Ein- und Ausschlussmechanismen verhandelt werden. Die Thematisierung von Ausschlussmechanismen insbesondere hinsichtlich der Dominanz von weißen Mittelschichts-Aktivist_innen zeigt sich als geteiltes Thema von riot-grrrl- und Ladyfest-Aktivist_innen (vgl. Kapitel 2.6). Letztlich lässt sich die

Entwicklung von ‚riot grrrl' zu ‚Lady' auch als ein Strategiewechsel begreifen, weg von einem medial und subkulturell relativ breit rezipierten, aber oft falsch verstandenen oder verkürzt dargestellten Aktivismus, hin zu selbstorganisierten Veranstaltungen, die vor allem lokal ihre Wirkung entfalten und temporäre Räume herstellen.

Aus diesen Erkenntnissen ergeben sich für die Studie Fragen, die vor allem in die Bearbeitung des empirischen Materials eingehen. Wenn der Bezugsrahmen des Punk-Rock-Feminism für den Ladyfest-Aktivismus eine Rolle spielt, wie genau zeigt sich dies in Organisierungsformen von Ladyfest-Gruppen? Welche Rolle spielt DIY und welche Praktiken ergeben sich daraus? Diesen Fragen gehe ich in Kapitel 7 nach.

Wenn der Begriff Lady für eine Offenheit in Bezug auf die Geschlechterkategorie steht, welche Grenzziehungen von selbstbezeichnenden Kategorien wie Lady werden dann aufgeworfen? Wie werden bspw. Einlasspolitiken konkret verhandelt? Diese Frage wird in Kapitel 8 und 10 eine Rolle spielen, wenn ich Verhandlungen des Begriffs Lady genauer untersuche. Dabei werde ich auch analysieren, wie genau die Umdeutung und Aneignung des Begriffs verhandelt und wie an queere Theorien des Performativen angeknüpft wird.

7. Gesellschaftskritische Verortung: Informelle Selbstorganisierung im Ladyfest-Aktivismus

Ladyfest-Gruppen haben Praktiken der informellen Selbstorganisierung entwickelt, das heißt, sie bestimmen gemeinsam und unabhängig von Institutionen, wie sie zusammen arbeiten und was sie im Rahmen des Ladyfestes tun. Die Ladyfest-Aktivist_innen beziehen sich dabei selbst oft, aber nicht ausschließlich auf den DIY-Begriff.[1] Die Abkürzung DIY steht für *Do-it-yourself* und hat sich in bestimmten Szenen als ein Kürzel für eine selbstorganisierte, nicht-profitorientierte und nicht-hierarchische Form der Zusammenarbeit etabliert. Insbesondere in der englischsprachigen Literatur wird Ladyfest-Aktivismus im Kontext von DIY diskutiert, und es werden Begrifflichkeiten wie „DIY feminist movements" (Chidgey 2009: 10) oder „diy cultural activism" (Downes 2007: 13) verwendet. Aber auch das Ladyfest Berlin rückt mit seiner 2008 erfolgten Umbenennung seit 2008 in ‚LaD.I.Y.fest' die Bedeutung von DIY an eine zentrale Stelle. Die Botschaft ist hier: DIY und Ladyfest-Aktivismus gehören zusammen. Im englischsprachigen Raum hat sich ‚diy-activism' durchgesetzt und wird unter anderen auch in queer-feministischen Kontexten verwendet (siehe bspw. Downes 2007). Der DIY-Anspruch beschreibt somit eine spezifische und subkulturell konnotierte Form der informellen Selbstorganisierung, die im Ladyfest-Aktivismus eine wichtige Rolle spielt, auch wenn nicht alle Aktivist_innen die-

1 Die Ladyfeste Berlin 2006 und 2007, Wien, Bern, München und Rostock, sowie London und Bukarest beziehen sich in ihren Ankündigungs- und Selbstverständnistexten explizit auf DIY. In meinem Sample tun dies 8 von 14 Gruppen in ihren Ankündigungstexten. In den Interviews sprechen zwei Drittel der Aktivist_innen (12 von 19) von DIY, unabhängig vom Alter oder vom Grad der Involviertheit in die Organisierung von Ladyfesten.

sen Begriff verwenden. Daher möchte ich den Oberbegriff der informellen Selbstorganisierung beibehalten und mich auf DIY als Referenzrahmen nur dort beziehen, wo die Aktivist_innen dies selbst tun.

Unter den Begriff der informellen Selbstorganisierung fasse ich erstens die Arbeitsweisen und Gruppenentscheidungsprozesse, die unter anderem in autonomen, linksradikalen Gruppen üblich sind[2], und zweitens die Arbeit in Gruppen ohne besonderen rechtlichen Rahmen – im Gegensatz zu bspw. Vereinsarbeit – und damit ohne dauerhafte verbindliche Strukturen, die über persönliche Absprachen und die Übernahme temporärer Verantwortung hinausgehen.[3] Dementsprechend gibt es keine festen ‚Regeln', die eine Ladyfest-Gruppe einhalten müsste. Dennoch ist die Veranstaltung von Ladyfesten nicht beliebig und unbestimmt, lediglich die Regularien und Sanktionen sind informell.[4]

Anhand der Praktiken der informellen Selbstorganisierung lassen sich zentrale Ansprüche der Aktivist_innen herausarbeiten. Die Aktivist_innen haben die Ansprüche, Zugang zu Wissen herzustellen, eine möglichst große Teilhabe aller Beteiligten an Entscheidungsprozessen und Eigeninitiative zu ermöglichen, Gestaltungsmöglichkeiten zu schaffen, nicht-kommerziell zu arbeiten und zu wirtschaften. Diese Ansprüche zeigen den gesellschaftskritischen und politischen Kontext des Ladyfest-Aktivismus auf. In den spezifischen Formen der Organisierung lassen sich ebenfalls Praktiken des Ein- und Ausschlusses, der Grenzziehungen und Ermöglichung von Teilhabe herausarbeiten.

---

2 Sebastian Haunss beschreibt bspw. die Organisationsformen der Autonomen hauptsächlich über die Gruppenbildung und Plena, die nach basisdemokratischen und antiinstitutionellen Prinzipien funktionierten (vgl. Haunss 2004: 127).

3 Er ist also eher an die kooperative Selbstorganisation angelehnt, die den Prozess der Durchsetzung von unmittelbaren Gruppeninteressen innerhalb eines Betriebes beschreibt, als an den Begriff der Selbstorganisation in der Systemtheorie.

4 Verstöße gegen grundlegende Prinzipien können durchaus zur Verweigerung des Zugangs zu Netzwerken oder der Zusammenarbeit führen. Ein Beispiel für einen solchen Fall ist das Ladyfest Essen/Ruhr, das von anderen Ladyfest-Gruppen dafür kritisiert wurde, zu kommerziell (die Eintrittspreise zu hoch, die Bands zu bekannt, zu wenig DIY) zu sein und den ‚wahren' Ladyfestgedanken zu konterkarieren. So grenzt sich bspw. das Ladyfest Mülheim 2008 von unpolitischen Veranstaltungen ab, und kritisiert damit implizit das Ladyfest Essen/Ruhr. Dieses gilt unter anderem deshalb nicht als ‚echtes' Ladyfest, da hinter der Idee und Umsetzung, so zumindest ist die Auskunft auf der Webseite der Gruppe, die Eventagentur *Ideenkomitee – die andere Booking & Event Agentur* steht (siehe hierzu auch Wesemüller 2009: 110f.).

In den folgenden Unterkapiteln werde ich zunächst untersuchen, welche Bedeutungsspektren von DIY im Ladyfest-Aktivismus zu finden sind bzw. wie sich der von mir verwendete Überbegriff der informellen Selbstorganisierung füllen lässt. Die leitenden Fragen für die Analyse des Interviewmaterials in diesem Kapitel sind: Nach welchen Prinzipien organisieren sich die Gruppen? Wie treffen sie Entscheidungen? Welche Schwierigkeiten bringen die gewählten Organisierungsformen mit sich?

Dieses Kapitel hat zum einen eine deskriptive Funktion: Es ergänzt das vorangegangene Kapitel der Feldbeschreibung und zeigt, wie sich Ladyfest-Aktivist_innen konkret organisieren. Zum anderen soll herausgearbeitet werden, dass der Ladyfest-Aktivismus in gesellschaftskritischen, emanzipatorischen Zusammenhängen verortet werden muss. Dabei bewegen sich die Aktivist_innen zwischen feministischen Traditionen der Organisierung (die teilweise nur implizit deutlich gemacht werden) und gesellschaftskritischen und emanzipatorischen Bezügen. Dabei wird sich auch zeigen, dass diese beiden Aspekte zusammengehören.

Zunächst gebe ich einen Überblick über Entstehung und subkulturellen Kontext von DIY und skizziere die bisher geführten wissenschaftlichen Debatten. Anschließend arbeite ich die Praktiken der Ladyfest-Aktivist_innen anhand der erhobenen Interviews heraus. Hier ziehe ich auch teilweise Selbstverständnistexte von Ladyfest-Gruppen aus meinem Sample hinzu.

7.1 EXKURS: DIY ALS SUBKULTURELLE UND QUEER-FEMINISTISCHE STRATEGIE

Ursprünglich kommt die Begrifflichkeit ‚do it yourself' (‚DIY') aus dem Heimwerk- und Bastelbereich und wurde dort bereits seit Mitte des 20. Jahrhunderts verwendet.[5] In den 1970er Jahren wurde das Konzept DIY von Subkulturen auf-

5 Für den deutschen Kontext exemplarisch steht die Zeitschrift *Selbst ist der Mann. Das Do-it-yourself-Magazin,* die in Deutschland erstmals 1957 erschien und bis heute besteht. Aus dem Konzept der Zeitschrift: „Denn selbst ist der Mann bietet seinen Lesern, was sie im Berufsalltag häufig nicht mehr finden: die Freude am eigenen Werk und den Stolz auf die persönliche Leistung. Für das Redaktionsteam bedeutet das: Fachwissen und Kompetenz vermitteln, ohne zu belehren." (http://www.bauermedia.com/selbst_ist_der_mann.0.html [2.9.2010]). Auf http://www.selbst.de/, der Homepage der Zeitschrift, konnte am 22.6.2015 kein ausführliches Konzept mehr gefunden werden.

gegriffen, vornehmlich im Punk und später auch im Hardcore.[6] Im Kontext von Punk steht mit DIY das Amateurhafte, Unprofessionelle und Unperfekte im Vordergrund: „Punk entmystifizierte das Konzept des Experten [sic] und feierte stattdessen die eigene Laienarbeit" (Calmbach 2007: 100). In seiner Untersuchung der Hardcore-Szene legt Marc Calmbach den Fokus auf die kulturelle Produktion und zeigt, wie dort mit dem DIY-Ansatz eine eigene Infrastruktur rund um die Musik organisiert wird (bspw. Konzertorganisation, Vertriebsstrukturen und Medien wie Fanzines). Dabei spielt es vor allem eine große Rolle, selbst aktiv zu sein, und es geht nicht primär um die Qualität des Ergebnisses:

> „DIY bezog sich auf eine Sichtweise, dass sich jede Person künstlerisch ausdrücken könne, egal ob sie ein Instrument oder ein Werkzeug perfekt beherrsche oder nicht. Wichtig war nur, dass man etwas zu sagen hatte. Dadurch verflüssigte sich die Grenze zwischen ProduzentInnen und KonsumentInnen innerhalb der Popkultur." (Schmidt 2004: 10)

Die Verwurzelung des Ladyfest-Aktivismus im riot-grrrl-Aktivismus zeigt sich auch durch den Bezug auf DIY im Kontext von Punk und Hardcore (siehe Kapitel 6). Daher lege ich mich auf diese bestimmte Lesart von DIY fest, die vor allem die kulturelle Produktion wie das Gestalten von Zeitschriften, Musik, Bildern und das Selbermachen als Empowerment fokussiert. Als „countercultural production" (Downes 2007: 13) ist dieser DIY-Aktivismus ein stets politischer Ansatz, weil dadurch Gegenkultur (unabhängig von Profession und Markt etwas zu produzieren) hergestellt und Selbstermächtigung der Aktivist_innen ermöglicht werden. Produktivität im Sinne von Selbstwirksamkeit ist von zentraler Bedeutung: „make your own culture and stop consuming that which is made for you" (Duncombe 1997: 2). Dabei spielen laut Stephen Duncombe Kontrolle, Vernetzung und Authentizität eine besondere Rolle. DIY im Kontext von subkultureller Arbeit besteht demnach zu einem wesentlichen Teil aus der Idee, sich kulturelle Produktionsmittel anzueignen.

Julia Downes wirft einen Blick auf DIY als Instrument für queer-feministischen Aktivismus im Allgemeinen. Sie verortet die Entstehung von DIY-Strategien in der *Situationistischen Internationalen* (Debord 1996) und als Formen der Kritik an einer kapitalistischen ‚Consumer Culture'. Laut Downes ging es den Situationist_innen darum, zur kulturellen Subversion aufzurufen und Alltagspraktiken zu irritieren und durcheinander zu wirbeln (‚disruptive tactics of everyday DIY cultural subversion'). Deren Strategien wurden in verschiedenen

6 Die Rolle und Bedeutung von DIY im Hardcore und seine Wurzeln im Punk hat u.a. Marc Calmbach (2007) bereits ausführlich dargestellt.

politischen Strömungen der 1960er und 1970er Jahre aufgegriffen, unter anderem von der Neuen Frauenbewegung (Downes 2007: 13). Somit versteht Downes diese Strategien gleichsam als Teil der feministischen Kämpfe und Geschichte:

„Feminist, women's liberation, and lesbian gay bisexual transgendered and queer (LGBTQ) movements also drew upon this legacy of DIY cultural subversions to resist and establish control over the negative representations of women, feminism and LGBTQ individuals and concerns in popular culture." (Ebd.: 13)

DIY-Strategien im Sinne einer Aneignung von kulturellen Symbolen und deren Subversion, die Gründung von eigenen Medien und Netzwerken zeigen sich sowohl im riot-grrrl-, als auch im Ladyfest-Aktivismus und lassen sich daher auch als Instrumente von Gegenöffentlichkeiten verstehen. Es sind also diese beiden Bezugspunkte, die für die Bedeutung des DIY-Ansatzes im Ladyfest-Aktivismus eine Rolle spielen: DIY als subkulturelle Strategien (wie im Punk und Hardcore) sowie als (queer-)feministische Instrumente. Hier zeigt sich – wie im Kapitel Feldbeschreibung und Entstehungskontext – die Verbindung von Feminismus und Punkrock im Ladyfest-Aktivismus.

Im Zuge vor allem kulturwissenschaftlicher Auseinandersetzungen mit DIY als subkultureller Strategie wurde in den 1990er Jahren auch zunehmend die Kritik formuliert, dass diese weniger politisch seien, als sie sich gerierten. Bspw. wirft Stephen Duncombe die Frage auf, ob kulturelle Produktionen, wie sie im Fanzine-Bereich mit Bezug auf DIY stattfinden, nicht auch Wut und Unzufriedenheit sublimierten, die anderenfalls in „political action" ausgedrückt würden (Duncombe 1997: 190). Duncombe bezweifelt damit die politische Wirksamkeit von DIY, da es Energien aufbrauche und gleichzeitig die Erzeugnisse eine geringe Reichweite hätten. George McKay argumentiert dagegen, dass die Frage, *wie* etwas gemacht, organisiert, entschieden wird, einen politischen Stellenwert besitze, da diese Frage in direkter Verbindung mit den Lebensrealitäten der Menschen stehe. Er unterscheidet zwischen Formen der ‚Non Violent Direct Action' und ‚Indirect Action' (McKay 1998: 4ff.). ‚Non Violent Direct Action' beschreibt er als Politikform, bei der Aktionen im Vordergrund stehen, die einen direkten Bezug zu den politischen Forderungen haben und die gleichzeitig im besten Falle in die Öffentlichkeit intervenieren, bspw. Praktiken des zivilen Ungehorsams wie Sit Ins. ‚Indirect Action' bezieht sich im Gegenteil auf die Politik der eigenen Lebensführung. Bspw. sei demnach der vegane Lebensstil auch eine Politikform, weil er politische Forderungen (Tierrechte, Produktionsweise von Lebensmitteln) in das alltägliche Leben übersetze (vgl. ebd.). Insofern können

DIY-Praktiken als politische Aktionsformen betrachtet werden, da sie es vermögen, beide Aspekte mit einzubeziehen: Sie können in Form von Fanzines bspw. politische Forderungen enthalten; die Entscheidung, möglichst viele Dinge selbst und weitestgehend ohne Profitorientierung zu tun, kann aber auch die alltägliche Lebensführung grundlegend verändern.

Eine weitere Kritik lautet, dass DIY-Praktiken nicht widerständig seien, sondern den neoliberalen Zeitgeist bedienten und herrschende Produktionsbedingungen im Spätkapitalismus affirmierten:

> „The far-from-dissident business section of the *New York Times* recently ran a piece entitled ‚The Do-It-Yourself Employer', with profiles on ‚DIY' accountants, real estate brokers, and public relation agents. The reporter concludes, correctly, that ‚being one's own boss is part of the American Dream'. Zine creators, as primarily the sons and daughters of the American middle class, are trained to be individuals. Schooled in the ideology of self-sufficiency, they enter the world prepared to make *their* mark on the world." (Duncombe 1997: 179)

Damit weist Duncombe auf einen wichtigen Aspekt in der Debatte um DIY hin, nämlich dass die Aktivist_innen sich mit ihrem Engagement Fähigkeiten aneignen, die notwendig und gewinnbringend in neoliberalen gesellschaftlichen Verhältnissen sind; die Aktivist_innen machen sich ‚fit' für den (prekarisierten) Arbeitsmarkt.

In Bezug auf feministische DIY-Praktiken wie bspw. riot-grrrl-Zines erwidert Elke Zobl Duncombes Kritik mit dem Hinweis, dass diese den Aktivist_innen eine Stimme verliehen. Duncombes schematische Unterscheidung von ‚großer' („large scale") Politik und Privatheit erfasse nicht den feministischen Kontext, in dem es traditionell um die Herstellung von Sichtbarkeit von Ungleichheitsverhältnissen gehe (vgl. Zobl/Schilt 2008: 187). Schließlich gehe es im Falle der Thematisierung von sexueller Gewalt, Missbrauch und Ungleichheitserfahrungen – so Zobl – nicht immer darum, mit der Gesamtgesellschaft zu kommunizieren, sondern zunächst um Freiräume, die ein ‚Überleben' der aktivistischen Personen in ganz konkreter, psychischer und sozialer Hinsicht sicherten und diese handlungsfähig machten (vgl. ebd.).

DIY-Praktiken werden laut Zobl und Downes als konkrete Instrumente für queer-feministischen Aktivismus eingesetzt und müssen auch in diesem Kontext unter besonderen Gesichtspunkten beurteilt werden. Wie sich der Einsatz dieser Instrumente konkret ausgestaltet, wird anhand der Aussagen und Texte von Aktivist_innen im Folgenden herausgearbeitet.

7.2 EIGENINITIATIVE UND REZIPROZITÄT

Eigeninitiative ist ein wesentlicher Aspekt in den Interviews mit den Ladyfest-Aktivist_innen[7]: Es geht darum, sich *selbst* einzubringen, etwas *selbst* zu machen, *von sich* aus aktiv zu werden und die Initiative zu ergreifen. Im Konkreten reicht das Spektrum der Tätigkeiten, in dem eigeninitiativ und aktiv gehandelt werden kann, von der Unterstützung der Logistik (wie spülen, Essen zubereiten, Thekenschichten übernehmen), dem Anbieten von inhaltlichen Beiträgen in Form von Leitung eines Workshops oder Halten von Vorträgen bis hin zur Übernahme von Verantwortung auf Veranstaltungen. Der Aktivismus ermöglicht somit Erfahrungen der Selbstwirksamkeit. Eigeninitiative und die Aktivität aller Beteiligten fungiert als Maßstab und daher als eine Erwartungshaltung daran, „dass viele Menschen sich investieren" (Annika, Abs. 38) und somit einen persönlichen Beitrag leisten. Die Aktivist_innen verstehen Eigeninitiative als eine Anforderung und auch fordernde Aufgabe, die Gestaltungsspielräume – für sich selbst und andere – sichert. Somit geht der Aspekt der Eigeninitiative über die Aktivität der einzelnen Personen hinaus und meint zudem das Zusammenspiel und den reziproken Austausch miteinander.

Eigeninitiative bedeutet in diesem Kontext, Dinge einfach zu tun und anzupacken, ohne sich von mangelndem Vorwissen oder fehlenden Erfahrungen abschrecken zu lassen.

> „[W]ir schreiben ein Konzept, wir stellen ein Budget auf zum ersten Mal. Also, ich hab das noch nie gemacht. [...] Klar werden wir Wissen so beiziehen von anderen Leuten, aber grundsätzlich eben, es muss nicht perfekt sein, es muss nicht wie und was auch immer aussehen." (Tanja, Abs. 31)

---

7 Es zeigt sich hier besonders deutlich, dass die Unterscheidung zwischen Organisator_innen, Künstler_innen und Besucher_innen nur wenig sinnvoll ist, da sie im Widerspruch zu der häufig angeführten DIY-Ethik steht, in der unter anderem die Trennung von Produktion und Konsumtion (kultureller) Güter kritisiert wird. Nicht selten wechseln im Ladyfest-Aktivismus alle Beteiligten zwischen Besucher_in, Workshopleiter_in, Bandmitglied, Techniker_in, Köch_in, Berichterstatter_in, Bereitsteller_in eines Schlafplatzes, Aufräumer_in, Netzwerker_in etc. Vielmehr wird jede_r als Teil des Aktivismus betrachtet, der_die etwas Wertvolles beizutragen hat. Dennoch können die Perspektiven auf informelle Selbstorganisation je nach Grad der Eingebundenheit unterschiedlich ausfallen, daher markiere ich die Positionen an den Stellen, an denen es sinnvoll erscheint.

Den neuen Aufgaben und Anforderungen, die sich aus dem Anspruch der Gruppe ergeben, möglichst alles selbst zu machen, begegnet Tanja mit einem ,Unperfektionismus' und einer Abgrenzung von Professionalität. Mit dieser Haltung ermöglicht sie es sich, etwas aktiv zur Gestaltung beizusteuern und sich selbst Wissen und Fertigkeiten anzueignen. Dabei kann die Aneignung von Fertigkeiten – insbesondere im Bereich der Technik – durchaus als feministische Strategie betrachtet werden, sich unabhängig von ,männlichen Experten' zu machen.

Neben diesen vorbereitenden Aufgaben, die den Einzelnen eine Möglichkeit zur Entwicklung bieten, kann unter aktiver Gestaltung die Beteiligung an reproduktiven Arbeiten verstanden werden. Zum festen Programmpunkt beim Besuch eines Ladyfestes gehört es bspw. für Phillip

> „die Logistik da zu unterstützen, also hinzubekommen, irgendwie mal ein bisschen wenigstens zu spülen oder mal irgendwie Thekenschicht zu machen, das war mir sehr wichtig, das nicht nur zu konsumieren, sondern auch, ja, mein DIY-Gewissen zu beruhigen." (Phillip, Abs. 19)

Im Sinne eines reziproken Verhältnisses wird auch die Infrastruktur von Phillip als Beteiligungsmöglichkeit betrachtet und reproduktive Arbeiten als notwendig sichtbar gemacht. Die Verwendung der Begrifflichkeit „DIY-Gewissen" verweist auf die Verbindlichkeit und moralische Komponente der aktiven Gestaltung, aber auch auf die Erwartungshaltungen der Aktivist_innen. „Nur zu konsumieren" ist für Phillip nicht denkbar. Dieser Anspruch wird jedoch nicht von allen als Gewissensfrage, sondern auch als Maßstab für das eigene Wohlbefinden thematisiert.

Die Sinnhaftigkeit der Veranstaltung hängt für Mila durchaus vom ,DIY-Grad' ab, also davon, ob sie helfen und sich beteiligen kann, „weil einfach nur hingehen und mir selber was erzählen lassen oder so, ich fühl mich dann halt auch unwohl" (Mila, Abs. 14). Damit verhandelt sie die Frage der aktiven Beteiligung vor dem Hintergrund von Gefühlen der Zugehörigkeit bzw. Fremdheit. Dies legt nahe, dass der Aspekt der aktiven Gestaltung und Eigeninitiative unter anderem einen identitätsstiftenden Charakter besitzt, der auch ein- und ausschließende Funktionen hat. Das Kennen der Prinzipien von DIY ist voraussetzungsvoll. Somit lässt sich die Ablehnung einer Konsumhaltung, wie Phillip und Mila dies in ihren Äußerungen zeigen, als voraussetzungsvolle und tendenziell ausschließende Haltung verstehen.

Eigeninitiative bedeutet auch, dass die konkrete Ausgestaltung von Ladyfesten in der Hand der Aktivist_innen selbst liegt: Jedes Ladyfest ist anders, darf und soll anders sein („[E]s gibt ja nicht das Ladyfest, sondern jede, die ein Ladyfest organisiert, kann das halt Ladyfest nennen und es ist immer anders“ (Yasemin, Abs. 39)). Daraus ergibt sich eine große Gestaltungsfreiheit der Aktivist_innen, aber auch eine Verpflichtung, denn die einzelnen werden in der Verantwortung gesehen, das zu zeigen und zu machen, was sie selbst auf einem Ladyfest sehen oder erleben möchten.

„[A]lso wenn mir etwas fehlt, dann muss ich hingehen und es selber auf die Beine stellen. Und ich glaube, es gibt einen Ansatz, von Organisatoren, Organisatorinnen, und ich glaube, so wie ich das mitbekomme, ihr größter Anspruch [ist] die Räume zu organisieren und Möglichkeiten zu geben an andere Menschen damit sie ihren Beitrag leisten können.“ (Melis/Ezra, Abs. 46)

In dieser Sichtweise gestalten Ladyfest-Aktivist_innen nicht nur, sondern stellen vielmehr einen Raum für Gestaltung zur Verfügung, der Partizipation braucht. Kritik ist nur erwünscht, wenn sie den Ausgangspunkt für eigenes Engagement markiert. Damit löst sich tendenziell – zumindest als Anspruch – die Unterscheidung von Organisator_innen, Künstler_innen und Publikum auf, da alle gleichermaßen in der Gestaltungspflicht sind. Die Voraussetzung für eine aktive Beteiligung ist demnach ein ‚vororganisierter‘ Raum. Diese Notwendigkeit eines vororganisierten Raumes tritt jedoch als eine Art Widersprüchlichkeit zu dem Anspruch der erwünschten Eigeninitiative auf: Handelt es sich um eine Organisation *für* andere, oder um eine gemeinsame Organisation? Dass dies in der Praxis ein unauflösbares Spannungsverhältnis ist, zeigt sich insbesondere dann, wenn die Veranstaltungen eine gewisse Größe überschreiten:

„Wir organisieren das Ladyfest für andere. Und das ist nicht mein Anspruch. Ich würde gerne es mit Leuten organisieren. [...] [G]leichzeitig bin ich echt auch immer ein bisschen entsetzt von der Haltung, mit der Leute dann zu der Veranstaltung kommen und dann passt ihnen irgendwas nicht und sagen sie ‚Ey, ihr, macht ihr mal, macht das mal anders‘. Wo ich mir denke, ja, wenn du es anders haben willst, dann mach’s anders. [...] Es fehlt mir so dieses, wir machen das irgendwie zusammen.“ (Bärbel, Abs. 41)

Hier zeigt sich, dass der Anspruch der Eigeninitiative und Übernahme von Verantwortung aller für eine Ladyfest-Veranstaltung mit den tatsächlichen Erfahrungen nicht deckungsgleich ist. Anstelle eines solidarischen Miteinanders sieht sich Bärbel in ihren konkreten Erfahrungen mit genau jenen Konsum- und Anspruchshaltungen konfrontiert, die sie eigentlich ablehnt.[8]

Zusammenfassend lässt sich sagen, dass Eigeninitiative und aktive Gestaltung einerseits eine hohe Anforderung für alle Beteiligten darstellen. Es wird Wissen, Kompetenz und Initiative gefordert; und häufig führt der eigene Anspruch zu einer hohen Arbeitsbelastung der einzelnen Aktivist_innen. Andererseits eröffnen sich Gestaltungsfreiheiten, Spielräume und Aneignungsprozesse für alle Beteiligten, die Voraussetzungen für Wissensgenerierung, Kompetenzerwerb und individuelle Weiterentwicklung sind. Aktivität und Eigeninitiative werden als eine informelle, aber sehr wirksame Verpflichtung beschrieben (‚DIY-Gewissen'). Im Anspruch, nicht ‚einfach nur zu konsumieren', zeigt sich ein reziprokes Verhältnis, das unter anderem dazu beiträgt, ein Gefühl der Zugehörigkeit und Wohlbefinden herzustellen. Im Gegensatz zu professionellen, kommerziellen Events oder Partys steht die ‚Kultur der Amateur_in' im Vordergrund: Wichtig ist die Botschaft, nicht die professionelle ‚Verpackung'. Widersprüche ergeben sich durch die Notwendigkeit, einen ‚vororganisierten' Raum für Beteiligung zur Verfügung stellen zu müssen, um eine Infrastruktur zu schaffen, in der die Beteiligten eigeninitiativ agieren können.

7.3 LERNPROZESSE UND ZUGANG ZU WISSEN

Für die Aktivist_innen ist es wichtig, dass Wissen frei zugänglich ist und es sich gegenseitig zur Verfügung gestellt wird. Ladyfeste sind somit auch Orte der Wissensvermittlung und des Lernens. Mit Wissen ist hier nicht nur ‚professionelles' oder theoretisches Wissen (bspw. über Geschlechtertheorien, die in Vorträgen vermittelt werden können) gemeint, sondern auch Kenntnisse über Methoden, Fertigkeiten, Fähigkeiten (bspw. Erstellen von Stencils für Street Art oder technisches Wissen, um Musik aufzulegen) und Strategien, wie Aktivist_innen selbst etwas in die Hand nehmen können. Eine Form der Wissensvermittlung auf den Ladyfesten sind vor allem Workshops, die nicht-hierarchisches Lernen ermöglichen sollen.

Diese Formen reziproker Wissensvermittlung werden beispielhaft von Tanja als Umsetzung des DIY-Anspruches beschrieben:

8 Auf die entstehenden Konflikte durch die Größe der Veranstaltungen und ihre zunehmende Popularität werde ich am Ende dieses Kapitels nochmals zurückkommen, wenn es um die Frage der Kommerzialisierung geht.

„Irgendeine Person, ein Mensch, hat ein bestimmtes Wissen oder eine bestimmte Fähigkeit, die er oder sie bereit ist weiterzugeben und daran Freude hat und das auch macht. Das ist die eine Seite. Und auf der anderen Seite sind dann die Leute die das annehmen und dann auch damit was gestalten. Auch wieder eigentlich in dem Sinne keine Professionellen, oder, das ist für mich das DIY." (Tanja, Abs. 31)

Anders als in herkömmlichen, ‚professionellen' Lernprozessen wird die Aufgabe der Lernenden betont, das neu erworbene Wissen einzusetzen und zu gestalten. In einer Studie über die Hardcore-Szene arbeitet auch Marc Calmbach den freien Zugang zum Wissen als eine maßgebliche DIY-Haltung heraus, die nicht auf Konkurrenz beruht, sondern auf dem Anspruch, Wissen teilen zu wollen. Calmbach diskutiert jedoch auch, dass die Weitergabe von Wissen wie bspw. Anleitungen zum Fanzine- oder Musikmachen nicht nur inkludierende Effekte hat, sondern gleichsam Mittel zur Distinktion sein kann (vgl. Calmbach 2007: 152ff.).

Der Ansatz, einen niedrigschwelligen Zugang zu Wissen herzustellen, kann demnach sowohl scheitern als auch glücken. So berichtet Mila bspw. von Ladyfest-Situationen, in denen ihr akademische Begriffe oder theoretische Ideen erklärt wurden und der Wissenszuwachs mit einem positiven Gefühl der Verständigung und einer Akzeptanz von Nicht-Wissen einherging:

„Irgendwie, das find ich halt einfach total super, dass es halt nicht darauf hinausläuft: ‚okay, boa, du hast es nicht gleich verstanden'. Sondern dass halt einfach auch total viele Meinungen ausgetauscht werden können, die halt angenommen werden auch, oder gesehen werden wollen am End auch." (Mila, Abs. 12)

Als bedeutsame Komponente beschreibt Mila hier Anerkennungsformen und nicht-hierarchische Wissensvermittlung, die das Nicht-Verstehen nicht abwerten, sondern als konstruktiven Austausch wahrnehmen. Die anfängliche Fremdheitserfahrung in einem ‚zu akademischen' Workshop wendet sich für Mila zu einer Situation, in der Zugehörigkeit hergestellt wird. Für Theresa hingegen bleibt jedoch die Fremdheitserfahrung bestehen, wenn sie die wenig integrative Diskussionskultur beschreibt. Sie berichtet von Erlebnissen auf Ladyfesten, in denen sie mit einer akademischen Sprache in „toughen Terminologien" und dem Gefühl, die „ganze Bibliographie zum Thema" kennen zu müssen (Theresa, Abs. 42) konfrontiert war. Theresa stellt diese „patriarchalen Diskussionsstrukturen" in Zusammenhang mit den dem Geschlechterverhältnis inhärenten Machtverhältnissen, die sich aus ihrer Sicht auch auf Ladyfest-Veranstaltungen reproduzieren. Im Gegensatz zu Theresa empfindet Anna den „feministischen Rahmen" auf Ladyfesten als gelungen, wobei sich dieser dadurch ausdrückt, sich „gegenseitig was beizubringen und sich auszutauschen“ (Anna, Abs. 37). Dies erfordert eine integrative, offene Haltung gegenüber den Personen, aber auch gegenüber dem ‚Nicht-Wissen‘. Der von vielen geäußerte Anspruch des gegenseitigen Lernens auf Augenhöhe lässt sich auch im Kontext der Frauenbildungsbewegung als feministische Strategie lesen. Mit dem Ziel angetreten, sich einen Rahmen für selbstbestimmte Wissensaneignung sowie alternative Aneignung der Wissenschaften zu schaffen, waren bspw. die Frauen*Unis in den 1970er Jahren (vgl. bspw. Lenz 2008: 215ff.). Somit wird hier nicht nur der DIY-Anspruch, sondern auch die Anbindung an feministische Traditionen sichtbar.

Die Aktivist_innen geben als Motivation nicht nur Wissenszuwachs, sondern auch die Möglichkeit zur Entwicklung und zum Sammeln neuer Erfahrungen an. Für Mila ist es ein Ziel, auf einem Ladyfest „halt irgendwas zu lernen, was ich halt noch nicht kann oder auch schon immer können wollte“ (Mila, Abs. 36). Damit stehen neben dem Erwerben von Wissen und Fertigkeiten auch neue Eindrücke und Perspektiven im Vordergrund: „Und halt andere Orte einfach auch zu sehen und zu gucken wie die Menschen halt dann da sind“ (Mila, Abs. 36). Der Lernprozess stellt sich hier auch als persönlicher Entwicklungsprozess dar. Ähnlich sind für Annika die Erweiterungen des persönlichen Horizonts und die Selbsterfahrung von großer Relevanz: „Da lernst du schon auch spannende Dinge über dich selbst oder über deine Wahrnehmung von der Welt“ (Annika, Abs. 48). Das Spektrum der Selbsterfahrung und die Möglichkeit der persönlichen Weiterentwicklung werden von Annika mit der reziproken Wissensvermittlung ‚auf gleicher Augenhöhe‘ verknüpft.

Informelle Selbstorganisierung ist in Form von Wissensvermittlung und Lernprozessen ein fester Bestandteil im Ablauf von Ladyfesten; dies zeigt sich exemplarisch in der Präsenz der Workshops in den Programmen (siehe Kapitel 8.2). Der Anspruch der reziproken Wissensvermittlung wird vor allem aus den DIY-Prinzipien abgeleitet (Gegenseitigkeit, keine Konsumhaltung), die nichthierarchischen Umgangsformen im Lernprozess werden jedoch im Kontext der Geschlechterverhältnisse und feministischen Ansprüche geäußert. Entsprechend lassen sich die Aspekte der Persönlichkeitsentwicklung und das Sammeln neuer Erfahrungen im Kontext feministischer Selbsterfahrungskonzepte lesen.[9]

9 Laut Marie-Theres Knäpper sollten die Selbsterfahrungsgruppen eine „Überwindung der Sprachlosigkeit“ (Knäpper 1984: 61) ermöglichen. Knäpper diskutiert aber auch deren Fallstricke. Siehe zum Thema Selbsterfahrung auch die Diskussion um Freiräume im Kapitel 9 und vgl. Allen (1972).

Dementsprechend wird hier Wissen als vergeschlechtlicht und der Prozess der Wissensaneignung vor der Folie der ungleichen Geschlechterverhältnisse verhandelt.

Die Aktivist_innen hadern teilweise damit, ob die Umsetzung des Anspruches einer nicht-hierarchischen Wissensvermittlung gelingt und kommen zu unterschiedlichen Einschätzungen. Dies trifft sich mit den Ergebnissen von Calmbach (2007), der in Bezug auf die ‚Hardcore-Szene' argumentiert, dass durch die häufig herkömmlichen Formen der Wissensvermittlung (bspw. gibt es eine Workshop-Leitung, die dann den Teilnehmer_innen etwas erklärt) selten tatsächlich von einem gleichberechtigten und nicht-hierarchischen Austausch die Rede sein könne. Calmbach und Rhein sprechen sogar von „unsichtbare[n] Bildungsprogrammen", da Kompetenzen vermittelt würden, die auch außerhalb der ‚Szene' nützlich sein könnten (vgl. Calmbach/ Rhein 2007: 75). Dieser Umstand lässt sich auch im Ladyfest-Aktivismus beobachten, wenn sich vor allem organisatorische und gestalterische Fähigkeiten angeeignet werden (bspw. Programmierung einer Homepage, Verfassen eines Konzepts/Antrags auf Fördermittel). Die Lernprozesse und Formen der Wissensvermittlung können demnach generell sowohl als integrative, als auch als distinktive Praxis verstanden werden.

7.4 TEILHABE AN ENTSCHEIDUNGSPROZESSEN

Wie wir bereits gesehen haben, sind Möglichkeiten der Beteiligung an der informellen Selbstorganisierung von substanzieller Bedeutung. Teilhabe heißt aber auch, an Entscheidungsprozessen mitwirken zu können. Daher stellt sich die Frage, wie die Bedingungen und Möglichkeiten der Teilhabe von Ladyfest-Aktivist_innen hergestellt werden und wie die Gruppen diese gestalten. Entscheidungsprozesse finden in der Regel auf einem Plenum oder über eine Mailingliste statt. Während auf einem Plenum meist nur eine Face-to-Face-Kommunikation zwischen den Mitwirkenden einer Ladyfest-Gruppe stattfindet, wird die Mailingliste oft auch über den engen Kreis der Aktivist_innen hinaus genutzt und befreundete Gruppen und Einzelpersonen werden eingebunden.

Um Teilhabe an Entscheidungsprozessen zu gewährleisten, muss das Entscheidungsgremium – das Plenum – öffentlich und zugänglich sein. So werden von manchen Gruppen bspw. „Flyer gemacht" und verteilt, „damit möglichst viele Bescheid" wissen (Michaela, Abs. 32). Auch die Frage, wo diese Informationen gestreut werden und an welchen Orten das Plenum stattfindet, wird von den Aktivist_innen diskutiert und reflektiert. Von Mara wird der Anspruch formuliert, möglichst barrierefrei und inklusiv für vielfältige Positionen und Hintergründe zu sein. Aus diesem Grund hatte Maras Gruppe überlegt, sich in einem internationalen Begegnungszentrum zu treffen, „um auch noch mal nichtdeutsche Bevölkerungsgruppen anzusprechen" (Mara, Abs. 45). Mit der Reflexion der Raumfrage wird hier versucht, den Anspruch der Teilhabe zu realisieren. Gleichzeitig werden aber auch von Aktivist_innen Zugangsbeschränkungen zum Entscheidungsgremium diskutiert. So entscheidet sich die Gruppe von Elfi dagegen, einen Mann, „der sich als Mann definiert" in der „Organisationsgruppe" mitarbeiten zu lassen. Personen, die sich als Mann verstehen, könnten „aber total gerne zuarbeiten", wie bspw. „hinterm Tresen stehen" (Elfi, Abs. 28). Teilhabe an Entscheidungsprozessen ist demnach an Bedingungen geknüpft bzw. begrenzt möglich. Ein Ausschluss qua Geschlechterposition verweist hier auf die feministischen Traditionslinien.

Entscheidungsfindungsprozesse werden von den Aktivist_innen als „basisdemokratisch" (Tanja, Abs. 31 / Ladyfest Wien 2007) beschrieben. Basisdemokratie gilt wissenschaftlich gesehen als diffuser Begriff, der unterschiedliche Praktiken zusammenfasst, die von unmittelbarer Beteiligung im Gegensatz zu repräsentativen Praktiken ausgehen (vgl. Bendel 2010).[10] Das heißt, von basisdemokratischen Praktiken zu sprechen, meint – bei unterschiedlicher Ausgestaltung – die Beteiligung aller an Entscheidungsprozessen. Im Ladyfest-Aktivismus können wir davon ausgehen, dass hier mit ‚Basis' die Vollversammlung aller Beteiligten (Plenum) gemeint ist und Repräsentationsstrukturen eher selten eingesetzt werden. Jedoch setzen manche Gruppen ein Repräsentationsprinzip um, wenn bspw. Arbeits- und Untergruppen autonom arbeiten und Delegierte zum Plenum senden. Die Entscheidungsfindung auf dem Plenum findet entweder per Mehrheitsabstimmung, meist jedoch per Konsens statt.[11] Konsensentscheidungen bedeuten, dass Lösungen gefunden werden müssen, die für alle Beteiligten (durchaus auch in unterschiedlichem Maß) akzeptabel erscheinen. Bärbel beschreibt das Verfahren ihrer Gruppe:

> „[A]lle können vorschlagen was sie wollen, und wenn es Diskussionsbedarf dazu gibt, dann wird das halt diskutiert, oder wenn es ein Veto gibt, von ‚geht für mich gar nicht', dann wird auch diskutiert und dann kam's auch immer zu irgendner Lösung." (Bärbel, Abs. 17)

---

10 Es ist davon auszugehen, dass basisdemokratische Verfahren wie bspw. Volksabstimmungen hier nicht gemeint sind.

11 Da die Gruppen in der Regel nicht formal organisiert sind und keine Geschäftsordnung haben, können Entscheidungsverfahren situativ verschieden vollzogen werden.

Diese Vorgehensweise gewährt jeder Person die prinzipielle Möglichkeit eines Vetos, sie basiert aber auf der grundsätzlichen Bereitschaft eine für alle tragbare Lösung finden zu wollen. Dieser Prozess der Konsensfindung kann bei kontroversen Themen durchaus eine emotionale Komponente besitzen, die – wie Yasemin beschreibt – den Gruppenprozess und die Zugehörigkeit zur Gruppe beeinflusst. Yasemin schildert eine kontroverse Entscheidung in ihrer Gruppe, die vorerst nicht von allen mitgetragen wurde. Nachträglich wurde eine Konsensentscheidung herbeigeführt und somit die Gruppe gestärkt:

> „Und hinterher, als wir das dann geklärt hatten und alle sich wohl gefühlt haben mit dem Kompromiss, manche es vielleicht trotzdem ein bisschen schade fanden, aber auf jeden Fall alle dahinter stehen konnten und das einfach so 'ne gemeinsame Entscheidung dann war, und nicht die Entscheidung von ein paar, die aufgedrückt wurde auf alle, ja, konnten wir auch irgendwie richtig anfangen mit wirklich Sachen organisieren und wie das Fest an sich. Und das war einfach voll der wichtige Prozess für uns einfach diese Diskussion zu führen." (Yasemin, Abs. 19)[12]

Yasemin stellt hier aus ihrer Sicht den hohen Stellenwert des Ansatzes dar, alle Beteiligten in den Entscheidungsprozess einzubinden und ihnen eine emotionale Sicherheit zu bieten: Alle sollen sich mit dem Kompromiss ‚wohlfühlen' und ‚dahinter stehen', sich also in der Gruppenposition wiederfinden. Zwar spricht Yasemin hier nicht von Konsens, sondern von Kompromiss, doch deutet ihre Erzählung darauf hin, dass es um eine gemeinsam getragene Entscheidung ging. Im Gegensatz dazu ist es bspw. Elli wichtig, dass unterschiedliche Positionen nebeneinander stehen können und nicht synthetisiert werden. Für Elli bedeutet das, auch Entscheidungen in Untergruppen treffen zu können, ohne dass das Plenum immer zustimmen muss. Dies ermöglicht die Beteiligung von Menschen, „die nicht alles unterschreiben, was das Ladyfest ist" (Elli, Abs. 29). Und gleichzeitig ermöglicht diese Form der Entscheidungsfindung auch weitere Gestaltungsspielräume. Elli befürchtet, „dass sonst der Platz schnell einmal eng wird, für die eigenen Wünsche" (Elli, Abs. 29).

Die passenden Formen der Entscheidungsfindung müssen somit abgewogen werden. Während das Zulassen von unterschiedlichen Positionierungen mehr Teilhabe zu versprechen scheint, bietet das Konsensprinzip jedoch die Chance, dass alle Stimmen gleichermaßen hörbar werden (vgl. Hoffmann 2006: 88).

---

12 Um die Anonymität zu gewährleisten, wird hier auf die Darstellung des Konflikts verzichtet.

Informelle Selbstorganisierung zeichnet sich dadurch aus, dass eine Teilhabe aller an Entscheidungsprozessen grundsätzlich ermöglicht und Barrieren im Zugang reflektiert werden. Dabei wird die Teilhabe an Entscheidungsprozessen auf verschiedenen Ebenen verhandelt: Über die Zugänglichkeit des Plenums (Entscheidungsgremium) und über die Entscheidungsfindungsprozesse. Insgesamt lassen sich diese Formen der Entscheidungsfindungsprozesse als langwierig und fordernd für alle Beteiligten beschreiben. Deswegen beschreibt bspw. Jessica Hoffmann die Effekte dieser Prozesse (bezogen auf Erfahrungen mit Ladyfest-Aktivist_innen in den USA) als Gruppendynamiken, die zeitraubend sind und statt formellen informelle Hierarchien hervorbringen.

7.5 VERNETZUNG

Der Aspekt der Vernetzung der einzelnen Aktivist_innen und der Ladyfest-Gruppen nimmt einen hohen Stellenwert in der informellen Selbstorganisierung ein, da Netzwerke Ressourcen (Expertise/Fertigkeiten) bereitstellen. Vernetzung ermöglicht somit viele Aspekte der informellen Selbstorganisierung. Wie die Netzwerke entstehen, ist durchaus unterschiedlich. Manche Ladyfest-Gruppen gründen sich im Umfeld von bestehenden Zusammenhängen und Gruppen und greifen daher bereits auf ein Netzwerk zurück. Hierbei reicht das Spektrum von lokaler Vernetzung einzelner Personen über lokale Zusammenarbeit mit verschiedenen Gruppen bis hin zu internationaler Vernetzung mit Ladyfest-Aktivist_innen, die meist über soziale Netzwerke und Begegnungen auf Ladyfesten entstehen.

Bereits etablierte Ladyfest-Gruppen sehen sich verstärkt in einer begehrten Position, das heißt, sie werden von Einzelpersonen und Gruppen angesprochen oder explizit von anderen Gruppen bezüglich einer Kooperation angefragt. Dabei kann es durchaus zu Konkurrenzen zwischen Gruppen kommen, die eine Vernetzung erschweren. So berichtet Elfi davon, dass andere lokale Gruppen sich nicht explizit zur Beteiligung aufgefordert gefühlt hätten. Die Devise ihrer Ladyfest-Gruppe war jedoch: „[W]er Lust hat, kommt vorbei und macht mit oder macht nur einen Teil davon mit, oder bringt irgendwas rein ins Programm“ (Elfi, Abs. 24). Somit spielen Eigeninitiative und Teilhabe auch in den Netzwerken eine Rolle. Andere Gruppen fragen gezielt Aktivist_innen zu bestimmten Themen (Vorträge, Konzerte, Lesungen, etc.) oder Ressourcen (Raumnutzung) an. Was die Planung und Durchführung eines Ladyfestes betrifft, bedarf es laut Elli bereits bestehender lokaler Netzwerke und „viel Erfahrung in autonomen politischen Kontexten“ (Elli, Abs. 75). Denn es kommen schließlich viele Aktivist_innen zusammen, deren gemeinsame Arbeit für Elli bereits einen Wert an sich darstellt:

> „Beim ersten Mal war's so, dass ich das Gefühl hatte, ich kann gar nicht **nicht** mitorganisieren, weil das erste Treffen […] war besucht von glaube ich mehr als 60 Leuten. Und ich hatte das Gefühl, ich kann mich nicht ausschließen. Weil das ist so interessant wenn **so** viele Leute etwas machen wollen, da muss ich dabei sein." (Elli, Abs. 55)

Die Vernetzung auf lokaler Ebene entsteht demnach bereits durch die Vorbereitung eines Ladyfestes und kann teilweise eine Anziehungskraft auf lokale Aktivist_innen ausüben. Ladyfeste stellen dann ein Gravitationszentrum dar, das „rhizomatische Netzwerke" ermöglicht (vgl. Zobl 2012), also Vernetzungen, die eher als temporär und punktuell zu verstehen sind. Diese können langfristige Effekte auf lokaler Ebene erzeugen. Yasemin bspw. wisse nun, wen sie bei bestimmten Fragen ansprechen kann und außerdem gebe es im Nachhinein mehr feministische Aktivitäten, wie bspw. FrauenLesbenKneipen, die Wiederbelebung eines feministischen Referats an der Universität und ein „Frauenplenum", das auf einen sexistischen Vorfall reagiert habe. Durch das Ladyfest sei „ein bisschen weniger Vereinzelung" entstanden (Yasemin, Abs. 32).

Kennzeichnend ist eine Ausstrahlungskraft des Ladyfest-Aktivismus auf lokaler, regionaler sowie internationaler Ebene. Nicht nur gibt es Begehrlichkeiten von lokalen Gruppen in den Ladyfest-Aktivismus eingebunden zu werden (‚Warum wurden wir nicht eingeladen?', Elfi, Abs. 24). Es findet auch eine wertschätzende Anerkennung zwischen den Ladyfest-Aktivist_innen statt:

> „[I]ch kann irgendwo hinfahren zu 'nem Ladyfest, und wenn ich sag, ja ich organisier Ladyfest [Stadt], dann gleich so: ‚oh toll, super, so, du auch'. Also dann ist man gleich mit in der Familie, das finde ich schon ziemlich faszinierend [...] ohne dass ich irgendwelche Leute kenne, es aber automatisch so 'ne Verbindlichkeitsebene oder Vernetzungsebene einfach da ist." (Bärbel, Abs. 33)

Dieser hohe Grad an Verbindlichkeit und Vernetzungsoffenheit lässt sich mit der Bekanntheit des Ladyfest-Begriffs und dessen Geschichte erklären (vgl. Kapitel 2.2). Den Aktivist_innen eröffnen sich durch die Nutzung von Wissen und Ressourcen anderer Aktivist_innen Handlungsspielräume, und sie erhalten die Gelegenheit, ihr eigenes Wirken in einem größeren (überregionalen, internationalen) Kontext zu verorten. Als spezifische, rhizomatische Netzwerke bilden die einzelnen Ladyfest-Gruppen potenzielle Gravitationszentren, Knotenpunkte, in denen sich queer-feministischer Aktivismus verdichten kann.

7.6 NICHT-KOMMERZIELLER ANSPRUCH

Charakteristisch für eine informelle Selbstorganisierung im Allgemeinen, aber auch für einen DIY-Referenzrahmen im Besonderen ist der Anspruch, weder kommerziell noch professionell arbeiten zu wollen. Somit lässt sich der Ladyfest-Aktivismus auch als *non-profit* bezeichnen, also als nicht an Profit orientierte, gemeinnützige oder ehrenamtliche Arbeit. Das bedeutet, dass die Aktivist_innen in der Regel kein Honorar für ihre Tätigkeiten bekommen und dass sie ihre Veranstaltungen nicht gewinnorientiert planen.

Eine nicht-kommerzielle Arbeitsweise sichert aus der Sicht der Aktivist_innen Unabhängigkeit und Autonomie[13]: Sich nicht von äußeren Strukturen abhängig zu machen, ermögliche ein Höchstmaß an Kontrolle über das eigene Tun, verlange aber auch eine solidarische gegenseitige Unterstützung unter den Aktivist_innen (vgl. Claudia, Abs. 43).

Der nicht-kommerzielle Anspruch kann am besten dort umgesetzt werden, wo autonome, selbstverwaltete Räume zur Verfügung stehen, also eine selbstorganisierte Infrastruktur, auf die Ladyfest-Aktivist_innen zurückgreifen können. Dies sind Autonome Zentren, selbstverwaltete Räume oder auch besetzte Häuser. Wo eine solche Infrastruktur nicht zugänglich ist, kann die Umsetzung eines nicht-kommerziellen Anspruchs bspw. darin bestehen, in kommerzielle Bars auszuweichen und Workshops in privaten Räumlichkeiten zu durchzuführen. Dass die Ladyfest-Aktivist_innen ihre privaten Räumlichkeiten zur Verfügung stellten, zeige laut Mila „ein Einlassen" auf die Veranstaltung und eine „persönliche" Nähe. Dahingegen berge das Zusammentreffen mit dem ‚herkömmlichen Bar-Publikum' Konfliktpotenzial. So schildert Mila, dass in einer Kneipe „fast 'ne Schlägerei entstanden wäre, weil irgendwie Typen einfach zu scheiße waren" (Mila, Abs.14). Nicht-kommerziell zu arbeiten und sich zu organisieren wird von Mila als eine Haltung beschrieben, in der es nicht darauf ankommt, wo ein Ladyfest stattfindet, sondern wie die Orte genutzt werden.

Problematisch wird dies jedoch, wenn zum Beispiel Ladyfest-Partys von mehreren hundert Besucher_innen frequentiert werden, und somit kaum mehr

13 Im Kontext der Frauenbewegung meinte Autonomie in erster Linie, sich unabhängig von ‚Männergruppen' zu organisieren (wie bspw. durch die Loslösung vom SDS), aber durchaus auch die Distanzierung von staatlichen Institutionen, die „als patriarchalische und systemstabilisierende erkannt, abgelehnt werden, woraus eine völlige Loslösung von staatlichen und institutionellen Zusammenhängen resultiert" (Knäpper 1984: 120).

Räume in angemessenen Dimensionen zu finden sind, die auch der informellen Selbstorganisierung gerecht werden.

„Also, da kommen wir natürlich kaum in Räume, Lokalitäten, die nicht dann nur noch ihren Raum vermieten, eigenes Personal rund rum haben. Ich finde, das sind so Größenordnungen, da passt dieser Ladyfestgedanke für mich nicht mehr, weil a) kosten die Getränke einfach zu viel und wir können aber nichts dran drehen. Dann gab‘s eben Taschenkontrollen, die Flaschen mussten draußen, auch Wasserflaschen, was Leute mitgebracht hatten. Das sind echt so für mich so Schallgrenzen, von das geht nicht.“ (Bärbel, Abs. 23)

Insofern gerät die informelle Selbstorganisierung an Grenzen und scheint daher auch prekär zu sein. So äußert Tanja bspw. ihre Hoffnung, dass „dieser DIY Ansatz“ nicht „verkommerzialisiert oder verperfektioniert wird“ (Tanja, Abs. 45). Der nicht-kommerzielle Anspruch geht natürlich mit Widersprüchen einher, da die Aktivist_innen in einem monetären System agieren (müssen). Diese Widersprüche werfen konfliktreiche Fragen auf, die von den Aktivist_innen unterschiedlich beantwortet werden.

So sehen sich die Aktivist_innen bspw. mit der Tatsache konfrontiert, dass sie sich ein zeitintensives Engagement auch „leisten können“ müssen, das heißt sie benötigen neben finanziellen Ressourcen auch genügend Zeit, um sich auf die selbstorganisierte Arbeit einlassen zu können. Wenn „ich gar kein Geld hab, also viel Zeit mit Arbeit, also Erwerbsarbeit verbringen muss, ist meine Zeit für solche Aktivitäten natürlich vielleicht begrenzter“ (Bärbel, Abs. 31). Dementsprechend wird die Frage, wer für die Tätigkeiten im Rahmen eines Ladyfests ein Honorar oder eine Aufwandsentschädigung erhält, von fast allen Interviewpartner_innen thematisiert. Gemeinhin ist es üblich, Bands an den Einnahmen in kleinem Maße zu beteiligen bzw. eine Aufwandsentschädigung für ihren Auftritt zu zahlen. Auch werden meist Fahrtkosten für diejenigen übernommen, die eine Veranstaltung auf einem Ladyfest anbieten. Schließlich fallen für die Organisations-Gruppe zusätzlich Kosten an, etwa Gebühren für das Ausleihen von Technik oder Raummieten, Druckkosten für Werbung oder ähnliches. Diesbezüglich können sich die Gruppen nicht komplett finanziellen Sachzwängen entziehen, sondern diese lediglich minimieren. Wer wofür letztlich Geld bekommt, ist deshalb eine konfliktreiche Frage: „Sollen das nur die Künstlerinnen kriegen, oder alle die organisieren oder irgendwas dazutun? Wo wäre dann die Grenze, von wer was dazu beisteuert und so?“ (Bärbel, Abs. 17).

Diese Frage ist bedeutsam und brisant zugleich, da sie eine Entscheidung darüber erfordert, welcher Beitrag zum Ladyfest ‚so viel wert‘ ist, dass dafür Geld zur Verfügung gestellt wird. Den finanziellen Möglichkeiten entsprechend, treffen die Gruppen dazu unterschiedliche Entscheidungen: Manche Ladyfeste zahlen allen Bands und Workshopleiter_innen gleich viel, manche Gruppen zahlen den Headliner-Bands mehr als den kleinen unbekannten, manche Gruppen sind auf Spenden angewiesen, um überhaupt die Fahrtkosten zu erstatten, manche Gruppen nehmen so viel ein, dass damit im Anschluss noch weitere Projekte finanziert werden können, manche Gruppen zahlen sich als Organisator_innen eine Aufwandsentschädigung, etc.

Ähnlich unterschiedlich bewerten die Aktivist_innen auch die Frage, ob Fördergelder von Institutionen beantragt werden sollen. Bedenken gibt es in einigen Gruppen dahingehend, dass die Annahme von Fördergeldern mit Verpflichtungen und inhaltlichen Beschränkungen einhergehe und somit die Autonomie einschränke:

> „Und da haben wir dann beschlossen, der Aufwand Gelder zu beantragen und uns dann vielleicht in Richtungen zu orientieren, die uns einschränken, ist uns zu groß. Wir nehmen den Aufwand eher für unsere Organisation und für Diskussion." (Elfi, Abs. 26)

Dass sie weniger Geld zur Verfügung hatten, habe dem Erfolg nicht geschadet („funktioniert bis jetzt ganz gut"). Nicht-kommerziell und ohne Bezug von Fördergeldern zu arbeiten ermöglicht für Elfi nicht nur, inhaltlich unabhängig zu bleiben und freie Entscheidungen treffen zu können, sondern kann auch als Mechanismus verstanden werden, sich einer „Grenzverwischung von Underground und Mainstream" (Calmbach 2007: 105f.) zu entziehen. Insofern dient diese Abgrenzung sowohl als Mittel der Distinktion als auch als Strategie gegen eine Vereinnahmung durch den Mainstream.[14]

Der nicht-kommerzielle Anspruch ist ein besonders wichtiger Aspekt der informellen Selbstorganisierung, denn aus Sicht der Aktivist_innen lässt sich dadurch ihre Autonomie bewahren und die Kontrolle über ihre Inhalte behalten. Der negative Bezug zu kommerziellen Organisierungsformen fungiert auch als Abgrenzungs- und Distinktionsmerkmal gegenüber anderen Veranstaltungen und dient gleichzeitig der Zuordnung zu einer selbstorganisierten Szene. Wie sich gezeigt hat, berührt die Auseinandersetzung mit kommerziellen Strukturen auch immer Fragen der Konsumtion und Produktion: Der Zugang zu selbstorganisierten Infrastrukturen, die Erwerbssituation der einzelnen Aktivist_innen und Entscheidungen über die Verteilung von finanziellen Ressourcen spielen eine zen-

14 Vgl. Erfahrungen mit Kommerzialisierung und insbesondere der damit verbundenen Einfriedung politischer Inhalte und Forderungen in der riot-grrrl-Bewegung (Kapitel 6).

trale Rolle. Calmbach und Rhein argumentieren daher, dass in DIY-basierten Szenen von einer Kultur der ‚demonstrativen Produktion' gesprochen werden könne (vgl. Calmbach/Rhein 2007: 69ff.), die sie in Bezug auf die von Klaus Hurrelmann formulierte These des ‚demonstrativen Konsums' (Hurrelmann 2004: 140) in Jugendkulturen entwickelt haben. Während Hurrelmann davon ausgeht, dass der ‚demonstrative Konsum' Voraussetzung für soziale Anerkennung in jugendlichen Peer Groups ist, argumentieren sie, dass die Bedingung für Anerkennung im Kreise von DIY-Aktivist_innen eine ‚demonstrative Produktion' sei, mit der insbesondere „die Produktionsweise bzw. de[r]Warencharakter von kulturellen Objekten" (Calmbach/Rhein 2007: 70) reflektiert werde.

7.7 DIY-FEMINISM UND GESELLSCHAFTS-KRITISCHE PERSPEKTIVE

Wie sich gezeigt hat, gestalten Ladyfest-Aktivist_innen ihre Organisationsstrukturen innerhalb des Bezugsrahmens der informellen Selbstorganisierung durchaus unterschiedlich, doch nicht beliebig. Sie bilden gemeinsame Handlungsorientierungen aus, für die DIY und DIY-Feminismen einen wichtigen Bezugsrahmen darstellen. Dabei werden sowohl Bezüge zu DIY-Praktiken als auch zu feministischen Praktiken hergestellt, wobei diese vor allem als miteinander verschränkt verstanden werden. Im Folgenden diskutiere ich die dargestellten Praktiken informeller Selbstorganisierungen unter drei Aspekten: Der Frage nach dem Verhältnis von feministischen und DIY-Praktiken, der Frage nach den gesellschaftskritischen Potenzial dieser Praktiken und im Hinblick auf die Fragestellung dieser Forschungsarbeit, der Verhandlung von Ein- und Ausschlüssen.

Verhältnis von feministischen und DIY-Praktiken

Bereits im Kapitel über den Entstehungskontext des riot-grrrl-Aktivismus ist deutlich geworden, dass es sich auch beim Ladyfest-Aktivismus um eine enge Verzahnung von DIY- und queer-feministischen Ansätzen handelt. Erinnert sei an das Zitat von Marcella Karp, in dem Feminismus selbst als zu gestaltendes Konzept aufgefasst wird: „We've entered an era of DIY feminism. [...] Your feminism is what you want it to be and what you make of it" (zitiert nach Zobl/Schilt 2008: 185). Hier werden die Prinzipien des DIY auch auf den Feminismus angewendet und dieser wird sich angeeignet. Mit Julia Downes habe ich zudem zu Beginn des Kapitels gezeigt, dass die feministischen Praktiken der Neuen Frauenbewegung auch als Aneignung von DIY-Strategien verstanden werden können. Um diese Perspektive nachvollziehen zu können, möchte ich kurz darstellen, in welcher Weise Ladyfest-Aktivist_innen ihre Praxis ins Verhältnis zu (queer-)feministischen Traditionen der Selbstorganisierung setzen.

Die Perspektiven der Aktivist_innen auf den Ladyfest-Aktivismus im Kontext der Frauenbewegung und feministischer Kämpfe der letzten Jahrzehnte lassen sich in drei Typen einteilen: 1. Verständnis von Ladyfest-Aktivismus als Teil von feministischen Entwicklungsprozessen, 2. Abgrenzung des Ladyfest-Aktivismus von bestimmten Ansichten und Praxisformen der Frauenbewegung und früherer feministischer Kämpfe, 3. Vermittelnde Funktion des Ladyfest-Aktivismus zwischen den ‚großen' Konflikten in (queer-)feministischen Zusammenhängen.

(1) Wenn der Ladyfest-Aktivismus als Teil eines feministischen Entwicklungsprozesses verstanden wird, dann gelten die ‚alten Kämpfe' als Vorbedingungen für die eigene Praxis. So ist bspw. für Mara ein Ladyfest-Aktivismus „ohne Frauenbewegung [...] undenkbar" (Mara, Abs. 71). Insbesondere die Auseinandersetzung mit Geschlechterverhältnissen sei eine Bezugnahme auf die Geschichte feministischer Kämpfe. Aber auch die Tradition der Schaffung von Gegenräumen wird als feministische Referenz betrachtet: „I think Ladyfest is feminist. I think it's definitely in the tradition of creating space" (Claudia, Abs. 36). Die Gestaltung der Räume, in denen Ladyfeste stattfinden, ist ein wichtiger Faktor im Hinblick auf die Organisierungsformen, unter anderem auch im Sinne der dafür benötigten Infrastruktur.[15] Damit stellen sich Ladyfest-Aktivist_innen in die Tradition feministischer Selbstorganisierung.

(2) Die Positionen, die Ladyfest-Aktivismus als Bruch zur Frauenbewegung begreifen, führen einen Grundkonflikt um Geschlechterkonzepte und im Kern um die Frage der Zweigeschlechtlichkeit an. Dieser Konflikt wird teilweise auch als Generationenkonflikt gedeutet.

> „Klar, dieser große Widerspruch ist halt, also der Feminismus aus den 68ern, dass es da halt den Postfeminismus noch nicht gab, und dass ja schon ganz klar in diesen Geschlechterkategorien Mann/Frau gedacht wurde. [...] Und dass jetzt auf vielen Ladyfesten auch gerade das, also dass sich da ganz viel drüber auseinandergesetzt wird, genau diese Geschlechterkategorien aufzubrechen, dass es nicht nur Mann/Frau gibt." (Michaela, Abs. 72)

15 Die Frage nach der Gestaltung von Räumen und die damit verbundene zentrale Diskussion um Ein- und Ausschlusspraktiken werden in Kapitel 8, aber insbesondere in Kapitel 9 in Bezug auf die Verhandlung von Freiräumen diskutiert.

Für Michaela ist dieser Konflikt mit der Auseinandersetzung mit unterschiedlichen Auffassungen von Geschlechterkategorien verknüpft. Damit stellt sie den Verlauf von feministischen Entwicklungen als linear und zielgerichtet dar, an dessen Ende das ,Aufbrechen der Geschlechterkategorien' stehe. Diese Debatte scheint mit der Zugehörigkeit zu verschiedenen feministischen Generationen assoziiert und führt daher nach Michaelas Ansicht zu einem ungelösten Widerspruch.

(3) Andere Ladyfest-Aktivist_innen verstehen ihre Praxis jedoch als Vermittlungsversuch in diesem konflikthaften Feld. So hat Yasemin das Gefühl,

> „dass es so auch mit, durch die Ladyfeste noch mal so 'ne neue Form von Feminismus gibt. Also auch gerade dadurch, dass Ladyfeste ganz oft für mich noch mal diese Verknüpfung sind zwischen queer theory und Feminismus, [...] was ja für manche sich gegenübersteht und für mich persönlich aber nicht." (Yasemin, Abs. 41)

Vor allem durch die Öffnung hin zu queeren Themen und den Versuch Zweigeschlechtlichkeit zu überwinden, wird der Ladyfest-Aktivismus als eine vermittelnde Praxis betrachtet, die dazu beitragen könne, neue Formen von Feminismus entstehen zu lassen. Dies könne primär dann gelingen, wenn generationenübergreifend organisiert wird: „[V]erschiedene Generationen im Orgateam, das find ich sehr gelungen, weil eben die noch anders gekämpft haben" (Tanja, Abs. 41). Hier zeigt sich, dass ,Vermittlung' als Bereicherung angesehen wird.

Die hier entfalteten unterschiedlichen Bezüge zu feministischen Organisierungsformen sind im Material eher zögerlich, was aufgrund der eindeutigen queer-feministischen Verortung des Ladyfest-Aktivismus erstaunlich erscheint. Im Material ließen sich selten Bezüge zu feministischen Organisierungstraditionen wie kollektiv organisierte Frauen*buchläden oder Frauen*musikfestivals finden. Auch die Verbindungen zu feministischen Traditionen der Aneignung von Wissen werden selten explizit hergestellt. Es zeigt sich jedoch, dass an die feministische Praxis, Räume zu schaffen und sich dadurch sicht- und hörbar zu machen, angeknüpft wird. Auch der implizite Bezug zum Ansatz der Autonomie, sich unabhängig von Institutionen zu machen, findet Ausprägungen in verschiedenen Aspekten der informellen Selbstorganisierung. Der explizite Bezug zu feministischen Traditionen und Praktiken wird offenbar durch den angedeuteten Generationenkonflikt erschwert, der – je nach Sichtweise – unüberwindbar, oder – gerade durch den Ladyfest-Aktivismus – vermittelbar erscheint. Die Ladyfest-Aktivist_innen wählen daher den Weg, ihre Formen der informellen Selbstorganisierung (und insbesondere die DIY-Praktiken) *als* feministisches Konzept oder Instrument zu verorten. Sie schaffen sich dadurch einen zweiten Bezugsrahmen und zugleich die Möglichkeit, sich nicht ausschließlich in feministischen Traditionen verorten zu müssen, was zur Folge hat, Konflikte und Brüche nicht ausschließlich in den Vordergrund stellen zu müssen. DIY bzw. informelle Selbstorganisierung wird somit zum „grundlegendste[n] Mittel feministischer Selbstorganisation" (Eismann/Erharter 2007).

Informelle Selbstorganisierung als gesellschafts-kritische Perspektive

Betrachten wir die einzelnen herausgearbeiteten Facetten informeller Selbstorganisierung, lässt sich daran eine gesellschaftskritische Perspektive des Ladyfest-Aktivismus festmachen, die über die queer-feministische Grundhaltung hinausgeht. Am Augenscheinlichsten wird dies in der nicht-kommerziellen Orientierung, in der sich der Anspruch ausdrückt, die eigenen Tätigkeiten außerhalb eines kommerziellen Verwertungszusammenhangs zu stellen. Damit lässt sich der Ladyfest-Aktivismus auch als implizite Kritik an kommerziellen Produktions- und Konsumtionsverhältnissen verstehen.

Der Anspruch der Teilhabe aller an Entscheidungsprozessen erscheint als Gegenentwurf zu den hegemonialen Formen der Repräsentationslogik, denn die vielfach gewählte Methode der Konsensentscheidung orientiert sich bspw. nicht an den verbreiteten Prinzipien der Mehrheitsentscheidungen.

Entsprechend ist es auch zu bewerten, wenn entgegen einer Leistungslogik nicht das Ergebnis, sondern der Prozess der informellen Selbstorganisierung im Vordergrund steht. Zu dieser Einschätzung lässt sich kommen, wenn wir die übergreifenden Zusammenhänge der einzelnen Aspekte informeller Selbstorganisierung betrachten: Vor dem Hintergrund der Reziprozität müssen Teilhabe, Eigeninitiative und Wissensvermittlung betrachtet werden. Diese Prozesse funktionieren nur, wenn sie als gegenseitige verstanden werden, in die jede Person etwas einbringt. Gleichzeitig sind sie mit der hohen Anforderung verbunden, Entscheidungsverfahren mitzugestalten und eigene Fähigkeiten zu entwickeln und zu investieren. Vernetzung erscheint durch diese Form der Zusammenarbeit ein fast notwendiger Effekt, der jedoch – wie wir gesehen haben – weit über die lokalen Strukturen hinausgeht. Insofern zeigt sich hier, dass für den Ladyfest-Aktivismus der Planungsprozess eine ebenso ausschlaggebende Rolle spielt wie das Ereignis des Ladyfestes selbst. Dies macht es insgesamt notwendig, aber auch möglich, die gesellschaftskritischen Ansprüche in die Formen der Organisierung und die Alltagswelt zu integrieren.

Konflikte als Verhandlungen von Ein- und Ausschlüssen

Trotz der teilweise idealisierenden Darstellungen im Material werden Widersprüche der informellen Selbstorganisation, wie sie bereits unter 5.1 diskutiert wurden, von den Aktivist_innen kritisch betrachtet. Insbesondere die dargestellten Konfliktthemen der Aktivist_innen stellen sich als Verhandlungen von Ein- und Ausschlüssen dar. Hier zeigt sich bereits eine strukturelle Diskrepanz zwischen den Ansprüchen der Aktivist_innen und einer praktischen Umsetzung, die uns in den folgenden Auswertungskapiteln wieder begegnen wird.

Die Praktiken der informellen Selbstorganisierung stellen wirksame Ein- und Ausschlussmechanismen dar. Bspw. zeigt sich bei Bärbel ein unauflösbarer Grundkonflikt: Einerseits braucht es handlungspraktisch die Trennung von ‚Orgacrew und Konsument_innen', andererseits widerspricht diese Trennung ihrem grundsätzlichen Maßstab, dass sie *mit den Leuten zusammen* organisieren möchte. Während eigentlich niemand als ‚Besucher_in' aus Entscheidungsprozessen ausgeschlossen werden soll, sind sie es durch die de facto-Trennung von Organisator_innen und Besucher_innen aber letztlich doch.

Hier zeigt sich bereits, dass es sich bei den Verhandlungen der Aktivist_innen um ein breites Verständnis von Ein- und Ausschlüssen handelt. Gemeint sind nicht nur räumliche Ein- und Ausschlüsse (Einlasspolitiken), sondern auch die Teilhabe an vorbereitenden Praktiken, Entscheidungsprozessen etc.

An verschiedenen Stellen wurde deutlich, dass die informelle Selbstorganisierung den Aktivist_innen zahlreiche Ressourcen abverlangt, die nicht allen im gleichen Maße zur Verfügung stehen (finanzielle, zeitliche, infrastrukturelle Ressourcen etc.). Als „Widerspruch zwischen DIY und Professionalität" thematisiert Michaela die Grenzen, an die sie mit ihrer Gruppe stößt, wenn es um Verbindlichkeiten und zeitliche Ressourcen der einzelnen Aktivist_innen geht. Hier zeigen sich bereits die strukturellen Momente von Ein- und Ausschlüssen.

Durch Formen der informellen Selbstorganisierung werden auf der einen Seite niedrigschwellige Beteiligungsmöglichkeiten geschaffen, auf der anderen Seite sind sie nur für jene wirklich zugänglich, die bereits über Kenntnisse über informelle Selbstorganisierung verfügen. Daher lassen sich mit den Praktiken informeller Selbstorganisierung einerseits Momente der Zugehörigkeit, aber auch andererseits der Fremdheit aufzeigen.

In den folgenden Auswertungskapiteln knüpfe ich sowohl an dieses breite Verständnis von Ein- und Ausschlüssen an, als auch an die Annahme struktureller Momente von Ein- und Ausschlüssen. Ich nähere mich dabei dem Feld und den Aktivist_innen von außen nach innen: Zuerst untersuche ich die Programme und Selbstverständnistexte der Gruppen aus meinem Sample. Diese Texte zeigen den Konsens der Gruppen und repräsentieren vor allem Haltungen und Ansprüche. In den weiteren Kapiteln 9 und 10 werde ich die Interviews mit Ladyfest-Aktivist_innen analysieren. Hier stehen die Handlungsorientierungen der Aktivist_innen im Vordergrund.

8. Ansprüche, Strategien und Positionsbestimmungen von Ladyfest-Gruppen

Im Fokus dieses Kapitels stehen die Ergebnisse meiner Auswertung von Selbstverständnistexten der Ladyfest-Gruppen aus meinem Sample[1]. Zusätzlich wird die Auswertung der Programme hinsichtlich ihrer Zugangsbeschränkungen dargestellt. Selbstverständnistexte werden von Ladyfest-Gruppen in der Regel im Laufe der Vorbereitungen verfasst; sie sind Ankündigungstexte, in denen sich die Gruppen vorstellen, ihre Ansprüche und Ziele formulieren sowie zum Mitmachen und Kommen einladen. Die Texte haben meist einen programmatischen Charakter, setzen eine politische Agenda und präsentieren einen Gruppenkonsens; sie sind also bereits Ergebnisse von Verhandlungen und Auseinandersetzungen innerhalb der Gruppe. Die Texte referieren auf die Geschichte der *riot grrrls* und Ladyfeste, betreiben also eine eigene Geschichtsschreibung und positionieren sich darin. Durch die Untersuchung der Selbstverständnistexte lassen sich verschiedene Spektren von Positionsbestimmungen der Gruppen herausarbeiten. Die Gruppen wählen sehr unterschiedliche Formate und Sprachstile. Dieser Unterschiedlichkeit werde ich durch die Zitierung teils relativ langer Textpassagen Rechnung tragen.

Mit Hilfe der qualitativen Inhaltsanalyse habe ich die Selbstverständnistexte befragt, welche Personen von Ein- und Ausschlüssen betroffen sind und welche Themen in diesem Zusammenhang verhandelt werden. Das heißt, ich habe zunächst alle Themen und Ebenen untersucht, in denen Ein- und Aus-schlüsse verhandelt werden. Auf dieser Grundlage habe ich die Kernthemen (methodisch auch Kategorien oder Codes genannt) herausgearbeitet, die in den Unterkapiteln 8.3 bis 8.8 dargestellt werden. Mein Fokus liegt dabei auf den Aspekten, die sich

1 Das Sample besteht aus allen mir bekannten Ladyfesten im deutschsprachigen Raum in der Zeit von Juni 2006 bis Juni 2008. Auskünfte über die formalen Daten der Texte und Sample finden sich ausführlich im Methodenkapitel.

(im weitesten Sinne) auf die Verhandlungen von Ein- und Ausschlüssen beziehen lassen. Da diese Verhandlungen von Ein- und Ausschlüssen im Zusammenhang mit der Kritik an Identitätspolitiken gelesen werden müssen, lassen sich hier auch Eckpunkte eines Politikverständnisses der Aktivist_innen aufzeigen. Entsprechend werde ich hier Ansprüche, Strategien und Positionierungen von Ladyfest-Gruppen herausarbeiten.

Da sich als zentraler Schauplatz der Begriff Lady herauskristallisiert hat, wird dessen Verhandlung und Definition zu Beginn besonders herausgehoben (Unterkapitel 8.1). Dem folgt exkursartig eine Darstellung der Programme der Ladyfestgruppen, um zu zeigen, wie sie ihre Veranstaltungen im Hinblick auf die Zugangsbeschränkungen konkret gestalten (Unterkapitel 8.2).

8.1 DEFINITIONEN: DER BEGRIFF LADY ALS ZENTRALER BEZUGSPUNKT FÜR EIN- UND AUSSCHLÜSSE

Der Begriff Lady ist der zentrale Bezugspunkt für die Verhandlung von Ein- und Ausschlüssen in den Selbstverständnistexten. Im Fokus der Aushandlung des Begriffs Lady wiederum stehen Geschlechterkategorien: In den verschiedenen Definitionen der Gruppen findet eine Aushandlung der Frage statt, wer Adressat_in des Ladyfest-Aktivismus sein soll und wer also mit einem möglichen ‚Wir' gemeint ist. Dabei handelt es sich meist in nicht klar abgegrenzter Weise um ein ‚Wir', das die Gruppe der Organisator_innen meint, also diejenigen, die im Selbstverständnistext sprechen, sowie um ein ‚Wir', das diejenigen mit einschließt, die als Teilnehmer_innen eingeladen werden sollen. Die Frage ist also, wer in die Bezeichnung Lady eingeschlossen und wer ausgeschlossen wird.

Biologismus-kritisch, trans*offen

In einer ausführlichen Definition legt das Ladyfest Mülheim an der Ruhr 2008 den Fokus auf eine Abgrenzung gegen „biologistische Zuschreibungen":

> „‚Lady' ist nicht als biologistische Zuschreibung zu verstehen, sondern schließt bewusst auch Queers/Transgenders… mit ein. Wenn wir von weiblich definierten Menschen reden, meinen wir: Menschen, die von anderen als Frauen wahrgenommen, verstanden, definiert werden und/oder eine weibliche Sozialisation durchlaufen haben." (Ladyfest Mülheim an der Ruhr 2008)

Der Begriff Lady scheint eindeutig weiblich konnotiert zu sein und damit ein Missverständnis derart nahe zu liegen, dass die Abgrenzung von Zuschreibungen, die sich an ‚Biologie' orientieren, an erster Stelle der Definition steht. Somit wird gesagt, dass Lady nicht die Funktion einer biologischen Geschlechterkategorie erfüllt und nicht ausschließlich weibliche Personen beschreibt. Der Begriff ‚biologistisch' ist eine negativ konnotierte Wortschöpfung, die auf die repressiven Momente in der Kategorisierung und Zuschreibung verweist und wird auch in theoretischen Kontexten verwendet. Die Fokussierung auf die Kritik des Biologismus sei – so Barbara Schütze – eine Besonderheit der deutschen Rezeption sozialkonstruktivistischer Geschlechtertheorien (vgl. Schütze 2010: 34 ff.). „Die Hegemonie der Biologismuskritik in deutschen Gender-Diskursen" führt sie auf sprachliche Ursachen zurück. So seien *sex* und *gender* „Begriffsimporte, die ins Deutsche mit ‚biologisches Geschlecht' und ‚soziales Geschlecht' übersetzt werden. Sie bilden den Verständnishintergrund von Sex und Gender selbst dann, wenn sie wegen ihrer Umständlichkeit selten verwendet werden." (ebd.: 35) So sei eine Lesart „von Gender als Gegenbegriff zum biologischen Geschlecht" (ebd.) vorherrschend.

Mit der Ablehnung „biologistischer Zuschreibungen" greifen die Aktivist_innen diesen Fokus von queer-feministischer Kritik auf. Sie stellen klar, nicht einfach nur von ‚Frauen' oder ‚Männern' zu sprechen. Vielmehr markieren sie ihre Perspektive mit der Bezeichnung „weiblich definierte Menschen" und verweisen damit auf eine Zuschreibung, die von außen auf die Menschen wirkt. Damit rekurrieren die Aktivist_innen auf die oben bereits erwähnte Unterscheidung von *sex* und *gender*. Während in der so genannten *sex/gender-Debatte* zunächst die Unterscheidung zwischen dem biologischen und dem sozialen Geschlecht im Vordergrund steht[2], argumentiert Butler in *Gender Trouble*, dass *sex* und *gender* vielmehr in eins fielen und nicht als getrennt gedacht werden könnten (vgl. Butler 1991). Geschlecht als solches wird damit als sozial und nie ausschließlich biologisch determiniert verstanden. Im obigen Zitat spielen beide Perspektiven eine Rolle: Zum einen wird die Geschlechtersozialisation als wichtiger Marker gesetzt, die Ladyfest-Aktivist_innen beziehen sich also auf die klassische *sex/gender*-Trennung. Zum anderen werden explizit „Queers/Transgender" eingeschlossen, also geschlechtliche Positionierungen, die quer zu den binären Geschlechtergrenzen liegen und an Butlers Verständnis anschließen.

Dementsprechend ist die Perspektive von Aktivist_innen auf die Frage von Sozialisation und dem Werden von Geschlechtsidentität ausgerichtet. Die Frage

2 Vgl. zusammenfassend Klapeer (2007), im einzelnen Harold Garfinkel (1967), Suzanne Kessler und Wendy McKenna (1978), Candace West und Don Zimmermann (1987), für die deutsche Rezeption dann Regine Gildemeister und Angelika Wetterer (1992) und Carol Hagemann-White (1988).

nach den Unterschieden zwischen ‚Männern' und ‚Frauen' rückt in den Hintergrund. Dies entspricht der Veränderung von (queer-)feministischer Forschung, die zunehmend Rekonstruktionen „von Prozessen der Geschlechterunterscheidung" (Wetterer 2008: 123) in den Vordergrund stellen.

Das bedeutet, dass sich die Aktivist_innen mit den Folgen einer wirksamen Zweigeschlechtlichkeit konfrontieren. Daher beschäftigen sie sich im Anschluss mit Begrifflichkeiten, die zweigeschlechtliche Zuschreibungen unterlaufen und die in den Begriff Lady ihrer Definition nach eingeschlossen werden sollen:

> „Transgender ist ein Oberbegriff für alle Personen, für die das gelebte Geschlecht keine zwingende Folge des bei der Geburt zugewiesene[n] Geschlecht[s] ist. Er umfasst pre-, post-, und non-operative Transsexuelle, Transidente, Transvestiten und alle Menschen, die die gesellschaftlichen Geschlechtergrenzen durchbrechen." (Ladyfest Mülheim an der Ruhr 2008)

Die Möglichkeit von Mehr- und Zwischengeschlechtlichkeiten, die im Lady-Begriff eingeschlossen sein sollen, werden von der Gruppe auf transgressive Geschlechtsidentitäten fokussiert. Die Aktivist_innen wählen dafür eine breite Definition von Transgender, die aber auch die unterschiedlichen Stadien geschlechtlicher Veränderung benennt und sichtbar macht.

Damit schließen sich die Ladyfest-Aktivist_innen gängigen Definitionen des Transgender-Begriffs an, der „im engeren Sinne die Gruppe von Menschen [meint], deren Geschlechtsidentität nicht mit ihrer äußeren Erscheinung oder dem bei der Geburt zugewiesenen Geschlecht übereinstimmt" (Funk 2002: 391). Während ‚Transsexualität' den Wechsel von einem eindeutigen Geschlecht zum anderen meint, ermöglicht es der Begriff Transgender uneindeutige geschlechtliche Positionierung einzuschließen, die mit unterschiedlichen medizinischen, sozialen, performativen Veränderungen einhergehen können. Im Kontext dieser Verwendung und Einordnung verschiedener Trans*-Begriffe lässt sich der Text als inklusive Positionierung gegenüber Trans*Personen verstehen, die explizit in den Begriff Lady eingeschlossen werden. In feministischen Kontexten gab und gibt es eine Geschichte der Ausgrenzung von Trans*Personen (vgl. für den US-amerikanischen Kontext bspw. Califia 2003). Die Debatte um Ausgrenzung von Trans*Personen aus ‚Frauenräumen' besitzt auch aktuell eine Relevanz (vgl. GLADT e.V. 2010).[3] Insofern ist die inklusive Definition des Begriffs Lady auch

---

3 Eine aktuellere Auseinandersetzung um die „heated debates about the inclusion of transgender women in women's only spaces" liefert Emi Koyama (2006: 698). Sie zeichnet die Auseinandersetzungen um das Michigan Womyn's Music Festival nach

eine Positionierung gegen Ausschlüsse von Trans*Personen, die von den meisten der von mir untersuchten Gruppen geteilt wird. Aufgrund der starken Abgrenzung gegen ‚biologistische' Argumentationen wendet sich diese Definition auch implizit gegen pathologisierende Sichtweisen, wie sie in Medizin und Psychologie gegenüber dem Wunsch eines Geschlechtswechsels meist noch vorherrschen (vgl. Becker 2004).

Kritische Haltung gegenüber Zweigeschlechtlichkeit vs. Festhalten an Weiblichkeit

Auch wenn der sprachliche Referenzpunkt für Lady ‚Frauen' bzw. „weiblich definierten Menschen" sind, gibt es Definitionen, die den Begriff weiter öffnen.

> „Eine Lady ist nicht unbedingt eine (biologische) Frau. Ladies sind alle, die mit der Geschlechterbipolarität nix anfangen können, mit dem herrschenden Geschlechterregime nicht einver[st]anden sind, sich als kein oder mehr als ein Geschlecht fühlen. Lady ist wer sich als Lady fühlt." (Ladyfest Bern 2008)

Lady-Sein wird hier als eine kritische Haltung gegenüber Geschlechterkategorien definiert: Die Orientierung an der „Geschlechterbipolarität" und eine daraus resultierende Haltung macht den Begriff Lady unter anderem auch offen für eine ‚gefühlsmäßige' Zuordnung. Am Begriff hat demnach teil, wer sich mit den einschlägigen Theorien und Ideen der Geschlechterforschung befasst hat. Haltung anstelle von Identifizierung bzw. Identität wird hier ins Feld geführt.

Damit verweisen die Aktivist_innen auf eine Kritik der Zweigeschlechtlichkeit, die theoretisch an die Infragestellung der Eindeutigkeit der Geschlechterkategorien anknüpft, die oben bereits mit dem Verweis auf die Debatte um den Gender-Begriff und die Zurückweisung auf nur die Biologie betreffende Zuordnungen diskutiert wurde. Nicht nur die Eindeutigkeit geschlechtlicher Zuweisung wird also in Frage gestellt, sondern auch die Annahme, dass es nur zwei Geschlechter gebe. Während im ersten Zitat des Ladyfest Mülheim an der Ruhr 2008 die Möglichkeiten gelebter geschlechtlicher Vielfalt ausbuchstabiert werden, wird von den Ladyfest-Aktivist_innen in Bern eine eher abstrakte Formulierung gewählt, die mit dem Begriff des „herrschenden Geschlechterregime" auf die Wirkmächtigkeit eines ‚Systems' verweist: Die gewählten begrifflichen Bezüge zu *Herrschaft* und *Regime* verweisen auf Unterdrückungs- und Zwangszusammenhänge, wobei die Referenz auf den Begriff Lady eine Möglichkeit des

---

und argumentiert, dass die Debatte von weißen Mittelschicht-Frauen dominiert worden sei (vgl. Kapitel 6).

Widerstands dagegen darstellt und somit politische Strategien bezeichnet. Als Ausweg aus diesem zweigeschlechtlichen System wird auf die zwei Möglichkeiten der Totalverweigerung oder der Diversifizierung hingewiesen („sich als kein oder mehr als ein Geschlecht fühlen“). Diese beiden Positionierungsmöglichkeiten (siehe auch ‚Kein Geschlecht oder viele?‘, polymorph 2002) sind Ergebnis der Auseinandersetzung mit der Kritik an Zweigeschlechtlichkeit über den Ladyfest-Aktivismus hinaus.

Zudem wird auf eine Selbstdefinition als Lady verwiesen, die dem Motto des ersten Ladyfest Olympia 2000 entlehnt ist: „Whatever your gender may be, if you feel like a Lady, be part of Ladyfest!“[4] Hier geht es um die gefühlte Zugehörigkeit, die nicht an geschlechtliche Kategorien geknüpft wird. ‚Männer‘ bzw. als männlich definierte Menschen werden in diesem Beispiel zwar nicht explizit ein-, aber auch nicht explizit ausgeschlossen. Im selben Text der Gruppe aus Bern wird jedoch zwischen „Jungs“ und „Ladies“ unterschieden: „Jungs“ werden eingeladen, jedoch von Veranstaltungen für „Ladies only“ ausgeschlossen.[5] Die Offenheit des Begriffs Lady wird in diesem Beispiel somit in Bezug auf die konkrete Praxis in verschiedenen Veranstaltungen wieder eingeschränkt bzw. situativ unterschiedlich gelöst.

So wird die Frage, wie weit die Offenheit des Begriffs Lady reicht, in den verschiedenen Texten zwar ähnlich, aber in Teilen auch widersprüchlich behandelt. Um diese Widersprüchlichkeit deutlicher herauszuarbeiten, stelle ich als Gegenhorizont Definitionen von Lady vor, für die ein Bezug zu ‚Frauen‘ oder Weiblichkeit maßgeblich bleibt.

> „Ob Menschen nun als Frauen, Lesben, Transgender oder Transsexuelle definiert werden oder sich selbst definieren, soll keine Rolle spielen um auf Ladyfesten mitzuwirken. ‚Lady‘ wurde an die Leerstelle dessen gesetzt, was als das Gemeinsame aller als ‚weiblich‘ definierten Menschen gelten kann: Ihre Unterrepräsentanz in den männerdominierten Popkultur-, Musik-, Kunst- und Literaturszenen sowie in großen Teilen der restlichen Gesellschaft.“ (Ladyfest Hannover 2006: Über uns)

Hier wird zwar eine Bandbreite an verschiedenen geschlechtlichen Identitätspositionen angeboten, Lady wird jedoch als Referenz für eine Gemeinsamkeit

---

4 Verwendet hat das Motto u. a. das Ladyfest Berlin 2006.

5 „Jungs sind am Ladyfest als Besucher jederzeit willkommen. Da wir aber Wert darauf legen, dass die Workshops in einer Atmosphäre stattfinden, wo Ladies sich wohlfühlen, werden einige Workshops Ladies only sein.“ (Ladyfest Bern 2008) Vgl. hierzu auch den Exkurs zu Zugangsbeschränkungen.

„aller als ‚weiblich' definierten Menschen" angeführt. Der Bezug auf *alle*, die eine Gemeinsamkeit teilen, hat eine einschließende Funktion. Im Gegensatz zur immer größeren Ausdifferenzierung von Bezeichnungen wird eine zusammenfassende Gemeinsamkeit gesucht. Zwar wird diese Gemeinsamkeit als Leerstelle bezeichnet, sie wird jedoch im Text sofort und sehr konkret gefüllt: die Unterrepräsentanz insbesondere im kulturellen Bereich, aber auch in der Gesamtgesellschaft. Die Gemeinsamkeiten, auf die hier rekurriert wird, gründen demnach in gemeinsamen Diskriminierungs- bzw. Ausschlusserfahrungen. Die Grundlage dieser Ausschlüsse sind die herrschenden Geschlechterverhältnisse, die als von Männern dominiert beschrieben werden. Insofern steht für das Ladyfest Hannover die Definition von Lady als relativ eindeutige Form von ‚Weiblichkeit' als Referenz auf eine männerdominierte Welt. Als Bezugspunkt fungiert Zweigeschlechtlichkeit somit in zwei Fällen: als Kritik- und Abgrenzungsbegriff und als Ist-Beschreibung herrschender Geschlechterverhältnisse. Somit zeigen sich hier die gleichzeitigen Bezüge auf eindeutige, binäre und ungleiche Geschlechterverhältnisse *sowie* darüber hinausweisende, uneindeutige und von Vielfalt gekennzeichnete Geschlechterkonzepte.

Sexualität und Solidarität

Während in den obigen Zitaten die Frage behandelt wird, wer unter den Begriff Lady fallen darf oder kann, wer also damit bezeichnet wird, geht das Ladyfest Düsseldorf vielmehr der Frage nach, welche Funktion der Begriff einnehmen soll:

> „‚Lady' verstehen wir im Sinne der derzeit noch wirksamen binären Geschlechterordnung als simplen Gegenbegriff bzw. als Bezugspunkt zum ‚männlich' dominierten heterosexistischen Mainstream, als Ausdruck der Solidarität mit denjenigen, die von normierenden Ausgrenzungsmechanismen betroffen sind, sei es qua Geschlecht, Aussehen, sexuellen Vorlieben oder Aktivität." (Ladyfest Düsseldorf 2006)

Als „Gegenbegriff" soll Lady über eine binäre Geschlechterordnung hinausweisen, also als eine Bezeichnung dienen, die nicht nur ‚entweder Männer oder Frauen' meint. Eine neue Referenz kommt hier hinzu, die Abgrenzung gegen den „heterosexistischen Mainstream". Hier verschmelzen im Text der Aktivist_innen die Begriffe heteronormativ und sexistisch. Heteronormativität als theoretisches Konzept untersucht die Formation von *sex, gender* und Begehren, und es geht darum, „die Geschlechterdifferenz mit der normativen heterosexuellen Organisation von Sexualität in Verbindung zu bringen" (Klapeer 2007: 66). Heterosexualität als Begehrensformation wird damit als wirkmächtige soziale Institution anerkannt und untersucht. Folglich lässt sich mit dem Begriff Heteronormativität[6] theoretisch sowohl die Kritik an Zweigeschlechtlichkeit als auch an Homophobie und auf Heterosexualität genormte Lebensweisen verbinden. Besonders bemerkenswert ist es, dass die Begriffsschöpfung ‚heterosexistisch' die enge Verzahnung von Geschlecht und Sexualität betont, wie sie in psychoanalytischen Ansätzen und auch bei Judith Butler vorherrscht. Sexualität bzw. „sexuelle Vorlieben" werden hier in den Selbstverständnistexten explizit zum Feld „normierender Ausgrenzungsmechanismen" und somit Kategorien von Ausschlüssen.

Bedeutsam ist zudem die Funktion des ‚Gegenbegriffs', die Lady hier zugewiesen wird: Er scheint ‚einfach' im Gegensatz zu den komplexen Feldern, die beschrieben werden und er soll solidarisch gegenüber jenen sein, die von Ausschlüssen betroffen sind. Somit ermöglicht der Begriff Solidarisierung, auch für nicht direkt von Ausgrenzung Betroffene. Durch diese Forderung der Haltung der Solidarität zeigen die Aktivist_innen, dass aus ihrer Sicht Diskriminierungen und Ungleichheiten nicht unbedingt am eigenen Leib erfahren werden müssen, sondern eine Stellvertreter_innen-Politik als legitim erachtet wird. Mit dieser Auffassung setzt die Ladyfest-Gruppe Düsseldorf Solidarität als politische Handlungsstrategie. Insofern ist sie ein Gegenmodell zu identitätspolitischen Strategien und Ansätzen. Jedoch scheint im Begriff der Solidarität auch eine Abgrenzung von jenen auf, die betroffen sind. Die Sprecher_innenposition des Textes erscheint dadurch innerhalb der Norm situiert, aus der heraus solidarisch mit denen gehandelt werden kann, die aus der Norm herausfallen. Insofern legt diese Haltung der Solidarität eine implizite Trennung der ‚betroffenen' Gruppen von denen, die sprechen, nahe, von einem ‚Wir' im Text und ‚denen', die beschrieben werden.

Zusammenfassend lässt sich festhalten, dass in den unterschiedlichen Definitionen des Begriffs Lady zentrale Konzepte und Begrifflichkeiten der queerfeministischen Debatten um Geschlechterkategorien aufgegriffen werden. Den Texten liegt ein Verständnis von Geschlecht zu Grunde, das *sex* und *gender* als Ergebnis von sozialen Konstruktionsprozessen und beide Dimensionen von Ge-

6 Der Begriff der Heteronormativität wurde mittlerweile auch für die Sozialwissenschaften näher bestimmt, einführend siehe Wagenknecht (2007), zur weiteren Auseinandersetzung siehe die Beiträge im Band Hartmann et al. (2007). „Analytisch-kritisch bezeichnet der Begriff Heteronormativität das Ineinandergreifen von Geschlechternormen und heterosexueller Dominanz, die ein Regime ausbilden, durch das Macht-, Ungleichheits-, Herrschafts- und teilweise auch Gewaltverhältnisse gerechtfertigt und durchgesetzt werden." (Engel 2009: 19)

schlecht als veränderbar begreift. Vorstellungen von Zweigeschlechtlichkeit werden ebenso in Frage gestellt wie der Bezug auf biologische Referenzen problematisiert.

Weitere Kernthemen der Definition von Lady sind widersprüchlich: Zwar gibt es Positionierungen, die *Lady-Sein* auch als Akte der Solidarität bestimmen, es werden aber auch vereindeutigende Positionen formuliert, die nicht nur auf „als weiblich definierte" Menschen rekurrieren, sondern auch auf gemeinsame Unterdrückungs- bzw. Ausschlusserfahrungen aufbauen.

Als ein gemeinsames Ergebnis kann jedoch festgehalten werden, dass die Bedeutung von Lady über eine alltagstheoretische Definition von ‚Frau' hinausgeht. Der Begriff Lady wurde in den obigen Zitaten als offen gegenüber Geschlechterkategorien dargestellt, die jenseits der Geschlechterbinarität Frau-Mann und der heterosexuellen Matrix liegen. Er kann also als ein Zeichen für die Inklusivität der aktivistischen Selbstbezeichnung, eines ‚Wir' verstanden werden. Zusammen betrachtet, scheint Lady einen Kern zu haben (Frauen bzw. weiblich definierte Menschen), dessen Ränder jedoch in unterschiedliche Richtungen ausfransen, ohne klare oder einheitliche Begrenzungen. Diese Unklarheit an den Rändern führt dazu, dass diese selbst im Aktivismus immer wieder zum Gegenstand von Auseinandersetzungen, Klärungen und Konkretisierungen werden.

Die Aktivist_innen bedienen sich in diesem Prozess der Umdeutung und Neu-Definition einer begrifflichen Aneignungspraxis, wie sie bspw. von Judith Butler beschrieben wird. Die Aneignung und Umdeutung von verletzenden Begriffen wie *queer*, das lange als homophobes Schimpfwort galt, oder *Bitch* gilt ihr als politische Strategie, die Sichtbarkeit und Handlungsfähigkeit jener Gruppen verspricht, die sie einst verletzen sollten. Butler argumentiert, dass in der Möglichkeit, Begriffe umzudeuten, ein politisches Potenzial durch die Wiederaneignung und damit Bearbeitung von Verletzungen liege (vgl. Butler 1998: 143ff.). Nun ist ‚Lady' in der Regel kein Schimpfwort, doch steht der Begriff für eine eingeschränkte und bürgerliche Form von Weiblichkeit, die im Kontext der Ladyfest-Aktivist_innen durchaus als kritisch verstanden werden kann. ‚Lady' als eindeutige Bezeichnung einer bestimmten Form von Weiblichkeit wird von den Aktivist_innen aufgelöst und für neue Bedeutungsdimensionen geöffnet. Somit steht die Redefinition von ‚Lady' im Kontext der Sprachpolitik, wie Butler sie in ihrem oben zitierten Werk *Haß spricht* formuliert, auch wenn es sich hier nicht um ‚hate speech' (verletzende Sprache) im engeren Sinne handelt. Vielmehr kann sie als eine Fehlaneignung, einhergehend mit der Resignifikation der Bezeichnung Lady, verstanden werden. Insofern ermächtigen sich die Ladyfest-Aktivist_innen ihrer eigenen, selbst gewählten Bezeichnung und füllen diese mit neuer Bedeutung.[7]

Widersprüche ergeben sich meist in der Umsetzung der formulierten Definitionen und Ansprüche. Daher möchte ich direkt im Anschluss eine Auswertung der Programme exkursartig einfügen, die zusammenträgt, inwiefern die einzelnen Ladyfest-Gruppen aus meinem Sample Zugangsbeschränkungen für Veranstaltungen formuliert haben. Dies ist nicht als ‚Abgleich' zu lesen, aber durchaus als Anzeiger dafür, inwiefern sich die Ansprüche aus den Selbstverständnistexten auch in der konkreten Ausgestaltung der Feste niederschlagen.

8.2 ZUGANGSBESCHRÄNKUNGEN: EXKURS ÜBER LADYFEST-PROGRAMME

Die von mir untersuchten Ladyfest-Gruppen haben für ihre Veranstaltung oder auch nur für bestimmte Teile davon Zugangsbeschränkungen formuliert, also bestimmt, welche ausgewählten Gruppen explizit ausgeladen waren. Die Zugangsbeschränkungen lassen sich als direkte Effekte und somit Praktiken des Ein- und Ausschlusses im Ladyfest-Aktivismus verstehen. Die Programme repräsentieren zudem die konkreten Planungen und Umsetzungen, die sich an den vor Ort vorgefundenen Bedingungen orientieren müssen. Sie ergänzen den Blick auf die Praktiken der Ladyfest-Gruppen.

Insgesamt zeigt sich bei der Untersuchung der Programme ein diverses Feld: Zwei Gruppen haben sich entschieden, ihre Feste zu ‚schließen', das heißt die gesamten Veranstaltungen nur für Frauen (Frauenfest Wels) bzw. nur für „Frauen, Lesben, Mädchen, Transgender, Inter- und Transsexuelle" (Ladyfest Hannover) offen zu machen und somit eine explizite und umfassende Zugangsbeschränkung zu formulieren. Vier von 14 Ladyfesten vermerken nichts bezüglich Zugangsbeschränkungen im Programm. Acht Ladyfeste vermerken jeweils bei den Veranstaltungen, ob und wenn ja, wie sie zugangsbeschränkt sind. Diese Ladyfeste haben prinzipiell ihre Veranstaltungen offen für alle Geschlechter angekündigt, sich aber teilweise vorbehalten, bestimmte Workshops oder Veranstaltungen zu beschränken oder eine Quote für Akteur_innen auf der Bühne durchzusetzen. Das Ladyfest Wien bspw. fordert eine besondere, inhaltliche Be-

7 Diese Frage wird in Kapitel 10 wieder aufgegriffen, wenn ich den Umgang mit dem Begriff Lady in den Interviews herausarbeite.

gründung für den Fall, dass eine Veranstaltung oder ein Workshop zugangsbeschränkt sein soll.[8]

Tabelle 3: Übersicht der Zugangsbeschränkungen zu Veranstaltungen (alle Programme aus dem Sample)

	Musik*	**Kunst***	**Workshops***	**Wissensvermittlung***	**Verhältnis der offenen zu geschlossenen Veranstaltungen / Bezeichnung für Einschränkungen**
Düsseldorf 2006	8	2	7	9	Nicht aus Programm ersichtlich
Berlin 2006	48	12	15	4	16 offen, 13 auf verschiedene Arten beschränkt: ladyz only, FrauenLesben-Trans only, for lesbians and friends, for Trans Dykes Feministinnen, für alle sexuellen Orientierungen
Hannover 2006	8		4	9	Alle nur für Frauen, Mädchen, Lesben, Transgender, Inter- und Transsexuelle
Ruhr 2006	17	4	2	1	Nicht aus Programm ersichtlich
Wels 2007	5	1		1	Alle nur für Frauen
Wien 2007	16	14	17	8	Offen für alle, mit Ausnahme der Sexparty
Berlin 2007	19	13	16	2	23 Offen, 3 für FrauenLesbenTrans only
Leipzig 2007	12	2	8	5	Nicht aus Programm ersichtlich
München 2008	11	6	14	5	2 für Frauen und transgender, 25 offen
Bern 2008	9	6	13	4	19 offen für alle, 5 für Frauen und Transsexuelle oder women only
Mülheim 2008	11	6	9	11	19 offene, 9 geschlossene Veranstaltungen „Für das gesamte Ladyfest gilt: all genders – no mackers“

8 Dies wird aus einem Interview mit einer Organisator_in deutlich und findet sich nicht in den Programmen oder Selbstverständnistexten.

	Musik*	**Kunst***	**Workshops***	**Wissensvermittlung***	**Verhältnis der offenen zu geschlossenen Veranstaltungen / Bezeichnung für Einschränkungen**
Rostock 2008		3	8	4	Nicht aus Programm ersichtlich
Bukarest 2007	*9*	*5*	*4*	*13*	*22 offen, 2 women only*
London 2008	*28*	*10*	*11*	*20*	*38 offen, 1 für Women and polytrans[9] friendly*

* Die Veranstaltungsformate werden wie folgt unterschieden: Musik: Konzerte, Bandauftritte und DJ[ane]s/ Kunst: Performances, Shows, Ausstellungen/ Workshops: Veranstaltungen mit den Schwerpunkt Vermittlung von Fähigkeiten/ Wissensvermittlung: Lesungen, Diskussionsveranstaltungen, auch Workshops mit dem Schwerpunkt Wissensvermittlung

Es finden sich diverse Umgangsweisen mit Zugangsbeschränkungen. Das Ladyfest Berlin 2006 bspw. lässt 16 Veranstaltungen offen (darin sind auch die Partys und Konzerte enthalten), 13 hingegen werden auf unterschiedliche Arten beschränkt: „Ladyz only“, „FrauenLesbenTrans only“, „for lesbians and friends“, „for Trans Dykes Feministinnen“ oder „offen für alle sexuellen Orientierungen“. Darin zeigt sich auch, dass die Zugangsbeschränkungen selbst divergieren und je nach Anlass unterschiedlich benannt werden. Wie abhängig von den jeweiligen Akteur_innen diese partiellen Ausschlusspraktiken sind, zeigt sich bspw. daran, dass 2007 in Berlin nur noch drei von insgesamt 26 Veranstaltungen mit dem Vermerk „FrauenLesbenTrans only“ angekündigt werden (im Gegensatz zum Vorjahr 16:13). Einerseits wurden hier die Bezeichnungen vereinheitlicht, andererseits nur noch sehr wenige Veranstaltungen überhaupt mit einer Zugangsbeschränkung belegt. Somit gleicht sich Berlin an das Verfahren anderer Ladyfeste an, die eine geringe Zahl von Veranstaltungen (etwa 10 bis 20% der Veranstaltungen auf einem Ladyfest) mit Zugangsbeschränkungen ankündigen.

Wie aus der Tabelle ersichtlich, wurde eine Vielzahl von Bezeichnungen für die Zugangsbeschränkungen entwickelt. Meist wird nicht benannt, wer aus-, sondern wer eingeladen ist. Gewählt wird also ein inklusiver Ansatz, der be-

9 Diese Bezeichnung verweist auf die verschiedenen Möglichkeiten, für die trans* stehen kann (f-to-m- oder m-to-f-Transsexuelle, Transgender, etc.)

stimmte Identitätskonzepte sichtbar macht und einschließt. Die Ansprache funktioniert hier sowohl auf der Ebene von geschlechtlicher Identifikation als auch auf der Ebene von sexueller Orientierung. Mit dem teilweise verwendeten Zusatz „and friends" wird zudem auf eine Haltung des Publikums rekurriert, die jenseits von Identitätskonzepten Menschen einlädt, die eine Sympathie für bestimmte Identitätspositionen haben und diese unterstützen. Es geht also nicht darum, nur ‚echte' oder ‚authentische' Frauen, Lesben, Trans*Personen einzuladen.

Die Bezeichnungen dafür, wer im Gegenzug ausgeschlossen bzw. nicht explizit eingeladen ist, sind weniger vielfältig. Ein häufig verwendeter Begriff ist hier „Bio-Männer"[10], der Menschen bezeichnet, die als Mann geboren und sozialisiert wurden und als solche leben (auch: Cis-Männer). Entscheidend für den Begriff ist eine Kohärenz zwischen Körper und geschlechtlicher Identität bzw. ein ungebrochenes Identitätskonzept als Mann, während ein solches bei Frauen kein Ausschlusskriterium darstellt.

Mit Ausnahme der beiden Feste, die für alle Veranstaltungen den Zugang beschränken, beziehen sich die sonstigen Zugangsbeschränkungen meist auf Veranstaltungen, die auf Vermittlung von Wissen oder Fertigkeiten zielen, Selbsterfahrungsanteile enthalten oder sexuelle Praktiken thematisieren. Dies legt nahe, dass die Zugangsbeschränkungen den Zweck erfüllen, geschützte Räume für Austausch, Lernen und Selbsterfahrung zu schaffen.[11] Musik- und Kunstveranstaltungen, wie bspw. Ausstellungen, Konzerte und Partys, sind in diesem Sample für alle Geschlechter offen.

Dieser kurze Blick auf die Programmgestaltung von Ladyfest-Gruppen zeigt, dass die Frage, wer wie wo eingeladen oder explizit ausgeladen wird, für fast alle Ladyfeste ein zentraler Bestandteil ist und sich somit die Debatten um Ein- und Ausschluss auch in der konkreten Programmgestaltung niederschlagen. Zentrale Kategorie ist dabei Geschlecht, wobei hier ähnlich wie in den Selbstverständnistexten nicht von zwei Geschlechtern, sondern von mehreren geschlechtlichen Positionen ausgegangen wird und diese auch benannt werden. Zudem wird mit der Benennung und Einladung von ‚friends' auch die Haltung bzw. Einstellung als Kriterium für Zugangsbeschränkungen aufgegriffen. Es lässt sich auch festhalten, dass der Anspruch auf Inklusivität, der sich in den

10 „Bio-Mann oder auch Bio-Frau sind in […] queeren und Transgender-Szenen gebräuchliche Begriffe für die Bezeichnung von Nicht-Trans*-Menschen" (Schirmer 2010: 92, FN20). Die Verwendung des Begriffs verweist zudem auf die negative Konnotation des Begriffs Biologie, wie es am Begriff ‚Biologismus' gezeigt wurde.

11 Ich gehe auf die Bedeutung von Räumen bzw. auf das Konzept des Schutzraums in Kapitel 9 ausführlicher ein.

Selbstverständnistexten zeigt, bei der Mehrzahl der Veranstaltungen in den Programmplanungen umgesetzt wird.

8.3 REFLEXION ÜBER GESCHLECHT ALS KATEGORIEN UND ALS GESELLSCHAFTLICHES VERHÄLTNIS

Wie sich bereits in der Auseinandersetzung mit dem Lady-Begriff gezeigt hat, sind als Aus- und Einschlusskriterien Geschlechterkategorien zentral. FrauenLesbenTrans*Personen bilden zwar den Kern der ‚Gruppe' Ladys und sind damit eingeschlossen, bleiben aber als Bezugspunkt umstritten. Die Identitätskategorie ‚Frau' jedoch – auch wenn sie als soziale Zuschreibung und als veränderbar verstanden wird – wird in der Regel problematisiert und teilweise werden Kategorien grundsätzlich in Frage gestellt. Folgendes Zitat ist ein prägnantes Beispiel für die Reflexion von Kategorien im Allgemeinen und den normativen Charakter der „Kategorie Frau" im Besonderen:

> „Sich auf die Kategorie ‚Frau' zu beziehen führt notgedrungen zu Ausschlüssen, nicht nur von Männern, sondern auch von Menschen, die sich nicht eindeutig zuordnen können/wollen/lassen." (Ladyfest Leipzig 2007)

Hier werden die ausschließenden Effekte von Kategorien und die ihnen innewohnende Notwendigkeit der Zuordnung und deren Verfehlung problematisiert. Damit wird auf die Logik des Prozesses der Kategorisierung Bezug genommen, in der eine Kategorie einen Exklusivanspruch in dem Sinne besitzt, dass die Bezeichnung die Kategorie inhaltlich festlegt und andere Bedeutungen ausschließt. Als Sozialkategorie, wie bspw. Geschlecht eine ist, ist sie daher aus der Sicht der Aktivist_innen in ihrer Absolutheit und Exklusivität problematisch (vgl. auch Kapitel 4).

Expandierende Identitätskategorien

Es kann als Gegenstrategie zu diesem ‚Kategoriendilemma' verstanden werden, wenn einige Ladyfeste sich nicht auf einen Begriff festlegen, sondern vielfältige Begriffe für Selbstbezeichnungen vorschlagen, sozusagen expandieren: „Frauen, Mädchen, Lesben, Transgender, Inter- und Transsexuelle" (bspw. Ladyfest Hannover 2007), „all genders" (Ladyfest Düsseldorf 2006) oder „dyke de luxe, femme king, fuck your lables, sissy butch, lesbo boy, trans queer queen" (Ladyfest Wien 2007, Definitionen alt und neu). Auf einem Plakat eines vorangegangenen Ladyfests in Wien werden weitere Angebote für Identitäts- bzw. Selbstbezeichnungen aufgezählt, die eingeladen werden. Sie bieten Alternativen für Repräsentationen jenseits von nur zwei Geschlechterkategorien an:

„ladyzzz, transgenderzzz, lesbians, sistas, homies, dykes, faulenzerInnen, lazy ladyz, müßiggängerinnen, queers, bitches, _______, (un)moegliche identitaeten, drags, cyborgs, cisgenderzzz, maschinen, migrantInnen, arbeiterInnen, utopistInnen, träumerInnen, arbeitslose, ?Innen, butches, queerulantInnen, trans…, proletInnen, grrrls… ." (Ladyfest Wien 2007, Definitionen alt und neu)

Hier wird versucht, die vorhandenen Möglichkeiten der Sprache auszuschöpfen und zu erweitern, indem bspw. neue Bezeichnungen erfunden und etabliert oder Leerstellen markiert werden. Nicht nur geschlechtliche Kategorien werden hier in Anschlag gebracht, sondern ein Spektrum von situativen Positionierungen (‚träumerInnen') oder identifizierenden Referenzen jenseits von Geschlecht (‚maschinen', ‚proletInnen') aufgemacht. In diesem Beispiel zeigt sich die Intensität und Kreativität, mit der an vielfältigen Identitätskategorien und deren Repräsentation gearbeitet wird. Die verwendeten Identitätskategorien sind hier nicht kohärent, sondern werden fragmentiert, situativ, vielfältig präsentiert.

Dennoch zeigt sich auch hier die Begrenzung, denn jede Benennung schließt selbst aus oder ein; und jede Aufzählung ist endlich und begrenzt. Die Bezeichnungen beschreiben eine Person notwendig nie voll und ganz. Menschen ‚fallen' aus Kategorien heraus, wie divers oder expandiert diese auch sein mögen. Als Kriterium für Ein- und Ausschlüsse, für Zugangsbeschränkungen und Einladungspolitiken werden insbesondere Geschlechterkategorien jedoch in den Selbstverständnistexten immer wieder herangezogen. Die reflexive Verhandlung der Problematik von Kategorien kann aus einer anderen Perspektive als eine praktische Kritik an Identitätskategorien und deren Unzulänglichkeit verstanden werden, denn durch die expandierenden Bezeichnungen wird implizit auch auf deren Begrenzungen hingewiesen.

Geschlechterkategorien in Geschlechterverhältnissen

In Bezug auf Geschlechterkategorien zeigt sich eine Ambivalenz der Aktivist_innen darin, zum einen normative Zweigeschlechtlichkeit abzulehnen und zum anderen Ungleichheiten in diesem zweigeschlechtlichen System aktiv entgegen wirken zu wollen. Das Ladyfest Düsseldorf bspw. sieht das eigene Handeln in einem Spannungsfeld zwischen Geschlechterkonstruktion und Geschlechterungleichheit:

„Dass wir damit einen Spagat vollziehen, ist uns durchaus bewußt: Warum Selbstverteidigungskurse für Frauen anbieten, wenn Geschlecht nur ein Konstrukt ist, warum ein ‚Ladyfest', wenn man sich gar nicht mit einer konstruierten weiblichen Identität identifizieren will? [...] Kurz: Weil es derzeit noch nicht möglich ist, jenseits gesellschaftlicher Geschlechterzuschreibung zu denken, sondern die permanente Auseinandersetzung darum erst die Möglichkeit schaffen muss, Menschen jenseits des ihnen zugeschriebenen Geschlechts wahrzunehmen. Solange ‚Frauen' als ‚Frauen' patriarchaler Gewalt, Misshandlungen und Vergewaltigungen ausgesetzt sind, ist es notwendig, zurückzuschlagen." (Ladyfest Düsseldorf 2006)

Die Formulierung ‚Spagat' weist darauf hin, dass zwei als entgegengesetzt wahrgenommene Positionen verbunden oder überbrückt werden sollen. Zum einen wird sich auf Erfahrungen struktureller Ungleichheiten aufgrund von Geschlecht und eines sexistischen Geschlechterverhältnisses sowie das Wissen um Gewaltverhältnisse bezogen. Zum anderen geht es um die Auffassung von Geschlecht als „Konstrukt" sowie die Weigerung, sich mit der „konstruierten weiblichen Identität" zu identifizieren. Die beiden Sichtweisen scheinen sich in der Darstellung des Ladyfests Düsseldorf zu widersprechen. Als Grund für den weiteren Bezug auf ‚Frauen' bzw. geschlechtliche Ungleichheit wird darauf verwiesen, dass Zweigeschlechtlichkeit das heutige Denken und Handeln (noch) prägt. Der Verweis auf die äußeren Umstände konstruiert eine Sachzwang-Logik, der sich die Gruppe scheinbar unterwerfen muss. Bedeutsam erscheint mir, dass die Gruppe ihre Praxis, die sich auf ‚Frauen' bezieht (bspw. Frauen-Selbstverteidigungskurse), in der Form einer Rechtfertigung und sprachlich defensiv vollzieht („Solange..."/„zurückschlagen"). Gleichzeitig wird auf eine ‚Utopie' Bezug genommen, in der diese Praxis nicht mehr notwendig sei, weil eine Sensibilisierung stattgefunden hat. In der Diskussion des Ladyfests Düsseldorf zeigt sich, dass mit der Perspektive der Geschlechterkonstruktion der Bezug auf herrschende Geschlechterverhältnisse erschwert oder zumindest rechtfertigungswürdig zu sein scheint.

In ähnlicher Art und Weise werden auch in anderen Texten herrschende Geschlechterverhältnisse auf der einen Seite und die Perspektive auf Konstruktionen von Geschlecht auf der anderen Seite in ein konkurrierendes Verhältnis gesetzt.

„Dass wir über die Exklusivität für Ladiez Ausschlüsse reproduzieren ist ein Problem, das wir bewusst in Kauf nehmen, um vor lauter Vielfalt nicht bestehende Machtstrukturen aus dem Blick zu verlieren." (Ladyfest Hannover 2006)

Hierbei wird vorausgesetzt, dass die bestehenden Machtstrukturen sich immer auf ein eindeutiges zweigeschlechtliches System beziehen. Ein unvereinbarer Gegensatz ‚geschlechtliche Vielfalt vs. bestehende Machstrukturen' liegt dieser Aussage zu Grunde. Nun zeigt sich innertextlich ein Widerspruch, denn geschlechtliche Vielfalt wird vom Ladyfest Hannover bereits in der Formulierung „Frauen, Mädchen, Lesben, Transgender, Inter- und Transsexuelle" repräsentiert, und dies obwohl die Gruppe „Exklusivität bewusst in Kauf nimmt". Hier zeigt sich, dass die Gruppe die Repräsentation von geschlechtlicher Vielfalt als in einem Widerspruch zur Kritik von gesellschaftlichen Herrschaftsverhältnissen stehend versteht, die auch nicht mit Blick auf die eigene Praxis aufgelöst wird, die bereits darüber hinausgeht.

Es mag daher nun nicht mehr überraschend sein, dass in den Selbstverständnistexten häufig von ‚Frauen' und ‚Männern' die Rede ist, obwohl die Texte von einer Informiertheit über aktuelle Theorien von Geschlechterkonstruktionen zeugen. Selbst wenn von ‚männlich oder weiblich definierten Menschen' die Rede ist, wird auf gesellschaftlich hegemoniale Geschlechterrollen und -zuschreibungen Bezug genommen und auf die bestehende gesellschaftliche Ungleichheit zwischen den Geschlechtern hingewiesen. So kommt bspw. das Ladyfest Leipzig nach aufwändiger Argumentation[12] zu dem Schluss:

> „Um innerhalb (dieser) der bestehenden Verhältnisse politisch agieren zu können, ist es in bestimmten Zusammenhängen notwendig, auf die konstruierten Identitäten zurückzugreifen, um sich zu organisieren und somit einen Ausgangspunkt für emanzipatorische Politik zu finden." (Ladyfest Leipzig 2007).

Fluchtpunkte der Argumentation sind die Organisierung und „emanzipatorische Politik", also Handeln, das auf Befreiung und Selbstbestimmung ausgerichtet ist. Es wird argumentiert, dass für diese Ziele ein ‚Rückgriff' auf die „konstruierten Identitäten" notwendig sei, um überhaupt handlungsfähig sein zu können. Die Verwendung des Wortes Rückgriff legt das Zurückgreifen auf vermeintlich Altes nahe, das eigentlich überwunden war. Der als notwendig dargestellte Bezug auf Identitätskonzepte wird gleichzeitig als schwierig diskutiert, da die Gruppe sich somit an der Reproduktion von Zweigeschlechtlichkeit beteilige. Insofern wird auch der strategische Rückgriff ausführlich reflektiert. Die Aktivist_innen entscheiden sich für eine abwägende, reflektierende Haltung:

12 Vgl. ausführlich den Text *Was wir wollen* vom Ladyfest Leipzig 2007 im Anhang.

„Queer-feministische Politik sollte hier ein Gleichgewicht bewahren zwischen der ungewollten Reproduktion von Geschlecht, die immer auch mit Hierarchisierung einhergeht, und der Orientierung an Identitäten, die immer kategorisierend und somit normalisierend sind." (Ladyfest Leipzig 2007)

So entscheidet sich die Gruppe hier für eine problematisierende Haltung gegenüber geschlechtlichen Identitätskategorien. Im selben Text heißt es weiter, sich „auf die Kategorie ‚Frau' zu beziehen führt notgedrungen zu Ausschlüssen" (ebd.). Die „Orientierung an Identitäten" erscheint daher hier als ‚Notlösung', als eine Handlungsmöglichkeit, die zwar legitim, aber immer mit unerwünschten Begleiterscheinungen verbunden ist. Daher zeigt sich im Selbstverständnistext vom Ladyfest Leipzig eine Priorisierung von Handlungsfähigkeit (im Sinne einer Politik der Selbstbestimmung und Befreiung, s.o.), gegenüber der die Kritik an Zweigeschlechtlichkeit und Heteronormativität zurückgestellt wird.

Zusammenfassend lässt sich sagen, dass die scheinbare Unvereinbarkeit der Perspektiven auf Geschlechterkonstruktion und Geschlechterungleichheit von den Gruppen unterschiedlich gewichtet und hergeleitet wird. In allen Beispielen zeigt sich jedoch die Einschätzung, dass sich diese beiden Perspektiven widersprechen und es wird nach Umgangsweisen mit diesem Widerspruch gesucht. Dies deutet darauf hin, dass die Gruppen einen scheinbar unauflösbaren Gegensatz in ihrer Praxis erfahren und diskutieren, ihn letztlich stets reflexiv bearbeiten. Dies zeigt sich auch insbesondere daran, dass eines der Hauptkriterien für Ein- und Ausschluss (vielfältige) geschlechtliche Kategorien sind. Als Handlungsstrategie zeigen sich hier expandierende Identitätsbezeichnungen und der Abgleich mit gesellschaftlichen Herrschaftsverhältnissen. Die Reflexion des Umgangs mit Identitätskategorien ist daher eine Strategie im Umgang mit diesen Widersprüchen. Ein entscheidender Horizont der Gruppen ist Handlungsfähigkeit bzw. die Rechtfertigung ihrer Praxis, was sich insbesondere in den meist defensiven Formulierungen zeigt.

Mit der Einschätzung der Unvereinbarkeit wiederholen die Gruppen eine Argumentation, die aus der Auseinandersetzung um Judith Butlers *Gender Trouble* bekannt ist. Im theoretischen Kontext war hierfür die Aufsatzsammlung *Streit um Differenz* (Benhabib et al. 1993) maßgeblich. Die Debatte entzündete sich insbesondere an der Frage des Subjekts und seiner Handlungsfähigkeit.[13] Butler wurde vorgeworfen, sie könne ein handlungsfähiges Subjekt nicht mehr denken und negiere damit die Möglichkeit von emanzipatorischer Politik (vgl. Benhabib

13 Die Frage der Handlungsfähigkeit bei Butler und die Diskussion um den *Streit um Differenz* habe ich an anderer Stelle bereits ausführlich diskutiert (vgl. Ommert 2004).

1993). Butler ging es jedoch um Entstehungsbedingungen von Handlungsfähigkeit und darum, diese als eine „kontingente und zerbrechliche Möglichkeit“ (vgl. Butler 1993a: 128) zu denken. Diese Reflexion bedeutet für das Verständnis von Handlungsfähigkeit, sie als immer bereits in die gesellschaftlichen Verhältnisse eingebettet zu verstehen, Butler zufolge also deren performativen Charakter zu erkennen (vgl. Kapitel 4.4). In den Selbstverständnistexten wird die Argumentationsfigur dieser Unvereinbarkeit aufgenommen, indem die Entgegensetzung von feministischer Politik (Perspektive auf Geschlechterungleichheit) und einer Perspektive auf Geschlechterkonstruktionen als zentraler Topos für das aktivistische Handeln thematisiert wird. Politische Handlungsfähigkeit der Gruppen wird von den Aktivist_innen selbst nur dann als möglich wahrgenommen, wenn sie dabei gleichzeitig normative Geschlechterverhältnisse reproduzieren. Damit folgen sie einer Position der Unvereinbarkeit. Die Potenziale von Subversion und Parodie bleiben dabei weitgehend unthematisiert, obwohl sich bereits in der Diskussion der Definitionen des Begriffs Lady gezeigt hat, dass auf Strategien der Umdeutung und Begriffsaneignungen zurückgegriffen wird. Somit lässt sich festhalten, dass ein wesentlicher Teil der Handlungsstrategien der Ladyfest-Gruppen in der Reflexion der Widersprüche von geschlechtlichen Identitätskategorien liegt.

8.4 FORMULIERUNG UND KONTURIERUNG EINES WIR

Zu diesen kritischen Haltungen gegenüber Kategorien steht in Kontrast, dass die Ladyfest-Aktivist_innen in den Selbstverständnistexten ein ‚Wir‘ formulieren und Gruppenbildungsprozesse repräsentieren. In den Selbstverständnistexten formulieren die Ladyfest-Gruppen eine Position, die sich als gemeinsamer Konsens durchgesetzt hat. Dies ist ein Prozess, der notwendig Ein- und Ausschlüsse produziert und somit zum Anspruch, möglichst inklusiv zu sein, im Widerspruch steht. Der Aspekt der Suche nach Gemeinsamkeiten zeigte sich ebenfalls in den Definitionen des Begriffs Lady.

Neun von 14 Selbstverständnistexten formulieren ihre Positionen in der ersten Person Plural und verweisen somit auch auf sprachlicher Ebene auf die Bedeutung der Formulierung von Kollektivität und eines Konsenses. Durch die Formulierung ‚Wir‘ werden Zugehörigkeiten markiert, Grenzziehungen der Gruppe vollzogen sowie persönliche Sprecher_innenperspektiven eingenommen.

Angesprochen werden mit dem ‚Wir‘ diejenigen, die sich außerhalb des bestimmten ‚Wir‘ befinden. Deutlich seltener wird eine direkte Ansprache in der zweiten Person Singular verwendet: „Komm auch du, genieße und gestalte dein

Ladyfest" (Ladyfest Rostock 2008). Jedoch wird auch hier die Grenze zwischen dem ,Du' und dem ,Wir' vorausgesetzt. Zumindest wird hier aber sprachlich das Angebot formuliert, das ,Wir' zu öffnen und durchlässig zu machen.

Die Funktionen des ,Wir' im Text sind verschieden. Erstens wird es genutzt, um Ansprüche und Absichtserklärungen zu formulieren: ,wir wollen', ,wir wünschen uns', ,wir haben uns entschieden' usw. Hier werden Positionen bestimmt. Zweitens wird es – allerdings weniger häufig – genutzt, um die Gruppe selbst zu beschreiben, wie sie sich selbst sieht und welche Spektren vorkommen: „Dabei bleiben wir laut, selbstbewusst, rotzig, frech, flink, schüchtern oder was auch immer wir sind, auf jeden Fall aber uns selbst" (Ladyfest Bern, 2008). Hier scheint auch bereits die dritte Funktion auf, nämlich dass das ,Wir' selbstreflexiv eingesetzt wird. Das heißt, es wird verwendet und gleichzeitig in Frage gestellt: „[W]er sind ,wir', was ist ,queer', wer ist ,von hier' und wer ist alles nicht mitgemeint" (Ladyfest Wien 2007, Ladyfest goes Gruppenprozess).[14]

Auch die Diskussion des Begriffs Lady trägt dazu bei, diese Selbstbeschreibung zu bestimmen; somit zeigen sich hier ähnliche Aspekte wie in Kapitel 8.1. Ausgelotet wird die ,Konturierung' der Gruppen durch Fragen nach gemeinsamen Erfahrungen, durch Fragen nach der Relevanz von geschlechtlichen Zuschreibungen und Identitätskategorien, durch die Konkretisierung der Ziele und der Ansprüche an das ,gemeinsame Projekt Ladyfest'. Obwohl diese Fragen nach Gemeinsamkeiten eine zentrale Rolle spielen, handelt es sich in den Selbstverständnistexten meist um ein vielstimmiges, uneindeutiges und widersprüchliches ,Wir'. Daran lässt sich zeigen, dass einerseits der Aushandlungsprozess von gemeinsam formulierten Positionen notwendig erscheint, die es zulassen ,Wir' zu sagen, dies andererseits jedoch nur im Zuge der eingehenden Reflexion der damit produzierten Ein- und Ausschlüsse passiert.

Mit dieser Formulierung einer gemeinsamen Position ermächtigen sich die Gruppen ihrer Selbstbeschreibung und bestimmen selbstreflexiv über ihre Außendarstellung. Sie leisten damit ,Verortungsarbeit', ein Begriff, den Gabriele Winker und Nina Degele (2009: 27) in einem anderen Kontext von Identitätsarbeit aufgreifen, der hier aber treffend erscheint. In der Verortungsarbeit geht es darum, Zugehörigkeit in Zeiten von Verunsicherungen und Prekarität zu schaffen. Insofern lässt sich die Formulierung des ,Wir' in den Selbstverständnistexten als Verortungsarbeit verstehen, die Zugehörigkeit gerade deswegen herstellt, weil sie prekär geworden ist. Damit erscheint diese kollektive Verortungsarbeit als eine Strategie, die den reflexiven Umgang mit Kategorien, wie sie im vorherigen Unterkapitel beschrieben wurden, stützt.

14 Ich gehe auf diese Passage ausführlicher in Unterkapitel 8.7 ein.

8.5 DOING LADYSPACES

Ergänzend zur Auseinandersetzung mit Kategorien werden in den Selbstverständnistexten auch Verhaltensweisen als Kriterien für Ein- und Ausschlüsse verhandelt. Mit „raum- statt identitätsregeln" bringt das Ladyfest Wien diesen Anspruch auf eine kurze Formel (vgl. Ladyfest Wien 2007, Ladyfest goes Gruppenprozess). Diese zeigen sich als Ver- und Gebote bezüglich des Verhaltens in konkreten Situationen und der Haltungen von Besucher_innen (insbesondere zu queer-feministischen Fragen).

Konkretisiert wird dies bspw. vom Ladyfest Hannover durch die Benennung von unerwünschten Verhaltensweisen und Kommunikationsregeln. Um die Reproduktion von Machtverhältnissen zu vermeiden, werden die Teilnehmer_innen aufgefordert, „weder laute noch leise Formen dominanten Redeverhaltens zum Ausbau der eigenen Machtposition zu benutzen" (Ladyfest Hannover 2006).[15] Diese Praktiken werden in der Darstellung als geschlechtsneutral beschrieben und es scheint keine Rolle zu spielen, wer diese Regeln verletzt.

Vielfach bleibt das unerwünschte Verhalten unkonkret. Das Ladyfest Leipzig will kein „Mackergehabe" (Ladyfest Leipzig 2007)[16] auf seinen Veranstaltungen, das Ladyfest Rostock keinen „Malestream und Sexismus" (Ladyfest Ros-

---

15 „Zu den lauten Praktiken gehören für uns solche Handlungen, die Menschen angreifen oder in ihren Freiräumen einschränken, wie zum Beispiel das Unterbrechen oder Disqualifizieren von Redebeiträgen durch Kommentare, Grinsen, Augenverdrehen, das explizite Beleidigen oder Herabsetzen anderer. Ironie und aggressiver Ton sind Mittel unliebsame Stimmen zum Schweigen zu bringen und Räume für diejenigen zu schließen, die nicht die Souveränität besitzen, dem selbstbewusst entgegen zu treten. Unter ‚leisen Praktiken' verstehen wir solche, die andere nicht direkt angreifen und einschränken, aber der eigenen Selbstdarstellung dienen. Dazu gehören vor allem dozierender Tonfall und ausufernde Länge von Rede- oder Fragebeiträgen. Checkerinnentum und rationalistische Wissenschaftlichkeit bilden Mittel, mit denen die eigene Meinung zur objektiv allgemeingültigen konstruiert und vor Kritik und Nachfragen geschützt wird. Ebenso sind Belehrungen anderer ein beliebtes Mittel der Selbstinszenierung. Hierzu zählt zum einen der Drang, andere beständig zu ergänzen, und zwar nicht mit Informationen oder Tipps, sondern mit ausschweifenden selbstreferentiellen Monologen. Zugleich rechnen wir dazu die Unfähigkeit selbst Kommentare oder Tipps anzunehmen und diese stattdessen mit der Geste des ‚ja das habe ich auch schon gewusst' abzutun." (Ladyfest Hannover 2006)

16 Zur Diskussion des Begriffs Macker siehe Kapitel 9.5, insbesondere Fußnote 164.

tock 2008). Eine Ausnahme ist hier das Ladyfest Wien, das eine konkrete Situation beschreibt, die sich auf dem Ladyfest nicht wiederholen soll:

> „super Stimmung – super Musik ;) – so gegen 3 Uhr früh wird's dann aber mühsam. Weil die Stimmung kippt. In eine Richtung, die sich beschreiben lässt als: besoffene-Typen-rüpeln-was-das-Zeug-hält. Das geht von verbalen Übergriffen über ungustiöse Anbratereien bis hin zu Handgreiflichkeiten." (Ladyfest Wien 2007, Interventionen – Räume verändern!)

Hier wird ein Verhalten beschrieben, das meist von Männern („Typen") in einer bestimmten Phase einer Veranstaltung („3 Uhr früh") gezeigt wird. Kennzeichnend für dieses Verhalten sind übermäßiger Alkoholkonsum sowie verbale, körperliche und sexualisierte An- und Übergriffe. Insofern lässt sich das nicht gewünschte Verhalten als Kontrollverlust und Übergriffigkeit zusammenfassen. Bedeutsam ist auch, dass nicht nur das Verhalten einzelner oder ein ‚Vorfall' beschrieben wird, sondern ein ‚Kippen' der Stimmung, was über einzelne konkrete Situationen hinausgeht. In diesem Beispiel erscheint das übergriffige Verhalten zunächst männlichen Personen (‚Typen') zugeordnet zu werden. Indem das unerwünschte Verhalten jedoch explizit benannt wird, ist es möglich, Momente von Ausgrenzung am Verhalten festzumachen. Ob es nun ein ‚Mann' oder eine ‚Frau' ist, die sich übergriffig verhält, bleibt hier für den konkreten Ausschluss vorerst unwichtig.

Die Verhandlung von Ein- und Ausschlüssen anhand von Verhaltensweisen legt den Bezug zum Begriff des *Doing* (bzw. *Doing Gender*) nahe. Er beschreibt, dass Geschlecht (im Sinne Butlers sowohl *sex* als auch *gender*) etwas ist, das von uns in jeder Interaktion erst hervorgebracht werden muss und wurde von Candace West und Don Zimmermann (1987) entwickelt.[17] Candace West und Sarah Fenstermaker gehen mit dem später daraus entwickelten Begriff des ‚doing difference' darauf ein, dass nicht nur Geschlechterungleichheiten in der Interaktion permanent hervorgebracht werden, sondern verweisen damit auf die gleichzeitige Hervorbringung auch anderer Ungleichheitskategorien wie Klasse

17 Siehe auch Gildemeister (2008); Gildemeister/Wetterer (1992). Das Konzept des ‚doing' wurde in den folgenden Jahren auch auf andere Untersuchungsgegenstände angewandt, wie bspw. das ‚doing culture', also ein Verständnis von Kultur als Praxis, die nur in der Interaktion der Menschen und im ‚Tun' hervorgebracht wird (vgl. bspw. Hörning/Reuter 2004).

oder Ethnie (vgl. Fenstermaker/West 2001: 237).[18] Mit dem Begriff ‚doing' lässt sich die Veranstaltung eines Ladyfestes als ein Konstruktionsprozess beschreiben, in dem das jeweilige, konkrete Tun den Raum bzw. das Ladyfest in jeder Interaktion herstellen muss. In diesem Sinne stellen die explizit formulierten Ver- und Gebote eine Explizierung dieses ‚doing Ladyfest' dar.

Darüber hinaus signalisieren die Selbstverständnistexte damit den Anspruch, eine Atmosphäre zu schaffen, die bestimmte Menschen anspricht und willkommen heißt und bestimmten Menschen signalisiert, dass sie sich anders verhalten müssen ‚als sonst'. Das aktive Herstellen einer solchen Atmosphäre lässt sich mit dem Verständnis von Räumen als soziale Konstitutionsprozesse fassen (vgl. Kapitel 4.3, zum Aspekt der Atmosphäre Kapitel 9.5). Über die Produktion von *Ladyspaces* haben Eva Trimmel und Bettina Mooshammer geforscht und dabei an die theoretischen Konzepte von Henri Lefèbvre angeknüpft (vgl. Trimmel/Mooshammer 2007). Sie greifen den Begriff des Gegenraumes von Lefèbvre auf, um Ladyfeste als Räume des Widerspruchs zu beschreiben und deren widerständiges Potenzial deutlich zu machen. Auch in ihrer Analyse zeigt sich, dass die Ver- und Gebote bezüglich des Verhaltens in diesem Prozess eine herausgehobene Rolle spielen (vgl. Mooshammer/Trimmel 2007b). Damit findet ein Prozess der Raumkonstitution statt, der auf eine aktive Gestaltung des Raumes und der Atmosphäre durch Verhaltensregulation fokussiert und der in Anlehnung an Mooshammer und Trimmel als ‚doing Ladyspaces' bezeichnet werden kann (vgl. auch Kapitel 9.5). Mit der Thematisierung dieser Ver- und Gebote bezüglich des Verhaltens in den Selbstverständnistexten positionieren sich die Ladyfest-Gruppen zu einer expliziten und bewussten Gestaltung von Raumkonstitutionsprozessen, da auch diese Ein- und Ausschlüsse zur Folge haben.

8.6 REPRÄSENTATIONEN VON ‚LADYS'

Zu diesem ‚Doing Ladyspaces' gehört es auch, Räume für Repräsentationen zu schaffen und damit die Repräsentationen von *Ladys*, ihrer künstlerischen Arbeiten und ihres Wissens zu ermöglichen.

18 West und Fenstermaker betonen, dass sie damit nicht die verschiedenen Unterdrückungsmechanismen gleichsetzen möchten, sondern ihren Fokus auf die Konstruktionsprozesse richten (vgl. Fenstermaker/West 2001: 239f.).

Räume für geschlechtliche Vielfalt

Entsprechend der vorherrschenden Geschlechterkonzepte im Ladyfest-Aktivismus werden an diese Räume Ansprüche formuliert, geschlechtliche Vielfalt und marginalisierte Subjektpositionen sichtbar zu machen. So wünscht sich bspw. das Ladyfest Wien Räume, in denen „Diversität" möglich ist, in denen „nicht konforme identitäten in der überzahl sind, in de[nen] deviante subjekte im vordergrund stehen, in de[nen] abnorme gestalten tanzen" (Ladyfest Wien 2007, Definitionen alt und neu). Das Ladyfest wird hier zu einem Raum für ‚Gegenrepräsentationen', in dem ‚Devianz' und ‚Abnormalität' erwünscht sind. In ähnlicher Weise fordert das Ladyfest Rostock dazu auf, diese Vielfalt nicht nur zu zeigen, sondern auch zu feiern: „Um Ladylike Vielfalt zu konkretisieren, diskutieren, artikulieren, enttabuisieren, profilieren und natürlich zu zelebrieren" (Ladyfest Rostock 2008). Sichtbarmachung wird hier auf einer Ebene mit Enttabuisierung verhandelt, das heißt, das Zeigen erscheint auch im Kontext von Veränderung der Verhältnisse. Um diese Veränderung zu erreichen, sind die Repräsentationen von Vielfalt häufig gezielt nach außen gerichtet.

> „we want a unique, original, diverse and fun festival that will present to the public some of the most innovative female artists from the underground, will offer an alternative perception of women from that found in mainstream culture, and will turn conventional ideas about gender on their head." (Ladyfest Bukarest 2007)

Das Ladyfest Bukarest hat die Vision, ‚konventionelle Vorstellungen über Geschlecht' durch die Sichtbarmachung und Rezeption von Künstler_innen im Ladyfest-Aktivismus zu verändern. Die Künstler_innen und ihre Arbeiten besitzen in dieser Sichtweise das Potenzial, Geschlechterrollen zu hinterfragen und alternative Interpretationsmöglichkeiten anzubieten.

Arbeiten von Ladys repräsentieren

Der von einigen Ladyfest-Gruppen formulierte Anspruch, eine Bühne für *Ladys* zu schaffen, bezieht sich argumentativ teilweise auf herrschende Geschlechterungleichheiten. Dem Ladyfest München 2008 geht es bspw. darum, „die Arbeit von Ladies zu präsentieren, ihr einen Raum zu geben" (Ladyfest München 2008), weil eine tatsächlich gleichberechtigte Teilhabe von weiblichen Künstler_innen in der Musik- und Kulturszene derzeit (noch) nicht gegeben sei. Der Horizont der Argumentation der Aktivist_innen ist hier eine nicht näher beschriebene Öffentlichkeit, die Arbeiten von als weiblich gekennzeichneten oder aus der Geschlechterdichotomie herausfallenden Künstler_innen nicht wahrnimmt. Damit kontextualisieren sie ihre Praxis als Gegenstrategie zu einem als mangelhaft wahrgenommenem Zugang zu öffentlicher Wahrnehmung. Während sich das Ladyfest München auf Repräsentationen nach ‚außen' bezieht, ist für das Ladyfest Berlin 2007 hingegen wichtig, dass sich die Arbeiten aus der ‚community' für die ‚community' präsentieren:

„Ladyfest [...] helps to showcase the skills and talents of a diverse group of groundbreaking feminist people working in the arts, community building and activism. It is a PARTICIPATORY festival, a community festival." (Ladyfest Berlin 2007, Hervorhebung im Original)

Somit zeigt sich hier eine nach ‚innen' gerichtete Repräsentation, in der es nicht nur um künstlerische Arbeiten, sondern auch um Aktivismus, „community building" und die Zugehörigkeit der queer-feministischen Aktivist_innen geht. Die Betonung liegt hier, anders als in dem Text aus München, auf den Inhalten der Arbeiten, da eine bestimmte Haltung („DIY", „feminist") benannt und eingefordert wird. Der Ladyfest-Aktivismus hat in dieser Sichtweise die Aufgabe, eine Plattform für Selbstrepräsentation zur Verfügung zu stellen. Diese Selbstrepräsentation, die auch von anderen Gruppen aufgegriffen wird, hat unter anderem die Funktion des Ermutigens und des Empowerns. Bspw. thematisiert das Ladyfest Rostock das gegenseitige Wahrnehmen und Anerkennen: „Um zu elektrisieren, faszinieren und den Ladies zu applaudieren" (Ladyfest Rostock 2008). Die Aktivist_innen verstehen die Möglichkeiten der Repräsentation zudem als langfristige Strategie, die herrschende Geschlechterverhältnisse auf und hinter der Bühne verändern soll:

„Indem Frauen/Trans die Organisation des Festes übernehmen sowie ausschließlich weibliche Künstlerinnen auf der Bühne, hinter den Mischpults und an den Technix stehen, wird hier die Chance gegeben, sich in Bereichen zu erproben, die sonst meist von Männern besetzt werden, sowie die eigene Arbeit zu präsentieren. Dabei sollte nach dem Ladyfest nicht vor dem Ladyfest sein: ideal wärs wenn dadurch mehr Vertrauen in das eigene Können entsteht und auch zukünftig mehr Frauen an Orga und Technix teilnehmen." (Ladyfest Leipzig 2008)

Repräsentation wird hier somit als Sichtbarwerden konzipiert, das aber auch eine dauerhafte Veränderung von Darstellungsweisen und Teilhabe im Kunst- und Musikbereich herbeiführen könnte. Die Repräsentationen entfalten in dieser Sichtweise konkrete Wirkungen.

Es hat sich gezeigt, dass der hier formulierte Anspruch an Repräsentationen für die Gruppen verschiedene Funktionen erfüllt: Die Sichtbarkeit von geschlechtlicher Vielfalt soll zur Enttabuisierung und Aufklärung beitragen. Damit verstehen die Gruppen ihre Räume als einen Beitrag zur Veränderung der herrschenden Geschlechterverhältnisse. Die Repräsentation der Arbeiten von queerfeministischen Aktivist_innen und Künstler_innen hat die Funktion, ein reziprokes Wahrnehmen und Anerkennen, eine Vernetzung, zu ermöglichen. Darüber hinaus soll diese Sichtbarmachung die Aktivist_innen dazu anregen, sich (auch, aber nicht nur) in männlich dominierten Bereichen zu profilieren, sich Wissen und Fähigkeiten anzueignen. Die Repräsentation besitzt also die Funktion eines langfristig angelegten Empowerments.

Der von mir hier verwendete Begriff der Repräsentation umschließt die Bedeutung des Abbildens bzw. Darstellens und vor allem die der Herstellung von Sicht- und Lesbarkeit. Der Prozess der Sichtbarmachung, wie er im Material als Anspruch beschrieben wird, verweist auf den produktiven Charakter des Begriffs, wie er bspw. von Antke Engel als *Politik der Repräsentation* formuliert wird. Darin ist der Prozess der Repräsentation beteiligt an der Produktion von Bedeutung und somit der Konstruktion von Wirklichkeit. Repräsentationsprozesse sind nach Engel nicht abschließbar und müssen als Interventionen in die Produktion von Bedeutung verstanden werden (vgl. Engel 2002: 127ff.). Gesellschaftspolitisch liege „ein Akt politischer Intervention darin, öffentlich zu agieren, sich sozialen Raum anzueignen und dessen Nutzung zu definieren, statt zugestandene Nischen zu schmücken“ (ebd.: 136). In diesem Sinne lassen sich die in den Selbstverständnistexten beschriebenen Anliegen der Herstellung von Sichtbarkeit von geschlechtlicher Vielfalt und einer langfristigen Veränderungen von Geschlechterverhältnissen als Strategien der Repräsentation verstehen. Die Ladyfest-Gruppen formulieren ihre Ziele der Veränderungen als einen produktiven Repräsentationsprozess, der einerseits Dinge/Menschen sichtbar macht, sie dadurch jedoch auch mit ihren Bedeutungen in einer bestimmten Art und Weise hervorbringt und verändern kann.

8.7 SICHTBARKEIT VON DIFFERENZEN UND DISSENS

Als eine performative Strategie wird die Sichtbarkeit von Differenzen zudem durch Thematisierungen in den Selbstverständnistexten selbst hergestellt. Diese Strategie wird nur von einzelnen Gruppen angewendet, vielleicht auch weil sie ein hohes Maß an Selbstreflexivität verlangt. Dennoch halte ich sie für zentral, weswegen ich sie anhand der Texte einer Gruppe darstelle.

In einem Text des Ladyfests Wien 2007, in dem der Gruppenprozess dokumentiert und reflektiert wird, treten die Auseinandersetzungen der Gruppe um die (kollektive) Identitäten, Aushandlungsprozesse und Lebensweisen zu Tage. Dieser Text formuliert ein Unbehagen, das interne Auseinandersetzungen um Identitätszuschreibungen und Reproduktionen von Hierarchien innerhalb der Gruppe thematisiert:

„gemeinsames, spannungen, spaltungen, diskussionen, ringen um standpunkte, themen, sichtbarkeiten, ein- und ausschlüsse, [...] viel tun, wenig tun, mitreden, schweigen, die mailingliste, das board, zugänge, eingängliches, signale nach außen, wen wollen wir ansprechen, wer sind ‚wir', was ist ‚queer', wer ist ‚von hier' und wer ist alles nicht mitgemeint [...] wer ist wie lesbisch und was ist das überhaupt, wessen kämpfe sind sichtbar, was wird unsichtbar durch verqueerung oder verehrung oder verstörung, gibt es den begriff weiblich noch, wer kann das wort strategien auch nicht mehr hören, where's the real ladiez, fuck your gender and go ladyfest, so weit so klar, aber wer ist ladyfest, womit wir wieder am anfang wären." (Ladyfest Wien 2007, Ladyfest goes Gruppenprozess)

Der Text bezieht sich durch seine Sprachform auf die Ebene subjektiv erlebter Widersprüche, in dem er bspw. ‚genervt sein' thematisiert und textlich auf wörtliche Rede zurückgreift. Damit werden Debatten reinszeniert und somit Konflikte und Differenzen sichtbar gemacht. Auf der Darstellungsebene ist der Text somit eine Ausnahme im Sample, in dem eher wissenschaftliche Herangehensweisen vorherrschen, wie bspw. referieren, argumentieren, verweisen, andere Autor_innen heranziehen etc.

Viele Fragen, Aussagen und Schlagwörter bleiben zunächst nebeneinander stehen und stellen somit vielfältige Identifikationsangebote dar. Nicht Definitionen, sondern Infragestellungen werden als Textformen verwendet. Es wird eine Kritik oder ein „Entnervtsein" von strategischem Verhalten oder Positionierungen formuliert, dem sich ein Ruf nach den „echten", authentischen Ladiez („where's the real ladiez?") anschließt. Der Ruf nach Aktion („go ladyfest") mündet schließlich wieder in der Frage: Für wen? Wer sind wir? Somit beschreibt der Text einen Kreislauf: Unklare und offene Identitätskonzepte münden in strategischen Aktionen, die wiederum die Frage nach einem ‚Wir', nach Gemeinsamkeiten aufwerfen. Abgebildet wird ein Prozess der Auseinandersetzung mit dem Anspruch, Konzepte wie Lesbischsein oder Weiblichkeit zu hinterfragen und gleichzeitig darin handlungsfähig zu bleiben; konkret ein Ladyfest zu veranstalten, das nicht ‚nur' auf „Strategien" fußt. Die Sehnsucht nach ‚authentisch-sein' im Sinne von ‚nicht-strategisch-sein-müssen" scheint darin ebenso auf, wie die radikale Praxis von Selbstreflexion und Hinterfragen des eigenen Tuns: Wer entscheidet in der Gruppe und wie wird entschieden? Wer oder was wird nicht repräsentiert? Welche Positionen werden privilegiert und warum? Wo sind die gemeinsamen Schnittpunkte, wo herrscht Konsens? Konflikte werden somit angedeutet, ohne sie zu explizieren.

Mit diesem Text legt die Gruppe also nicht nur ihren Gruppenprozess offen, sondern thematisiert unterschiedliche Positionen, aber auch Konflikte. Dies zeigt sich umso deutlicher in weiteren Textpassagen:

> „wer selbstverständlicht was, [...] militant sind wir viel zu wenig aber das ist vermutlich kein konsens, [...] wer blickt durch, basisdemokratisches kollektiv, aber wer entscheidet, und wenn welche gehen, weil niemand entscheidet oder anders als eine will, plenum nicht als kontrollinstanz, autonomie der inhaltsgruppen, aber alle auf ein plakat, nein zwei, was fehlt, wem gefällts und wer hats gemacht." (Ladyfest Wien 2007, Ladyfest goes Gruppenprozess)

Die Form des Textes ermöglicht Vielstimmigkeit und lässt Raum für Widersprüche. Er changiert zwischen authentischer und künstlicher Inszenierung und macht somit auch auf der Gestaltungsebene das Thema der Konstruiertheit von Identitätsbezügen auf. Thematisiert wird damit in gewisser Weise der Anspruch eines nicht-hierarchischen und pluralistischen Umgangs in der Gruppe, da verschiedene Positionen und Konflikte sichtbar werden. Die Differenzen stehen nebeneinander, teilweise unvermittelt. Somit zeigt sich eine Strategie der Sichtbarmachung von Differenzen, die nicht sofort in eine Synthese, in eine Lösung münden, sondern zunächst stehen bleiben.

Eine Strategie der Sichtbarmachung von Differenzen muss jedoch an ihre Grenze kommen, da sie die Gefahr einer Aufzählung verschiedener einzuschließender Kategorien birgt, die jedoch notwendigerweise unabgeschlossen bleiben muss.[19] So reflektiert Judith Butler über das ‚usw.', das häufig ans Ende dieser Aufzählungen gesetzt wird, als „das *supplément,* der Überschuß, der zwangsläufig jeden Versuch, die Identität ein für alle mal zu setzen, begleitet" (Butler 1991: 210). An diesem konkreten Beispiel zeigt sich jedoch, dass die Gruppen Differenzen als zentrales Thema in ihrem informellen Selbstorganisierungsprozess reflektieren und damit Ein- und Ausschlussmechanismen im Gruppenprozess verhandeln, wenn auch die meisten Gruppen dies nicht wie das Ladyfest Wien in öffentlich zugänglichen Texten dokumentieren. Insofern zeigt sich hier

19 So bspw. beim Kürzel LGBT (Lesbian, Gay, Bi, Trans), das mittlerweile angewachsen ist auf LGBTIQQ (Lesbian, Gay, Bi, Trans, Intersex, queer, questioning; wobei questioning für die Infragestellung solcher Aneinanderreihungen von Identitätskategorien steht).

ein Umgang mit Differenzen und Konflikten, der diese nicht unsichtbar, sondern zum Thema des Aktivismus macht.

8.8 GESELLSCHAFTSKRITISCHE POSITIONIERUNGEN

Die Gruppen sehen ihren Aktivismus nicht nur im Kontext herrschender Geschlechterverhältnisse, sondern auch im Kontext gesellschaftlicher Ungleichheitsverhältnisse. Dies zeigt sich daran, dass in den Selbstverständnistexten Ansprüche formuliert werden, Barrieren im Zugang abzubauen, die sich auf gesellschaftliche Herrschaftsverhältnisse beziehen. Dabei geht es um Zugänglichkeit (accessibility), die als kennzeichnend für Inklusivität betrachtet werden kann. Das Ladyfest Düsseldorf versucht bspw.

> „soweit es unter den derzeitigen gesellschaftlichen Rahmenbedingungen möglich ist, ‚offen für alle' zu sein und einen möglichst barrierefreien Zugang zu bieten, d.h. unsere Veranstaltungen finden in weitestgehend rollstuhlgerechten Räumen statt, wir werden für Übersetzer/innen ins Englische und bei Bedarf in Gebärdensprache sorgen, wir werden während des Festivals eine Möglichkeit zur Kinderbetreuung bieten und für vegane bzw. vegetarische Verpflegung sorgen. Außerdem werden wir die Kosten für alle Teilnehmer/innen so gering wie möglich halten, wenn machbar werden wir Veranstaltungen kostenlos anbieten." (Ladyfest Düsseldorf 2006)

Im Text wird der Anspruch formuliert, auf gesellschaftliche vorherrschende Ausgrenzungsmechanismen zu reagieren. Das bedeutet für das Ladyfest Düsseldorf, selbst geschaffene Rahmenbedingungen auf Barrieren, Benachteiligungen und Diskriminierungen hin zu prüfen. Dabei nehmen die Aktivist_innen verschiedene gesellschaftliche Verhältnisse in den Blick: Die (besonderen) Bedürfnisse von Menschen mit Behinderungen (Gebärdensprache, rollstuhlgerecht) und Bedarfe von Eltern (Kinderbetreuung) werden berücksichtigt sowie Menschen mit wenig finanziellen Ressourcen (Teilnahme auch kostenlos möglich) oder Sprachbarrieren (Übersetzungen ins Englische) unterstützt. Das Ladyfest Düsseldorf formuliert hier den Anspruch, die Wirksamkeit dieser Verhältnisse zu durchkreuzen bzw. Barrieren abzubauen.

In einem anderen Selbstverständnistext werden Haltungen gegenüber Ungleichheitsverhältnissen benannt, wie bspw. Rassismus und Kapitalismus, und thematisiert, welche Einstellungen nicht erwünscht sind. Das Ladyfest Wien sagt:

„und **schleich di** zu homophobie, sexismen, rassismen, antisemitismus, diskriminierungen, belästigungen, ignoranz, respektlosigkeiten, machtspielchen, größenwahn." (Ladyfest Wien 2007, und schleich di, Hervorhebung im Original)

Die hier verwendeten Begrifflichkeiten liegen auf unterschiedlichen Ebenen und thematisieren sowohl gesellschaftliche Herrschaftsverhältnisse, Verhaltensweisen als auch Pathologien („größenwahn"). Die Beschreibung bedient zunächst die ‚großen Schlagwörter' Homophobie, Sexismus, Rassismus, Antisemitismus. Hier bewegt sich der Text auf einer Metaebene und thematisiert gesellschaftliche Herrschaftsverhältnisse, die zu Diskriminierungen und Benachteiligungen, also zu nicht erwünschtem Verhalten führen. Es fehlt in diesem Beispiel der Bezug auf Kapitalismus, wie er bei vielen anderen Festen hergestellt wird (Ladyfest Hannover 2006, Ladyfest Leipzig 2007, Ladyfest Bern 2008, Ladyfest Mülheim 2008).

Ähnlich wie in der Auseinandersetzung mit dem Begriff Lady werden in den Selbstverständnistexten erwünschte und unerwünschte Haltungen formuliert, die zumindest zu impliziten Kriterien des Ein- und Ausschlusses werden. Sie bleiben implizit, da sie nur bei Verstößen gegen die Verhaltensregel offensichtlich und verhandelbar werden können. In weiteren Texten und Materialien des Ladyfests Wien werden Konkretisierungen der erwünschten bzw. unerwünschten Haltungen sichtbar: Die Gruppe fordert ein Bleiberecht für alle, wendet sich also gegen eine rassistische Abschiebepolitik, sie fordert freien Zugang zu öffentlichen Verkehrsmitteln, verweist somit auf die unterschiedlichen finanziellen Mittel der Menschen und fordert gleichen Zugang zu Infrastruktur und öffentlichen Ressourcen. Die Gruppe ist um Übersetzungen bemüht, damit auch Menschen teilhaben können, die kein Deutsch oder Englisch verstehen. Sie thematisiert, ob die Veranstaltungsräume zugänglich für Rollstuhlfahrer_innen sind, nimmt damit auf Barrierefreiheit Bezug (vgl. Ladyfest Wien 2007) und konkretisiert somit die Praktiken, mit denen Barrieren abgebaut werden sollen.

Die beiden Beispiele dokumentieren eine Sensibilität der Gruppen für unterschiedliche Lebenssituationen und für Mehrfachzugehörigkeiten. Die Praxis der Thematisierung von gesellschaftlichen Herrschaftsverhältnissen verweist darauf, dass Geschlechterverhältnisse heute (in queer-feministischen Debatten) stets in Bezug zu weiteren Herrschaftsverhältnissen gesetzt werden. Damit nehmen die Gruppen Bezug auf die Debatten um Differenzen und Intersektionalität. Der Begriff der Intersektionalität wurde geprägt von Kimberly Crenshaw (2010) und verweist nicht nur auf die unterschiedlichen Herrschaftsverhältnisse, sondern darauf, wie sich diese überkreuzen, verstärken und ins Verhältnis zu einander treten (vgl. auch Combahee River Collectives 1983).[20] Intersektionalität beschreibt eine „Perspektive einer systematischen Verknüpfung verschiedener Formen von Diskriminierung, Ungleichheit und Differenzierung“ (Knapp 2008: 34) und ist damit eng an die Kritik von Herrschaftsverhältnissen geknüpft. Die Bemühungen in der theoretischen Debatte, die Kreuzungen (‚intersections‘) von Herrschaftsverhältnissen in den Fokus zu nehmen, scheinen in den Selbstverständnistexten nicht auf. Hier werden zwar verschiedene Dimensionen von Ungleichheit und unterschiedliche Herrschaftsverhältnisse benannt, sie bleiben als solche jedoch nebeneinander stehen. Dass sie jedoch überhaupt benannt werden, verweist auf die Etablierung von multidimensionalen Perspektiven auf Ungleichheit.

8.9 FAZIT: ECKPUNKTE EINES QUEER-FEMINISTISCHEN POLITIKVERSTÄNDNISSES VON LADYFEST-GRUPPEN

Es konnte anhand der Verhandlungen von Ein- und Ausschlüssen gezeigt werden, dass sich grundsätzlich zwei Ebenen der Thematisierung in den Selbstverständnistexten unterscheiden lassen: Zum einen finden Verhandlungen von Ein- und Ausschluss in Bezug auf den konkreten Ladyfest-Aktivismus statt, sie thematisieren also, an welchen Stellen sie selbst ein- und ausschließend agieren. Zum anderen geht es um Ein- und Ausschlüsse in der Gesellschaft im weitesten Sinne, also um gesellschaftliche Macht- und Herrschaftsstrukturen, die Ausschlüsse produzieren und zu denen die Aktivist_innen ihr Handeln ins Verhältnis setzen. Die Texte der Gruppen beziehen sich also auf ihren selbst gestalteten Aktivismus *und* auf gesamtgesellschaftliche Bedingungen, vor allem im Hinblick auf gegenwärtige Geschlechterverhältnisse. Hier zeigt sich, dass die Aktivist_innen ihre Praxis in Beziehung zu den gesellschaftlichen Verhältnissen reflektieren und sich dadurch ein Spannungsverhältnis ergibt, dass sich in den folgenden Kapiteln immer weiter konturieren wird.

In diesem Sinne formulieren die Gruppen auch Strategien, Ansprüche und Positionierungen, aus denen Eckpunkte des Politikverständnisses herausgearbeitet werden können, das ihrem Aktivismus zu Grunde liegt. Dabei beziehe ich mich nachfolgend auch auf die Begrifflichkeiten, die in Kapitel 4.4 als Strategien politischen Handelns jenseits von Identität diskutiert wurden:

20 Zum Begriff der Intersektionalität siehe Lutz/Wenning (2001) und Kerner (2009). Zur Kritik an der deutschsprachigen Rezeption siehe Erel et al. (2007), für eine weiterführende Debatte um das Verhältnis von queeren und intersektionalen Ansätzen siehe Dietze et al. (2007).

- Erstens haben die Definitionen des Begriffs Lady, aber auch die Ausführungen in Unterkapitel 8.3 gezeigt, dass den Selbstverständnistexten ein Konzept von Geschlecht zugrunde liegt, das über Zweigeschlechtlichkeit und Heteronormativität hinausgeht. Vielfältige geschlechtliche Lebens- und Seinsweisen sollen darin Platz haben und sichtbar gemacht werden. Zudem werden Kategorien als solche grundlegend problematisiert und reflektiert. Es finden ausführliche Reflexionen über die Schwierigkeit statt, einerseits bestimmte Kategorien zu verwenden, um gesamtgesellschaftliche Zusammenhänge sichtbar und verstehbar zu machen, andererseits aber zuweisende Kategorien nicht reproduzieren zu wollen. Insofern ist die Praxis der Reflexion über Identitätskategorien und wie damit umgegangen werden soll, kennzeichnend für das Politikverständnis der Ladyfest-Aktivist_innen. Unter anderem deswegen erhalten Verhalten und Haltungen der Ladyfest-Aktivist_innen und des Publikums einen besonderen Stellenwert. An die Stelle der Bezeichnungen von Kategorien treten gewissermaßen das konkrete Tun und Haltungen zu bestimmten Themen. Neben einem reflexiven Umgang mit Kategorien ist das Politikverständnis geprägt durch die Praxis der Umdeutung und Aneignung von Begriffen sowie die Praxis einer expandierenden Benennung von Identitätskategorien. Dies zeigt sich besonders plastisch in der Untersuchung der Programme (Unterkapitel 8.2).
  Daran anknüpfend zeigen sich auch teils widersprüchliche Praktiken. Die Strategie, Differenzen und Konflikte sichtbar zu machen und somit nicht aufzulösen, steht der offensiven Formulierung von Gemeinsamkeiten und einer gemeinsamen Sprecher_innenposition entgegen. Auch wenn dieses von den Gruppen formulierte ‚Wir' nicht immer eindeutig ist, sondern durchaus vielstimmig, vielfältig und ambivalent ausfallen kann, so wird doch mit der Verwendung auf eine Verortungsarbeit im Kontext von prekär gewordener Zugehörigkeit verwiesen. Hier zeigt sich ein Politikverständnis, das zwischen Strategien von Pluralität und Unabgeschlossenheit einerseits und Affinität und Zugehörigkeit andererseits schwankt.
- Zweitens zählt zum Politikverständnis der Aktivist_innen außerdem, Räume (Ladyspaces) zu schaffen, in denen Repräsentationen im Sinne der Sichtbarmachung von vielfältigen (geschlechtlichen) Subjektpositionen möglich werden. Dazu gehört auch, die Arbeiten von Aktivist_innen und FrauenLesbenTrans*Personen sichtbar zu machen und ihnen eine Plattform zu geben. Dieser Sichtbarmachung wird in den Texten ein Potenzial von langfristigen Veränderungen zugesprochen. Sie kann daher im Kontext performativer Praktiken verortet werden, wie sie bspw. in Unterkapitel 4.4 als Parodie und Subversion beschrieben werden.

- Drittens verorten die Aktivist_innen ihren Aktivismus auch im Kontext von gesellschaftlichen Herrschaftsverhältnissen, die über die Geschlechterverhältnisse hinausgehen. Das heißt, sie beziehen sich in ihrer politischen Praxis auf verschiedene Kategorien, anhand derer Ungleichheit und Diskriminierung entsteht und versuchen, diesen entgegenzuwirken. Damit lässt sich der Aktivismus insgesamt als gesellschaftskritisch beschreiben.

Diese Punkte zeigen zahlreiche Überschneidungen vom Politikverständnis der Aktivist_innen und den Strategien politischen Handelns jenseits von Identität. Dem Handeln der Aktivist_innen liegen – zumindest in Teilen und vermittelt – also Orientierungen an Strategien jenseits von identitären Politiken zu Grunde.

Ausgehend von diesen Ergebnissen konnte ich in der Analyse der Interviews entsprechende Schwerpunkte setzen und diese Erkenntnisse vertiefen: In Kapitel 9 folgt die Auseinandersetzung mit dem Thema Freiraum, in dem die Diskussion um Raumkonstitution vertieft wird. Dies wird zeigen, dass in den Interviews anders als in den Selbstverständnistexten die Diskussion um Räume auch in feministischen Traditionen verortet werden muss. In Kapitel 10 werde ich die Verhandlungen des Begriffs Lady in den Interviews untersuchen und hier herausarbeiten, wie eng die Diskussion um ‚Lady' mit dem Verständnis von Kategorien verknüpft ist. Bereits in Kapitel 7 habe ich anhand der Praktiken der informellen Selbstorganisierung gezeigt, dass die Ladyfest-Aktivist_innen sich gesellschaftskritisch verorten.[21]

21 Kapitel 7 entstand auch im Zuge der Interviewauswertung, wurde jedoch aus inhaltlichen Gründen in der Darstellung nach vorne gezogen.

9. Freiräume ohne Ausschluss?

Ein- und Ausschlüsse werden in den Interviews mit den Aktivist_innen in Zusammenhang mit Freiräumen verhandelt. In diesem Kapitel geht es daher darum, wie Freiräume von den Aktivist_innen gedacht und beschrieben werden und wie diese mit dem Anspruch, möglichst ohne Ausschlüsse auszukommen, im Verhältnis stehen. Nachfolgend stelle ich die Ergebnisse der Interviewauswertung dar und diskutiere diese im Hinblick auf Freiraumkonzepte und theoretische Ansätze zur Raumkonstitution.

Das Thema Raum, das die Freiraumkonzepte maßgeblich mitbestimmt, ist im Sinne eines produktiven Raumverständnisses vielschichtig bedeutsam für Ein- und Ausschlüsse. Zwar markieren Räume – als Orte verstanden – stets Grenzen (entweder man ist drinnen oder draußen), jedoch gehe ich in Bezug auf Martina Löw von der Existenz mehrerer Räume an einem Ort aus (vgl. Kapitel 4.3), und somit sind auch deren Ein- und Ausschlussmechanismen als vielschichtig zu betrachten. Die zu Grunde liegenden Vorstellungen von Raum, aber auch von Freiräumen der Aktivist_innen, werden daher in diesem Kapitel eine zentrale Rolle spielen.

Ausgangspunkt des Kapitels ist jedoch die Auswertung der Interviews mit den Aktivist_innen unter der Fragestellung, wie Ein- und Ausschlüsse verhandelt werden. Ich werde daher zunächst zwei Kontrastfälle ausführlich darstellen, um deutlich zu machen, in welchen Spektren sich die Auseinandersetzungen um Freiräume bewegen. Die exemplarischen Interviewpassagen von Yasemin und Phillip lese ich als Kontrastfälle, die jedoch nicht ausschließlich gegensätzlich sind, da beide trotz unterschiedlicher Positionen auf ähnliche Argumentationsmuster zurückgreifen.

Anschließend nehme ich eine Systematisierung von feministischen Freiraumkonzepten vor, um zu untersuchen, inwiefern diese in den Interviews der Aktivist_innen eine Rolle spielen. Der Rückgriff auf diese Konzepte des Freiraums als Schutzraum, als Entwicklungsraum und als Raum für politische Organisierung ermöglicht eine Perspektive auf geschichtliche Entwicklungen von Freiraum-Praktiken, auf die im Ladyfest-Aktivismus Bezug genommen wird. Um die Vorstellungen von Freiräumen aus dem Material herauszuarbeiten, werde ich anschließend untersuchen, mit welchen Bedeutungen ,Freiräume' in den Interviews gefüllt werden und welche Gesichtspunkte von Freiraum-Konzepten hier eine Rolle spielen. Und schließlich hat mich in der Analyse interessiert: Welche Haltungen und Orientierungen liegen den Äußerungen zu Grunde? Wie sich zeigen wird, lassen sich diese anhand der ,besonderen Atmosphäre' herausarbeiten, die in den Interviews immer wieder benannt wird.

Beginnen werde ich mit den Kontrastfällen Phillip und Yasemin. Deren Ausgangslage ist signifikant unterschiedlich: Yasemin kennzeichnet sich selbst als weiblich, Phillip als männlich sozialisiert. Yasemin ist Organisator_in eines Ladyfestes, Phillip ist Besucher_in; daher beschäftigen sie sich mit der konkreten Handlungsebene aus unterschiedlichen Perspektiven: Phillip diskutiert die Einladungspolitik aus der Sicht des potenziell von Ausschluss Betroffenen. Yasemin versteht sich als Veranstalter_in und fühlt sich daher für den Raum verantwortlich, in den sie einlädt. Beide zeigen jedoch eine emotionale Beteiligung an den Themen und verstehen sich als queer-feministische Aktivist_innen. Insofern lässt sich an diesen beiden Kontrastfällen das Spektrum von queer-feministischen aktivistischen Perspektiven auf Freiräume aufzeigen.

9.1 YASEMIN: „UND ICH FIND'S AUCH SCHWIERIG AUF'M LADYFEST JEMANDEN ZU FRAGEN: ,BIST DU 'NE FRAU ODER SO?'"

Yasemin betont die Notwendigkeit von Ausschlüssen, um Freiräume zu erhalten. Sie war selbst Organisator_in eines Ladyfests, das schon einige Jahre zurück liegt, und problematisiert die Anwesenheit von Männern in einer konkret erlebten Situation auf einem Ladyfest. Für Yasemin gibt es in der geschlechtlichen Zuweisung der anwesenden Männer keine Uneindeutigkeit und sie verweist auf deren „offensichtliche" Selbstdefinition. Diese Männer hätten „viel Raum" für sich beansprucht und damit den Freiraum „anderen Menschen, die eigentlich mal an diesem einen Wochenende einen Freiraum haben sollten, denen genommen" (Yasemin, Abs. 50). Für sie bedeutet Freiraum, dass ,offensichtlich sich selbst als Männer definierende' Männer nicht den Raum dominieren und diesen somit anderen – diese anderen sind in ihrem Falle offensichtlich keine Männer – überlassen sollten. In Yasemins Argumentation ist die Problematik im dominanten Raum-Einnehmen der Männer begründet und zunächst nicht in deren Anwesenheit. Um ihre Position zu bekräftigen, berichtet Yasemin von ihren Erfahrungen als Organisator_in eines Ladyfests, das „männerfrei" ausgerichtet wurde. Gegen den Vorwurf der Männer, ausgegrenzt worden zu sein[1], argumentiert Yasemin in der folgenden Weise:

> „Und dass überhaupt nicht gesehen wird, dass an allen anderen Tagen sind alle anderen Räume Männerräume. Und dann ist mal **ein** Wochenende männerfrei und es ist umgekehrt und auf einmal sind alle irgendwie total geschockt und fühlen sich unfair behandelt. Und sehen überhaupt nicht, wie das Verhältnis sonst irgendwie jeden anderen Tag im Jahr ist." (Yasemin, Abs. 50)

In der Frage der Verteilung des Freiraums geht es Yasemin an dieser Stelle um die Ungerechtigkeit, dass ihrer Einschätzung nach alle sozialen, insbesondere öffentlichen Räume ‚Männerräume' sind, es sich also um Räume vor allem für Männer handelt. Bei Ladyfesten oder anderen Veranstaltungen, die den Zugang für Männer beschränken, gehe es jedoch um einmalige oder seltene Anlässe. Das heißt, für Yasemin besitzt die Inanspruchnahme eines Freiraums nur für FrauenLesbenTrans*Personen durchaus Legitimität, weil das herrschende Geschlechterverhältnis die restlichen Tage im Jahr Männerräume hervorbringe bzw. stillschweigend legitimiere. Die Legitimierung der Ausschlusspraktik ‚Zugangsbeschränkung' findet also mit Bezug auf das herrschende Geschlechterverhältnis statt.

Es wird deutlich, dass Yasemin über weitreichende Erfahrungen mit Auseinandersetzungen um die Ausschlussmechanismen von Freiräumen verfügt, auch über die beschriebene Situation hinaus. Sie setzt diese durch die unmittelbare Gleichsetzung in ein direktes Verhältnis: Yasemin reagiert emotional auf die Sichtweise der Männer, die sich ausgeschlossen fühlten, weil sie nicht verstehen, dass hier – der Argumentation von Yasemin folgend – lediglich ‚Gleiches mit Gleichem vergolten' wird bzw. ‚ein Mal' die gängigen Ausschlussmechanismen umgekehrt werden. Yasemin stellt damit aber die Ausschlussmechanismen tatsächlich als vergleichbar bzw. umkehrbar dar, obwohl diese bei genauerer Betrachtung unterschiedlich funktionieren: Der Zugang zu diesen von Yasemin so genannten Männerräumen ist für Frauen nicht explizit beschränkt, die Restrik-

1 Auf die gängigen Vorwürfe, dass Frauenräume Männer ausschlössen oder dass sie herrschende Geschlechterverhältnisse reproduzierten, wird auch in aktivistischen Aufsätzen Bezug genommen (vgl. Affront 2011: 63). Affront bezieht diese Auseinandersetzung um so genannte umgekehrte Diskriminierungen vor allem auf autonome Organisationsformen.

tion wirke vielmehr implizit bzw. strukturell, weil die Atmosphäre und der Raum von Männern dominiert werde[2]; dies wird in den Interviewpassagen von Yasemin deutlich. Der Ausschluss von ,sich selbst als Männer definierenden Männern' wird von Yasemin hier im Nachhinein sowohl durch die von ihr als unsolidarisch und verständnislos bewertete Reaktion dieser Männer, als auch durch die von ihr geschilderte, ganz aktuelle persönliche Erfahrung gerechtfertigt, dass Männer den Freiraum gestört und anderen streitig gemacht hätten. Einerseits operiert Yasemin hier mit eindeutigen Kategorien von ,Männern' und ,Frauen' (,Männerräume'), andererseits erscheint es ihr nötig, die Männer noch-mals als ,sich selbst als Männer definierende Männer' zu beschreiben: Eine Formulierung, die sicherstellt, dass es sich um eine Selbstdefinition und nicht um eine Fremdzuschreibung handelt. Yasemin ist sich also der Problematik von Fremdzuschreibungen bewusst; schließlich problematisiert sie die Praxis der Kategorisierung noch im selben Abschnitt:

„aber ich find's auch in der Praxis echt total schwierig, einerseits den Anspruch zu haben, nicht, also, Geschlecht abzuschaffen und nicht wichtig zu machen und nicht immer Menschen zu fragen: ,Ja, was bist du denn eigentlich?' Und ich find's auch schwierig auf'm Ladyfest jemanden zu fragen: ,Bist du 'ne Frau oder so?' Das will ich auch nicht. ,Und wenn nicht, dann geh raus.' Und gleichzeitig aber auch dieses Ding, da Menschen zu haben, die einem dem Freiraum wegnehmen." (Yasemin, Abs. 50)

Yasemin problematisiert hier zwischen zwei sich widersprechenden Anforderungen hin- und hergerissen zu sein. Ihr Anspruch, niemand unnötig mit Geschlechterzuschreibungen zu konfrontieren, steht im Widerspruch zu den konkreten Erfordernissen der praktischen Umsetzung, die Praktiken des Ausschlusses hervorbringt, die nicht intendiert bzw. nicht durch die formulierten Ansprüche legitimiert sind. Den Fokus legt sie in diesem Abschnitt auf ,das Problem' der praktischen Umsetzung. Sie reflektiert ihre Praxis also im Hinblick auf ihre generelle Haltung zum Thema Geschlechterkategorien und bringt nun eine andere Problematik ins Spiel: Die Schwierigkeit, die geschlechtliche Identität/Selbstdefinition in ihrem Konzept von Freiraum abfragen zu müssen, ohne diese Kategorie immerzu bedienen zu wollen, sowie die damit einhergehende Gefahr der Fremdzuschreibung eines bestimmten Geschlechts. Während in ihren anfangs genannten Beispielen die geschlechtliche Selbstdefinitionen der Männer

2 In aktivistischen Texten wird dies auch ,stiller Ausschluss' genannt, weil es formal allen gleichermaßen frei steht, sich zu beteiligen, implizit aber dennoch Barrieren existieren (vgl. bspw. Affront 2011).

eindeutig war, bezieht sie sich nun auf die Erfahrung, dass diese in der Praxis uneindeutig sein können. Yasemins imaginierter flapsiger Spruch „Bist du 'ne Frau oder so?" bringt dies auf den Punkt: Ihr ist bewusst, dass diese Frage als übergriffig und die Geschlechterkategorien reproduzierend verstanden werden kann. Gleichzeitig drückt sich eine Verunsicherung aus, die durch uneindeutige Geschlechtsidentitäten und -performances für sie als Organisator_in entsteht. Um den Freiraum erhalten zu können, so argumentiert Yasemin, sei es jedoch notwendig, nicht „da Menschen zu haben, die einem dem Freiraum wegnehmen", was sie an bestimmten Geschlechtsidentitäten festmacht. Sie bezieht sich dabei auf erlebte Ungleichheitserfahrungen, die sich aus dem herrschenden Geschlechterverhältnis ergeben („an allen anderen Tagen sind alle anderen Räume Männerräume"). Die Bedeutung von Freiräumen speist sich daher für Yasemin aus der Erfahrung des alltäglichen, hegemonialen Geschlechterverhältnisses.

Im Verlauf des Interviews knüpft Yasemin an ihre Argumentation an, indem sie über weitere Erfahrungen mit der Öffnung von FrauenLesben-Räumen berichtet, die sie als erkämpfte Räume sehr schätzt. Den Diskussionsprozess um die Ergänzung des Flyers einer lokalen FrauenLesben-Kneipe, bei der sie mitorganisiert, um den Text ‚Transgender welcome' beschreibt sie folgendermaßen:

„Und ja, dass wir dann ganz viel drüber geredet haben oder immer noch drüber reden, was heißt das eigentlich? Und wenn sich jetzt Menschen nicht so ganz eindeutig als Mann fühlen, von uns aber vielleicht als Männer wahrgenommen werden, können die dann kommen? Und andererseits irgendwie so Leute, die sich vielleicht schon diese Hemmschwelle überwunden haben, in so einen Raum dann auch reinzugehen, der so bekannt ist als FrauenLesbenTrans auch Freiraum, […] da hatten wir zum Beispiel dieses Ding, dass wir es alle total okay finden, wenn so Frau zu Mann Transleute kommen, also oder weiblich sozialisierte Menschen kommen als Transleute, das war für alle total okay. Und dann haben wir gemerkt, dass es nicht ganz so okay ist, wenn irgendwie Menschen kommen die männlich sozialisiert sind, sich aber als Trans bezeichnen. Was aber auch total krass ist, wo wir festgestellt haben, so, wo unsere eigenen Grenzen auch sind, weil wir auch nicht irgendwie sagen, also nicht solche Transmenschen ausschließen wollen und überhaupt nicht solche Grenzen im Kopf haben wollen. Und so wo diese Schwierigkeit ist, zwischen irgendwie so, sich mit den eigenen Grenzen und Vorstellungen von Geschlecht auseinanderzusetzen und aber gleichzeitig irgendwie noch diesen Freiraum so zu erhalten, dass wir uns alle wohlfühlen, was so finde ich diese Schwierigkeit ausmacht." (Yasemin, Abs. 50)

In der Diskussion in Yasemins Gruppe wurde zum ausschlaggebenden Punkt, welche geschlechtliche Sozialisation den Menschen, die den Freiraum nutzen, zu Grunde liegt, obwohl auch diese „Grenze im Kopf" als problematisch erkannt und diskutiert wurde. Somit entschied die Gruppe trotz aller Ambivalenzen für ein Ausschlusskriterium ‚männliche Sozialisation'. Yasemin verdeutlicht hier die Auseinandersetzung um die Grenzziehung, die zwar nicht entlang der eindeutigen Geschlechterzugehörigkeit verläuft, aber entlang der als mutmaßlich eindeutig erlebten Sozialisation von Trans(gender)-Personen. Während die Öffnung von etablierten FrauenLesben-Räumen für Trans*-Personen von der Gruppe grundsätzlich als positiv bewertet wird, müsse diese Öffnung, so Yasemin weiter, sensibel, das heißt abwägend und mit Hilfe von Selbstreflexion und dem Erspüren der eigenen Grenzen erfolgen. Als Konsequenz daraus folgt, die Kategorie Trans*, anhand derer die beschriebene Öffnung vollzogen werden soll, genauer zu betrachten und zwischen f-to-m (female to male)- und m-to-f (male to female)-Trans-Personen zu differenzieren. Denn die Begriffe Trans* und queer als nicht näher bestimmte Begriffe sind in Yasemins Darstellung ein Einfallstor für unerwünschte Gäste: „Ach ja, wir schreiben jetzt noch mal Trans mit drauf oder queer und sind auf einmal ein queerer Raum und auf einmal können alle kommen", zitiert sie eine Haltung, von der sie sich abgrenzt. Denn es sollen ihrer Ansicht nach nicht einfach alle kommen können, vielmehr ist eine Differenzierung der Begrifflichkeiten und anschließende Grenzziehung für Yasemin notwendig, um den Freiraum zu erhalten. Damit positioniert sie sich für einen an Homogenität orientierten Raum. Yasemin stellt sich in diesem Zusammenhang auch die Frage (die sie nicht beantwortet), wer das Definitionsrecht über die geschlechtliche Kategorisierung hat: „Und wenn sich jetzt Menschen nicht so ganz eindeutig als Mann fühlen, von uns aber vielleicht als Männer wahrgenommen werden, können die dann kommen?" Hier steht trotz des Kriteriums ‚Sozialisation' die oben bereits angesprochene Problematik der Selbstdefinition und Fremdzuschreibung im Vordergrund, ohne dass sich eine Lösung abzeichnet. Yasemin führt nicht aus, wer entscheidet oder anhand welcher Maßstäbe entschieden wird, wann sich nicht mehr „alle wohlfühlen".

In Yasemins Beschreibung wird das Spannungsfeld der Auseinandersetzung um die lokale FrauenLesbenKneipe zwischen den eigenen (persönlichen) Grenzen, dem Erhalt des Freiraums und der Vermeidung von Ausschlüssen deutlich. Gleichzeitig werden Geschlechterkategorien ausdifferenziert und die Intention bekräftigt, Geschlecht als Kategorie nicht zu wirkmächtig werden zu lassen. Trotzdem wird eine geschlechtliche Grenze für Ausschlüsse festgelegt, nämlich die der angenommenen unterschiedlichen Sozialisation von Frauen und Männern, die als nicht veränderbar erscheint.

Orientierung: Schutzbedürftigkeit des Freiraums

Die formulierten Ansprüche kollidieren mit den konkreten Praktiken des Ausschlusses, die Yasemin beschreibt: die Einladungspolitik qua Flyer, aber auch die Vermeidung von Zuschreibungen (nicht zu fragen: ‚bist du ’ne Frau oder so?‘). Hier zeigt sich bereits ein Spannungsverhältnis zwischen Ansprüchen und Praktiken. Yasemin orientiert sich in erster Linie an der Erhaltung der erkämpften Freiräume für FrauenLesben. Darin zeigt sich der hohe Stellenwert des Freiraums und dessen Schutzbedürftigkeit für sie. Erst an zweiter Stelle folgt die Orientierung an der Öffnung für Trans*Personen, die vor allem abwägend in Hinblick auf die Erhaltung eines Freiraumes für FrauenLesben erfolgen soll. Daraus lassen sich folgende Haltungen zu den Themen Geschlecht und Geschlechterkategorien ableiten:

Legitimiert wird das Festhalten an herrschenden Geschlechterkategorien mit dem Bezug auf die herrschenden Geschlechterverhältnisse, die (immer noch) wirkmächtig seien. Yasemin argumentiert zwar für die Abschaffung der Kategorie Geschlecht als solche, aber sie bleibt bei einer eindeutigen Geschlechtertrennung, wenn es um die gesellschaftliche Wirkmächtigkeit und Sozialisation geht. Veränderbar ist in Yasemins Aussagen das Geschlecht, inklusive Körper (*sex*), nicht jedoch die geschlechtliche Sozialisation, das heißt letztlich die aufgeschichteten Erfahrungen, Prägungen, Anrufungen, Identifizierungen, die *gender* und *gender identity* ausmachen. Damit wird die herrschende Vorstellung von Veränderbarkeit und Unveränderbarkeit geschlechtlicher Dimensionen ein Stück weit umgekehrt. Die Verortung der Grenzziehung des Freiraums an der geschlechtlichen Sozialisation verweist einmal mehr auf Yasemins vorrangige Orientierung am Erhalt von Freiräumen.

Sie orientiert sich an den herrschenden Geschlechterverhältnissen, die ausschlaggebend dafür sind, wie weit eine Aufhebung geschlechtlicher Kategorien im Kontext der Raumnutzung für sie funktionieren kann: Ein Freiraum für FrauenLesben ist *aufgrund* der herrschenden Geschlechterverhältnisse notwendig, so Yasemins Argument, und deswegen wird für sie die weibliche Sozialisation ausschlaggebend.

Yasemin zeigt eine hohe Sensibilität, wenn es um Fremdzuschreibungen des Geschlechts geht und problematisiert dies in der praktischen Umsetzung bei Ladyfest-Veranstaltungen oder generell bei der Organisierung von Freiräumen für FrauenLesbenTrans*Personen. Der Ausschluss von ‚sich selbst als Männer definierenden Männern‘ – also aufgrund einer Selbstdefinition – erscheint in ihren Aussagen jedoch als weniger problematisch. Insofern problematisiert sie die Überprüfbarkeit der geschlechtlichen Identifizierungen.

9.2 PHILLIP: „WOHLFÜHL-ORTE SCHAFFEN UND TROTZDEM SICH NICHT DAVOR ZU SCHEUEN, HEISSE EISEN ANZUFASSEN“

Phillip hat bereits mehrere Ladyfeste besucht und bezeichnet sich als männlich sozialisiert, wobei ihm wichtig ist, dass er sich nicht unbedingt männlich identifiziert, aber diesen Hintergrund dennoch benennen will. Mit solch einer Selbstbezeichnungspraxis verortet er sich als queer-feministisch informierte Person. Unter anderem bezieht er sich in seinem Interview auf ein Ladyfest, das als offen für alle Geschlechter angekündigt war, und in dessen Verlauf die Einlass-Politik der Partys kritisch diskutiert wurde. Es sei ihm „selber unangenehm aufgefallen“, dass eine „Rumgröl-, Rumproll-Atmosphäre“ vorherrschte und „ätzende Typen am Start waren“. Insofern argumentiert er:

> „Ich kann's voll nachvollziehen, irgendwie mal drei Tage haben zu wollen, wo ich mich nicht mit so stressigen Typen auseinandersetze. Ich dachte mir dann aber beim Ladyfest, also jetzt bei diesem Ladyfest dachte ich mir, okay, wenn ich mich aber dazu entscheide, wirklich ein offenes Ladyfest versuchen zu wollen, finde ich es dann schwierig, das dann also nach so 'ner Situation [...] hätte ich es schwierig gefunden, deshalb dann auf einmal das ganze Konzept dann wieder umzuschmeißen.“ (Phillip, Abs. 29)

Phillip dringt darauf, dass ein angekündigtes Konzept der Offenheit auch in der Umsetzung eine Kontinuität besitzen sollte. Er distanziert sich jedoch von jenen ‚Typen‘, die eine unangenehme Atmosphäre geschaffen haben. Damit macht er deutlich, dass ein Raum ohne „Rumproll-Atmosphäre“, die hier eindeutig mit Männlichkeit verknüpft wird, auch für ihn ein wertvoller Raum ist. Betroffen seien davon daher nicht nur FrauenLesbenTrans*-Personen, sondern auch jene Männer, die zwar als Männer sozialisiert wurden, sich aber nicht unbedingt mit dem Mannsein identifizieren. Für Phillip ist Männlichkeit mit negativen Eigenschaften verknüpft, die aus seiner Perspektive zu Recht von den Ladyfest-Aktivist_innen kritisiert werden. Phillip bedient sich zur Legitimierung eines ähnlichen Hinweises auf die zeitliche Begrenzung der Veranstaltung („mal drei Tage“) wie Yasemin. Während Phillip diese Art von Freiraum, den ein Ladyfest bietet, gerne in Anspruch nimmt, läuft er jedoch qua geschlechtlicher Position Gefahr, spontan ausgeschlossen zu werden.

> „Ja, und dann den Tag darauf, wo das dann diskutiert wurde, habe ich das, wusste ich, dass da eben so ein Ladies-only Diskussionskreis ist. Ja, fand's schon auch komisch ir-

gendwie da dann eben nur so über Vermittlung nur mitzubekommen, was da passiert." (Phillip, Abs. 29)

Er erlebt, dass seine Anwesenheit auf dem Prüfstand steht, eine Situation, die er insofern als ausschließend empfindet, da er an der Diskussion nicht teilhaben kann. Als Anwesende_r steht er auf einer Grenzlinie, die immer und auch ohne Rücksicht auf vorherige Ankündigungen neu gezogen werden kann – wodurch auch seine Anwesenheit in Frage gestellt werden kann. Für Phillip ergibt sich daraus eine unsichere Position, die er problematisiert. Gleichzeitig äußert er Verständnis für diese Diskussion, die aufgrund der herrschenden Atmosphäre unumgänglich scheint. Er fordert jedoch eine Verlässlichkeit der Ankündigungen und Einlasspolitik ein und weist damit auf die Notwendigkeit einer Konsistenz der formulierten Ansprüche und der Praxis hin.

Daher macht er einen Verfahrensvorschlag, der das lokale Erfahrungswissen der Veranstalter_innen voraussetzt, nämlich darüber, wer in solchen Settings „häufiger Stress" macht. Er schlägt weiter vor:

„so 'ne Praxis, denke ich, wäre noch eher wirklich fallbezogen, also, dass das irgendwie mit dem konkreten Handeln von Menschen begründet wird, warum diese nicht da sein dürf-, also warum die da nicht erwünscht sind." (Phillip, Abs. 31)

Phillips Perspektive weist darauf hin, dass Teilnehmer_innen nicht deshalb ‚Stress machen', weil sie einer bestimmten geschlechtlichen Kategorie angehören. Er favorisiert daher einen Ausschluss aufgrund von „konkretem Handeln" und diskutiert auf Nachfrage weitere Möglichkeiten, Ausschlüsse so zu gestalten, dass zwar störende Personen ‚draußen' gehalten werden, doch männlich erscheinenden Personen der Zugang zunächst grundsätzlich gewährt wird. Es gibt zwei Einlass-Modelle, die von Phillip in Erwägung gezogen werden und die jeweils nur männlich sozialisierte Personen betreffen: Das ‚Modell Bewährung', nach dem alle Männer nur solange geduldet werden, bis sie sich ein Fehlverhalten zu Schulden kommen lassen, und das ‚Modell Beziehung', in dem Männer in ein Freundschafts- und Beziehungsgeflecht der anwesenden FrauenLesbenTrans*Personen eingebunden sein müssen („Friends-System", Phillip, Abs. 32).[3] Beide Modelle sind Gegenstrategien zu einem Ausschluss qua Geschlechterkategorie und werden daher von Phillip als legitim diskutiert, um einen Freiraum im Rahmen des Ladyfests weiter zu erhalten. Für Phillip ist die Art und Weise

3 Im Programmheft des betreffenden Ladyfestes wird für die Partys und Konzerte die Formulierung „offen für FrauenLesbenTrans and Friends" verwendet.

des Umgangs mit Ausschlüssen eine zentrale Problematik von Freiräumen. Für ihn stellt sich nicht die Frage, ob Ausschlüsse stattfinden; dies scheint – gerade angesichts der „gegebenen gesellschaftlichen Bedingungen" – unvermeidbar. Obwohl er also potentiell persönlich von Ausschlusskriterien betroffen ist, positioniert sich Phillip eindeutig für den Erhalt des Freiraums, auch wenn dieser Ausschlüsse erfordert:

„Und ich persönlich würde gerade beim Ladyfest oder also, bei dem was ich darunter verstehe, tatsächlich versuchen irgendwie auch 'nen Wohlfühlraum für, ja, weiblich definierte, sozialisierte Menschen oder auch Transgender zu schaffen. Würde ich tatsächlich im Zweifelsfall, eben wäre es mir wichtig, nicht zu Lasten dieses Raumes an dieser Vermeidung von Ausschlüssen festzuhalten. Also, weil für mich ist das Ziel irgendwie tatsächlich so einen Raum zu schaffen, eine Veranstaltung auf die Beine zu stellen, wo das wirklich temporär ermöglicht wird, dass sich Menschen mal nicht mit irgend 'ner sexistischen oder nicht in einem solchem Ausmaß so 'ner sexistischen Scheiße bspw. auseinandersetzen müssen." (Phillip, Abs. 35)

Die Vermeidung von Ausschlüssen dürfe nicht zu Lasten eines Freiraumes gehen, in dem sich ‚weiblich sozialisierte/definierte und Transgender' wohlfühlen sollen. Ein Freiraum für FrauenLesbenTrans*Personen rechtfertigt – so Phillip – bestimmte Ausschlüsse. Dieser Einschätzung liegt zu Grunde, genauso wie es im Interview mit Yasemin deutlich wird, dass die herrschenden Geschlechterverhältnisse solch einen Freiraum immer noch nötig machen und somit auch seine Legitimität begründen. In Phillips Äußerung wird aber auch deutlich, dass dieser Freiraum auch immer nur ein Safer Space (vgl. Diskussion am Ende des Kapitels) sein kann, also ein Raum, der das Ausmaß der „sexistischen Scheiße" zwar begrenzt, deren Vorhandensein aber niemals vollständig ausschließen kann.

Die stattfindenden Ausschlusspraktiken müssen seiner Ansicht nach kontextualisiert und vermittelt werden:

„also weil ich auch selber gemerkt hab, dass ich irgendwie, als ich zum ersten Mal so von Ladys-only-Räumen erfahren hab, dass ich da auch erst mal sehr empfindlich drauf reagiert hab und weil ich mich dann schon so queer fühlte, dass ich dachte, ‚hey, ich versuch doch alles besser zu machen, und warum wollen die mich denn nicht dabei haben? Ich bin doch ganz lieb.' [...] Und dass das eben tatsächlich sehr, ja, irgendwie etwas ist, was Erklärungsbedarf auch braucht und das bei mir auch eine ziemliche Zeit gebraucht hat, bis ich irgendwie nachvollziehen konnte, warum das sinnvoll ist. [...] Ja diese Herausforderung hinzubekommen, oder es zu schaffen, sowohl irgendwie auch 'ne nette Atmosphäre und Wohlfühl-Ort zu schaffen und trotzdem sich nicht davor zu scheuen, heiße Eisen anzufassen.“ (Phillip, Abs. 107)

Phillip gewährt hier einen Einblick in seine persönliche Entwicklung bezüglich der Haltung gegenüber „Ladys-only-Räumen“, die er zunächst als Kränkung erfahren hat. Obwohl er in seiner damaligen Perspektive versuchte, sich von einer hegemonialen Männlichkeit abzugrenzen und sich selbst als queer verstand, wurde er aus den Freiräumen ausgeschlossen. Denn „die“ – eine deutlich abgrenzende Formulierung – haben ihn aufgrund seines sozialisierten Geschlechts ausgeschlossen. Seine Bemühungen, „alles besser zu machen“ wurden nicht anerkannt, die Fremdzuschreibung zur Kategorie ‚Mann‘ blieb bestehen. Phillip thematisiert hier nicht nur einen konkreten Ausschluss, sondern er thematisiert auch die Nicht-Anerkennung seines queer-Seins und seiner Bemühungen („ich bin doch ganz lieb“), die durch die Existenz von „Ladys-only-Räumen“ in Frage gestellt wurden. Die mangelnde Anerkennung und Stereotypisierung (männlich sozialisiert sein heißt, eine Gefahr für einen Freiraum sein) führt im Falle von Phillip zu einer intensiven Auseinandersetzung mit und der Entwicklung einer reflektierten Haltung zu diesen Freiräumen. Phillip schildert diesen Entwicklungsprozess als abgeschlossen, weil er nun ein Verständnis für die Problematik entwickelt hat. Dennoch bleibt für ihn der ‚Ausschluss für Freiraum‘ eine erklärungsbedürftige Praxis: Sie muss – nicht zuletzt durch die Kontextualisierung des herrschenden Geschlechterverhältnisses – an die betreffenden Personen vermittelt werden. Phillip fordert die Bereitschaft ein, Konflikte auszutragen und Auseinandersetzungen zu führen, die eine Entwicklung, wie er sie durchgemacht hat, ermöglichen. In der Diskussion bis an die eigenen Grenzen zu gehen und Kränkungen zu erfahren, steht für Phillip nicht im Widerspruch zu einem ‚Wohlfühl-Raum‘. Es bedeutet für ihn vielmehr ‚heiße Eisen‘ anzufassen, also eine Auseinandersetzung mit den unterschiedlichen Positionierungen zu führen und sich auf Konflikte einzulassen.

Orientierung: Entwicklung und Konflikt in Freiräumen

Phillip orientiert sich daran, Alternativen im Umgang mit und in der Bewertung von Kategorien zu suchen. Gleichzeitig findet ein hohes Maß an Selbstreflexion über die eigenen geschlechtlichen Positionen sowie über seine politische und persönliche Entwicklung im Zusammenhang mit Freiräumen bzw. FrauenLesbenTrans*-Räumen statt.

Auch für Phillip steht – mittlerweile – der Erhalt von Freiräumen an erster Stelle. Als potenziell von Ausschlusspraktiken Betroffener fordert er jedoch ein, dass an der Organisation beteiligte Aktivist_innen ihre Absichten transparent und verbindlich kommunizieren. Außerdem wünscht er sich die Bereitschaft, in der Diskussion an die Grenzen der eigenen Befindlichkeiten und Positionierungen zu gehen. Er erwartet hier eine Bündnispolitik, wie sie in Kapitel 4.4 beschrieben wurde, die auch Räume des Konflikts eröffnet. Phillip argumentiert für die Auseinandersetzung mit der Notwendigkeit mancher Ausschlüsse und legt den Fokus auf den Entwicklungsprozess der Individuen. Grenzziehungen sollen daher nicht anhand von Kategorien, sondern anhand von konkretem Fehlverhalten oder Beziehungsgeflechten verhandelt werden. Seine Haltung gegenüber diesen Grenzziehungen ist ambivalent: Er hat in einer Auseinandersetzung gelernt, sie zu verstehen und wertzuschätzen. Für eine solche Entwicklung sei jedoch die Ebene der Vermittlung unabdingbar und er fordert dementsprechend eine offene Debatte und eine ausgeprägte Konfliktfähigkeit ein. Konfliktreiche Auseinandersetzungen gehören daher aus seiner Perspektive zum Diskurs um Freiräume, was zu einer konkreten Veränderung der Haltung der Beteiligten führen könne. Aus seiner Sicht sind es die organisierenden Gruppen, die in der Vermittlung der Argumente Transparenz schaffen müssen, Konflikte führen sollten und im Sinne einer Bündnispolitik auch als verlässliche Bündnispartner_innen agieren sollten.

9.3 YASEMIN UND PHILLIP: SPEKTRUM EINES SPANNUNGSVERHÄLTNISSES

Anhand der Kontrastfälle von Yasemin und Phillip lässt sich ein weites Spektrum des Spannungsverhältnisses aufzeigen, das durch die Verhandlung von Ein- und Ausschlüssen in Freiräumen entsteht. Das Spannungsverhältnis ergibt sich aus der Vorstellung von Freiräumen als homogene Räume, die auf gemeinsamen (Diskriminierungs-)Erfahrungen gründen und der Erkenntnis der Aktivist_innen, dass es notwendig ist, diese Räume zu öffnen oder möglichst so wenig ausschließend wie möglich zu gestalten. Es lässt sich zeigen, dass Ausschlüsse aus Freiräumen in jedem Fall legitimierungsbedürftig sind und das Für und Wider von den Aktivist_innen sorgfältig abgewogen wird.

Yasemin und Phillip führen einen ähnlichen Kampf um den Erhalt eines Freiraums ohne ungerechtfertigte Ausschlüsse, doch sie haben unterschiedliche Gegner_innen: Yasemin kämpft gegen männlich sozialisierte Männer, die in ‚ihren' Freiraum eindringen und ihn ‚nehmen'. Phillip wird mit einer nicht verlässlichen Einladungspolitik konfrontiert, die seine eigene geschlechtliche Selbstdefinition und seine Anwesenheit in den Freiräumen potenziell in Frage stellt. Er kämpft somit um Anerkennung und tritt für Ausschlussmodelle ein, die sich nicht an geschlechtlicher Sozialisation orientieren. Gemeinsam ist Yasemin und Phillip, dass sie sich in ihrer Argumentation auf die herrschenden Geschlechterverhältnisse beziehen und es für notwendig erachten, Freiräume zu erhalten und für eine bestimmte Zielgruppe als angenehmen Ort zu gestalten.

Für beide sind Freiräume ein wichtiges, erkämpftes Gut, deren Öffnung für Yasemin vor allem „sensibel" in die Praxis umgesetzt werden muss, um sie zu erhalten, während es für Phillip entscheidend ist, dass die notwendigen Ausschlüsse nachvollziehbar verhandelt und konsequent umgesetzt werden. Yasemin orientiert sich daher mehr nach ‚innen' und fokussiert die Auseinandersetzung mit den ‚ursprünglichen' Nutzer_innen. Phillip orientiert sich nach ‚außen' und tritt für eine Öffnung der Räume ein, die es notwendig macht, die Ausschlusskriterien nach außen zu kommunizieren. Deutlich werden hier unterschiedliche Positionierungen an den Grenzen der Räume, die ebenso zu unterschiedlichen Perspektiven auf die Entwicklungsprozesse der Freiraumkonzepte führen.

Daraus ergeben sich auch die unterschiedlichen Perspektiven auf männliche Sozialisation: für beide ist diese problematisch. Für Phillip fungiert seine eigene Reflexionspraxis als Ausdruck von Distinktion und als ‚Beweis' der Veränderbarkeit von Sozialisation. Deshalb soll diese nicht als Ausschlusskriterium geltend gemacht werden. Für Yasemin hingegen erscheint Sozialisation als gegeben und unveränderbar und wird daher als Ausschlusskriterium legitimiert. Beide betrachten geschlechtliche Sozialisation als eine Kategorie, an der Ausschlüsse oder verschiedene Modi des Umgangs festgemacht werden können. Die Zugangsbeschränkung an Kategorien der geschlechtlichen Sozialisation oder Alltagserfahrung zu knüpfen, entspricht einer Vermeidung von ‚einfachen Geschlechterkategorien'. Das kann als Versuch gelesen werden, nicht ‚einfach' von ‚Männern' und ‚Frauen' zu sprechen.

Phillip und Yasemin teilen die Überzeugung, dass geschlechtliche Identitätskategorien abgeschafft oder zumindest in Frage gestellt werden sollten, aber sie beziehen sich in ihren Verhandlungen immer wieder auf diese. Sowohl Phillip als auch Yasemin argumentieren in ihren Erzählungen mit eindeutigen Geschlechterbildern, und sei es auch nur in Abgrenzung zu ihnen. Beide begründen diese Bezugnahme auf geschlechtliche Kategorien mit den herrschenden Geschlechterverhältnissen. Während Yasemin mit dem Begriff Sozialisation die herrschenden Geschlechterverhältnisse und die ständige Anrufung als Mann oder Frau in den Vordergrund stellt und diese als unveränderbar setzt, argumentiert Phillip für Entwicklungsprozesse innerhalb dieser geschlechtlichen Sozialisation. Ihm geht es dabei um das konkrete Verhalten der Personen und individuelle Gestaltungsspielräume. Er zeigt mit der Erzählung seiner persönlichen Entwicklung, dass aus seiner Perspektive durch eingehende Beschäftigung und Reflexion wenn nicht die männliche Sozialisationserfahrung aufgehoben, so doch zumindest die Haltung der Person nachhaltig verändert werden kann.

Diese ausdifferenzierten Positionierungen der Aktivist_innen zur Frage der geschlechtlichen Sozialisation veranschaulichen einmal mehr, dass die Kriterien, anhand derer Ausschlüsse vollzogen werden, auf einem Prüfstand stehen. Ausschlüsse in diesem aktivistischen Feld sind in jedem Fall begründungs- und legitimierungsbedürftig.

Beide Orientierungen, also die Orientierung an der Schutzbedürftigkeit des Freiraums sowie die Orientierung an Entwicklung und Konfliktfähigkeit, lassen sich aus den jeweiligen persönlichen Standortbestimmungen ableiten. Während Yasemin mit dem Hintergrund der Betroffenheit von sexistischen gesellschaftlichen Strukturen und Erfahrungen die hohe Relevanz des Freiraums formuliert, ist es für Phillip vor allem die Erfahrung der Nicht-Anerkennung seiner Bemühungen Männlichkeit ‚anders' zu leben, die ihn für Entwicklungsmöglichkeiten eintreten lässt. Ihre Vorstellungen von Freiräumen müssen jedoch auch in einen größeren Kontext von aktivistischem Wissen eingebettet werden. Bspw. verfügen feministische Freiräume wie lokale FrauenLesbenkneipen über tradierte Erzählungen sowie Ansprüche des Empowerments, und es gibt von den Aktivist_innen geteilte Erfahrungen der Abwertung und Delegitimierung jener Freiräume. Solche lokalen Erzählungen sind im größeren Maße nicht verfügbar, aber zumindest lassen sich zentrale Aspekte feministischer Freiraumkonzepte systematisch darstellen, um zu zeigen, welche Vorstellungen für die Aktivist_innen verfügbar sind. Die folgenden Ausführungen ermöglichen es, diese Bezüge der Aktivist_innen klarer herauszuarbeiten und zu verstehen.

9.4 EXKURS: (QUEER-)FEMINISTISCHE FREIRAUMKONZEPTE

Es wurde bisher herausgearbeitet, dass der Anspruch ‚offen' bzw. nicht ausschließend zu sein im Ladyfest-Aktivismus einen hohen Stellenwert einnimmt und dass Freiräume in den Interviews als ein wichtiges und geschätztes Gut verhandelt werden. Daraus ergibt sich in den Argumentationen der Interviewpartner_innen ein Spannungsverhältnis, das Freiräume fast zwangsläufig mit Ausschlüssen und Zugehörigkeiten verbindet. In ihrer Einschätzung beziehen sich die Aktivist_innen auf unterschiedliche Konzepte und Bewegungswissen über Freiräume und deren – teils globale, teils lokale – Geschichten, Traditionen und Kämpfe.

Daher werde ich nachfolgend (queer-)feministische Freiraumkonzepte zusammenfassen und erläutern, damit diese im Anschluss in Beziehung zum Material gesetzt und diskutiert werden können. Auf die dabei zu Rate gezogene Literatur[4] beziehen sich die Aktivist_innen nicht bzw. nicht explizit.

Für die Analysearbeit habe ich die Konzepte anhand von unterschiedlichen Schwerpunkten systematisiert: Erstens Freiräume als konkrete Schutzräume aufgrund von patriarchalen, sexistischen und gewalttätigen gesellschaftlichen Verhältnissen, zweitens Freiräume als Raum für Selbsterfahrung und Entwicklungsmöglichkeiten und drittens Freiräume als Ermöglichung von politischer Organisierung.[5]

Der Begriff Freiraum suggeriert, dass es sich hier um einen Raum frei von ‚etwas', von sexistischen, homophoben, rassistischen oder anderen Diskriminierungen handelt. Einen solchen Raum gibt es natürlich nicht, und dies wird auch teilweise in den Texten und von den Aktivist_innen reflektiert. ‚Freiraum' beschreibt dabei viel eher einen Möglichkeitsraum, in dem die gesellschaftlichen Herrschaftsverhältnisse nicht vollkommen aufgehoben sind, diese aber sichtbar und bewusst verhandelt werden. Diese Auffassung entspricht dem Raumkonzept von Löw, denn auch sie geht mit Bourdieu davon aus, dass sich gesellschaftliche Hierarchien zwangsläufig im Prozess der Raumkonstitution niederschlagen (vgl. Kapitel 4.3, Bourdieu 1991, Löw 2001: 272). Ich behalte den Begriff Freiraum jedoch bei, weil er sowohl im Material, als auch im aktivistischen Feld verwendet wird.

Freiraum als Entwicklungsraum

Im Kontext der Neuen Frauenbewegung entstanden ‚Consciousness Raising Groups' (Selbsterfahrungsgruppen).[6] Ihr Ziel war die Schaffung eines Raums für

---

4 Ich habe teils Referenztexte gewählt, deren Erscheinungsdaten möglichst weit vom aktuellen Aktivismus-Diskurs entfernt liegen, um eine größere Reibungsfläche für die Analyse herzustellen. Die meisten Texte wurden zu Beginn der Neuen Frauenbewegung verfasst.

5 Diese Konzepte beziehen sich zudem auf unterschiedliche ‚Formen' von Freiräumen; teils auf die Organisierung von Gruppen (wie bspw. Selbsterfahrungsgruppen), teils auf die Schaffung von Räumen (wie bspw. FrauenLesbenTrans*Räume oder Frauencafés) oder auch teils auf temporäre Orte (wie bspw. Ladyfeste oder FrauenLesbenpartys). Ich fasse diese hier jedoch unter dem Begriff Freiräume zusammen, da bei ihnen dieselben Fragen und Problematiken im Vordergrund stehen.

6 Zur Diskussion von Arbeitsweisen der Selbsterfahrungsgruppen vgl. bspw. Knäpper (1984: 61f.).

Gruppen mit spezifischen Diskriminierungserfahrungen. Dadurch sollte die Dominanz der Mehrheitsgruppen verhindert werden. Die Ermöglichung von Selbsterfahrung stellt dabei einen Teil dieser Entwicklungsmöglichkeiten dar. In diesem Prozess spielte die Entwicklung einer weiblichen Identität eine Rolle, wie Regina Dackweiler und Barbara Holland-Cunz beschreiben:

„Durch die kollektiv organisierte Ver-Öffentlichung authentischer [...] Erfahrungen hindurch galt es die zugewiesenen weiblichen Identitätsmuster einer männlichen kulturellen Hegemonie zu erkennen, im Schutz der Gruppe probeweise ‚abzulegen' und eine neue, kollektive und individuelle Identität zu schaffen." (Dackweiler/Holland-Cunz 1991: 108)

Diesen Entwicklungsprozess beschreibt Pamela Allen im Text *Der Freiraum*[7] als Gruppenprozess ‚kleiner Frauengruppen', in denen Selbsterfahrung im Vordergrund stand, die in vier Phasen aufgeteilt wurde: ‚sich selbst darstellen', ‚Erfahrungen teilen', ‚analysieren' und ‚abstrahieren'(vgl. Allen 1972). In diesem Konzept ging es darum, Räume für Frauen zu schaffen, in denen sie freies Denken und Autonomie erproben konnten und dies „unabhängig von männlichen Werten" (Allen 1972: 63). Somit steht ‚Freiraum' hier für einen ideellen Ort, der Entwicklung nach einem ‚eigenen' Maßstab ermöglichen sollte. In aktuelleren Konzeptionen wird diese Entwicklungsmöglichkeit als „Selbsttransformation" bezeichnet. Ausgehend von einem produktiven Machtbegriff (die Gruppe Affront bezieht sich auf Michel Foucault und Judith Butler) wird konstatiert, dass Freiräumen für die Veränderung von Subjektivierungsweisen eine wichtige Rolle zukommt.

„Denn wenn diese machtvolle Subjektivierung, der wir ausgesetzt sind, permanent wiederholt werden muss, wenn wir nie ganz das *sind* und damit *bleiben,* was gesellschaftliche Normen uns abverlangen, dann ist da Platz für eine andere Art von Subjektivierung, für Verschiebung, für eine Art Gegensubjektivierung. Und dafür brauchen wir Räume, in denen wir ausprobieren, Grenzen verschieben, Geschlechter und Identitäten erfinden können." (Affront 2011: 57)

---

7 Der Text ist in einer Materialiensammlung erschienen, die vom Arbeitskollektiv Sozialistischer Frauen übersetzt wurde. Ziel der Herausgabe war, die Erfahrungen und den Stand der Diskussionen der US-amerikanischen Frauenbewegung für die deutschsprachige Bewegung zugänglich zu machen (vgl. Arbeitskollektiv der Sozialistischen Frauen Frankfurt/M 1972).

Auch hier nimmt der Freiraum die Funktion ein, eine Veränderung derjenigen zu ermöglichen und herbeizuführen, die sich an ihm beteiligen. Er bildet eine Schnittstelle persönlicher und gesellschaftlicher Veränderung.

Freiraum als Schutzraum

In aktivistischen Texten wird Freiräumen unter anderem eine Schutzfunktion zugeschrieben. Diese Funktion muss jedoch unterschieden werden von Schutzräumen vor häuslicher Gewalt, wie sie im Zuge der Neuen Frauenbewegung entstanden[8].

Doch auch die Vorstellung von Freiräumen als geschützten Räumen bezieht sich auf Erfahrungen von und Wissen über Diskriminierungen und Übergriffe gegen Frauen und Lesben[9], vor allen Dingen im öffentlichen Raum. Dem liegt die Annahme zugrunde, dass ‚nicht-männliche' Menschen in einer männerdominierten Welt aufgrund ihrer Geschlechtszugehörigkeit Gewalt und Diskriminierungen ausgesetzt sind.

In aktuellen Bewegungstexten[10] wird die Funktion des Schutzraums als Thema eher gesetzt als dass ausgeführt würde, vor was oder wem der Raum Schutz bietet. So begründet eine Broschüre mit dem Titel *Frauen*Räume und die Diskussion um Trans*-Offenheit* bspw. den Wunsch nach einem sicheren Raum mit der herrschenden Norm der Cis-Männlichkeit. In diesen sichereren Räumen soll ein Austausch „unter Menschen, die nicht zu dieser ‚Norm' gehö-

8 Die Entwicklung von Projekten zum Thema Gewalt gegen Frauen wird als maßgeblicher Bestandteil der Neuen Frauenbewegung beschrieben. Vgl. bspw. zum Thema Frauenhäuser und Projekte gegen Gewalt gegen Frauen: Anders (1988: 32f.) und Vergewaltigte Frauen – Notruf und Beratung (1979), in Bezug auf die autonome Frauenbewegung: Hacke (2014). In feministischen Forschungen wurde neben verschiedenen Formen von körperlicher und verbaler Gewalt auch bspw. die raumgreifende Körpersprache von Männern im Öffentlichen Raum analysiert. Vgl. hierzu bspw. Wex (1980), für den Überblick zu Gewalt in der Öffentlichkeit und insbesondere das Konzept der Angsträume Becker (2008).

9 Es lässt sich hier leider nicht ohne weiteres von Frauen, Lesben und Trans*Personen sprechen, da die Anwesenheit in diesen Räumen für Trans*Personen umstritten war und – dies ist ja Thema des Kapitels – auch erst erkämpft wurde und wird. Ausschlüsse von Trans*Personen aus Räumen, die als Schutzräume verstanden wurden, thematisiert für den US-amerikanischen Kontext Califia (vgl. bspw. Califia 2003).

10 Bspw. wird in einem aktuellen Text zur Freiraumpolitik die Funktion als Schutzraum eher am Rande und im Rückblick verhandelt (vgl. Affront 2011: 59).

ren, in relativ geschützter Atmosphäre stattfinden" können (GLADT e.V. 2010: 6).

Die Autorinnen*gruppe des FemRef der Universität Bielefeld stellt die eigene Diskussion um die Öffnung für Trans*Personen in den Kontext der Befürchtung, „mit der Öffnung einen Schutzraum preiszugeben" (Autorinnen*kollektiv des FemRef der Universität Bielefeld 2014: 288). Auch andere Gruppen setzen sich mit dieser Thematik auseinander. In der oben bereits erwähnten Broschüre wird das Thema Schutzraum bzw. Safe Space im Hinblick auf die Öffnung für Trans*Personen als in feministischen und queer-feministischen Gruppen und Räumen weit verbreitetes Thema aufgegriffen. Dabei weist die Broschüre darauf hin, dass der Begriff Schutzraum bzw. Safe Space irreführend sei, da auch ein Freiraum nicht frei von Sexismus, Rassismus und Homophobie sein könne. Es wird stattdessen der Begriff Safer Space vorgeschlagen:

> „Dies [der Begriff Safer Spaces] soll verdeutlichen, dass es keinen wirklich sicheren Raum (Safe Space) im Sinne von frei von jeglicher Diskriminierung geben kann, sondern nur einen sichereren Raum (Safer Space) im Gegensatz zum öffentlichen Raum." (GLADT e.V. 2010: 5)

Hier schlägt sich eine Sichtweise nieder, die von multiplen Herrschafts- und Unterdrückungskategorien ausgeht und reflektiert, dass diese sich auch durch die Kategorie ‚Frau' oder verschiedene Trans*Identitäten ziehen. Gesellschaftliche Diskriminierungen lassen sich demnach auch aus als ‚sicher' deklarierten Räumen nicht vollkommen ausschließen. Insofern muss der Freiraum als Schutzraum relational betrachtet werden. Er ist daher ‚nur' ein etwas mehr geschützter Raum als der herkömmliche öffentliche Raum. Es wird sich später zeigen, dass der Aspekt des Schutzraumes für die Aktivist_innen ein Anknüpfungspunkt in Bezug auf Freiräume ist. Der Gedanke des Safer Spaces wird ebenfalls von einigen aufgegriffen.

Freiraum als Ort für politische Organisierung

Eine weitere Auffassung von Freiräumen zielt eher auf die konkrete Räumlichkeit ‚nur für Frauen', wie Frauenräume oder FrauenLesbenkneipen.[11] „Die seit der Mitte der 70er Jahre in vielen Städten eingerichteten Frauenzentren, oftmals nur kärglich ausgestattete Räumlichkeiten, fungierten dabei als Umschlagplatz und Börse für die Bildung neuer Gruppen und Projekte" (Gerhard 2008: 207)

11 Zur Entstehung und Verbreitung der FrauenLesbenKneipen ab den 1970er Jahren vgl. Schönfisch (2007).

und waren daher maßgeblich für die Bewegungsinfrastruktur und Weiterentwicklung von Aktivismus und Vernetzung. Es wird in vielen Berichten und Texten betont, dass für die politisierende Selbsterfahrung vieler ‚Frauen' in der Neuen Frauenbewegung diese Räume von immenser Bedeutung waren, weil sie Erfahrungen und Organisierung ohne Männer ermöglichten. Die in der Forschung über die Neue Frauenbewegung häufig beschriebene Entstehung einer Frauenkultur basiert auf Frauenprojekten, Frauenbuchläden, Frauenverlagen, die in diesem Sinne als Freiräume verstanden werden können (vgl. bspw. Knafla/Kulke 1987).

Für die Entwicklung von angemessenen Strategien und Kämpfen gegen männliche Privilegien wurde von einigen Gruppen die Organisation ohne Männer als notwendig erachtet. Im Protokoll des Plenums des Bundesfrauenkongresses 1972 in Frankfurt am Main heißt es:

> „Frauen müssen sich selbst organisieren, weil sie ihre ureigensten Probleme erkennen müssen und lernen müssen ihre Interessen zu vertreten. [...] Es ist unumgänglich, dass wir unsere eigenen Taktiken und Strategien im Kampf um mehr ökonomische und demokratische Rechte lernen und nicht die der Männer imitieren." (Plenum des Bundesfrauenkongresses 2008: 86)

Es geht hier also einerseits um das Erkennen von Interessen und die Frage, wofür gemeinsam gekämpft werden soll, aber auch um das Erlernen und Entwickeln von eigenen politischen Instrumenten und Vorgehensweisen. Ähnlich argumentiert auch der Aktionsrat zur Befreiung der Frauen, dass die Arbeit, „die wir zunächst leisten müssen, im wesentlichen *ohne ein Zusammenwirken mit den Männern erfolgen* muß" (Aktionsrat zur Befreiung der Frauen, Gruppe Westberlin 2008: 66, Hervorhebung im Original). Beide Gruppen sehen dies jedoch als einen temporären Zustand, der anhalten muss, bis die Verhältnisse sich grundlegend geändert haben. Es zeigt sich hier, dass Freiräume somit auch zur Grundlage wurden, um sich politisch zu organisieren und eigene Formen der politischen Handlungsfähigkeit zu entwickeln.

Für all diese Definitionen von Freiräumen ist der Ausschluss von Männern bzw. der Bezug auf die Gemeinsamkeit von Frauen eine Grundlage. In manchen dieser älteren Texte wird die Begrifflichkeit ‚Frau' selbstverständlich verwendet und nicht hinterfragt. Insofern ergibt sich ein Spannungsverhältnis schon allein daraus, dass der Anspruch der Inklusivität, also des Einschlusses von unterschiedlichen geschlechtlichen Positionierungen, an diese Freiräume herangetragen wird. Es wäre jedoch verkehrt, anzunehmen, dass dieses Spannungsverhältnis neu ist, vielmehr lässt sich feststellen, dass die Infragestellung von Räumen für ‚Frauen' schon früh begann. So fasst bspw. GLADT e.V. in der Broschüre zusammen:

„Die Unterschiede, die es innerhalb der Gruppe ‚Frauen' gibt, wurden schon bald nach der Etablierung der ersten Frauenräume deutlich: Lesben waren in einigen Räumen unerwünscht, heterosexuelle Frauen wollten Räume frei von sexuellem Begehren. Frauenräume in Deutschland sind meistens von weißen Frauen dominiert, so dass rassistische Ausschlussmechanismen nicht ausreichend bearbeitet werden und sich viele Frauen of Color oder Schwarze Frauen in diesen Räumen nicht sicher fühlen. Diese Auseinandersetzungen führten zu den ersten Spaltungen und Neubildungen der Gruppen, die diese Räume gestalteten." (GLADT e.V. 2010: 5)

In diesen ‚Grenzlinien' spiegeln sich zentrale gesellschaftliche Herrschaftsverhältnisse.[12] Die Unterschiede zwischen Frauen sowie offene oder strukturelle Ausschlüsse aus Frauenräumen machen sichtbar, dass Freiräume in dieser Form ihren Zweck nie ganz erfüllen können. Die Frage der Öffnung von Räumen wird somit nicht nur zu einer Frage von gesellschaftlicher Ungleichheit, sondern auch zur Frage der Bewertung von Identitätszuschreibungen, die früh schon in Frage gestellt wurden. So kritisierte bspw. die Zeitschrift *Die Schwarze Botin*[13] ab 1976 die Überbetonung weiblicher Zusammengehörigkeit, so genanntes ‚frauenspezifisches Denken' und die Stereotypisierung von Frauen als aggressionslos und weich. So forderte sie, den „klebrige[n] Schleim weiblicher Zusammengehörigkeit" hinter sich zu lassen und damit eine selbstkritische Reflexion der feministischen Handlungsfähigkeit (vgl. Die Schwarze Botin 2008: 114f.). Dieses Beispiel zeigt, dass es bereits damals eine vehemente Kritik an separatistischen Politikformen gab, die sich auf eine vermeintliche ‚Gemeinsamkeit des Weiblichen' bezogen.

Insofern ist auch das hier aus den Interviews herausgearbeitete Spannungsverhältnis, das um die Verwirklichung von Freiräumen entsteht, kein neues Phänomen. Dabei reichen die Positionierungen vom Festhalten an Exklusivität bis hin zur Öffnung ohne Einschränkungen. Innerhalb dieses Spektrums sind mannigfaltige Positionierungen zu finden, die sich mal mehr, mal weniger an den

12 Im anfänglichen Theoriekapitel wurde bereits gezeigt, wie diese in der queer-feministischen Debatte eine zentrale Rolle spielen.

13 Die *Schwarze Botin* war eine feministische Zeitschrift, die zwischen 1976 und 1987 erschien. Sie war nicht von oder für Schwarze Feminist_innen bzw. Feminist_innen of Color gemacht, sondern anarchistisch geprägt. Der Titel löste diesbezüglich offensichtlich keine Irritationen aus.

drei Schwerpunkten von Freiraumkonzepten orientieren. Durch die Darstellung der Kontrastfälle ist deutlich geworden, dass die feministischen Freiraumkonzepte durchaus als erhaltenswert betrachtet (Yasemin: Schutzbedürftigkeit), diese jedoch gleichzeitig mit der Anforderung der Inklusivität konfrontiert werden (Phillip: Aufforderung zum Konflikt). Die Auseinandersetzung mit Inklusivität ist nicht zuletzt aufgrund sich verändernder geschlechtlicher und sexueller Lebensrealitäten in den letzten Jahren drängender geworden (vgl. auch GLADT e.V. 2010: 9). Dass Ausschlüsse im Allgemeinen, aber besonders in Bezug auf Geschlecht, nicht mehr ‚einfach so gehen', manifestiert sich unter anderem in den Forderungen, Ausschlusspraktiken zu legitimieren. Diskutiert werden vor allem andere, gerechtere Kategorien und Kriterien, anhand derer Ausschlüsse als legitim gelten (Sozialisation, Diskriminierungserfahrung, Verhalten, etc.). Damit einher-gehend sind jedoch die Vorstellungen von ‚Freiraum' hoch normativ aufgeladen und dieser erscheint vielmehr als ein reglementierter Raum. Nicht nur deshalb scheint der Begriff Freiraum hier zunächst irreführend zu sein. Wenn der Begriff Freiraum als Bezeichnung für einen Raum frei von Sexismus, Rassismus, Herrschaftsverhältnissen, Hierarchien gelesen wird, so ist er sicherlich irreführend (siehe die Argumentation bezüglich des Begriffs Safer Spaces). Er ist aber auch irreführend, weil er vermittelt, es gebe keine Regularien, Regeln oder normative Anforderungen in diesen Räumen. Es liegt also bereits ein Spannungsverhältnis in der Bezeichnung und ihrem Bedeutungsspektrum vor.

Um dem oben aufgeworfenen Spannungsverhältnis im Material weiter nachzugehen, werde ich im Folgenden die Interviews daraufhin analysieren, wie darin Freiräume beschrieben werden. In den Erzählungen werden sie häufig als Räume mit einer ‚besonderen Atmosphäre' beschrieben. Daher gehe ich folgenden Fragen nach: Wie gestaltet sich das ‚Besondere' der Freiräume? Welche Wissensbezüge und Orientierungen liegen dieser ‚besonderen Atmosphäre' zugrunde?

9.5 „Besondere Atmosphäre": Die Bedeutung von Freiräumen im Ladyfest-Aktivismus

Die „besondere Atmosphäre" ist in den Interviews eine wiederkehrende Beschreibung, um die Besonderheit von Ladyfesten zu markieren. Sie scheint nicht alltäglich und hebt Ladyfeste deswegen in den Erzählungen von anderen Festivals, Partys und Veranstaltungen ab. Ich gehe daher in diesem Kapitel der Frage nach, was jene „besondere Atmosphäre" ausmacht. Wie lässt sich allerdings eine Atmosphäre konzeptualisieren? Schließlich ist deren Wahrnehmung stets von subjektiven Faktoren abhängig. Meine theoretische Perspektive auf die Entstehung und Wahrnehmung von Atmosphären schließt an das im Kapitel 4.3 dargestellte Raumverständnis an. Martina Löw versteht Atmosphäre als Potentialität von Räumen, die sich in „der Wechselwirkung zwischen konstruierend-wahrnehmenden Menschen und der symbolisch-materiellen Wirkung des Wahrgenommenen" (Löw 2001: 229) entwickelt. Atmosphären werden durch bewusste Platzierungen und Gestaltungen hervorgerufen, wirken jedoch immer nur im Wechselspiel mit der spezifischen Wahrnehmung der Menschen. Insofern ist die Wahrnehmung von Atmosphären „sozial vorstrukturiert" (ebd.: 209), das heißt, durch die jeweilige Kultur, Klasse/Milieu oder das jeweilige Geschlecht geprägt. „Als klassen- und geschlechtsspezifische Wahrnehmung ist sie Produkt vergangener Auseinandersetzungen und Ausdruck der Kräfteverhältnisse einer Gesellschaft" (ebd.). Atmosphäre lässt sich daher nicht objektiv beschreiben, sondern ist gebunden an den jeweiligen Bedeutungskontext des Ortes sowie der Menschen, die die Atmosphäre wahrnehmen und beurteilen. Sie kann Gefühle beeinflussen, ist spürbar, aber nicht sichtbar und kann daher nicht objektiv wahrgenommen werden (vgl. ebd.: 204ff.). Demzufolge verstehe ich die Wahrnehmung und Bewertung der ‚besonderen Atmosphäre' nicht nur als abhängig von geschlechtlichen Positionierungen der Teilnehmer_innen, sondern auch von gewonnenen Erfahrungen und vergangenen Kämpfen sowie von gesellschaftlichen Herrschaftsverhältnissen, die natürlich (unter anderem) vergeschlechtlicht sind. Wenn wir Löws Begriff der Atmosphäre zu Grunde legen, kann diese als bewusste und unbewusste Grenzziehungspraktik verstanden werden, da sie Zugehörigkeits- und Fremdheitsgefühle hervorzurufen vermag. Dabei spielt nicht nur die (An)Ordnung von Gütern und Menschen im Raum eine Rolle, sondern auch informelle Gepflogenheiten, die Zugehörigkeit und Zugänglichkeit beeinflussen. Die Frage, welche Verhaltensregeln für verschiedene Geschlechter in den Räumen gelten, trägt natürlich ebenfalls zur Gestaltung und Bewertung der Atmosphäre bei. Die Besonderheit der Ladyfest-Atmosphäre, auf die sich die Aktivist_innen beziehen, kann daher unter Berücksichtigung dieser Perspektive untersucht und als Ein- und Ausschlussmechanismus verstanden werden.

Aus den Beschreibungen der Atmosphäre in den Interviews werde ich Orientierungen herausarbeiten, die Aufschluss darüber geben, welche Bedeutungskontexte und Wissenshorizonte für die Aktivist_innen in Beug auf Atmosphäre relevant sind. Diese fasse ich als *kategorienkritische Orientierung* und *herrschaftskritische Orientierung*. Während sich die herrschaftskritische Orientierung dadurch auszeichnet, herrschende Geschlechterverhältnisse in den Blick zu nehmen und diesen entgegenzusteuern, steht in der kategorienkritischen Orientierung eine Auflösung von Kategorien und Identitätszuschreibungen im Vordergrund.

Diese beiden Orientierungen scheinen zunächst widersprüchlich, da sie auch das oben bereits diskutierte Spannungsverhältnis widerspiegeln. Nicht alle Aspekte der Beschreibung der „besonderen Atmosphäre" lassen sich diesen Orientierungen zuordnen. Es gibt vielmehr eine übergeordnete *Orientierung an Respekt*, die einen respektvollen Umgang miteinander und das Teilen von gemeinsamen Ansprüchen beinhaltet. Die drei Orientierungen sind nicht immer klar voneinander zu trennen und treten teilweise gleichzeitig auf. Sie werden an dieser Stelle jedoch als Analyseinstrument eingeführt, um die unterschiedlichen Schwerpunkte kenntlich zu machen. Es handelt sich um Orientierungen, die die jeweiligen Praktiken legitimieren und die damit einen Rahmen für das oben dargelegte Spannungsverhältnis abstecken.

Kategorienkritische Orientierung: „einen netten, queeren Raum, in dem ich mich bewegen kann"

Weil sie es ermöglichen, geschlechtliche Vielfalt auszuleben, werden die von Ladyfest-Aktivist_innen gestalteten Räume von den Interviewpartner_innen als ‚besondere Räume' mit einer außergewöhnlichen Atmosphäre wahrgenommen. Als queere Drag-Performer_in verkörpert Melis/Ezra bereits eine Vielfalt von geschlechtlichen Seinsweisen. Er/sie schätzt das Publikum auf Ladyfesten, weil dort die von seiner/ihrer Gruppe angestrebte Uneindeutigkeit in der Performance verstanden werde. Aber auch als ‚Privatperson' fühlt sich Melis/Ezra dort wohl, weil unterschiedliche Facetten seiner/ihrer Persönlichkeit Platz haben. Melis/Ezra beschreibt Ladyfeste als Raum,

> „wo man sich nicht unbedingt definieren muss. Wo dann die Menschen einfach wahrgenommen werden, nicht als Kategorien, sondern als eben vielleicht auch flüssige und undefinierte Identitäten, wo man dann einfach nicht unbedingt sagen muss, ich bin das oder so und so." (Melis/Ezra, Abs. 26)

Freiraum bedeutet hier die Möglichkeit, sich nicht definieren zu müssen und unvoreingenommen wahrgenommen zu werden, das heißt, er kann als Entwicklungsraum verstanden werden. Melis/Ezra führt hier eine Betrachtungsweise ein, die Identität nicht kohärent und klar umrissen beschreibt. Damit bezieht er/sie sich auf aktuelle Identitätskonzepte, die unter anderem auch in queeren und queer-feministischen Theorieansätzen verwendet werden (vgl. Kapitel 4.1). Er/sie beschreibt Praktiken der Nicht-Kategorisierung, des im Prozess Befindlichen, die positiv bewertet und als Bereicherung wahrgenommen werden. Auch für Chris, der/die beruflich viel unterwegs ist und sich daher immer wieder auf neue, unbekannte Kontexte einstellen muss, sind Ladyfeste „queere Räume“, in denen der Druck der Eindeutigkeit weniger spürbar und damit auch weniger anstrengend ist:

> „Wenn ich irgendwie unterwegs bin, irgendwie brauch ich das ab und zu mal, irgendwie einen netten, queeren Raum, in dem ich mich bewegen kann. In der normalen Außenwelt gibt's ja immer nur Männer und Frauen, das ist irgendwie extrem anstrengend und langweilig auf Dauer.“ (Chris, Abs. 24)

Die geschlechtlich eindeutige Kategorisierung in ‚Männer‘ und ‚Frauen‘ wird für Chris in einem Raum wie dem Ladyfest zumindest teilweise aufgehoben. Hier werden Ladyfeste als nicht-normative Räume angesehen, die eine Existenz von mehr als nur zwei Geschlechtern zulassen und somit die Regeln der Zweigeschlechtlichkeit temporär außer Kraft setzen. Chris gelingt es dort, sich von der ‚Normalität‘ der Zweigeschlechtlichkeit zu erholen. Sowohl für Melis/Ezra als auch für Chris stehen die Entwicklungsmöglichkeiten des Freiraums im Vordergrund, weil er auf einer persönlichen Ebene einen alternativen geschlechtlichen Entwurf für sie temporär lebbar macht. Dabei spielt bei Chris auch der Aspekt des Schutzraums im Sinne von Schutz vor der omnipräsenten ‚Normalität‘ eine Rolle.

Für Mila hingegen zeichnet sich der Ladyfest-Raum durch eine ‚Nichtbewertung‘ der Person aufgrund bestimmter Kategorien aus. Von ihr wird daher nicht das Fehlen der Kategorien in den Vordergrund gestellt, sondern die Bewertung und der Umgang damit. Sie beschreibt die Schwierigkeit, nach dem Besuch eines Ladyfestes wieder in den ‚normalen‘ Alltag zurückzukehren, „aus dieser eigentlich nicht bewertenden Zone zu kommen, und dann aber sofort wieder in diesen Zensierungsalltag“ (Mila, Abs. 24) zu gehen. Die räumlich und zeitlich begrenzten Ladyfeste heben die ‚gesellschaftlich präsente‘ Zensur geschlechtlicher Seinsweisen auf, die sie sonst in ihrem Alltag begleitet. Mila erlebt das Zusammentreffen dieser unterschiedlichen Bewertungslogiken als „Kulturschock“, der vor allem den Alltag in einem anderen Licht erscheinen lässt („Zensierungsalltag“). Ihren Aussagen liegen somit Vorstellungen von Freiräumen als Schutzräume (Schutz vor Bewertungen) und als Entwicklungsräume zu Grunde.

Gemeinsam ist diesen Äußerungen, dass Ladyfeste als Räume verstanden werden, in denen ein Rahmen für einen nicht-normativen Umgang mit Kategorien geschaffen wird. Während die ‚Normalität der Kategorien‘ als einschränkend beschrieben wird, bieten Ladyfeste in den Augen der Aktivist-_innen nicht-normative Entfaltungsmöglichkeiten, in denen Bewertungskategorien temporär außer Kraft gesetzt werden. Ladyfeste werden als Freiräume von (Geschlechter-)

Normalität wahrgenommen, die vielfältige geschlechtliche Seinsweisen ermöglichen und ihnen einen (geschützten) Platz geben. Es lässt sich daher anhand dieser Äußerungen eine kategorienkritische Orientierung herausarbeiten, weil nicht nur grundsätzlich und abstrakt Kategorien in Frage gestellt werden, sondern auch die Bewertung durch Kategorien abgelehnt wird. Hierbei wird in den Interviewpassagen eine Verknüpfung zum Begriff queer im Sinne einer kritischen Haltung gegenüber Identitätszuschreibungen hergestellt.

Wenn wir diese Orientierung mit dem oben herausgearbeiteten Spannungsverhältnis in Bezug setzen, lässt sich eine erweiterte Dimension feststellen. Das Überschreiten der Geschlechtergrenzen wird hier zu einer Praktik, wohingegen diese oben im Text eher als ‚Problem‘ der Kategorisierung bzw. der Diskriminierungserfahrungen erscheint. In Abgrenzung zu geschlechternormativen Räumen bieten Ladyfeste einen Raum zur Entfaltung und Lebbarkeit von Uneindeutigkeit und erscheinen somit weniger reglementierend als noch im Abschnitt zuvor. Im Fokus steht dabei die Nicht-Bewertung von Kategorien, nicht die Ablehnung oder Negierung derselben. Vor dem Hintergrund dieser Orientierung können Ladyfeste als Entwicklungsraum verstanden werden, aber auch als Schutzraum, der diese Nicht-Bewertung ermöglicht.

Herrschaftskritische Orientierung: „Es braucht diesen Raum“

Einige Interviewpartner_innen beschreiben Freiräume in einer feministischen Tradition und meinen damit, dass sich vor allem Frauen, Lesben und Trans *Personen Raum nehmen, ohne dass ‚Männer‘ diesen Raum dominieren. Geschlechtliche Kategorien und vor allem die herrschenden Geschlechter-verhältnisse spielen hier, im Gegensatz zur vorherigen kategorienkritischen Orientierung, eine grundlegende Rolle.

Tanja vertritt die Ansicht, dass ein Entfaltungsraum für FrauenLesben-Trans*Personen benötigt werde, in dem keine Männer anwesend sind:

> „Ich spiel in einer Band, Frauenband und spiel das schon seit Jahren. Ich gebe Kurse im DJane-Bereich für Mädchen, feministische Mädchenarbeit, und ich seh’ halt nach wie vor, es braucht diesen Raum, diesen gestalterischen Raum, und auch teilweise eben dieses Identitätssubjektpolitische.“ (Tanja Abs. 17)

Die geschlechtlichen Zuschreibungen sind an dieser Stelle ungebrochen eindeutig und stehen im Kontrast zur vorangegangen Orientierung. Tanja begründet die Notwendigkeit eines Freiraums ohne Männer mit ihrer langjährigen Erfahrung: einerseits mit ihrer persönlichen, aktivistischen Erfahrung als Musiker_in in einer „Frauenband“, andererseits mit ihrer professionellen Erfahrung als Sozialarbeiter_in in der feministischen Mädchenarbeit. Um diese Erfahrungen zu untermauern, beruft sie sich auf das „Identitätssubjektpolitische“. Mit dieser Wortschöpfung verbindet Tanja den Begriff der Identitätspolitik mit dem Subjekt-Begriff, wie sie beide unter anderem bei Judith Butler eine Rolle spielen.[14] Tanja geht mit ihren Äußerungen in Opposition zur feministischen Kritik an Identitätspolitiken, für die Butler steht, und kennzeichnet gleichzeitig ihr Wissen um die theoretischen Debatten. Der Kritik an Identitätspolitiken erteilt sie aber praktisch eine Absage, weil sie „diesen Raum“ für Frauen und Mädchen für unabdinglich hält. Mit der Vorstellung eines Entwicklungsraums für Frauen und Mädchen, die gestalterisch oder künstlerisch tätig sein wollen, bezieht sie sich auf den feministischen Topos des Raumes ‚für sich allein‘, um sich künstlerisch entfalten zu können. „[E]ine Frau muss Geld haben und ein Zimmer für sich allein, wenn sie Fiction schreiben will“ (Woolf 1994: 8), schreibt Virginia Woolf 1929. Zugang zu einem Raum, materiell wie ideell, ist bei Woolf die Voraussetzung für kreatives Schaffen. Diese Formulierung war für die Neue Frauenbewegung eine wichtige Referenz, wenn es um die Bedingungen kreativer Arbeit von Frauen ging. Es zeigt sich also, dass auch bei Tanja der Entwicklungs- und Erfahrungsraum im Zentrum ihres Verständnisses von Freiraum steht.

Für Tanja bedeutet Freiraum jedoch auch, ‚frei zu sein‘ von „sexistischer Anmache oder sonstigen Pöbeleien“ (Tanja, Abs. 27). Die Besonderheit von Ladyfesten sei es demnach, dass Besucher_innen sich in einem sichereren Raum (Safer Spaces, vgl. Kapitel 9.4) bewegen können. Mit ihrer Vorstellung von Freiraum als Schutzraum vor männlicher Gewalt, vor Übergriffen und Anmachen bezieht sie sich wie Yasemin und Phillip auf das herrschende Geschlechterverhältnis, das hier mit dessen gewalttätigen Komponenten verwoben wird.

Der Aspekt von Sicherheit und Schutz spielt für Peggy eine noch bedeutendere Rolle, wenn sie die Ladyfest-Atmosphäre beschreibt:

> „Für mich bedeutet das eigentlich so einen Rückzug auch von, also hab ich so gemerkt, von der Außenwelt, in der ich oft unsicher bin. Ich weiß nicht warum, aber aufm Ladyfest – ich kann nur sagen, warum ich mich da wohl fühle. Weil ich das Gefühl hab, da sind halt viele Frauen oder hauptsächlich Frauen, und deswegen fühle ich mich einfach so geschützt und ein bisschen abgeschlossen von der, von dem Rest der Welt, wo ich mich eben nicht so fühle.“ (Peggy, Abs. 11)

---

14 Siehe Butler (1991); Butler (2001), vgl. zum Subjektbegriff bei Butler auch Ommert (2004).

Die Formulierung „hauptsächlich Frauen“ erscheint als halbherzige Anerkennung der Offenheit von Ladyfesten. Dem Gedanken eines Schutzraums, der durch die Anwesenheit von Frauen geschaffen wird, liegt ein Verständnis von einer grundsätzlich misogynen Gesellschaft zu Grunde, dem Wissen darum, dass der ‚Rest der Welt‘ für Frauen in einer besonderen Weise unsicher ist. Peggy bezieht sich auf Freiräume als Schutzräume für Frauen, in denen diese sich gegenseitig schützen und solidarisch miteinander umgehen. In ihrer Schilderung provoziert sie zunächst Bilder von Gefahren und Ängsten und löst diese anschließend in einer ‚Utopie‘ von Frauensolidarität und gegenseitigem Schutz auf. Ihr Konzept von Freiraum funktioniert jedoch nur über die Eindeutigkeit geschlechtlicher Kategorien, da die An- und Abwesenheiten von Personen mit einem bestimmten Geschlecht (zumindest ‚hauptsächlich‘) ausschlaggebend für dessen Funktionieren sind. Insofern ist die Vorstellung eines utopisch-queeren Raums, der im vorigen Abschnitt beschrieben wird, mit Peggys Freiraumverständnis nicht vereinbar.

Auch Theresa verweist auf die Vorteile von ‚geschlossenen‘ Ladyfesten und verbindet mit ihrem Besuch eines Ladyfests, das nur für FrauenLesbenTrans* offen war, eine positive Erfahrung.

„Also, ich muss sagen, ich hab's total genossen, in [Stadt] war das glaube ich, war ein Ladyfest, das eben für Männer im klassischen Sinne nicht offen war, und ansonsten fänd' ich, ist das kein Proble-, also das gibt einfach noch mal 'ne andere Atmosphäre, obwohl das natürlich auch wieder Stress machen kann, also es ist auch, also der lesbische Blick auf 'ne Frau ist auch anstrengend, ja das kann auch irgendwie eine in Stress versetzen.“ (Theresa, Abs. 31)

Theresa sieht in der Nicht-Anwesenheit von Männern den Grund für die besondere Atmosphäre und legitimiert damit den Ausschluss von „Männern im klassischen Sinne“ – eine Formulierung, die darauf hindeutet, dass sie sich durchaus bewusst ist, dass es unterschiedliche Ausprägungen von Männlichkeit gibt und dass es sich hier also um Stereotype handelt, die sie aber dennoch bedient. Diese für Theresa positiv besetzte ‚andere Atmosphäre‘ wird zugleich eingeschränkt: Auch unter FrauenLesbenTrans*-Personen kann es ‚anstrengende‘ Momente wie den „lesbischen Blick“ geben, ein begehrender, sexuell konnotierter Blick. Damit richtet sie ihre Aufmerksamkeit auf das Verhalten der anwesenden Frauen und die Atmosphäre, die sie herstellen, und nicht auf die potenziell ‚ausgeschlossenen‘ Männer. Theresa thematisiert die Problematik übergriffigen Verhaltens und sexueller Anmachen, die auch in einem geschlechterhomogenen Rahmen nicht ausbleiben. Entscheidend ist bei dieser Problematik jedoch nicht das Geschlecht oder die sexuelle Orientierung, sondern die Art der begehrenden Blicke. Gleichzeitig liegt dem Ausdruck „lesbischer Blick“ auch eine kategorisierende Sichtweise auf lesbische Positionierungen zugrunde. Daher kommt Theresa auch zu dem Schluss, dass sie es in Ordnung findet, „wenn Männer da auch hinkönnen, wenn sie, wenn damit einfach respektvoll umgegangen wird“ (Theresa, Abs. 31). Somit zeichnet sich Theresas Haltung dadurch aus, die Bewertung und Herstellung der Atmosphäre nicht gänzlich anhand des Geschlechts der Anwesenden zu vollziehen, sondern anhand des konkreten Verhaltens der anwesenden Personen und anhand der Vorstellung, vor begehrlichen Blicken und Aufdringlichkeiten geschützt zu werden. Daher ließe sich Theresas Äußerung auch in der im nächsten Abschnitt dargestellten Orientierung an Respekt verorten.

Die hier dargestellten herrschaftskritischen Orientierungen habe ich so bezeichnet, weil sie sich in ihren Begründungen auf das herrschende Geschlechterverhältnis beziehen, das als Herrschaftsverhältnis kritisch betrachtet wird. Die Interviewpassagen stehen teilweise im Widerspruch zu den kategorienkritischen Orientierungen, weil geschlechtliche Kategorien und Stereotype herangezogen werden, um die Herstellung und Beschaffenheit eines Freiraums zu begründen. Dementsprechend stehen hier Freiraumkonzepte im Vordergrund, die sich auf Schutzräume und Entwicklungsmöglichkeiten beziehen.

Beide bisher herausgearbeiteten Orientierungen teilen jedoch eine Gemeinsamkeit: In beiden Orientierungen beziehen sich die Interviewpartner_innen auf herrschende Geschlechterverhältnisse, die ihre Alltagserfahrungen als ‚Frauen‘ oder als Grenzgänger_innen in Geschlechterkategorien prägen. Während in der kategorienkritischen Orientierung Erfahrungen vorherrschen, in denen die Interviewpartner_innen an die Grenzen der Zweigeschlechtlichkeit stoßen und diese daher problematisieren, geht es in der herrschaftskritischen Orientierung eher um sexistische, patriarchale Grenzen, an die vor allem Frauen im hegemonialen Sinne stoßen. Die herrschenden Geschlechterverhältnisse und -grenzen werden – durchaus in beiden Orientierungen – als Legitimierung für einen Ausschluss von Männern herangezogen. In beiden Orientierungen werden Ladyfeste als Gegenräume wahrgenommen, die einer nicht-normativen Logik folgen und damit auch einen – wie auch immer definierten – Freiraum darstellen. Insofern zeigt sich hier auch das oben bereits entfaltete Spannungsverhältnis, das sich vor allem an der Legitimierung und Notwendigkeit von Ausschlüssen entwickelt. Beiden Orientierungen gemein und innewohnend ist auch die Orientierung an Respekt, die im Folgenden näher ausgeführt wird.

Orientierung an Respekt: „Und da hatte ich das Gefühl: Ja! Es ist so, das ist mein Publikum"

Wie sich bereits gezeigt hat, formulieren die Aktivist_innen einen Anspruch auf ein bestimmtes – respektvolles und solidarisches – Verhalten in den Freiräumen, das alle Personen als gleichwertig anerkennt. Ein- und Ausschlüsse werden in diesem Falle mit einem erwarteten Verhalten legitimiert. Dieses beinhaltet zum einen ein erwünschtes Auftreten gegenüber den anwesenden Teilnehmer_innen (dass allen zunächst respektvoll begegnet und keine verbale und körperliche Gewalt eingesetzt wird, keine Grenzen überschritten werden) und zum anderen ein Verhalten, das Respekt vor der Ladyfest-Idee und den formulierten Zielen zeigt. Dieser Anspruch wird als wesentlicher Bestandteil der besonderen Ladyfest-Atmosphäre beschrieben. Den Begriff Respekt verstehe ich hier als Einhaltung von Grenzen und die Achtung der Selbstbestimmung von Personen. In diesem Sinne liegt ihm eine Reziprozität zugrunde. Eine Besonderheit im Kontext des Feldes ist es, dass ‚Respekt' ebenfalls auf die Anerkennung und Achtung von politischen Zielen bezogen wird. [15]

Diese beiden Aspekte des respektvollen Verhaltens und Respekts gegenüber politischen Zielen werden in einer Interviewpassage von Michaela deutlich. Sie beschreibt den Anspruch ihrer Gruppe aus der Sicht der Organisator_innen, einen Ladyspace (also einen als Ladyfest markierten Raum) herstellen zu wollen:

> „Also, dass wir halt über diese Themen wie, wir wollen hier keine Macker, wir wollen hier nur Männer, die halt irgendwie unsere Idee toll finden und mit uns feiern wollen, aber wir wollen keine Männer, die hier reinkommen und irgendwie, ja, so im schlimmsten Falle Stunk machen wollen oder sich einen Scheißdreck für unsere Ziele interessieren." (Michaela, Abs. 33)

Michaela formuliert mit Bezug auf den Konsens ihrer Gruppe Ausschlusskriterien ausschließlich für Männer. Unerwünscht sind ‚Macker'[16], also Personen, die

15 Für eine Auseinandersetzung mit den philosophischen Konzepten von Respekt und dessen Verhältnis zu Konzepten der Anerkennung, insbesondere denjenigen, die in der Schule Kritischer Theorie stehen (insbesondere Axel Honneth, Nancy Fraser, Rainer Forst), vgl. Schmetkamp 2012. Ich werde hier nicht auf die sozialphilosophische Debatte um Anerkennung eingehen.

16 Die Begrifflichkeit ‚mackerhaftes Verhalten' oder ‚Mackerverhalten' ist im Material häufig zu finden. Der Begriff Macker stammt ursprünglich aus dem niederdeutschen

sich ‚mackerhaft' verhalten, und Männer, die feministische Ziele nicht unterstützen. Es geht also sowohl um Verhaltensweisen als auch um Haltungen der Männer im Publikum. Michaela beschreibt in einem vorherigen Abschnitt, was sie unter ‚mackerhaftem' Verhalten versteht:

„Ja Mackerverhalten, also, einfach dass wir mitbekommen oder selber erlebt haben, dass wir auf Partys auch doof angemacht wurden [...] und da einfach schon total Grenzen überschritten wurden und das dann überhaupt nicht respektiert wurde. [...] Das ist erstmal so Mackerverhalten. Und dann halt, was wir auch oft beobachtet haben, Verhalten auf der Tanzfläche, dass sich da Typen immer unglaublich viel Raum beim Tanzen eingenommen haben und dann auch viele, hauptsächlich Frauen schon gar keinen Bock mehr hatten, dann auch zu tanzen, weil sie da ständig irgendwie so komisch weggekickt wurden." (Michaela, Abs. 29)

‚Mackerverhalten' ist an dieser Stelle für Michaela ein übergriffiges und sexistisches Verhalten von Männern („Typen") gegenüber Frauen. Die geschlechtliche Eindeutigkeit wird jedoch immer wieder auch eingeschränkt, wenn es darum geht, wer von diesem ‚Mackerverhalten' belästigt wird, in diesem Falle „hauptsächlich Frauen". ‚Mackerverhalten' ist für Michaela unter anderem damit verbunden, dass Männer den Raum einer Party, hier die Tanzfläche, einnehmen und Frauen damit den Zugang zu diesem Raum erschweren, bzw. sie ‚wegkicken', eine Formulierung, die körperliche Auseinandersetzungen nahelegt. An dieser Stelle bezieht Michaela ‚Mackerverhalten' ausschließlich auf Männer, während „hauptsächlich" Frauen davon betroffen sind. Ladyfeste sollen einen Schutzraum vor einem solchen Verhalten bieten. Nicht-respektvoller Umgang miteinander wird von Michaela als Ausschlusskriterium eingeführt. Damit werden Ausschlüsse zwar nicht nur anhand von Zugehörigkeiten zu (Geschlechter-) Kategorien vollzogen, doch werden in mancher Hinsicht unterschiedliche Maßstäbe an ‚Männer' und ‚Frauen' angelegt.

Bei der ‚besonderen Ladyfest-Atmosphäre' geht es nicht nur um Respekt gegenüber den anwesenden Personen, sondern darum, sie in Räume zu transportieren, die sonst nicht für einen sexismusfreien und rücksichtsvollen Umgang

---

und bedeutet Kamerad bzw. Freund insbesondere eines Mädchens. Laut Duden wird er umgangssprachlich als Bezeichnung für Kerl, Anführer, Macher oder Arbeitskollege verwendet (vgl. Duden 1999). Wikipedia weist darauf hin, dass ‚Macker' auf eine übertriebene Darstellung von Männlichkeit verweist und somit „inhaltlich Begriffen wie Chauvi oder Macho verwandt" ist [rev. 27.7.2015]. Häufig wird der Begriff abwertend verwendet.

stehen. So berichtet Elfi – sie hat zum Zeitpunkt des Interviews bereits mehrere Ladyfeste organisiert – von einer Party, die an einem szenefernen Veranstaltungsort stattgefunden hat. Dementsprechend war ihre Mission, den Ladyfest-Gedanken und die damit verbundene Atmosphäre dort zu etablieren und für diesen Abend zu erhalten.

„Und wir hatten da 'nen Stand und Transparente und haben auch versucht, uns da so breiter zu machen und dann hatte ich auch am Anfang das Gefühl, es gibt Leute, die interessieren sich dafür, die kommen her, die gucken an, was wir ausgelegt haben. Wir hatten dann auch so Dinge: Wie wollen wir, dass Ladyfest ist, also Respekt vor allen Leuten, nette Umgangsweisen, und Rücksichtnahme und so und keine Anmache. Und da hatte ich das Gefühl: Ja! Es ist so, das ist mein Publikum, es sind die Leute, die da sind fürs Ladyfest, da hatte ich mich dann irgendwie schon so gefreut, dachte, ja, sehr schön, hätte ich jetzt, also sehr schön, dass es auch hier klappt." (Elfi, Abs. 38)

In der Erzählung ihrer Geschichte changiert Elfi zwischen persönlichen Eindrücken von dem Abend und der Beschreibung kollektiver Einschätzungen der Gruppe der Ladyfest-Organisator_innen. Elfi erläutert zunächst die Strategien, mit denen die Gruppe in den Raum interveniert (Transparente, Flugblätter, Infostand). Die ausgelegten Informationen beinhalten, welches Verhalten auf einem Ladyfest erwartet wird: Respekt, nette Umgangsweisen, Rücksichtnahme, keine Anmachen. Damit fasst Elfi auch ihre Erwartungen an die Besucher_innen zusammen: Ein gutes Publikum erfüllt ihrer Ansicht nach nicht nur diese Anforderungen, sondern interessiert sich auch für die ausgelegten Informationsmaterialien und ‚respektiert' sie. Diese gute Erfahrung mit einem Ladyfest an einem ‚szenefernen' Ort konnte jedoch nicht den ganzen Abend aufrechterhalten werden.

„Und als es später wurde, so zwei halb drei, hatte ich so das Gefühl, das kippt. Und irgendwann, so drei halb vier, musste ich mich irgendwie mit Ellbogen durchkämpfen, haben die Leute sich einfach auf die Tische gesetzt, wo die Zettel ausgelegt sind. [...] Und da war dann alles, also die Leute kamen mir rücksichtsloser vor, betrunkener, und da war für mich diese Ladyfest-Atmosphäre weg. Ich hatte das Gefühl, ich will hier flüchten, das ist jetzt nicht mehr mein Ding, es ist 'ne Sauf-Anmach-Disco, wie sie standardmäßig ist. So was, was wir eigentlich nicht wollen. Und wir haben irgendwie es nicht geschafft, unsere Präsenz so stark zu machen, dass wir die, dass wir diese andere Atmosphäre rausdrängen, zurückdrängen." (Elfi, Abs. 38)

Die anfänglich gelungene Ladyfest-Atmosphäre schlägt für Elfi in Desinteresse und Ignoranz um. In ihrer Erzählung wird daher eine Unterscheidung zwischen einem guten und einem schlechten Publikum deutlich: Das gute Publikum stellt eine bestimmte Atmosphäre her, ist respektvoll und interessiert an den Inhalten. Das schlechte Publikum hingegen ist ignorant, rücksichtslos und betrunken, es zeichnet sich durch einen rüden Umgangston und eine desinteressierte Haltung aus. Das Fazit von Elfi lautet, dass sie als Ladyfest-Gruppe es nicht geschafft haben, diese schlechte Atmosphäre ‚zurückzudrängen'; es scheint ein Kampf gegen eine präsente Stimmung zu sein, der nur teilweise und temporär zu gewinnen war. Unklar bleibt, ob es sich bei den unterschiedlichen Teilen des Publikums tatsächlich um unterschiedliche Besucher_innen handelt, oder ob das Voranschreiten der Party und das von Elfi beschriebene ‚Kippen der Stimmung'[17] nicht auch dazu beigetragen haben, dass dieselben Besucher_innen sich schließlich anders verhalten haben. Dies ist letztlich jedoch unerheblich, denn es geht ihr ja genau um eine ‚besondere Ladyfest-Atmosphäre', die es herzustellen und zu halten gilt, und nicht um konkrete Personen. Geschlechtliche Kategorien der Personen des sowohl ‚guten' als auch ‚schlechten' Publikums spielen in Elfis Erzählung keine Rolle.

Zu Elfis persönlicher Enttäuschung kommen die Ansprüche der Ladyfest-Besucher_innen hinzu, die sich über diese aus ihrer Sicht misslungene Veranstaltung beschweren: „Es gab halt auch Kritik von Leuten, die gesagt haben: ‚Wir kommen hier auf 'ne Ladyfest-Party und dann sieht's so aus? Damit haben wir nicht gerechnet'" (Elfi, Abs. 38). Als Organisator_in muss sich Elfi mit diesen ‚Vorwürfen' auseinandersetzen, und wie ihre Erzählung nahe legt, hat sie dies auch in ihrer Gruppe getan. Der Anspruch, eine ‚besondere Atmosphäre' zu schaffen, ist nicht nur ein selbst gesetzter, sondern er wird auch von außen – in Bezug auf informelle Szene-Konventionen – an Elfi und ihrer Gruppe herangetragen.

Für Elfi ist somit die Qualität des Publikums ein Gradmesser für das Gelingen eines Ladyfestes, die unter anderem auch an die Örtlichkeit geknüpft zu sein scheint. Ähnlich wie im ersten Beispiel geht es um die Haltungen und das Verhalten der Besucher_innen, wobei ihnen in diesem Fall eine aktive Rolle zugeschrieben wird: Sie sind nicht nur maßgeblich am Gelingen der ‚besonderen Atmosphäre' beteiligt und können diese zum Scheitern bringen, sie tragen auch aktiv ihre Erwartungen und Ansprüche an die Gruppe heran.

17 Ein ähnliches Phänomen beschreibt Nina Schuster in ihrer empirischen Untersuchung zur Produktion queerer Räume. Unter der Überschrift „Die Party kippt" beschreibt sie die Befürchtung ihrer Interviewpartner_innen des „‚Überrolltwerdens' der Szene durch Szenefremde" (Schuster 2010: 275) und die Verdrängung der Sichtbarkeit von ‚uneindeutigen Identitäten'.

Bei Elfi steht nicht allein die Atmosphäre im Mittelpunkt, sondern auch die Möglichkeit der Vermittlung ‚ihrer' politischen Inhalte. Dies zeigt sich auch bei Michaela, die eine Anerkennung der Ziele der Gruppe einfordert. Dies verweist auf das Verständnis von Freiraum als Möglichkeit der politischen Organisierung bzw. als Ort politischer Artikulation (in Sinne von Zielen, Werten).

Zusammenfassend lässt sich sagen, dass das erwartete Verhalten des Publikums auf unterschiedliche Aspekte abzielt: Es geht um die Vermeidung von übergriffigen Verhaltensweisen, also um die Achtung von körperlichen Grenzen. Darüber hinaus geht es um die Achtung der (geschlechtlichen, sexuellen, etc.) Selbstbestimmung der anderen anwesenden Personen. Das Einfordern dieser Achtung muss vor dem Hintergrund der Funktion des Schutzraums und des Ermöglichungsraums gelesen werden. Zum einen kann mit dieser Achtung vor körperlichen Grenzen und der Selbstbestimmung ein zumindest Sichererer Ort (‚Safer Space') hergestellt werden, zum anderen kann so die Ermöglichung von Entwicklungsräumen erfolgen. Ebenso wird Respekt gegenüber den politischen Zielen eingefordert. Demzufolge ist solche eine Orientierung an Respekt als maßgeblich für die Herstellung eines Ladyfest-Raumes zu betrachten. Ebenso lässt sich die Fokussierung auf das Verhalten der Teilnehmer_innen als alternative Strategie verstehen, die Spannung zwischen kategorienkritischer und herrschaftskritischer Orientierung aufzulösen oder zu verschieben.

9.6 Fazit: Freiräume ohne Ausschluss: ein Spannungsverhältnis

Freiräume in der Krise?

Die von Ladyfest-Aktivist_innen gestalteten Räume stehen in der Tradition feministischer Freiraumkonzepte; sie werden von den Aktivist_innen als Lernraum, Entfaltungs- und Entwicklungsraum sowie als Raum für politische Organisierung beschrieben. Zudem werden sie als Gegenräume zur Alltagswelt verstanden und bilden damit einen Ermöglichungsraum, um Identitätspositionen jenseits geltender Geschlechterkategorien lebbar zu machen. Infolgedessen erscheinen sie als Räume, in denen „eine andere geschlechtliche Welt vorstellbar" (Schirmer 2010: 405) wird, wie Uta Schirmer dies in Bezug auf Drag Kinging-Aktivist_innen beschreibt. Dementsprechend sind die hier von den Aktivist_innen beschriebenen Freiräume als Entwicklungsräume zu verstehen. Dieser Aspekt der Entwicklung ist ein zentraler Bestandteil der ‚Consciousness Raising Groups' bzw. Selbsterfahrungsgruppen gewesen (vgl. Knäpper 1984: 61f.), wie ich bereits im Unterkapitel über die Freiraumkonzepte dargestellt habe. Damit beziehen sich die Aktivist_innen also affirmativ auf einen Teil feministischer Bewegungen, in denen Ausschlüsse von Männern in starkem Maße vertreten und der Bezug auf ‚weibliche Identität' hergestellt wurden. Gleichzeitig wird dieser Widerspruch nicht thematisiert oder nicht als solcher erkannt.

Gemeinsam ist allen Interviewpartner_innen, dass sie sich positiv und mit Dringlichkeit auf die Idee von Freiräumen beziehen. Diese Dringlichkeit steht auch unter dem Eindruck von zunehmender Infragestellung von Freiräumen, die Menschen mit bestimmten Geschlechtskategorien ausschließen. Ein durch Ausschlüsse konstituierter Freiraum gilt allen Interviewpartner_innen als nicht erstrebenswert, weswegen Ausschlüsse grundsätzlich legitimiert werden müssen. Obwohl sich die meisten Ausschlüsse, die im Material verhandelt werden, in irgendeiner Weise auf die Kategorie Geschlecht beziehen, werden auf einer grundsätzlichen Ebene Geschlechterkategorien (oder überhaupt Kategorien) paradoxerweise abgelehnt oder in Frage gestellt. Der ideale Freiraum stellt sich im Material als einer dar, der sich nicht auf Kategorien berufen muss. Von diesem Anspruch gehen die Argumentationen der Interviewpartner_innen aus, sodass folgende Punkte zusammenführend festgehalten werden können:

- Um einen Freiraum zu erhalten, sind Reglementierungen notwendig, die Ausschlüsse an anderen Kriterien als an ‚Geschlechterkategorien' festmachen sollen. Dass dennoch Ausschlüsse notwendig sind, wird vor allem anhand der *herrschaftskritischen Orientierung* deutlich und mit Bezug auf Konzepte des Schutzraums und des Entwicklungsraums begründet.
- Diese Reglementierungen stehen mit der Ermöglichung einer nicht-normativen Vielfalt im Widerspruch. Hier kommt die *kategorienkritische Orientierung* zum Tragen, die Freiraum als Entwicklungs- und Möglichkeitsraum für geschlechtliche und sexuelle Vielfalt versteht.
- Ein gelungenes Ladyfest – so ein Ergebnis der Analyse – braucht eine ‚besondere Atmosphäre', die sich aus den drei Orientierungen (*herrschaftskritische Orientierung, kategorienkritische Orientierung* und *Orientierung an Respekt*) und dem Verständnis von Freiraum als Schutzraum und Entwicklungsraum zusammensetzt. Die ‚besondere Atmosphäre' nimmt zudem in diesem Kontext die Funktion des Maßstabs eines gelungenen Freiraums ein und fungiert als Referenz für die Legitimation von Ausschlüssen, die in der Praxis vollzogen werden.

Die Politik der Freiräume – so könnte man davon ausgehend diagnostizieren – befindet sich in einer Krise, weil die bisherigen Grundlagen verstärkt in Frage gestellt werden: Die Funktion und Wirksamkeit des Schutzraums muss neu bestimmt werden, wenn nicht klar ist, wer vor wem geschützt wird bzw. wenn vielfältige Gewaltverhältnisse thematisiert werden und keine klar umgrenzte ‚Opfergruppe' mehr benannt wird. Der Aspekt der (weiblichen) Selbsterfahrung wird fragwürdig, wenn die Thematisierung von (gemeinsamen) Diskriminierungen immerzu auf Geschlechterkategorien verweist, die eigentlich hinterfragt und abgeschafft werden sollen. Die Frage, welche Erfahrungen bzw. Diskriminierungserfahrungen als relevant gelten, auf welche Gemeinsamkeiten Bezug genommen wird und in welchen Gruppenkonstellationen daher eine Selbsterfahrung stattfinden soll, ist drängend geworden und eine eindeutige Antwort in der Regel nicht verfügbar. In diesem Spannungsverhältnis müssen aktuelle queer-feministische Freiraumpraktiken diskutiert werden.

Spannungsverhältnis

Ich habe den Begriff Spannungsverhältnis gewählt, um das Verhältnis von Freiraumvorstellungen und Ansprüchen bezüglich Ein- und Ausschlüssen zu beschreiben, weil er eine Gleichzeitigkeit von Positionen ausdrückt, die zunächst unvereinbar erscheinen. Der Begriff eröffnet einen Raum für unterschiedliche Positionierungen und für Ambivalenzen und ermöglicht es, das beschriebene Verhältnis als ‚in Bewegung' zu denken. Daher verwende ich den Begriff nicht im Sinne von Gegensätzlichkeit oder Widerspruch, sondern im Sinne eines Feldes von Konflikten, die im Prozess sind. Andere Arbeiten über queer-feministischen Aktivismus thematisieren ebenfalls die hier als Spannungsverhältnis beschriebene Problematik, die auch in meiner Studie immer wieder zum Vorschein kommt: „Wie könnte es möglich sein, einen queeren Raum zu produzieren, wenn jede Identitätsbenennung und -definition gleichzeitig zu einer Identifizierung und damit Eingrenzung möglicher Akteur_innen, Subjektpositionen und Praktiken führt?" (Schuster 2010: 294). Schuster[18] stellt hier eine meinem Forschungsinteresse ähnliche Frage und kommt zu dem Schluss, dass queere Räume diesem Spannungsverhältnis immer mit einer Prozesshaftigkeit, einer Temporalität begegnen müssen. Ihre Vorschläge zum Umgang mit der Problematik verweisen

18 Nina Schuster hat mit der Perspektive der sozialen Praktiken der Raumproduktion eine den Ladyfesten nahestehende Szene untersucht: die der Drag Kings und Transgender. Für ihre Studie geht sie von Konzepten aus, die die Rolle des Sozialen für die Raumkonstitution hervorheben und diese als historisch geworden, prozesshaft und gesellschaftlich bedingt denken (ebd.:52).

auf die strategische Verwendung von Identitäten und Offenheit gegenüber Normabweichung und Normhinterfragung (vgl. ebd.: 295).

Insofern handelt es sich hier nicht um eine Spezifik des Ladyfest-Aktivismus, sondern das angesprochene Spannungsverhältnis muss im Kontext von queeren und feministischen Theorieansätzen und deren Konsequenzen für die Praxis betrachtet werden. Und es wird deutlich, dass sich dieser Kontext maßgeblich aus der gleichzeitigen Wirksamkeit von Diskursen bestimmt, die sich aus der Neuen Frauenbewegung bzw. feministischem Aktivismus seit den 1960er Jahren sowie aus queeren bzw. poststrukturalistischen Annahmen speisen. Die Orientierung an feministischen Freiraumkonzepten, insbesondere an der Vorstellung von Freiraum als Entwicklungs- und Schutzraum, die historisch gesehen auf dem Ausschluss von ‚Männern' basieren, steht in Widerspruch zur Infragestellung der Kategorie Frau und der Ablehnung von Ausschlüssen aufgrund von (Geschlechter-) Kategorien. Die zunehmende Selbstverständlichkeit, mit der geschlechtliche und sexuelle Vielfalt gelebt wird, macht die Notwendigkeit der Auseinandersetzung mit der Öffnung dieser Räume immer dringlicher. Diese Auseinandersetzung ist daher zu einem zentralen Bestandteil des queer-feministischen Aktivismus geworden. Als Konsequenz für den Ladyfest-Aktivismus ergeben sich daraus verschiedene Ansprüche an die Raumgestaltungen: Sie sollen so gestaltet sein, dass sie niemanden vorschnell kategorisieren und bewerten (*kategorienkritisch*), sie sollen gängige Herrschaftsverhältnisse umkehren bzw. die Vormachtstellung von männlichen Positionen nicht bedienen (*herrschaftskritisch*). Insbesondere sollen sie gewährleisten, dass allen Anwesenden mit Respekt und gewaltfrei begegnet wird (*respektvoll*). Damit schließen diese drei Orientierungen an queere und feministische Theorieansätze an, die auf das Tun (*Doing*) rekurrieren: Während der formulierte Anspruch der Aktivist_innen, einen Gegenraum zu herrschenden Geschlechterverhältnissen zu schaffen, auch teilweise separatistische Politiken beinhaltet, die in einer Tradition der feministischen Freiraumkonzepte stehen, wie sie oben formuliert wurden, wird dieses Vorgehen mit einer generell kategorienkritischen Haltung konfrontiert, die eine Offenheit für verschiedene geschlechtliche Positionen (bis hin zu Cis-Männlichkeiten) einfordert.

Das hier erörterte Spannungsverhältnis ergibt sich jedoch nicht nur aus diesen spezifisch theoriegeleiteten und an Freiraumkonzepten orientierten Fragen, sondern auch aus der generellen Ablehnung von Ausschlüssen. Mit der theoretischen Perspektive der Raumkonstitution von Martina Löw lässt sich sagen, dass die Wahrnehmung und Gestaltung von Räumen und Atmosphären stets gesellschaftliche Hierarchien und Ungleichheitsverhältnisse widerspiegelt und, so kann man weiter folgern, zwangsläufig Ausschlüsse aufgrund von herrschenden

Kategorien vollzogen werden (siehe Kapitel 4.3 und vgl. Löw 2001: 263ff.). Dabei sind die Herstellung und das Erleben einer ‚besonderen Atmosphäre' strukturell an Grenzziehungspraktiken gebunden, die Zugehörigkeit, aber auch Nicht-Zugehörigkeit und damit Ausschlüsse herstellen. Aus einer solchen Perspektive betrachtet, ist die Produktion von Räumen ohne Grenzziehungspraktiken nicht denkbar.

In der Auswertung zeigt sich, dass die Aktivist_innen selbst eine Vorstellung von Raum formulieren, die der theoretischen Konzeption von Löw sehr nahe kommt. Sie gehen davon aus, dass Orte in einem aktiven Prozess zu Räumen gestaltet werden. Das zeigt sich insbesondere an den Interviewstellen, an denen es um die ‚besondere Atmosphäre' geht. Während allerdings Löw von der Existenz mehrerer Räume an einem Ort ausgeht, also auch verstärkt die unterschiedliche Wahrnehmung von Räumen im Blick hat (vgl. ebd.: 209f.), verobjektivieren die Aktivist_innen ihren Blick bzw. ihre Wahrnehmung von Räumen. Das heißt, die Möglichkeit der unterschiedlichen Rezeption von Räumen und die gleichzeitige Existenz von mehreren Räumen an einem Ort, die maßgeblich für Löws Konzept ist, findet in der Perspektive der Aktivist_innen keinen Niederschlag. Das wird unter anderem daran ersichtlich, dass die Aktivist_innen Räume als Grenze bzw. Grenzziehungspraxis in zweierlei Hinsicht thematisieren: Zum einen diskutieren sie Ein- und Ausschlüsse im Kontext von Einladungs- und konkreter Einlasspolitik. Hier sind sie aktiv mit Fragen der Gestaltung, Entscheidungsfindung und mit den sich daraus ergebenden ambivalenten Situationen konfrontiert. Zum anderen werden auch Ein- und Ausschlüsse durch die gestaltete Atmosphäre thematisiert. Hier ist die Perspektive vielschichtiger: Die Aktivist_innen wollen durch eine ‚besondere Atmosphäre' inklusiv agieren und somit durch die Atmosphäre Ausschlüsse vermeiden. Gleichzeitig formulieren sie (bei anderen Gelegenheiten) selbst gemachte Erfahrungen von Ausschlüssen durch Atmosphären, die sie nicht ‚einladen' bzw. tendenziell ausschließen. Insofern zeigt sich hier, dass die Wahrnehmungsmöglichkeiten von Atmosphären in den Überlegungen der Aktivist_innen eine Rolle spielen, die unterschiedlichen Positionen der Rezipient_innen, die die Wahrnehmung beeinflussen, jedoch nicht. Löws theoretische Konsequenz, dass jeder Raum stets von gesellschaftlichen Hierarchien durchzogen ist, findet daher im Handeln der Aktivist_innen kaum Entsprechung.

Strategien zum Umgang mit dem Spannungsverhältnis

Das Wissen um die Notwendigkeit von Ausschlüssen zeigt sich in der Analyse der Interviews und in der selbstreflexiven Praxis der Aktivist_innen. Diese ringen um ‚gerechtere' Formen von Ausschlüssen: Sind Sozialisation, Diskriminierungserfahrung oder konkretes Verhalten ‚bessere' Kategorien, um Ausschlüsse zu rechtfertigen, als Identitätskategorien? Alternative Strategien zeigen sich bspw. im Abschnitt zur *Orientierung an Respekt*, in dem die Bedeutung von homogenen Erfahrungsräumen aufgezeigt wird, wobei die Aktivist_innen bemüht sind, so wenig kategoriale Zuschreibungen wie möglich vorzunehmen. Sie beschränken bspw. die Benennung von Geschlechterkategorien oder wählen stattdessen Alternativen wie „geschlechtliche Sozialisation". Es zeigt sich allerdings auch an diesem Punkt, dass die Bestimmung der Gemeinsamkeiten ambivalent und potentiell ausschließend bleibt, wenn bspw. von Sozialisationserfahrungen auf Diskriminierungserfahrungen geschlossen wird und diese dann als Legitimation für Schutzräume zugrunde gelegt werden. Es geraten Diskriminierungserfahrungen von ‚queeren und Transgender-Personen' aus dem Blick, also Erfahrungen, denen das Überqueren und die Durchkreuzung von heteronormativen Grenzen zu Grunde liegen. Es zeigt sich, dass der alleinige Verzicht auf eindeutige Geschlechterkategorien nicht verhindert, dass Vereindeutigungen vorgenommen oder bestimmte Erfahrungen unsichtbar zu gemacht werden (bspw. die Diskriminierung als Trans*Person).

Der Bezug auf Sozialisationserfahrungen – wie er vor allem in den Kontrastfällen von Phillip und Yasemin herausgearbeitet wurde – zeigt, dass dieser als Kriterium nicht nur nicht inklusiv ist, sondern auch zweigeschlechtliche Stereotype wiederholt, ohne aktuelle Diskriminierungs- und Alltagserfahrungen einzubeziehen. Yasemins Fokus auf die weibliche Sozialisation lässt diejenigen Erfahrungen außen vor, die durch die Überschreitung der Geschlechtergrenzen entstehen. Phillips Bemühungen, auch am Freiraum zu partizipieren, werfen ihn immer wieder auf seine geschlechtliche Sozialisation zurück, die er überwinden will.

Hier zeigen sich Grenzen in der Umsetzung und es gilt, den heteronormativen Blick immer wieder erneut in Frage zu stellen: Welche Diskriminierungserfahrungen werden sichtbar und welchen wird Bedeutung beigemessen? Wessen Erfahrungen gelten als legitim? Wer ‚verdient' den Freiraum bzw. Schutzraum? Wessen Erfahrungen, Diskriminierungen, Sozialisationen werden als legitim anerkannt? Und damit bleibt letztlich die Frage der Anerkennung virulent.

Der Versuch jedoch, in den Zuschreibungen verstärkt Handeln (‚doing') und andere Kategorisierungen zu verwenden, trägt dem Spannungsverhältnis immerhin Rechnung, wenn es auch nicht möglich ist, dieses aufzulösen. Das beschriebene Spannungsverhältnis wird zum Kristallisationspunkt zentraler Verhandlungsfelder queer-feministischer Politiken und verweist auf die Begrenztheit im Sinne der Verwirklichung von Möglichkeiten.

10. ‚Lady' – eine Kategorie in Bewegung?

Seitdem es Ladyfeste gibt, wird von Aktivist_innen diskutiert, ob die Bezeichnung Lady passend und sinnvoll ist, und über Alternativen und Weiterentwicklungen nachgedacht. Mit zunehmender Verbreitung der Ladyfeste nahm auch die Kritik am Begriff zu. Entsprechend gab es Vorschläge für Veränderungen oder neue Bezeichnungen. Hierfür gibt es zahlreiche Beispiele: *Lad.i.y.fest* (Berlin), *Queerfeste, Femalefest* (Erlangen), *Girl Power Fest* (Koprivnica Croatia), *Femfest* (Santiago de Chile), *Girls Rock Camp* (Niederösterreich), *KuñaFest* (Asuncion, Paraguay), *Together – Das Aufbegehren der Geschlechter, der gesamtemanzipatorische festigress* (Düsseldorf), um nur einige zu nennen (siehe hierzu auch bspw. Goetz 2010 oder Keenan 2008). Zudem stehen Ladyfeste in der Tradition verschiedener Bewegungen, die Begriffe aneignen und umdeuten (vgl. Kapitel 8).

Jenseits der Gründe, Lady als Begriff umzudeuten oder fallen zu lassen, gibt es für die Aktivist_innen aber auch Motivationen, am Begriff festzuhalten. In der Hochphase des Ladyfest-Aktivismus ermöglichte das breite Aufgreifen der Bezeichnung Ladyfest den Gruppen, an die riot-grrrl-Bewegung anzuknüpfen und ein (virtuelles) Netzwerk zu etablieren. Melanie Groß argumentiert, dass die Verwendung der Bezeichnung durch viele Gruppen dazu geführt habe, dass man sich gegenseitig im Netz leichter finden und vernetzen konnte, sie darüber hinaus aber auch Momente der gemeinsamen Erzählung und Deutung repräsentiere (vgl. Groß 2006a).

Daher steht in diesem Kapitel der Umgang der Aktivist_innen mit der Bezeichnung Lady im Mittelpunkt. Um dessen dynamischer Weiterentwicklung im Aktivismus Rechnung zu tragen, werde ich als Vergleichsfall eine Gruppe heranziehen, die sich gegen die Verwendung der Bezeichnung Ladyfest entschieden und stattdessen ‚_fest' (ausgesprochen als gapfest oder Unterstrichfest) verwendet hat. Das _fest bezeichnet sich im Ankündigungstext als „entstanden aus dem Ladyfest" und wird unter anderem von ehemaligen Ladyfest-Aktivist_innen organisiert.

Daher wird es in diesem Kapitel stets um eine vergleichende Analyse gehen: Strategien und Orientierungen von Ladyfest-Aktivist_innen werden herausgearbeitet und mit denen der _fest-Aktivist_innen ins Verhältnis gesetzt. Trotz unterschiedlicher Umgangsweisen und Strategien lässt sich zeigen, dass in beiden Fällen grundsätzlich ähnliche Orientierungen zu Grunde liegen und dieselben Bedeutungshorizonte geteilt werden. Dies hebt allerdings gleichzeitig die Funktion des Begriffs Lady bzw. des Unterstrichs hervor, denn es zeigt sich, wie daran symbolische Kämpfe um das Referenzsubjekt des queer-feministischen Aktivismus ausgetragen werden.

Zunächst werden anhand von empirischem Material die Bedeutung und Umdeutung von Lady sowie die Entstehung von _fest nachvollziehbar gemacht. Anschließend werden in den folgenden Unterkapiteln 10.2 bis 10.4 die Orientierungen herausgearbeitet, die in diesen Debatten eine Rolle für die Aktivist_innen spielen. Auch hier wird vergleichend gearbeitet.

10.1 STRATEGIEN: UMDEUTUNG UND WEITERENTWICKLUNG

Wie bereits anhand der Selbstverständnistexte herausgearbeitet wurde, haben Aktivist_innen verschiedene Strategien entwickelt, um mit der Bezeichnung Lady bzw. mit anderen kollektiven Bezeichnungen umzugehen. Anlässe dafür sind vor allem ihre Kritik an Identitätskategorien und ihre Skepsis gegenüber universalisierenden Zuschreibungen. Beide Strategien nehmen ihren Ausgang an der Unzufriedenheit der Aktivist_innen mit der Bezeichnung Lady, weshalb diese unterschiedlichen Strategien der Umdeutung und der Weiterentwicklung hier direkt verglichen werden können.

Lady umdeuten

Anhand einer Passage des Interviews mit Mila werde ich herausarbeiten, wie der Begriff Lady entgegen seiner Verwendung in einem herkömmlichen Bedeutungsspektrum umgedeutet wird. Es lässt sich zeigen, von welchen Bildern und Bedeutungen, die mit dem ‚herkömmlichen' Begriff Lady verbunden sind, sich die Aktivist_innen unentwegt abgrenzen müssen: nämlich jener Bedeutung, die der deutschen Übersetzung Dame, insbesondere der ‚vornehmen Dame', innewohnt.[1] Der Begriff Lady kann im Englischen, aber durchaus auch im Deutschen, vor allem im zeitgenössischen popkulturellen Kontext einen ironischen Unterton wie bei *Lady Gaga* oder *Lady Bitch Ray* enthalten. Durch die Praxis der begrifflichen Umdeutung wird ,Lady' eng an den historischen Entstehungskontext der ,riot grrrls' geknüpft. Anhand einer längeren Passage des Interviews mit Mila werde ich dies herausarbeiten.

Mila verfügt über vielfältige Erfahrungen als Besucher_in, Künstler_in und Aktivist_in im Feld des Ladyfest-Aktivismus, die sie über mehrere Jahre hinweg gesammelt hat. Auf die Frage, ob sie mit dem Begriff Lady etwas anfangen kann, reagiert sie zunächst abwehrend:

> „Nee, also Lady an sich nicht, eher Diva. Irgendwie was teilweise dann vielleicht das Gleiche ausdrückt. Aber Lady ist schon für mich so ein bisschen festgesetzt, also halt so von der Bedeutung her hat es für mich was mit irgendwie halt auf jeden Fall weiblich, auf jeden Fall gut angezogen, vornehm, reich, so was, und Handschuhe bis, also das ist so das Bild, Handschuhe bis zum Ellenbogen, ist so das Bild, was ich sofort dazu kriege." (Mila, Abs. 48)

,Lady' ist im Gegensatz zu ,Diva'[2] für Mila kein Begriff, mit dem sie sich selbst bezeichnen möchte. Die Bedeutung von ,Lady' ist für sie klar umrissen: Sie assoziiert eine eindeutige geschlechtliche Zuschreibung und Attribute wie Reichtum und Vornehmheit, die auf eine gehobene gesellschaftliche Position verweisen. Eine bildliche Entsprechung sind die ,Handschuhe bis zum Ellenbogen'. Das Bild der Handschuhe, das mit einer gewissen Extravaganz, aber auch einer bestimmten Form von Weiblichkeit, in Verbindung gebracht werden kann, verweist hier auf eine Bedeutungsüberschneidung von ,Lady' und ,Diva'. Der Verweis auf ,Diva' deutet bereits auf eine aktive Praktik der Aneignung von Bezeichnungen: Der Begriff Lady wird wegen seines Zusammenhangs mit vornehmer Weiblichkeit abgelehnt. Stattdessen wird ein Begriff gewählt, der (geschlechtsneutrale) Launenhaftigkeit und Empfindlichkeit zum Ausdruck bringt

1 Im Duden wird ,Lady' als englische Bezeichnung für ,Dame' geführt, wobei Dame als übliche Bezeichnung für Frauen im gesellschaftlichen Verkehr definiert wird. Dame wird zudem im Duden als gebildete, kultivierte und gepflegte Frau beschrieben.

2 Der Duden führt Diva als ,die Göttliche'. Divas bzw. Diven, sofern sie nicht Schauspielerinnen oder Künstlerinnen bezeichnen, zeichnen sich durch exzentrische Allüren und besondere Empfindlichkeiten aus. In dieser Funktion ist ,Diva' nicht an ein bestimmtes Geschlecht gekoppelt.

und unter anderem mit Dragperformances[3] assoziativ verbunden ist, sodass hier bereits implizit auf eine Auflösung eindeutiger geschlechtlicher Zuweisungen verwiesen wird. Es ist der extravagante Bedeutungsanteil von ‚Lady', der für Mila – wenn überhaupt – als Identifikationsangebot in Frage kommt.

Obwohl Mila also mit dem Begriff Lady im herkömmlichen (‚festgesetzten') Sinne als Selbstbezeichnung zunächst nichts anfangen kann, erläutert sie anschließend ausführlich, wie sie den Begriff für sich explizit umdeuten („auftrudeln") kann, damit er bei ihr „nicht sofort auf Ablehnung stößt". Für die Umdeutung relevant ist der Bezugspunkt ‚Ladyfest' („ich hab das total akzeptiert als Namen sofort"), der auf den konkreten aktivistischen Horizont verweist, vor dem die Auseinandersetzung mit ‚Lady' stattfindet. Im Einzelnen diskutiert sie die anfangs gesetzten Attribute und Assoziationen der Eingangspassage:

„Okay, ich hab gesagt irgendwie Lady, ist auf jeden Fall reich, das ist halt so reich an Erfahrung, [...] dann auf jeden Fall gut angezogen, oder so vornehm irgendwie, im Sinne von, na, halt Grenzen sehen, irgendwie auch zu haben, und sich da auch klar abgrenzen können, so bis hin zu halt, es gibt eine Verhaltensweise oder es gibt so mehrere Verhaltensweisen, die einfach sich gehören, die halt in dem Kontext total sinnig sind, irgendwie tatsächlich in dem snobistischen Kontext einfach nur blöd sind teilweise. Ja, gut angezogen, dass einfach egal, vielleicht auch irgendwie, weil alles angezogene ist gut angezogen, jegliche so. Was nicht heißt, dass nackt sein ist nicht gut angezogen ist, sondern die Haut die da ist, passt einfach und das ist super. Was hatte ich noch, Handschuhe, äh, Handschuhe? äh, Safer Sex? Wäre an dem Punkt das was mir dann dazu einfällt, um das dann tatsächlich dann in diesem Kontext auch zu nennen. Und [...] weiblich. Ja, passt dann das Wort Feminismus und feministisch schon wieder dahin oder so zum Beispiel. Oder halt, weiblich im Sinne von Nicht-Macker." (Mila Abs. 48)

Um den Begriff Lady überhaupt akzeptieren zu können, werden die von ihr assoziierten Attribute ihres eindeutigen Bedeutungshorizontes entledigt: Das Attribut ‚reich' wendet sie somit nicht auf finanzielle Ressourcen an, sondern nennt als Gegenhorizont Erfahrungsreichtum. Was genau ‚Reichtum an Erfahrung' bedeutet bleibt diffus, unbestimmt, damit aber auch niedrigschwellig: Jede_r hat die Möglichkeit unterschiedlichste Erfahrungen zu sammeln, die es wahrzunehmen, sichtbar zu machen und wertzuschätzen gilt. Somit geht es auch um eine Umdeutung dessen, was als gesellschaftlich erstrebenswert erachtet wird, um der gängigen Definition von ‚reich' zu entsprechen: Für Mila sind es nicht finanziel-

3 Die (vor allem weibliche) Diva, die häufig *Handschuhe bis zum Ellenbogen* trägt, ist ein beliebtes Motiv in Dragperformances.

le Ressourcen, sondern menschliche Erfahrungshorizonte, die Reichtum ausmachen.

Der Begriff ‚vornehm' steht laut Duden für ein zurückhaltendes Benehmen und eine Feinheit, die auch als Distinktionsmittel die Zugehörigkeit zur Oberschicht kennzeichnet. Aus dieser Bedeutung löst Mila nur einen kleinen, für sie relevanten Teil heraus, nämlich den Umgang mit persönlichen Grenzen, eine Variante der Vornehmheit, die sie hier als Unaufdringlichkeit kennzeichnet. Sie empfindet es als positiv, wenn jemand seine eigenen und die Grenzen anderer Menschen achtet und dem Gegenüber Respekt zollt. Der Umgang mit Grenzen ist für sie jedoch nur dann positiv besetzt, wenn sie nicht in ‚snobistischer Funktion' eingesetzt werden, also um bspw. eine gesellschaftliche Hierarchie herzustellen. Es scheint naheliegend, dass Mila mit „Verhaltensweisen, die einfach sich gehören, die halt in dem Kontext total sinnig sind" das erwartete Verhalten im Ladyfest-Kontext meint, was sich an die zuvor herausgearbeitete *Orientierung an Respekt* anlehnen lässt. Insofern lässt sich ihre Verwendung des Attributs ‚vornehm' im Hinblick auf den Verhaltenskodex im Ladyfest-Kontext deuten.

‚Gut-angezogen-Sein' bezieht Mila nicht nur auf Kleidung, sondern auch auf das Nacktsein, und meint damit, sich in der eigenen Haut wohlzufühlen („die Haut die da ist, passt einfach und das ist super"). In diesem Sinne opponiert sie gegen Schönheitsnormen, die dazu führen könnten, dass sich Menschen in ihrer Haut nicht wohlfühlen oder sich ‚unpassend' vorkommen. So bewertet sie Schönheitsnormen kritisch, indem sie dafür argumentiert, die körperlichen Gegebenheiten (‚Haut') zu akzeptieren und diese auch als schön bzw. passend wahrzunehmen. Die Logik der Schönheit und des Stils wird somit in ihrer Deutung zu einer Logik des Wohlfühlens und der Kohärenz, einer körperlichen und psychischen Kohärenz.

Das Bild der *Handschuhe bis zum Ellenbogen* bezieht sie schließlich auf Safer Sex, womit sie auf eine Vielfalt sexueller Praktiken verweist, die jenseits von heterosexueller Penetration liegen. Obwohl ‚Lady' im zeitgenössischen Alltagsgebrauch im deutschsprachigen Raum durchaus eine sexuelle Konnotation besitzt, steht die ursprüngliche Bedeutung (‚Dame') eher für eine Frau, die nicht sexualisiert werden darf. Somit gibt Mila dem Aspekt einer aktiven, selbstbestimmten und nicht unbedingt heterosexuell orientierten Sexualität einen Platz in ihrer Bedeutung von ‚Lady'.

Das Attribut ‚weiblich' versteht Mila weniger eindeutig als es in der herkömmlichen Bedeutung von Lady angelegt ist: Für sie verweist die Zuschreibung ‚weiblich' auf die politische Dimension von geschlechtlichen Herrschaftsverhältnissen und damit auch auf feministische Positionen, die dagegen opponieren. Jedoch veruneindeutigt sie die geschlechtliche Zuweisung, indem sie ‚weiblich' als ‚Nicht-Macker' versteht. Damit koppelt sie die Beschreibung an ein Nicht-Verhalten bzw. an eine Haltung und nicht an ein Geschlecht. Dies korrespondiert mit der zentralen Rolle, die der respektvolle Umgang miteinander einnimmt.

Mila zeigt hier die Bereitschaft, in der Begriffsarbeit in die Tiefe zu gehen, vielleicht gerade wegen ihrer Ablehnung des Begriffs Lady als Identifikationskategorie, die allerdings mit der gleichzeitigen Akzeptanz von ‚Lady(fest)' als kollektivem Begriff einhergeht. Daher bewältigt sie die Aufgabe, diese beiden Ebenen zusammenzubringen, wobei das Ergebnis jedoch ambivalent bleibt. ‚Ladyfest' als kollektiver Begriff ist für sie „okay" und „akzeptiert".

„Ich bin da schon auch als Lady hin, aber eher als, aber ich glaube unbewusst mit dieser Assoziation, die ich einfach dazu habe irgendwie, so. Aber ich würde mich persönlich eher als Diva bezeichnen." (Mila, Abs. 48)

Mila grenzt sich nicht völlig von der Verwendung des Begriffs Lady ab und signalisiert damit ihre grundsätzliche Bereitschaft, ‚Lady' als Bewegungsbegriff einzusetzen. Doch mit ihrer persönlichen Favorisierung des Begriffs Diva löst sie sich selbst als Person aus dem Begriff Lady heraus. Wie ich später aufzeigen werde, wird diese Einschätzung von ‚Lady' als kollektivem Begriff, der jedoch als von der eigenen Person oder Identität abgekoppelt wahrgenommen wird, von vielen Aktivist_innen geteilt. An diesem Beispiel wird deutlich, welche Mühe und Anstrengung die Strategie der Umdeutung und Begriffsarbeit den Aktivist_innen abverlangt. Daher erscheint es nachvollziehbar, dass sich einige Gruppen dafür entscheiden, alternative Bezeichnungen zu finden.

_fest als Strategie der sprachlichen Intervention

Mit den Organisator_innen konnte ich kurz nach der Durchführung des _festes ein Gruppeninterview führen, das neben dem Ankündigungstext die Grundlage für diesen Kapitelabschnitt darstellt. Mit dem _fest ersetzen die Aktivist_innen den in der hegemonialen Bedeutung weiblich besetzten Begriff Lady durch einen Unterstrich, eine Leerstelle oder auch einen Zwischenraum und verzichten somit gänzlich auf die sprachliche Benennung einer (Ziel-)Gruppe. Dies wird von den Aktivist_innen als veruneindeutigender, unabgeschlossener Prozess verstanden. Der Unterstrich lässt sich in dreierlei Hinsicht diskutieren: Erstens in Bezug auf den so genannten ‚gender gap' als sprachliche Intervention, zweitens in Bezug auf den Begriff der Dekonstruktion und drittens in Bezug auf die Umbenennungsstrategie.

(1.) Die Herleitung der Bezeichnung _fest bedarf aus Sicht der Aktivist_innen einer Erklärung bzw. Erläuterung. Daher stellen die Organisator_innen der Ankündigung ein Zitat voran, das in der Regel als erste akademische Veröffentlichung zum so genannten ‚gender gap' gilt:

> „Um die Illusion zweier sauber geschiedener Geschlechter aufrecht zu erhalten, kennt unsere Sprache nur die zwei Artikel[4] ‚sie' und ‚er', sowie die zwei darauf bezogenen Wortendungen, zumeist das weibliche ‚...in' und das männliche ‚...er'. Alles was außerhalb dieser Ordnung liegt wird fortwährend verleugnet, [...] Dagegen möchte ich einen anderen Ort von Geschlechtlichkeit setzen, einen Ort den es zu erforschen gilt und um den wir kämpfen sollten, er sieht so aus: _. [...] Dabei handelt es sich natürlich nicht nur darum, allein einen Raum für Intersexuelle, also Leute mit zwei Geschlechtsmerkmalen, zu öffnen [...], denn mit der gesetzten Marke _ ist auch ein politischer Raum widerständiger Praktiken eröffnet, der keine Voraussetzungen macht." (Herrmann 2007: 195ff., hier zitiert nach _fest)

In diesem Text wird unter anderem die Verwendung des Unterstrichs vorgeschlagen, um das Binnen-I zu ersetzen: Statt ‚BesucherInnen' heißt es dann ‚Besucher_innen'; eine Schreibweise, die sich mittlerweile verbreitet, aber in den letzten Jahren auch entscheidend weiterentwickelt hat. So wird diese Schreibweise als „traditionelle statische Unterstrichform" bezeichnet, wohingegen die „statische Wortstammvariante" und der „dynamische Unterstrich" (neben weiteren Formen) noch ein ‚Mehr' an sprachlichen Interventionsformen bereithält (vgl. Hornscheidt 2012: 303ff.). Lann Hornscheidt zufolge lautet die Kritik an dieser traditionellen statischen Variante, dass sie zwar Zweigeschlechtlichkeit (bzw. „zweigenderung") herausfordere, aber nicht grundsätzlich in Frage stelle, denn diese Varianten „re_produzieren immer auch zweigegenderte und damit auch kategorialgegenderte formen" (ebd.: 310). Diese differenzierte Debatte um verschiedene Formen der Verwendung von Unterstrichen war zum Zeitpunkt des _fest, wenn überhaupt, erst in Ansätzen entwickelt und verbreitet, daher beziehen sich die Aktivist_innen nicht darauf. Es wird jedoch im Verlauf des weiteren Kapitels deutlich, dass sie diese Schreibweise als sinnvolle sprachliche Intervention betrachten und durch ihr Fest bekannt machen wollen.

4 Es müsste hier eigentlich Pronomen statt Artikel heißen.

(2.) Was sich mit der Debatte um den Unterstrich als sprachliche Intervention bereits andeutet, wird von den Interviewpartner_innen vertieft, wenn sie ihre Entscheidung mit Bezug auf die Sprachebene erklären. Während es sich bei ‚Lady‘ und ‚queer‘ um englische Begriffe handele, bei denen Bedeutungen mitschwängen, die nie vollständig übersetzbar seien, sei der Unterstrich ein Phänomen, das vor allem im Deutschen in der oben dargelegten Form Verwendung finde, wobei jedoch ihre Sprechweise des Unterstrichs als ‚gap‘ auch wieder auf einen englischen Begriff rekurriert. „Und deswegen finde ich es eigentlich auch ganz cool, dass wir einen Begriff, der so halt auch geprägt ist, durch die – und Sprache ist ja so ein super wichtiges Thema bei jeglicher Dekonstruktionsarbeit – dass wir uns auch darauf halt beziehen.“ (_fest, Abs. 141) Der Hinweis auf Dekonstruktion findet sich auch im Ankündigungstext: Die Gruppe versteht ihre Veranstaltung als Plattform für eine Intervention in „bestehende Herrschaftsverhältnisse“, die das Ziel hat „zu dekonstruieren, was uns stört: Filling the gaps…“ (_fest 2010).

Mit dem Hinweis auf die Wichtigkeit der Sprache für „Dekonstruktionsarbeit“ positioniert sich die Gruppe in einem komplexen theoretischen Feld. Für den Begriff der Dekonstruktion steht in erster Linie Jacques Derrida. So fasst Michael Wetzel zusammen: „Was Derrida in dieser methodischen Hinsicht als Dekonstruktion bezeichnet hat, besteht in einer Aufarbeitung des historischen beziehungsweise genealogischen Zusammenhangs der Begriffe“ (Wetzel 2010: 11). Die Dekonstruktion rekonstruiert dabei nicht nur „Verwerfungen, Zentrierungen, Marginalisierungen, Aneignungen und Identifizierungen“, sie „geschieht dabei im Namen dessen, was sich ganz allgemein als das Andere benennen lässt“ (ebd.: 11f.). Legt man dieses Verständnis von Dekonstruktion zugrunde, das auf das Aufspüren und Durchqueren von Gegensätzen fokussiert, so kann die von der Interviewpartner_in genannte Dekonstruktionsarbeit nicht mit der Verwendung des Unterstrichs gleichgesetzt werden: Die Verwendung des _ als Markierung für eine Geschlechtsidentität jenseits der zwei Möglichkeiten männlich und weiblich verweist zum einen kritisch auf eine geschlechtliche Binarität in der Sprache und versteht zum anderen Sprache als einen Prozess, in dem durch stetige Wiederholung und Abweichung von der Norm etwas Neues entstehen kann. Die Verwendung des ‚_‘ erscheint somit als politisches Instrument der Suche nach Benennungsalternativen. Die Arbeit der Dekonstruktion ist jedoch zusätzlich zu leisten und würde hier auch Rekonstruktion der Bedeutungsschichten heißen, die jedoch unterbleibt (und aufgrund des Textformats auch unterbleiben muss). Hier zeigt sich ein in politischen Zusammenhängen häufig zu beobachtendes Verständnis von Dekonstruktion als politisches Mittel, das sich von einer theoretisch-philosophischen Herangehensweise unterscheidet. Dies soll nicht als Makel dargestellt, sondern der Unterschied lediglich festgestellt werden.

(3.) In ihrer Umbenennungsstrategie beziehen sich die Aktivist_innen explizit auf den Begriff Lady und wägen ihn gegen die Bezeichnung _fest ab. Im Vordergrund der Kritik steht die Außenwirkung, die die Bezeichnung des Festes hat, wie sie also auf diejenigen wirkt, die erreicht und angesprochen werden sollen und welche Effekte sie zeitigt. Bspw. trage die Verwendung des Unterstrichs zu seinem Bekanntheitsgrad bei und werde nun auch von Einzelnen verwendet. Es entstehe ein „bisschen ein Dominoeffekt. Weil dann müssen sie halt jedes Mal anderen Leuten, die es nicht verstehen, es halt erklären" (_fest, Abs. 141). Dieser Effekt betrifft den Einsatz des Unterstrichs als sprachliche Interventionsform, wie sie oben diskutiert wurde, nicht jedoch den Begriff _fest selbst.

Aus der Perspektive eines fortschreitenden Entwicklungsprozesses wird der Begriff _fest als Weiterentwicklung der Ladyfest-Bezeichnung verstanden, da er ein ‚Mehr' an Vielfalt ermögliche: „Und ich glaub, das war jetzt einfach nur noch mal so eine Weiterführung davon. Also, dass es schon eher in die Richtung der Vielfalt geht" (_fest, Abs. 12).

Kontrovers ist im Gruppeninterview, welcher der beiden Begriffe (‚Lady' oder ‚_') voraussetzungsvoller ist und wie viele aktivismusinterne Debatten eine Person verfolgt haben muss, um sie zu verstehen. So hat bspw. E. die Erfahrung gemacht, dass der Unterstrich leicht zu übersehen ist und somit der Kontext gänzlich verschwindet.

> „Wir hatten auch so einen Banner im [Ort], und also viele Leute haben dies gap, diesen Unterstrich auch gar nicht gesehen. Also, ne, für die war das halt so, ja Fest, okay, gehen wir hin, also ne. Also, das ist, vielleicht ist das auch so ein bisschen, ich weiß gar nicht, also weil bei Lady, wenn wir jetzt sagen, okay, wenn die Leute die Geschichte nicht kennen, verstehen sie den Begriff nicht. Das ist bei gap ja eigentlich noch viel krasser, es ist eigentlich noch viel spezifischer." (_fest, Abs. 33)

Die Verwendung des Unterstrichs wird hier einer kritischen Prüfung unterzogen und es wird festgestellt, dass die Kontextualisierung für Besucher_innen nicht unbedingt ersichtlich ist. Zum einen läuft die Visualisierung einer Leerstelle in Form eines Zeichens Gefahr, nicht mehr wahrnehmbar zu sein, zum anderen wird die Verbindung mit der Geschichte der Ladyfeste erschwert, da lediglich das Wort ‚Fest' übrig bleibt. Dieses ist jedoch unspezifisch und kann in jeglichem Kontext gebraucht werden. Demgegenüber argumentiert D., dass ‚_' zugänglicher sei, weil es frei von vorbestimmten Bedeutungsdimensionen sei. ‚Lady' hingegen sei ein

„total fest definierter Begriff, ja schon durch zehntausend andere Sachen, durch Filme oder was weiß ich, durch Lieder oder so, und bei gap ist das nicht so. Das ist ja was, das nehme ich wahr, und dann denke ich mir, gap heißt das und das und ja, was kann das heißen. Das regt bei mir einen viel krasseren Denkprozess an als Lady." (_fest, Abs. 138)

Für D. steht im Vordergrund, dass die Offenheit des Begriffs _fest Denkprozesse anstoße und eine aktive Auseinandersetzung mit verschiedenen Deutungen fördere, ohne zu viel an Bedeutung vorzugeben. Gleichzeitig soll ‚_fest' für möglichst viele Besucher_innen nachvollziehbar sein. D. argumentiert für eine Uneindeutigkeit in der Auslegung: Der Zugang soll nicht durch eine vordefinierte und eindeutige Lesart, sondern durch einen breit aufgefächerten Interpretationsspielraum hergestellt werden. Dies setzt ein Publikum voraus, das bereit ist, sich auseinanderzusetzen. Dennoch schließt der Begriff _fest diejenigen nicht aus, die sich nicht auseinandersetzen wollen, weil er auch ignoriert werden kann, wie im obigen Beispiel deutlich wird.

Es zeigt sich, dass die Bezeichnung _fest von den Aktivist_innen selbst an der Bezeichnung Ladyfest gemessen wird. Die Aktivist_innen begreifen die Umbenennung nicht als einen Endpunkt oder als Ergebnis eines Auseinandersetzungsprozesses, sondern als einen Schritt in einem Prozess, der als nicht abschließbar verstanden wird. Für die Zukunft wünscht sich D. bspw., dass das „immer in einem Prozess bleibt. Und immer auch abhängig ist von den Menschen, die das mit gestalten und ja, das auf jeden Fall. [...] Und dass es sich auch immer wieder mit schwierigen Fragen auseinandersetzt und wo, wann ist [was, ao] richtig und wann ist was falsch" (_fest, Abs. 173). E. wünscht sich zusätzlich, dass andere Gruppen parallel neue Ideen entwickeln und dass ein Austausch untereinander stattfindet. Die gewählten Strategien werden somit am jeweiligen Kontext gemessen und im Austausch mit anderen Gruppen verhandelt.

Die beiden Strategien, die der Umdeutung von ‚Lady' und die der Umbenennung in ‚_fest', lassen sich hier vergleichend darstellen, da beide von einer Unzufriedenheit mit der Bezeichnung Lady ausgehen. Die eine Strategie setzt auf eine Umdeutung der herkömmlichen Bedeutung von Lady und versucht somit, die im Szenekontext etablierte, kollektive Nutzung der Begrifflichkeit zu ‚retten', indem diese für eine persönliche Verwendung ‚passend' gemacht wird. Die zweite Strategie verabschiedet sich vom Begriff Lady und operiert stattdessen mit einem Zeichen, das als Zwischenraum oder Leerstelle offen für alle möglichen Formen geschlechtlicher und sexueller Vielfalt ist. Diese Strategie wird jedoch als Prozess und nicht als abschließende Lösung der Bezeichnungsfrage angesehen.

Die Grundlagen dieses Vergleichs sind allerdings verschieden: Während die Umdeutung von Lady exemplarisch anhand einer individuellen Praxis herausgearbeitet wurde, habe ich bei der Strategie der Umbenennung in ‚_fest' sowohl auf ein Gruppeninterview als auch auf einen Einladungstext zurückgegriffen. Insofern lässt sich die erste Strategie auf einer individuellen, die zweite auf einer kollektiven Ebene lesen. Als aktivistische Strategien im Umgang mit dem Begriff Lady lassen sie sich aber durchaus in den gleichen Zusammenhang stellen. Deshalb ist es auch sinnvoll, die Interviewpassagen der _fest-Gruppe in das folgende Kapitel einzubeziehen.

10.2 GESCHLECHTERÜBERGREIFENDE ORIENTIERUNG: „LADY IST JA JETZT NICHT UNBEDINGT EINE BIOFRAU ODER EINE DRAGQUEEN"

Wie ich oben zeigen konnte und bereits in Kapitel 8 deutlich wurde, ist ‚Lady' unter anderem eine Bezeichnung, deren Grenzen zwar konturiert sind, die aber nicht eindeutig verlaufen und immer wieder neu verhandelt werden. Die Aktivist_innen bemühen sich darum, es Menschen mit verschiedenen (Identitäts-) Positionen zu ermöglichen, sich dem Ladyfest und der Kategorie Lady zugehörig zu fühlen und gemeint zu sein. Sie formulieren einen inklusiven Anspruch. Dabei bekommt ‚Lady' eine geschlechterübergreifende Bedeutung. Diese Motivation teilen auch die _fest-Aktivist_innen: In der Umdeutungspraxis steht vor allem Veruneindeutigung von Geschlecht im Vordergrund. Das Spektrum dieser geschlechterübergreifenden Orientierung soll hier im Einzelnen herausgearbeitet werden.

Für Michaela geht die geschlechterübergreifende Bedeutung des Begriffs Lady so weit, dass sie ihn als einen Sammelbegriff für alle Identitätsmöglichkeiten versteht, der lediglich die Position des „biologischen" oder „voll und ganz"-Mannes ausschließt. Dabei schließt sie auch denjenigen aus, „der mit Feminismus so gar nichts, also mit Feminismus und queeren Themen nichts am Hut hat, bzw. sich da auch nicht mit auseinandersetzen will" (Michaela, Abs. 67). Darüber hinaus birgt der Begriff Lady die Möglichkeit, Menschen einzuschließen, die sich als trans* oder queer bezeichnen und ist für sie somit eine Erweiterung der Kategorie ‚Frau'.

„Ja, genau, dass da für mich alles darunter gefasst ist. Und ich es einfach auch 'ne super Alternative nach wie vor finde zu dem Begriff Frauenfest oder Frauenfestival. Weil das für mich zu einschränkend ist. Ich möchte nicht, also ich persönlich möchte jetzt keine Feste oder Veranstaltungen nur für Frauen machen. [...] Aber für mich ist das halt irgendwie, ich möchte halt jetzt auch trans- und queer-Leute damit einschließen können. [...] Und ich es einfach auch 'ne elegantere Variante finde, als dann FrauenLesbenTransQueer-Veranstaltung zu schreiben, festzuschreiben." (Michaela, Abs. 67)

Michaelas Motivation rührt daher, sich in ihrer Einladungspraxis nicht einschränken lassen zu wollen. In Abgrenzung zum Begriff Frau, den sie als nicht weitreichend genug empfindet, erscheint ihr ‚Lady' als eine Weiterentwicklung oder zumindest Erweiterung des queer-feministischen Bezugssubjekts. Das heißt, für Michaela hat der Begriff einen inkludierenden Charakter, wobei er auch exkludierende Anteile beinhaltet – nicht alle sollen sich zugehörig fühlen, z.B. jene nicht, denen queer-feministische Inhalte fremd sind oder die politische Ziele nicht teilen. Vor allem im Hinblick auf eine inklusive Einladungspraxis eröffnet ‚Lady' für Michaela Handlungsspielräume, eine von ihr als positiv empfundene, geschlechterübergreifende Bezeichnung zu verwenden.

Für Melis/Ezra steht im Vordergrund, dass ‚Lady' es ermöglicht, Identitäten als vielfältig und variabel zu denken und vor allem Teilidentitäten lebbar zu machen. Die Definition von Lady interessiert ihn/sie nicht, sondern es geht vielmehr um den prozessualen Charakter von Identitäten, den er/sie anhand des Begriffs erklärt.

„Lady ist ja jetzt nicht unbedingt eine Biofrau oder eine Dragqueen. Also, es gibt immer in jedem Mensch viele Identitäten und man kann jede Identität quasi vorne, also einen Teil von der eigenen Identität nach vorne schieben, und sich dann eher als Lady wahrnehmen zu lassen. Aber gleichzeitig gibt es auch viele andere Stücke, die dazu kommen. Ich hab mich eigentlich nie gefragt, bin jetzt eine Lady, passe ich dazu? Also für mich war offensichtlich, das Ladyfest, es ist vielleicht eben, also ich fand das in [Stadt] so treffend, wie es gesagt war, also von Ladys organisiert, aber für alle offen. Und dann, also es hat eben eine sehr starke feministische eben auch Anspruch, was ich angenehm und schön [finde, ao]." (Melis/Ezra, Abs. 35)

In seiner/ihrer Einschätzung besitzen Menschen nicht nur eine geschlechtliche Identität, sondern verschiedene, uneindeutige Teilidentitäten, und der Prozess der Identifizierung erscheint niemals abgeschlossen. Damit liegt dieser Einschätzung ein Geschlechtskonzept zugrunde, das nicht von zwei Geschlechtern ausgeht, sondern von mehreren geschlechtlichen Anteilen, die temporär gelebt werden (vgl. auch theoretische Identitätskonzepte als prozessual und temporär, Kapitel 4.1). Jede Person besitzt laut Melis/Ezra einen Anteil einer ,Lady-Identität', die in einem Raum, wie Ladyfeste ihn eröffnen, in den Vordergrund gerückt und wahrgenommen werden kann. Demnach steht weniger die Frage der jeweiligen geschlechtlichen Identität im Vordergrund, sondern die konkrete Performance während der Veranstaltung selbst und ob die Veranstaltung tatsächlich so angelegt ist, dass diese diversen geschlechtlichen Identitäten Platz haben und ausgelebt werden können. Zudem ermöglicht ihr/ihm dieses Verständnis von Teilidentitäten, diese auszuleben und von anderen gesehen zu werden, ohne dass sie selbst zu einer relevanten Kategorie der Zugehörigkeit werden. Die Interpretation von ,Lady' als geschlechtliche Teilidentität, die möglicherweise in allen Menschen steckt, erlaubt demnach eine Form des Zugangs jenseits geschlechtlicher Identität. Melis/Ezras Umgang mit dieser Kategorie verweist daher auf ein transgressives Verständnis von Geschlechterkategorien.

Für Mara spielt ,Lady' als positives Gegenmodell der Kategorienkritik und Selbstbezeichnung eine Rolle. Die Selbstbezeichnung als Lady bringe die Anforderung mit sich, zu „versuchen, dieses Konstrukt von Zweigeschlechtlichkeit irgendwie aufzusprengen" (Mara, Abs. 37). Die Bezeichnung Lady scheint daher die Kategorie Frau im herkömmlichen Sinne auszuschließen, sowie ein gewisses Engagement gegen Zweigeschlechtlichkeit auszudrücken. Für Mara hat sich ihr heutiges Verständnis von ,Lady' über die Jahre entwickelt, unterliegt also einem Prozess der Auseinandersetzung. Während sie Lady früher als inklusiven „Sammelbegriff" verschiedener geschlechtlicher Positionierungen verstanden hat, indem sie die dazugehörigen Kategorien aneinanderreiht, grenzt sie ihr heutiges Verständnis davon klar ab.

> „Für mich ist jetzt Lady nicht unbedingt der Sammelbegriff für FrauenLesbenTransQueer oder so, sondern für mich steht halt hinter dem Begriff Lady eher der Versuch, wie gesagt, diese Zweigeschlechtlichkeit insgesamt zu problematisieren, oder also nicht zu problematisieren, sondern dem was Positives entgegenzusetzen. Und ja, Frau bleibt hat einfach ganz klar, also wenn man sich jetzt als Frau und nur als Frau begreift, ganz klar in diesem zweigeschlechtlichen Schema verhaftet." (Mara, Abs. 38)

Hierfür ist nicht nur eine kritische Haltung zum Thema Zweigeschlechtlichkeit vonnöten, sondern auch der Wille und die Bereitschaft, diese im Alltag oder als Performance umzusetzen, also ,Lady' ebenfalls zu verkörpern. Ihre Interpretation des Begriffs hat sich von einem inklusiven zu einem geschlechterübergreifenden Verständnis entwickelt, das so weit geht, dass sie sich selbst darin nicht mehr einschließen würde. Der Begriff stellt für sie ein positives Identifikationsangebot dar, das in Kontrast zu einer offenbar als negativ empfundenen Kritik der Geschlechterkategorien gestellt wird.

,Lady' wird hier jedoch trotz seiner geschlechterübergreifenden Bedeutung auch eine exkludierende Kategorie, weil sie Menschen ausschließt, die sich ,noch' zweigeschlechtlichen Identitäten zuordnen oder kein Engagement gegen Zweigeschlechtlichkeit an den Tag legen. Gleichzeitig ist die Intention dieser begrifflichen Definition von Mara eine inkludierende, da die als ausschließend gewertete Reproduktion der Zweigeschlechtlichkeit verhindert werden soll.

Für die _fest-Aktivist_innen ist das inklusive und geschlechterübergreifende Potenzial der Begrifflichkeit ein zentrales Argument für die Umbenennung. E. begründet die Abkehr vom Begriff Lady damit, dass

> „viele Leute sich eben auch nicht angesprochen gefühlt haben und nicht eingeschlossen auch. Und deswegen haben wir halt versucht, mit diesem Unterstrich das so ein bisschen queerer zu gestalten. Ohne dass aber halt, was aber auch wieder ein Ausschluss gewesen wäre, also wenn wir jetzt einfach es in queerfest oder so was umbenannt hätten." (_fest, Abs. 11)

Der Bezeichnung wird also ein ausschließender Effekt unterstellt, den „viele Leute" erfahren und der als Motivation für eine alternative Strategie dargestellt wird. Diese Einschätzung wird durch den Rekurs auf die Erfahrungen des vorherigen Ladyfests unterstrichen. Während des Ladyfestes hatte die Gruppe vermehrt Rückmeldungen erhalten, dass Besucher_innen von der Anwesenheit männlicher Helfer („biologische Männer") irritiert waren, aber auch dass männliche Besucher verunsichert waren, ob sie überhaupt willkommen waren. Im Gegensatz dazu wird von der in _fest umbenannten Veranstaltung berichtet: „[D]iese Unsicherheit war weg, es war irgendwie offensiver, dass das ein Fest für alle Geschlechtsidentitäten ist" (_fest, Abs. 12).

Die Kritik an ,Lady' lautet dementsprechend, dass der Begriff nicht nur „biologische Männer" ausschließe, sondern „auch nicht so trans-inklusiv" sei (_fest, Abs. 25). ,Lady' wird als Folge dessen aufgrund seiner defizitären Bedeutungsspanne verworfen. Aufgrund der Tatsache, dass der Unterstrich keine „klassische Person" (_fest, Abs. 25) bezeichnet, erscheint er aus der Perspektive der Interviewpartner_innen als inklusiver Begriff besonders geeignet.

Eine geschlechterübergreifende Haltung einzunehmen, bedeutet für die Gruppe vornehmlich, alle Geschlechtsidentitäten anzusprechen und auch „biologische Männer" nicht ausschließen zu wollen. Das ist eine Haltung, die nicht von allen Ladyfest-Gruppen geteilt wird. Die Inklusion von sich selbst als Männer verstehenden Männern steht selten im Vordergrund der Argumentation (vgl. Kapitel 8). Das _fest positioniert sich diesbezüglich eindeutig für eine weitest mögliche Offenheit, die niemanden aufgrund geschlechtlicher Kategorien ausschließen soll.

Die _fest-Gruppe schließt demnach an die geschlechterübergreifende Orientierung im Umgang mit dem Lady-Begriff an und setzt diese im Sinne einer Erweiterung konsequent um. Als Zeichen kann der Unterstrich jedoch auch derart ‚neutral' gelesen werden, dass die Intention der geschlechterübergreifenden Haltung nicht unbedingt mehr abgeleitet werden kann (vgl. Kapitel 10.1).

Zusammenfassend lässt sich festhalten, dass dem Verständnis von ‚Lady' eine geschlechterübergreifende Orientierung zugrunde liegt, in der der Begriff einen Bedeutungszuwachs (nicht mehr nur ‚Frau') erhält. Auch für die Umbenennung in _ ist die geschlechterübergreifende Orientierung grundlegend. Kennzeichnend für diese Orientierung ist, dass die Bezeichnung ‚Frau' als einschränkend wahrgenommen wird und mögliche Geschlechtsidentitäten als mehrdimensional, dynamisch und vielfältig angenommen werden. Es geht um die Konstituierung eines Zugehörigkeitsgefühls möglichst vieler Menschen, wobei hier die Grenzziehungen variieren. Diese reichen von Positionen, verschiedene Trans*-Identitäten inkludieren zu wollen, über Einschränkungen, die sich an Haltungen zu den feministischen Inhalten festmachen bis hin zu jenen Ansätzen, die auch „biologische Männer" selbstverständlich integrieren wollen. Insgesamt zeigt sich eine kritische Auseinandersetzung mit dem Konzept Identität, das als partikular, prozessual und kontextabhängig verstanden wird. Die Umbenennung in _fest ermöglicht nicht nur das eigene, aktive Füllen der ‚Leerstelle', sondern regt auch den Denkprozess an, Identitätskategorien als solche in Frage zu stellen.

10.3 Nicht-identifikatorische Orientierung: „Ich bin keine Lady, ich gehe aber trotzdem hin"

Die Interviewpartner_innen lehnen es mehrheitlich – teils sogar vehement – ab, sich selbst als Lady zu bezeichnen, auch wenn von den gleichen Personen Lady als kollektiver und strategischer Begriff durchaus akzeptiert wird. ‚Lady' markiert hier also vielmehr eine politische Position. Ich verwende den Begriff der nicht-identifikatorischen Orientierung, weil es in den Interviewpassagen um die Ablehnung einer positiven Selbstbezeichnung als Lady geht, die eine gewisse Identifikation mit dem Begriff voraussetzen würde. Es wird sich zeigen, dass dieser Orientierung teils ein Prozess der Disidentifikation zu Grunde liegt. Diese Orientierung ist als Ergänzung der geschlechterübergreifenden Orientierung zu verstehen, da hier ein Umgang mit den zuschreibenden Anteilen der Bezeichnung Lady, die oben bereits thematisiert wurden, gefunden wird.

Yasemin beschreibt ihren Prozess der Disidentifikation als einen Reflexionsprozess, der über die Analyse verschiedener Bedeutungsdimensionen von Lady verläuft. Zunächst konnte sie sich mit dem Begriff identifizieren und verstand „Lady als Weiterführung von riot girl, statt girl Lady, und dann Lady nicht im Sinne von Frau, sondern im Sinne einer Person, die Respekt erwartet" (Yasemin, Abs. 35). Anschließend beschreibt sie ihre Auseinandersetzung mit dem Begriff Lady, in deren Verlauf Zweifel an der Tauglichkeit als Selbstbezeichnung aufkommen:

> „Inzwischen finde ich, sind an diesem Wort einfach noch mal so ein paar Sachen, also 'ne Lady ist eigentlich ja so 'ne adlige, weiße, höher gestellte Person, und da bin ich so hin- und hergerissen zwischen sich diesen Begriff aneignen und neu zu besetzen, aber in einem gewissen Sinne immer noch, dass immer noch diese alte Bedeutung da mitschwingt und ich nicht weiß, ob alle Menschen, die ich mit dem Ladyfest erreichen wollen würde, sich damit identifizieren können und ich weiß inzwischen auch nicht mehr, ob ich mich als Lady bezeichnen würde." (Yasemin, Abs. 35)

Während für sie die Kontextualisierung in der riot-grrrl-Bewegung zunächst eine positive Haltung zum Begriff Lady ermöglichte, sind mittlerweile andere Bedeutungen in den Vordergrund getreten: die Bedeutungszuschreibungen ‚weiß', ‚adelig' und ‚in der gesellschaftlichen Hierarchie oben angesiedelt' sieht Yasemin kritisch. Relevant ist für sie nicht nur, dass sie sich selbst mit diesem Bedeutungsgehalt von ‚Lady' nicht identifizieren möchte, sondern auch ihre Vermutung, dass andere sich nicht mit ihm identifizieren können. Relevant ist für sie auch, dass der Begriff insbesondere durch die Assoziation mit einer ‚weißen Lady' Aktivist_innen of Color ausschließen könnte. Das Kriterium für die Selbstbezeichnung ist hier nicht nur die mögliche ‚Selbstidentifikation', sondern auch die Frage, ob der Begriff dem inklusiven Anspruch genügt. Somit ist die Entscheidung für eine Selbstbezeichnung an die kollektive Bedeutungsdimension und deren inklusive Effekte rückgekoppelt.

Deswegen stellt Yasemin das Gelingen einer Umdeutung, die für eine weitere Verwendung – unter Berücksichtigung oben genannter Kriterien – notwendig wäre, in Frage. Die sich hier abzeichnende nicht-identifikatorische Orientierung ist das Ergebnis eines kognitiven Reflexionsprozesses, in den szeneinterne Debatten (bspw. der Bezug zu ‚riot grrrl') und die Frage nach der Außenwirkung von Bezeichnungen einfließen.

Eine ähnlich ablehnende Haltung wird allerdings auch mit biographischen Bezügen legitimiert. Bei Annika ist die Nicht-Identifikation mit ihrer persönlichen Ablehnung weiblicher Rollenklischees begründet, die sie mit ‚Lady' assoziiert und die sie mit ihrer Erfahrung weiblicher Sozialisation, mit der sie sich kritisch auseinandersetzt, in Verbindung bringt.

„Ich glaube nicht, dass ich sagen würde, ich bin 'ne Lady. Weil das kommt mir ein bisschen zu fein und schick vor. Und das sind so Ansprüche, die an mich herangetragen wurden in meiner Sozialisation als Frau, dass ich ja auch schick und edel und fein zu sein habe. Und das ist was, was ich für mich nicht so in Anspruch nehmen würde." (Annika, Abs. 57)

Zudem verweisen die Attribute ‚edel' und ‚fein' auf eine ähnliche negative Assoziation, die sich mit der von Yasemin geschilderten Abgrenzung gegenüber gesellschaftlichen Hierarchien deckt. Annika bezieht sich dabei jedoch an dieser Stelle insbesondere auf die spezifisch weiblichen Rollenerwartungen. Die daraus resultierende Ablehnung bezieht Annika also nur auf den Aspekt der Selbstbezeichnung, denn sie kann auch positive Facetten am Begriff Lady ausmachen.

„Was ich aber an dem Ladybegriff nett finde, ist, dass er einfach sozusagen ein neuer Begriff ist und sich nicht so der alten Kategorien bedient. Also, ein neuer Begriff im Sinne von neuer Begriff in der linken Szene oder so, der halt aufmacht, der sich halt so ein bisschen vom biologischen Geschlecht distanziert. Auch wenn ich glaube, dass das außerhalb der Szene nicht so wirklich wahrgenommen werden kann. Also, dass Lady jetzt irgendwie quasi irgendwas beschreibt, wie Weiblichkeit oder eher noch weitergehend wie Menschen ohne den Bezug auf so ein binäres System von Geschlecht und Gender. Aber, ich bin keine Lady, ich gehe aber trotzdem hin." (Annika, Abs. 57)

Während Annika ihre nicht-biologische Lesart des Begriffs Lady positiv bewertet, sieht sie dessen ‚Unlesbarkeit' außerhalb der „linken Szene" jedoch als problematisch an. Sie stellt daher in Frage, ob der entbiologisierende und entkategorisierende Effekt, den sie dem Begriff Lady durchaus zuschreibt, auch außerhalb der ‚Szene' eine Wirkung entfaltet. Ebenso wie Yasemin bezweifelt Annika eine inklusive Außenwirkung des Begriffs, was die nicht-identifikatorische Haltung bekräftigt.

Annika differenziert zwischen einer als für sie unzutreffend bewerteten Selbstbezeichnung und einer potentiell Geschlechtergrenzen destabilisierenden kollektiven Bezeichnung. Sie bekräftigt abermals, selbst keine Lady ‚zu sein'und macht deutlich, dass der Begriff als Identitätsposition für sie nicht in Frage kommt; eine Formulierung, die der Selbstbezeichnung eine Form von gelebter Realität zuschreibt. Dies hindert sie jedoch keinesfalls an der Teilnahme am Aktivismus. ‚Lady' ist für Annika keine Identitätsposition, sondern etwas, was sie (trotzdem) tut und ließe sich, vielleicht etwas überinterpretiert, als ‚doing lady' bezeichnen.

Der Begriff Lady wird vor allem von Besucher_innen mit wesentlich geringerem Argumentationsaufwand zurückgewiesen. So lehnt ihn bspw. auch Anna für sich ab. Einzig dass ‚Lady' auf eine queer-feministische Veranstaltung hinweist, mache ihn zu einem legitimen Begriff, „weil ich ihn halt auf der einen Seite mit so was wie Ladyfest verbinde so und dann damit halt auch was anfangen kann. Aber davon abgesehen würde ich ihn glaube ich niemals für mich irgendwie so verwenden" (Anna, Abs. 49). In ähnlich knapper Weise antwortet auch Chris auf die Frage, ob er/sie sich mit dem Begriff Lady identifizieren kann: „Nee. Also, ich weiß halt, dass das ein Raum ist, wo ich sein kann, wo ich weiß okay, ich bin hier irgendwie willkommen" (Chris, Abs. 29). Auch hier zeigt sich das Motiv, zwar die Selbstbezeichnung als Lady abzulehnen, sich aber trotzdem zugehörig fühlen zu können.

Die unterschiedliche Intensität, mit der eine Selbstbezeichnung abgelehnt wird, korrespondiert unter anderem mit dem Ausmaß, mit dem die Interviewpartner_innen in den Aktivismus involviert sind: Während Yasemin als Organisatorin einen Reflexionsprozess beschreibt, der dazu führt, dass sie den Begriff Lady in Frage stellt und sich von ihm distanziert, ist die Handhabung von Annika in ihrer Distanziertheit viel pragmatischer. Die Kürze und Eindeutigkeit, mit der Chris und Anna den Begriff ablehnen, könnte auch daher rühren, dass sie als sporadische Besucher_innen keine Notwendigkeit sehen, sich mit dem Begriff näher auseinanderzusetzen. Der Begriff nimmt also lediglich für Organisator_innen eine wichtige Rolle im Hinblick auf die Verortung der eigenen Praxis ein.

Der Begriff erfüllt hier zwei unterschiedliche Funktionen: Erstens erscheinen die Bedeutungsdimensionen von ‚Lady' als Gradmesser für eine inklusive Außenwirkung. Die Einschätzung, dass der Begriff nicht in jede Richtung hinreichend inklusiv ist, scheint Grund genug, sich von ihm – zumindest als Selbstbezeichnung – zu distanzieren. Hier korrespondiert diese Orientierung mit der geschlechterübergreifenden Orientierung. Zweitens erfüllt ‚Lady' – vor allem für die Veranstalter_innen – die Funktion eines notwendigen ‚Labels', auf das sich die Aktivist_innen gemeinsam beziehen und das für den Austausch untereinander förderlich ist. Dies soll mit zwei weiteren Beispielen deutlich gemacht werden. Für Elfi und Tanja ist der Begriff ein Erkennungszeichen, das für die Vernetzung und für die Zugehörigkeit wichtig ist, auch wenn eine positive Selbstbezeichnung abgelehnt wird. Tanja bspw. überwindet ihre anfängliche Ablehnung des Begriffs, indem sie verschiedene Ladyfeste kennenlernt und es mittlerweile akzeptabel findet, „diesen Namen zu verwenden, weil es in einer Reihe von Ladyfests dann auch einordenbar ist und sich ein Zusammenhang auch ergeben würde" (Tanja, Abs. 21). Um diesen Zusammenhang zu nutzen, entschließt sich auch die Ladyfest-Gruppe, in der Tanja aktiv ist, ihre Veranstaltung Ladyfest zu nennen. Für Elfi stellt sich die Frage, nachdem der Lady-Begriff in ihrer Gruppe immer wieder problematisiert wird: „wenn's jetzt dann aber Gruppen gibt, die sagen, ich nenn Ladyfest nicht Ladyfest, wie soll ich sie dann erkennen?" (Elfi, Abs. 43). Die Idee eines „weltweiten losen Netzwerks" macht es in Elfis Augen notwendig, sich auf einen Begriff zu einigen, um sich bspw. im Internet zu finden. Insofern spricht für Elfi und Tanja einiges dafür, am umstrittenen Begriff trotz des damit verbundenen Unbehagens festzuhalten. ‚Lady' wird hier eine strategische Funktion zugewiesen, die lose miteinander verbundene Aktivist_innen stärker und eindeutiger verknüpft. Dies bekräftigt zusätzlich die Untauglichkeit als Selbstbezeichnung bzw. Identifikationsbegriff.

Das _fest hingegen hat sich entschieden, diese strategische Funktion weniger wichtig zu nehmen als das Unbehagen mit dem Begriff Lady, das Begründung und Motor für die Suche nach einer alternativen Bezeichnung darstellt. Es kann daher davon ausgegangen werden, dass hier die Skepsis gegenüber dem Begriff als Selbstbezeichnung und gegenüber seinen Effekten besonders groß ist. So führt Z. bei der Frage nach der Kritik an ‚Lady' aus,

> „dass wir alle nie sagen würden, wir bezeichnen uns als Lady. Sondern eher andere Begrifflichkeiten gewählt hätten oder eben nicht definieren wollten. Und wir hatten dann als Ausläufer von dem Ladyfest auch noch so eine Gruppe, die sporadisch verteilt irgendwie Veranstaltungen machen wollte, wir hießen [Ladyveranstaltung], und ich glaub auch da war halt schon eigentlich so die, das Unwohlsein mit dem Begriff an sich." (_fest, Abs. 32)

Das „Unwohlsein" wird durch den Verweis auf die Erfahrungen mit dem Begriff Lady legitimiert. Die Ablehnung der Selbstbezeichnung als Lady wird als Gruppenkonsens markiert, wobei nicht nur andere Begrifflichkeiten favorisiert werden, sondern auch der ausdrückliche Wunsch einer Nicht-Definition genannt wird. Ähnlich wie in anderen Interviewpassagen auch, drückt sich die Skepsis gegenüber Identitätskategorien dadurch aus, dass die Festlegung der eigenen Person aufgrund bestimmter Kategorien und Selbstzuschreibungen verweigert wird. Demgegenüber werden alternative Umgangsweisen vorgeschlagen, wie bspw. variierende strategische Nutzungen von Identitätszuschreibungen:

> „Ich bin halt in manchen Kontexten oder Situationen, würde ich mich halt mehr auf mein biologisches Geschlecht oder was auch immer beziehen als in anderen. Ich glaube das ist ja auch so ein bisschen der Gedanke. Wo ist es eben 'ne relevante Kategorie und wo kann man es vielleicht auch mal hinten anstellen." (_fest, Abs. 163)

Die Beachtung von Geschlechtsidentitäten kann und soll also situativ variieren. Daher erscheint der Unterstrich auch als eine bewusste Entscheidung für eine Leerstelle, die situativ und veränderbar gefüllt und weniger als Identifikationsmöglichkeit verstanden wird.

Im Gegensatz dazu bietet vielmehr die „Bewegung" Identifikationsmöglichkeiten. E. hat bspw. als Aktivist_in des _fests „auch zwei Ladyfeste gemacht und war bei anderen auch so mitbeteiligt sowohl, ja als einfach Besucherin oder Vorträge, Workshops, Konzerte was auch immer" (_fest, Abs. 133). Ihre eigene Beteiligung am Ladyfest-Aktivismus, aber auch ihre eigene Positionierung als „riot girl", sind somit kontextualisierende Bezüge: Relevant für sie sind vor allem Erfahrungen und inhaltliche Auseinandersetzungen im Aktivismus: „Sehr viele Ladyfeste fand ich sehr beeindruckend und prägend für mich und so weiter. Aber eher im Zuge einer Bewegung, als dass ich jetzt diesen Begriff jetzt so gut fände" (_fest, Abs. 133). Hier zeigt sich eine Identifikation mit dem Aktivismus, wobei die Selbstbezeichnung gleichzeitig verworfen wird.

Die nicht-identifikatorische Orientierung manifestiert sich somit in den Interviewpassagen als eine Ablehnung der Selbstbezeichnung als Lady. Die Relevanz einer gemeinsamen Bezeichnung wird unterschiedlich bewertet, doch teilen alle Interviewpartner_innen die Auffassung, dass eine inklusive Außenwirkung von ‚Lady' nach außen unwahrscheinlich sei. Hier lassen sich die Aussagen der Interviews nicht ohne Weiteres mit den Ergebnissen der Auswertung der Selbstverständnistexte in Einklang bringen. Dies wird am Ende des Kapitels zu diskutieren sein.

10.4 KONTEXTUALISIERENDE ORIENTIERUNG: „ICH HÄTTE DAS BEDÜRFNIS, DEN BEGRIFF NOCH VIEL MEHR ZU QUEEREN“

Der Begriff Lady ist nur durch Kontextwissen verstehbar, das deswegen in der Argumentation der Aktivist_innen eine zentrale Rolle spielt. Zum Verständnis und zur Einordnung des Begriffs sind Kenntnisse des Entstehungs- und Bewegungskontextes der riot grrrls und queer-feministischer Ansätze notwendig. Es zeigt sich außerdem, dass in der Auseinandersetzung um die Bezeichnung auch um eine Positionierung zu den Begriffen ‚Feminismus‘ und ‚queer‘ gerungen und die Frage diskutiert wird, wo sich die Einzelnen mit ihren Aktivismus verorten: als ‚Nachfolge‘ der riot-grrrl-Bewegung, als queere, feministische oder queer-feministische Aktivist_innen. Die Einschätzungen, wofür ‚Lady‘ in diesen Kontexten steht, sind durchaus divers.

Der Kontext wird von Bärbel zunächst historisch gesetzt. Der ironische Gehalt der Umdeutungspraxis des Begriffs Lady wird für sie erst vor dem Hintergrund des riot-grrrl-Aktivismus und dessen Geschichte der Begriffsumdeutung verständlich. Doch auch die Entwicklung feministischer und queerer Bewegungen spielt für ihr Verständnis eine entscheidende Rolle. Der Begriff Lady ist für sie eine Weiterentwicklung des grrrl-Begriffs: „weil ich versteh' den ja nicht als, wir verstehen uns jetzt als feine englische Ladys oder so, sondern das ist ja für mich 'ne totale Ironisierung auch dieses Begriffes“ (Bärbel, Abs. 37). Die ironische Deutung von ‚Lady‘ wird offenkundig, wenn die Derbheit und die Punk-Ästhetik des riot-grrrl-Aktivismus im Kontrast zum Bild der ‚feinen Dame‘ stehen, das von Bärbel aufgerufen wird. Genauso wie die Umformulierung ‚grrrl‘ (statt girl) symbolisiert ‚Lady‘ für Bärbel eine Umdeutung der hegemonialen Bedeutung des Begriffs. Aufgrund ihres Wissen um den riot-grrrl-Aktivismus und die Anfänge des Ladyfest-Aktivismus kann Bärbel den Begriff „total gut nachvollziehen und einfach sozusagen, das verstehen“ (Bärbel, Abs. 37); eine Formulierung, die kein Identifikationspotenzial nahelegt, sondern ein kognitives Verständnis, das sie auf ihr Kontextwissen zurückführt. Trotz der ironischen Brechung „hat es auch was Ernsthaftes in sich“ (Bärbel, Abs. 37). Die Umdeutungspraxis hat demnach auch einen ‚ernsten‘ Sinn, der als rhetorische Figur der Ironie innewohnt. Bärbel wird jedoch im Ladyfest-Aktivismus verstärkt mit Positionen konfrontiert, die den Begriff Lady ablehnen und kritisieren: „[D]a gibt's gerade auch so die große Rebellion, so von, was soll dieser blöde Ladybegriff, wir sind keine Ladys“ (Bärbel, Abs. 37). Bärbel sucht nach Erklärungsansätzen für diese Ablehnung. Sie zieht hierfür das Alter der anderen in Betracht, die nach ihrer Schätzung zwischen zehn und 20 Jahren jünger sind als sie, und betont deren Unwissenheit in Bezug auf den Entstehungskontext. Für Bärbel resultiert daraus eine andere Haltung zur Praxis der ironischen Aneignung („für sich auch nicht lustig finden"). Ihr Verständnis des Begriffs bildet sich demzufolge aus dessen historischer Verortung heraus.

Dieses unterschiedliche Verständnis von ‚Lady' führt innerhalb ihrer Gruppe jedoch zu einer Auseinandersetzung mit dem Begriff Feminismus, da sich die Gruppe statt einer anderen Bezeichnung für ein feministisches Motto entschieden hat. Bärbels Meinung nach ist jedoch der Begriff des Feminismus viel schwieriger anzueignen als ‚Lady', weswegen sie diese beiden Begriffe gegeneinander diskutiert.

„Eigentlich ist es klar spannend, so weil, wie entwickelt sich Feminismus, was umfasst das dann alles oder so. Aber da hab ich, also wenn ich das Wort Feminismus höre, eher wieder so persönlich eher ja fast negative Assoziationen zu, wenn ich jetzt an die Frauenbewegung der 70er oder 80er Jahre denke. Oder die, die ich auch daher kenne, die haben oft einen ganz anderen Frauenbegriff, was sich auch äußerlich sehr stark äußert, von irgendwie sehr wenig weiblich oder so, und das darf auch nicht sein, wo ich aber 'ne ganz andere Meinung zu habe irgendwie. [...] Aber wenn ich an solche Bilder von Frauenbewegung oder Feminismus denke, dann finde ich es eher schwierig. Ich möchte deren Leistung nicht schmälern, gar nicht, aber die sind oft so dogmatisch, wo ich einfach wieder nicht mit klar komme und das merke ich jetzt total, [...] scheine ich ja ganz andere Assoziationen automatisch damit zu verbinden, wenn ich jetzt mal von dem Begriff ausgehe, als die Gruppe, die jetzt so der Meinung ist, das war der Slogan für dieses Jahr. Von daher finde ich es immer so, hm. queer ist irgendwie auch ein völlig abgelatschtes Wort. Also, was ist queer und ist irgendwie auch alles und nichts inzwischen, vielleicht schon immer, aber inzwischen auf jeden Fall." (Bärbel, Abs. 37)

Bärbel übt eine solidarische Kritik am Begriff Feminismus und an dogmatischen Ausprägungen des feministischen Aktivismus. Sie berichtet von ihren persönlichen Erfahrungen, in denen sie an normative Grenzen eines Feminismus bzw. einer Frauenbewegung gestoßen zu sein scheint, wohingegen der riot-grrrl-Aktivismus und die daran anknüpfenden Ladyfeste einen positiven Gegenhorizont bilden. Während Bärbel in feministischen Kontexten der 1970er und 1980er Jahre – oder in den Kontexten, die sie damit heute verbindet – erlebt hat, dass Weiblichkeit eher sanktioniert und nur bestimmte Entwürfe von Frausein priorisiert wurden („sehr wenig weiblich oder so, und das darf auch nicht sein"), besitzt der Begriff gerade wegen seiner ironischen Verwendung offenbar das Potenzial, diese Weiblichkeit bzw. ‚Frauen' auf eine undogmatische Weise repräsentieren zu können. Interessant ist, dass die Auseinandersetzung mit dem

Begriff Lady für Bärbel zur Diskussion der Konzepte ‚Feminismus' und ‚queer' führt, wobei queer als Alternative zu Feminismus von ihr selbst aufgebracht, aber auch gleich wieder verworfen wird. Bärbel diskutiert Lady ‚gegen' Feminismus und queer. Beide Begriffe befinden sich auf einer ganz anderen Bedeutungsebene und beschreiben eher Konzepte, theoretische Ansätze oder Bewegungen. Diese Gleichsetzung deutet darauf hin, dass ‚Lady' hier für viel mehr steht als lediglich für die Bezeichnung von Personen. Es wird von Bärbel als eine Art Konzept diskutiert, das eine undogmatische Möglichkeit zu eröffnen scheint, sich mit (lesbischer) Weiblichkeit[5] bzw. dem „Frauenbegriff" auseinanderzusetzen. Bärbels Ausführungen machen deutlich, dass eine Kontextualisierung des Begriffs nicht nur durch den Bezug auf Entstehungs- und Bewegungskontexte stattfindet. Hinzu kommt eine weitere Kontextualisierungsebene: Die Einordnung von und der Bezug auf Debatten um queere und feministische Positionen, die wiederum von individuellen Erfahrungen und Entwicklungen geprägt sind. Es lässt sich aufzeigen, dass das Feld der Bedeutungskontexte von ‚Lady' durchaus auch davon bestimmt wird, welche Einschätzungen und Erfahrungen mit queeren und feministischen Ansätzen gemacht wurden und wie die jeweiligen Positionierungen dazu aussehen. Der Begriff fungiert hier nicht nur als Selbstbezeichnung, sondern gleichfalls als Platzhalter für Ladyfeste als Konzept, das sich zu feministischen und queeren Ansätzen positioniert.

Auch Elli verortet den Begriff und seine Grenzen in der Auseinandersetzung um queere und feministische Positionen. Aus ihrer Sicht steht ‚Lady' als feministisch positionierter Begriff im Widerspruch zu ihrem eigenen Interesse an queerem Aktivismus.

„Ich hätte das Bedürfnis, den Begriff [Lady, ao] noch viel mehr zu queeren und weniger zu feministisieren. Also, ich hätte Interesse dran, was zu veranstalten, was sich vom Begriff Feminismus auch entfernen darf. Und ich hab das Gefühl, dass das Ladyfest aber einfach unglaublich feministische Wurzeln hat und dass man das nicht ändern kann. Dass es viele auch nicht wollen, ich weiß auch nicht, ob ich's will. Ich will's vielleicht auch nicht. Ich merk nur, wenn ich nach Herausforderungen such, dann ist es nicht mehr ein Ladyfest mit dem feministischen Impact, den das Ladyfest hat, von der ganzen Geschichte her und von dem Feministinnen, die mitorganisieren, sondern dass ich, dass mich dann irgendwie andere Definitionen interessieren würden." (Elli, Abs. 64)

5 Im Verlauf des Interviews wird deutlich, dass Bärbel sich in ihrer politischen Arbeit als lesbische Aktivist_in verortet.

Der Begriff Lady steht hier für ein feministisches Konzept, das die eigenen Grenzen ihrer Positionierung sichtbar macht. Insofern skizziert Elli Lady als einen Begriff, der im Feminismus verhaftet ist und sich aktuellen Herausforderungen widersetzt. Denn dass sich ‚Lady' ‚queeren' lässt, stellt sie vehement in Frage. Den Begriff queer als Verb zu verwenden, entspricht dessen Lesart als Praxis, die normative Grundlagen in Frage stellt. Dabei geht es theoretisch darum, Normen zu durchkreuzen – bildlicher gesprochen: Normen in die Quere zu kommen – und eine heteronormative Ordnung zu hinterfragen und offenzulegen.[6] Die als besonders stark beschriebene Verwurzelung des Begriffs Lady bzw. des Ladyfest-Konzepts in feministischer Tradition scheint mit dieser Praxis des ‚Queerens'im Widerspruch zu stehen. Dies verweist auf eine Sichtweise, die feministische und queere Anliegen und Positionen nicht zusammen, sondern eher im Widerstreit denkt. Während Elli in diesem Abschnitt von Feminismus als Konzept spricht, verwendet sie den Begriff queeren im aktiven Sinne. Dieser stellt einen alternativen Handlungsansatz dar, mit dem Herausforderungen und persönliche Entwicklung einhergehen. Der Begriff Lady stellt somit in seiner ‚feministischen Verhaftung' eine Hürde für eine queere Praxis dar.

Bärbel und Elli bleiben in ihrer Kritik an feministischen Positionierungen wertschätzend und solidarisch und begründen diese mit ihren persönlichen Erfahrungen (Bärbel) und Entwicklungsinteressen (Elli). Für beide bietet die Auseinandersetzung mit dem Begriff Lady einen Anlass, das Konzept Ladyfest in queeren und feministischen Ansätzen und Bewegungen zu verorten, es also explizit als eine Auseinandersetzung mit diesen Ansätzen zu verstehen. ‚Lady' besitzt hier kein Potenzial für Selbstbezeichnung und Identifikation, sondern geht vielmehr in seiner Kontextualität auf.

Auch im _fest zeichnet sich das Bestreben ab, den eigenen Aktivismus in einer historischen und inhaltlichen Kontinuität mit anderen Gruppen und Aktivismen zu betrachten und zu diskutieren. Die sich durch das Interview ziehende kritische Auseinandersetzung mit möglichen Selbstbezeichnungen zeigt deutlich, dass hier ebenso wie in den anderen Interviews eine kontextualisierende Orientierung der Aktivist_innen vorliegt. Die Auseinandersetzung mit dem Begriff Lady findet im Interview mit der _fest-Gruppe zunächst über die Abgrenzung zu bestimmten feministischen Positionen statt:

---

6 In der Verbform queering oder verqueeren verweist queer „auf eine Methode, die die Gegenstände und Anordnungen der normativen Heterosexualität und der binären Geschlechterordnung in Bewegung bringt und deren stillschweigende Voraussetzungen und Hierarchien anficht" (Genschel et al. 2005: 173). Vgl. auch Butler (1997: 309ff.).

„Wir waren alle in der Gruppe eher so, ja klar, der Begriff der Lady, der ist gut und wichtig. Und wenn man den so historisch betrachtet ist es ja nicht, wir wollen die Gleichberechtigung und wir als Frauen, wir sind uns unserer Kraft bewusst. Das ist uns eigentlich klar gewesen." (_fest, Abs. 32)

Dem Begriff Lady wird ‚historische' Bedeutung zugestanden, während er gleichzeitig von einem Gleichheitsfeminismus („Gleichberechtigung") und einem esoterisch anmutenden Differenzfeminismus („wir als Frauen, wir sind uns unserer Kraft bewusst") abgegrenzt wird. Stattdessen wird auf den queerfeministischen Kontext verwiesen.

Kontextualisierung bedeutet auch beim _fest, das Ladyfest-Konzept und die daran festgemachten Inhalte in ihrer Vielschichtigkeit zu betrachten. So argumentiert E., dass es nicht auf den Begriff ankomme, sondern darauf, ob versucht wird, „Ausschlüsse bei Ladyfesten" zu diskutieren und mitzudenken, „welche man vielleicht verhindern kann" (_fest, Abs. 33). Diese Haltung wird durch Z. bestärkt, die festgestellt hat, dass sich Ladyfest-Besucher_innen und Aktivist_innen nicht vom _fest abgegrenzt haben, weil – so die Einschätzung – „die auch für sich ihre Räume da wiedergefunden haben" (_fest, Abs. 34). Als ein Grund dafür wird angeführt, dass es „FLT-Areas"[7] gab, eine Praxis, die jedoch auch für künftige Feste in Frage gestellt wird. „Das könnte ja auch noch mal diskutiert werden, ne, bei dem queerfest, macht man dann noch FLT-Räume oder ist das überflüssig oder ist das bewusst nicht gewollt." (_fest, Abs. 34)

Die Gruppe des _fest nimmt also nicht nur den diskursiven Kontext von Ladyfesten auf und führt bspw. Diskussionen um Ausschlüsse innerhalb des Ladyfest-Aktivismus weiter. Es gibt auch auf der Handlungsebene Anschlüsse an Raumpraktiken, bspw. Räume nur für FrauenLesbenTrans*Personen zugänglich zu machen. Demzufolge findet die kontextualisierende Orientierung der _fest-Gruppe sowohl auf der diskursiven als auch auf der Handlungsebene ihren Ausdruck. Die Umbenennung in ‚_fest' lässt sich als Bezug auf den Ladyfest-Aktivismus und gleichzeitig als Abkehr von der Tradition der Ladyfeste lesen. Die Aktivist_innen selbst favorisieren keinen konfrontativen Bruch, sondern verstehen ihr _fest als eine konsequente Weiterentwicklung der Idee Ladyfest. Insofern ließ sich zeigen, dass die kontextualisierende Orientierung auch hier zu finden ist.

Die Verhandlungen des Begriffs Lady werden somit erst verstehbar, wenn sie vor dem historischen und begrifflich-theoretischen Hintergrund gelesen werden.

7 Gemeint sind FrauenLesbenTrans*-Bereiche.

Damit stellt sich der Begriff als extrem voraussetzungsvoll dar; insbesondere jüngeren Aktivist_innen scheint teilweise das nötige Basiswissen zu fehlen, um ihn angemessen einordnen zu können. Hier offenbart sich das Fehlen einer Tradierungspraxis.[8]

Die Auseinandersetzung mit dem Begriff fordert die Aktivist_innen außerdem dazu heraus, sich geschlechterpolitisch zu positionieren: ‚Lady' steht zum einen für eine Positionierung zum herrschenden Geschlechterverhältnis, was auf einen starken Bezug zu feministischen Wurzeln hinweist (vgl. Elli) und zum anderen gilt ‚Lady' auch als ein Konzept, das die Eindeutigkeit des Referenzsubjekts aufbricht (Bärbel). Eine oberflächliche Betrachtung der Ergebnisse könnte zur Annahme führen, dass im Material und der Interpretation queere und feministische Positionierungen zum Begriff Lady als gegensätzliche wahrgenommen und dargestellt werden. Schauen wir die Textstellen aber genauer an, so ergibt sich ein weitaus weniger eindeutiges Bild und es gilt zu ergründen, was genau die Aktivist_innen mit den Zuordnungen zu den Begriffen Feminismus und queer meinen. Es fällt auf, dass die Interviewpartner_innen hier mit ihren eigenen Erfahrungen argumentieren und Pauschalisierungen von feministischen und queeren Positionen vermeiden. Für welche Positionierung ‚Lady' steht, bleibt somit offen und situativ, was beispielhaft an den Äußerungen von Bärbel und Elli deutlich wurde.

10.5 Fazit: ‚Lady' als Schauplatz der Auseinandersetzung mit politischen (Referenz-)Kategorien

Mit der Verwendung des Begriffs Lady markieren die Aktivist_innen ihre Zugehörigkeit zu einem Feld, in dem bestimmte Geschlechtervorstellungen, Bezüge zu queeren und feministischen Ansätzen und Subkulturen vorherrschen. ‚Lady' ist damit ein Zeichen für Positionierungen, wird aber auch zu einem Schauplatz von Umdeutungen und einer prozessualen Auseinandersetzung mit der Frage nach politischen Referenzkategorien. Im Folgenden ziehe ich mein Fazit in drei

8 Ich verwende den Begriff Tradierung in dem Sinne, dass er die Vergangenheit sowohl konstruiert als auch verstehbar macht. Zum Begriff Tradition sagt Zygmunt Baumann: „Er läßt uns glauben, die Vergangenheit *binde* unsere Gegenwart; er verheißt jedoch (und veranlaßt) unsere gegenwärtigen und künftigen Anstrengungen, eine *Vergangenheit zu konstruieren*, durch die wir gebunden sein müssen und wollen" (Baumann 2000: 190).

Schritten: Zunächst setze ich mich mit der Dimension der Umdeutung, die anhand des Begriffs Lady vollzogen wird, auseinander. Anschließend diskutiere ich die Verhandlung von ‚Lady' als Ort für die Auseinandersetzung mit politischen Referenzkategorien anhand der drei herausgearbeiteten Orientierungen. Abschließend frage ich nach Möglichkeiten queer-feministischer Disidentifikation und Kriterien für Grenzziehungspraktiken.

‚Lady' als Schauplatz prozessualer Umdeutung

Rückblickend auf die Ergebnisse der Auswertung können zwei zentrale, zusammenhängende Punkte herausgearbeitet werden:

- Der Begriff Lady bedarf der impliziten und expliziten Umdeutung, weil er nicht ohne Weiteres für die Aktivist_innen als persönliche Selbstbezeichnung tauglich ist. ‚Lady' besitzt ein breites Bedeutungsspektrum, das jede Aktivist_in für sich klärt, das aber in jedem Fall von der konventionellen Bedeutung abgegrenzt wird. Der Ausschnitt aus dem Interview mit Mila zu Beginn des Kapitels zeigt auf eindrückliche Weise, welchen Aufwand die Aktivist_innen betreiben, um den Begriff überhaupt produktiv nutzen zu können. Dieser Akt der Umdeutung steht in der aktivistischen Tradition der Aneignung von Begriffen wie bspw. riot grrrl (als Aneignung der Bezeichung girl) oder auch des Begriffs queer in schwullesbischen Zusammenhängen.
- Der Begriff Lady wird von den Aktivist_innen als politische Kategorie verhandelt, die die Bewegungsgeschichte und die theoretisch-politischen Kontexte markiert. Er lässt sich daher nur im Kontext der drei hier herausgearbeiteten Orientierungen verstehen und wird als diskursiver Begriff stets einem Aushandlungsprozess unterzogen. Dies zeigt vor allem der Vergleichsfall _fest, der nur ein Beispiel variierender Weiterentwicklungen im aktivistischen Feld repräsentiert.

Beiden Punkten liegt die Annahme zu Grunde, dass Begriffe bzw. Bezeichnungen eine Geschichte haben. Sie sind immer in einen gesellschaftlichen und historischen Kontext eingebunden, der bei ihrer Verwendung fortwährend mitzudenken ist. Dabei werden Bezeichnungen jedoch nicht als determiniert verstanden, sondern als wirkmächtig, veränderbar und mit der Möglichkeit verbunden, Bedeutungsverschiebungen zu produzieren. Wie bereits in Kapitel 8 thematisiert, lässt sich dieses Verständnis eines politisch wirkmächtigen Sprachhandelns mit Judith Butlers Ansatz der Performativität verstehen. In den von ihr in *Haß spricht* diskutierten sprachtheoretischen Grundlagen kennzeichnet sie die Aneignung und Bedeutungsverschiebung von verletzenden Bezeichnungen als eine Form des Widerstands, da in der „Fähigkeit dieser Begriffe, eine nicht-gewöhnliche Bedeutung anzunehmen, ihr beständiges politisches Versprechen liegt" (Butler 1998: 205). Für Butler liegt in der Wiederaneignung verletzenden Sprechens ein politisches Potenzial, da sie zum „Ort einer traumatischen Neuinszenierung der Verletzung" (ebd.: 143f.) werde, die insbesondere die Offenheit der Begriffe für eine andere Verwendung, die Veränderbarkeit von sprachlichen Konventionen insgesamt und deren Wirkung zeige.[9] Deswegen lässt sich mit Butler die Umdeutung des Begriffs Lady als eine widerständige Praxis verstehen, mit der die Aktivist_innen dem Sprachhandeln eine hervorgehobene Rolle in ihrem Wirken einräumen.

Der Begriff nimmt in dieser Praxis der Umdeutung unterschiedliche Funktionen ein: In der Funktion des ‚umbrella terms'für unterschiedliche Geschlechtsidentitäten ersetzt er die Aufzählung einzelner Kategorien und ermöglicht es, eine Vielfalt von Identitätspositionen zu ‚meinen', ohne sie extra und genau benennen zu müssen. Hier wird er zum Zeichen für eine inklusive Haltung und eine subversive politische Praxis. In der Funktion als Nachweis für authentische Geschlechtertransgression nimmt ‚Lady' selbst die Stellung einer exklusiven Kategorie ein, die eindeutige Geschlechtspositionierungen als Mann oder Frau ausschließt (vgl. insbesondere die Stelle aus dem Interview mit Mara). An dieser Stelle wird ‚Lady' gewissermaßen zu einem ‚Insider-Begriff', der ausschließende Effekte produziert, weil sich seine Bedeutung ohne in theoretischen Auseinandersetzungen erworbenes Kontextwissen kaum erschließen lässt.

Als selbstreflexive, sich auf theoretische Diskurse beziehende Praxis zeigt die Weiterentwicklung von Ladyfest zu _fest, dass Akte der Umdeutung prozessual angelegt sind. Das heißt, es findet ein stetiger Reflexionsprozess statt, der die Wirkung dieser Praxis spiegelt und zu gewünschten Zielen in Beziehung setzt. Zugleich kristallisiert sich durch die Abkehr vom Begriff Lady heraus, wo seine Begrenzungen liegen: in seiner Verhaftung im System der Geschlechterkategorien. Darüber hinaus ist ein zentrales Moment der Weiterentwicklung zu _fest die Loslösung von möglichen identitätsrelevanten (Referenz-)Kategorien,

9 Entscheidend in Butlers Perspektive, die ich hier nicht in aller Ausführlichkeit diskutieren kann, ist der konstitutive Zusammenhang dieser sprachlichen Praxis mit der Subjektivation (vgl. bspw. Butler 1998: 225f. oder Butler 1993a: 130f.). Für ihre theoretischen Bezüge diskutiert Butler Austins sprachtheoretische Überlegungen zum performativen Sprechen (vgl. Austin 1998), Bourdieus und Derridas Lesarten von Austin (vgl. Butler 1998: 200ff.), als auch Althussers Konzept der Anrufung (vgl. Butler 2001: 101ff.). Meine Lesart habe ich bereits ausführlich dargelegt in Ommert (2004).

denn der Unterstrich steht zwar in diesem Kontext für die Auseinandersetzung mit geschlechtlichen Benennungen (vgl. insbesondere Hornscheidt 2012: 270ff.), doch wird auf eine Benennung verzichtet. Stattdessen fungiert der Unterstrich als (ohne Vorkenntnisse schwer verständlicher) Verweis auf die Infragestellung einer Referenzkategorie und als Instrument zur Initiierung politischer und persönlicher Denkprozesse. Somit erscheint er als ein verlockendes Zeichen für ein Dazwischen, ein Zeichen für Ambivalenz, Auseinandersetzung und Lernprozesse.

Betrachten wir also die Praxis der Umdeutung des Begriffs Lady und dessen Kontextualisierung, lässt sich konstatieren, dass diese mit den – bis heute anhaltenden – queer-feministischen Theoriedebatten der 1990er Jahre in Beziehungen zu setzen sind. Darüber hinaus ist die von queer-feministischen Bewegungen angewendete politische Praxis begrifflicher Umdeutung, wie sie im Falle von ‚queer‘ oder ‚grrrl‘ stattfindet, ein wichtiger kontextueller Bezugsrahmen.

Verhandlungsort von politischen Referenzkategorien

Obwohl ‚Lady‘ keine Kategorie im sozialwissenschaftlichen Sinne ist, lassen sich doch Auseinandersetzungen um politische Referenzkategorien an den Verhandlungen um den Begriff festmachen. Nicht der Begriff selbst stellt also eine Kategorie dar, sondern der diskursive Umgang der Aktivist_innen mit ihm verhandelt jene Fragen, die sich auch an politische Referenzkategorien stellen. In diesem Sinne verhandeln die Aktivist_innen anhand von ‚Lady‘ Zugehörigkeit und Inklusivität.

‚Lady‘ als Verhandlungsort von politischen Referenzkategorien wird besonders in der geschlechterinklusiven Orientierung sichtbar. Hier steht das Verständnis von Lady als inklusiver Begriff im Fokus, der geschlechtliche Positionen integriert, die sich zwischen zwei eindeutigen Geschlechtern verorten. Als umgedeutete Bezeichnung lässt Lady Spielraum für Zuschreibungen jenseits von Kategorien, die sich auf körperliche Voraussetzungen beziehen wie bspw. ‚Frau‘. Der Anspruch der Geschlechterinklusivität gerät jedoch auch an Grenzen, dann nämlich, wenn bestimmte Formen der Männlichkeit oder konkrete Verhaltensweisen ausgeschlossen werden sollen. Es zeigt sich hier, dass die Verhandlungen der Grenzziehungen entlang der Frage verlaufen, wie jenseits von Kategorien zu denken sei.

Die Verhandlung von Zugehörigkeit und Inklusivität, von ausschließenden Momenten und Begrenzungen ist zentral, wenn es um queer-feministische politische Referenzkategorien geht – ein Beispiel ist insbesondere die ‚Kritik der Kategorie Frau‘, eine Debatte, die insbesondere anhand von Judith Butlers Texten geführt wurde.[10] So formuliert Judith Butler eine Kritik an der eindeutigen Kategorie ‚Frau', die Ungleichheit unsichtbar mache und die Vielfalt gesellschaftlicher Ausgangsbedingungen ausblende:

„[D]as Insistieren auf der Kohärenz und Einheit der Kategorie ‚Frau(en)' hat praktisch die Vielfalt der kulturellen und gesellschaftlichen Überschneidungen ausgeblendet, in denen die mannigfaltigen konkreten Reihen von ‚Frauen' konstruiert werden. Deshalb wurden einige Versuche unternommen, eine Bündnispolitik zu formulieren, die nicht bereits von vornherein voraussetzt, welchen Inhalt die Kategorie ‚Frau(en)' haben wird." (Butler 1991: 34)

Das Problem, so erscheint es zumindest hier, ist nicht die Kategorie an sich, sondern eine vorschnelle Festlegung dessen, wer mit dieser Kategorie einschließbar (gemeint) ist – und wer nicht. Butlers Vorschlag ist es, Kategorien als Prozesse von Auseinandersetzungen zu sehen: „Wenn man dagegen die wesentliche Unvollständigkeit dieser Kategorie voraussetzt, kann sie als stets offener Schauplatz umkämpfter Bedeutungen dienen" (ebd.: 35). Diese Vorstellung einer prozesshaften Auseinandersetzung lässt sich im Umgang der Aktivist_innen mit dem Begriff Lady wiederfinden: Er wird zunächst zum ‚Ersatz' der politischen Referenzkategorie ‚Frau', weil – so ließen sich die Aussagen zur Umdeutung des Begriffs interpretieren – er im deutschsprachigen Kontext mit einem weiteren Bedeutungsspektrum gelesen werden kann. Schließlich wird er aber denselben Befragungen unterworfen: Er wird nach seinen Bedeutungsmöglichkeiten, den Möglichkeiten seiner Öffnung und seinen Begrenztheiten befragt. Im Falle des _fest stehen die ausschließenden Momente des Begriffs Lady im Vordergrund. Er wird daher zu Gunsten eines Begriffs aufgegeben, der ganz auf die Bezeichnung einer Person verzichtet, und stattdessen nur noch Zeichen, Symbol ist.

Diese Abkehr des _fest von einer bezeichnenden Kategorie hin zu einem abstrakten Zeichen kann als kritische Haltung gegenüber Kategorien insgesamt ge-

---

10 Die „Butler-Debatte", so Sabine Hark, wurde zum (akademischen) Schauplatz der Kritik an der Kategorie ‚Frau' (vgl. Hark 2005: 269ff.). Natürlich schließt Butler selbst an eine Reihe von Kritiken an dem Verständnis von Geschlecht und insbesondere der Geschlechterkonstruktion an (vgl. für den Überblick Wetterer (2008)), dennoch stehen ihre Arbeiten und die daran anschließenden Debatten für den Paradigmenwechsel der 1990er Jahre im feministischen Denken. Für die deutschsprachige Debatte relevant waren unter anderem die Ausgabe 2/1993 der Feministischen Studien und der Band *Streit um Differenz* Benhabib et al. (1993). Rückblickend: Hark (2005: 273ff.).

lesen werden: Den theoretischen Grundlagen der ,Kritik an der Kategorie Frau' folgend, lässt sich zu dem Schluss kommen, dass Kategorien stets so beschaffen sind, dass sie das eine bezeichnen und andere Bezeichnungen notwendig ausschließen. Kategorien können allgemein verstanden werden als aus der „spezifisch historisch-sozialen Erfahrung abgeleitete Erkenntnisinstrumente" (Hillmann 2007). Im Sinne eines Werkzeugs sind sie nicht Erkenntnis selbst, sondern Mittel dazu. Somit muss auch die Kategorie Geschlecht als eine ausschließende Bezeichnungspraxis verstanden werden, die in der Wirkmächtigkeit dieses Instruments der Erkenntnis die Wirklichkeit selbst mit hervorbringt. In diesem Prozess sehen Sabine Hark und Gabriele Dietze ein ,Begehren' entstehen, das sich verselbständigt: „[W]ir projizieren unsere intellektuellen Wünsche und Interessen in Kategorien, um dann zu vergessen, dass es jene Wünsche und Interessen sind, die Kategorien strukturieren" (Hark/Dietze 2006: 10). Kategorien, so Hark und Dietze weiter, produzierten einen Überschuss, zeichneten sich durch Beweglichkeit aus, „weshalb Kategorien immer auch etwas anderes tun als das, was wir uns von ihnen erhoffen" (ebd.).[11] Aufgrund dieses Potenzials der Beweglichkeit durch das Begehren sind und bleiben Kategorien fehlbar, und es ist notwendig, sie als Werkzeuge der Erkenntnis immer wieder zu überprüfen. Und – so müsste man weiter argumentieren – es bleibt eine Aufgabe, die von uns geschaffenen Kategorien zu präzisieren, abzuwägen oder zu verwerfen. Oder es müssen, wie Hark und Dietze es vorschlagen, die an die Kategorien gestellten Erwartungen offen gelegt werden. Deshalb kann der Umgang mit dem Begriff Lady von den Aktivist_innen als ein Versuchsfeld verstanden werden, um die die ,fehlbare Kategorie Lady' immer wieder abzuwägen, zu bearbeiten und weiterzuentwickeln.

,Lady' fungiert somit als ein politisch-strategischer Begriff, da er die Fallstricke der ,Kategorie Frau' bzw. der Aufzählung Frauen, Lesben, Trans*; Intersexuelle usw. vermeiden soll.[12] Schließlich zeigt sich für die Aktivist_innen in der Auseinandersetzung, dass auch der Begriff Lady (notwendigerweise) be-

11 Nach diesem Verständnis richten wir einen paradoxen Wunsch an die Kategorien „die wir kreieren, um die Welt verstehbar zu machen oder auch um uns zu positionieren und identifizieren, uns gleichsam die Arbeit abnehmen; dass sie das tun, was wir uns von ihnen wünschen, etwa emanzipatorisch zu wirken [...] Mehr noch: Dass Kategorien als unfehlbare, komplette Werkzeuge funktionieren, sie bspw. allumfassend repräsentieren, kritisch analysieren, transformativ intervenieren oder aber als sichere Abgrenzung für akademische Unternehmungen fungieren" (Hark/Dietze 2006: 10).

12 So argumentiert auch Butler, dass die Aufzählung von verschiedenen Identitätsbezeichnungen lediglich die Problematik verschiebe; sie müsse notwendigerweise unabgeschlossen bleiben (vgl. Butler 1991: 210).

grenzt ist und sich Schließungsprozesse zeigen, also Momente der Grenzziehungen. Sie werden nicht nur dort besonders sichtbar, wo ,Lady' im zweigeschlechtlichen System verhaftet bleibt und den Aktivist_innen eine intensive Auseinandersetzung abringt, sondern auch dort, wo die Aktivist_innen sich gegen die Verwendung des Begriffs entschieden haben und dies begründen. Das ,Üben' eines solchen Umgangs mit politischen Referenzkategorien (oder vielmehr: mit Begriffen, die dafür stehen) könnte dazu beitragen eine Vision zu entwickeln, wie eine künftige Politik, in deren Zentrum nicht Kategorien stehen, aussehen könnte. Diese Praxis besitzt somit auch ein utopisches Moment, denn es geht darum sichtbar zu machen, was offenbar in Begriffen nicht aufgehoben scheint, was aber in Form der ,Verunreinigungen' von Kategorien dennoch immer wieder aufscheint (vgl. Kapitel 4.1). Als Zeichen wird daher der Unterstrich allerdings den gleichen Auseinandersetzungen unterworfen sein wie ,Lady'. Die Bezeichnungen sind – so bleibt festzuhalten – in Bewegung.

,Lady' als Aushandlungsort queer-feministischer Disidentifikation und Grenzziehungen

Nehmen wir all diese Aspekte der Auswertungsergebnisse zusammen in den Blick, lässt sich argumentieren, dass ,Lady' als der Ort der Aushandlung politischer Referenzkategorien und identitätsstiftender Bezeichnungen fungiert. Aus queer-feministischer Perspektive nimmt die Verhandlung von ,Lady' einen prozesshaften, veruneindeutigenden, prekären Verlauf. Die Vereindeutigung wird stets hinterfragt und normative Grundlagen und Konstruktionsprozesse werden sichtbar gemacht.

,Lady' erfüllt die Funktion, ein Gefühl der Zugehörigkeit herzustellen und stellt eine Referenz für eine gemeinsame Praxis dar, dringt jedoch nicht auf die Ebene persönlicher Selbstbezeichnung vor. Insofern steht ,Lady' beispielhaft für einen Begriff, der zwar auf eine politische Haltung und Organisierung verweist, jedoch als identitätsstiftende Kategorie von den Aktivist_innen abgelehnt wird. Zu dieser nicht-identifikatorischen Orientierung gehört, dass die Aktivist_innen die Wirksamkeit des Begriffs außerhalb des Ladyfest-Kontextes in Frage stellen und dessen inklusive Effekte bezweifeln. Die Begrenztheit von Lady als politische Referenzkategorie wird hier und auch in der Weiterentwicklung zum Unterstrich deutlich.

Was ich als nicht-identifikatorische Orientierung herausgearbeitet habe, lässt sich auch mit dem Begriff disidentification von José Esteban Muñoz in Verbindung bringen.[13] Muñoz arbeitet anhand von queeren Performances, Filmen und Aktivismus Praktiken der Disidentifikation heraus und legt diesen sowohl psychoanalytische Relektüren, als auch intersektionale Annahmen zu Grunde (vgl. Muñoz 1999: 5ff.).

„*Disidentifications* is meant to offer a lens to elucidate minoritarian politics that is not monocausal or monothematic, one that is calibrated to discern a multiplicity of interlocking identiy components and the ways in which they affect the social." (Ebd.: 8)

Disidentifikation umfasst die Perspektive der Intersektionalität, die auch in der Verhandlung von ‚Lady' eine Rolle spielt, denn ‚Lady' wird unter anderem aufgrund seiner klassenspezifischen und weißen Konnotation kritisiert und abgelehnt. Dennoch steht diese Kritik nicht im Zentrum der Verhandlungen von ‚Lady', weswegen der Begriff ‚Disidentifikation' hier eindimensional auf Geschlecht bezogen erscheint und nicht so viele Facetten aufweist, wie Muñoz es in seiner intersektionalen Perspektive beschreibt. Wie Muñoz deutlich macht, zeigt sich im Prozess der Disidentifikation eine Auseinandersetzung mit Stereotypen, die eine ablehnende Aneignung möglich macht, wie bspw. das _fest in seiner Auseinandersetzung mit ‚Lady', die jedoch abgebrochen wird (dadurch, dass der Begriff fallen gelassen wird).

Bedeutsam am aktivistischen Umgang mit dem Begriff Lady ist, dass der ‚Verlust der Kategorie Frau' als Bezugspunkt für eine queer-feministische Politik nicht als Verlust artikuliert, sondern dessen Potenzialität ausgelotet wird. Der Unterstrich wird als Weiterentwicklung dieses Umgangs zu einem Instrumentarium für eine ‚offenhaltende Politik'. Er lässt sich als ein Vorschlag zum Umgang mit dem ‚Kategorien-Dilemma' lesen, also dem Dilemma, Kategorien zwar zu kritisieren, sie aber für die Bezeichnung und die Benennung von Ungleichheit zu benötigen. Dieses ‚Versprechen' wird freilich nur teilweise eingehalten, da sich hier des Öfteren Vermittlungsproblematiken auftun. Der Unterstrich kann

13 „Nach Munoz […] durchlaufen marginalisierte Subjekte häufig drei Phasen in ihrer Auseinandersetzung mit der Mainstream-Kultur: erstens die sogenannte ‚snow phase', die mit einer Assimilation gleichzusetzen ist und die eigene ‚Andersartigkeit' unterdrückt; zweitens die ‚militant phase', in der eine radikale Ablehnung und Gegenidentifizierung mit der eigenen Subkultur praktiziert wird; und schließlich drittens die intersektionale Strategie, als die er Disidentifikation begreift. Disidentifikation ist somit eine Strategie, die Arbeit der Normherstellung selbst zu dekonstruieren" (Dietze et al. 2007: 118).

jedoch als Impuls gedeutet werden, dieses Dilemma einmal nicht in den Vordergrund des Aktivismus zu stellen.

Gleichzeitig führt die Verwendung des Unterstrichs zu einer ,Abstraktifizierung' des Aktivismus, die auch eine ,Radikalisierung' darstellt. Das Ersetzen einer Personenbezeichnung durch ein Zeichen scheint nur vordergründig eine Loslösung von einem System der Geschlechterkategorien, da es eine Fixierung auf die Auseinandersetzung mit Kategorien bedeutet und gleichzeitig Verständnisbarrieren erhöht. Die Bezeichnungspraktiken werden somit immer voraussetzungsvoller. Dabei ermöglicht die Verwendung des Unterstrichs es jedoch, Strategien der Grenzziehung und Disidentifikation offen zu legen und neue Fragen zu stellen: Welche Rolle spielen noch die Verhaftungen in zweigeschlechtlichen Kategorien und Heteronormativität, wenn diese gar nicht mehr sichtbar werden? An welchen Stellen lassen sich dann gemeinsame Anliegen und Interessen festmachen? Was genau ist das Gemeinsame, mit dem ,wir' ,uns' bezeichnen wollen? In diesem Sinne verweist der Unterstrich am ehesten auf die Möglichkeiten, transkategoriale Bündnisse einzugehen, weil er Raum für vielfältige Auslegungen, aber auch konflikthafte Auseinandersetzungen lässt.

11. Fazit

Queer-feministischer Aktivismus bewegt sich im Spannungsfeld von grundsätzlichen Kritiken an Kategorien einerseits und Praktiken, die immer wieder auf Kategorien zurückgreifen, andererseits. Fragen nach Kollektivität und Solidarität tun sich in diesem Spannungsfeld auf.[1] Hier finden die Verhandlungen über das queer-feministische Referenzsubjekt statt: Wer sind ‚wir'? Was haben ‚wir' gemeinsam, was trennt ‚uns'? Ist es notwendig, Gemeinsamkeiten, Zugehörigkeiten zu benennen? Wer wird damit möglicherweise ausgeschlossen?

Im Fokus meiner Untersuchung stand die Frage, wie Möglichkeitsräume für plurale, transkategoriale Politikformen eröffnet werden können, die gleichzeitig Erfahrungen auf der Grundlage von herrschenden gesellschaftlichen Kategorien, wie bspw. Geschlecht, Rechnung tragen. Das heißt, es geht zunächst weniger um Differenzen, sondern um Formen der Gemeinsamkeiten, wie sie Achille Mbembe als Prozess der „Entähnlichung" beschreibt. In seiner Utopie der „universellen Gemeinschaft" stellt er das geteilte Mensch-Sein und das „Im-Offenen-Wohnen" vor die Effekte von Differenzen, die stets auf Klassifikationen und Hierarchien beruhen (vgl. Mbembe 2014: 329ff.). Ich verstehe seinen Begriff der Entähnlichung als eine Utopie, die geteilte Gemeinsamkeiten sucht, den Konstruktionsprozess von Differenzen kritisch hinterfragt und gleichzeitig die Effekte von Differenz betrachtet. Denn oft entstehe

1 Aktuelle Beispiele in theoretischen Kontexten sind Jähnert et al. (2013) oder die Ausgabe der Feministischen Studien mit dem Titel Solidaritäten (vgl. insbesondere Thomas/Wischermann (2015) und Hark et al. (2015)). Damit befinden wir uns wieder bei Themen, die auch riot-grrrl-Aktivist_innen mit ihren Manifesten aufgeworfen haben (vgl. Kapitel 6.3).

„das Verlangen nach Unterscheidung gerade dort, wo eine Erfahrung des Ausschlusses besonders intensiv erlebt wird. Unter diesen Umständen ist die Proklamation der Differenz die verkehrte Sprache des Verlangens nach Anerkennung und Inklusion." (Ebd.: 332)

Die Ergebnisse dieser Untersuchung werde ich daher auch vor dem Hintergrund dieses Begriffs der Entähnlichung diskutieren, der den utopischen Moment des Aktivismus zu betonen vermag.

11.1 FRAGESTELLUNG UND ÜBERBLICK ÜBER DIE STUDIE

Ziel der Studie ist es, die Verhandlungen von Grenzziehungspraktiken im Ladyfest-Aktivismus zu analysieren und diese im Kontext queer-feministischer Theoriedebatten zu verorten. Die Auseinandersetzung mit Identitätspolitiken und deren Effekten verstehe ich als ein Kernthema queer-feministischer Ansätze. Damit einher geht die Kritik an der Kategorie ‚Frau' und die Debatte um Differenzen zwischen ‚Frauen', wie ich sie in Kapitel 4.1 mit Bezug auf Sabine Hark und Judith Butler[2] dargestellt habe. Die queer-feministische Kritik an Identitätspolitiken ist geleitet von der Annahme, dass Identitätskategorien als Konstruktionen das, was sie beschreiben, mit hervorbringen und in diesem Prozess Ausschlüsse und Unsichtbarkeit von Differenzen produzieren. Sabine Hark diskutiert dies als eine performative und eine repräsentative Dimension von Identitätspolitiken, die untrennbar verwoben sind. Dabei geht es

„um die Verhandlung des *identitätspolitischen Paradoxons*, das darin besteht, dass Identitätsansprüche zwar als fundamental, essentiell, nicht verhandelbar und eindeutig unterscheidbar von den Ansprüchen anderer dargestellt, diese allerdings erst im Prozess ihrer Artikulation als ursprünglich, einmalig und irreduzibel gestaltet werden. Doch genau diese Kontingenz ihrer geschichtlichen Genese müssen Identitätspolitiken beständig verleugnen. Essentialisierungen scheinen mithin notwendige Fiktionen im Kampf gegen Unterdrückung zu sein, ohne Kontingenzbewusstsein sind indes auch Identitätspolitiken ‚von unten' der Gefahr ausgesetzt, autoritär und fundamentalistisch zu sein." (Hark 2013: 33)

Diese Studie begibt sich auf die Suche nach jenem Kontingenzbewusstsein in einem aktuellen queer-feministischen Aktivismus. Damit ist sie innerhalb queer-feministischer Gesellschaftskritik verortet, weil sie Konstruktionsprozesse von politischer Handlungsfähigkeit und von Geschlechterverhältnissen in den Blick

2 Siehe Butler (1991), Butler (1993a), Hark (1996).

nimmt. Eine queer-feministische Perspektive betrachtet nicht nur Effekte von Heteronormativität und Identitätspolitiken kritisch, sondern hinterfragt zudem auch stets die normativen Grundlagen des eigenen Denkens. Daher rekonstruiert meine Untersuchung einen queer-feministischen Aktivismus, der eine kritische Auseinandersetzung mit (Identitäts-)Kategorien führt und zeigt, wie darin queer-feministische Utopien formuliert werden, die sich auch als „die Sorge um das Offene" (Mbembe 2014: 331) bezeichnen lassen. Diese Utopie, so lässt sich in Anlehnung an Mbembe formulieren, beinhaltet einen Prozess der Entähnlichung, einen Prozess, in dem es nicht um das Bestehen auf Differenz , sondern um die Suche nach Gemeinsamkeiten geht, in der die Geschichte der Ungleichheit dennoch aufgehoben ist (vgl. ebd.: 325ff.).

Vor dem Hintergrund queer-feministischer Theorieansätze habe ich Ladyfest-Gruppen aus dem deutschsprachigen Raum vergleichend qualitativ untersucht und diskutiert. Damit habe ich eine bisherige Forschungslücke bearbeitet, wenn ich auch an die Ergebnisse einiger weniger Untersuchungen über Ladyfest-Aktivismus anknüpfen konnte. Meine empirische Herangehensweise war von der Frage geleitet, wie vor dem Hintergrund der Kritik an Identitätspolitiken im Ladyfest-Aktivismus Ein- und Ausschlüsse, Zugehörigkeiten und die Herstellung eines ‚Wir' verhandelt werden. Wie werden hier Differenzen sichtbar? Wo werden explizit Einschlüsse formuliert, praktiziert, wo kommt es dennoch zu Ausschlüssen? Wo liegen die Grenzen einer identitätskritischen, politischen Praxis? Die Forschungsfrage nach den Verhandlungen von Ein- und Ausschluss diente somit als Scharnier zwischen theoretischen Ansätzen und der Praxis der Aktivist_innen; sie ist eine Operationalisierung der Frage nach der politischen Handlungsfähigkeit im Kontext von Identitätskritik.

Um die Forschungsfrage zu beantworten, habe ich mich in den einzelnen Kapiteln dem Untersuchungsgegenstand ‚Ladyfeste' von außen nach innen genähert. Das heißt, ich habe mit den theoretischen Ansätzen und Annahmen begonnen, den Entstehungskontext und die Organisierungsformen dargestellt, und anschließend in den drei Auswertungskapiteln anhand von kollektiven und subjektiven Texten (Selbstverständnistexte und Interviews) die ‚Innensicht' der Aktivist_innen herausgearbeitet. Für die empirische Arbeit habe ich einen Ansatz aus der rekonstruktiven Sozialforschung gewählt, mit dessen Hilfe das (handlungsleitende) Wissen der Akteur_innen und somit deren Handlungsorientierungen herausgearbeitet werden können. In den Ergebnissen zeigt sich ein queer-feministischer Reflexionsprozess über theoretische und politische Praktiken, in dem die Auseinandersetzung mit Identitätspolitiken und mit ihren ausschließenden Effekten im Zentrum steht.

Mit dem Begriff (kulturell-politischer) Aktivismus beschreibe ich den Untersuchungsgegenstand in seinen vielfältigen Dimensionen. Dabei stehen die Gleichzeitigkeit von kulturellen und politischen Aspekten und die Verhandlung von kollektiven Identitäten selbst im Vordergrund. Ladyfeste verstehe ich daher als einen Knotenpunkt in einem (rhizomatischen) Netz von queer-feministischem Aktivismus, sie sind somit Teil eines größeren Zusammenhangs.

Das Kapitel *Theoretische Perspektiven* behandelt zentrale Begriffe und Konzepte, die zum einen für die empirische Herangehensweise geklärt werden müssen (Ein- und Ausschluss, Raumkonstitution), zum anderen das zentrale theoretische Bezugsfeld darstellen (queer-feministische Kritik an Identitätspolitiken, Strategien politischen Handelns jenseits von Identität).

- Die Herleitung der queer-feministischen Kritik an Identitätspolitiken ist notwendig, da sie den argumentativen Ausgangspunkt für meine Studie bildet. Daher werden zentrale Argumente der Debatte insbesondere in Rekurs auf Judith Butler und Sabine Hark nachvollzogen, wobei Identitäten als in einem stetigen Werden und als veränderbar begriffen werden und ihnen damit Konstruktionsprozesse zu Grunde liegen. „Der Prozeß der Konstitution von Identität ist dabei ebensowenig abschließbar wie unproblematisch. Es ist vielmehr ein Prozeß der konstanten Neuverhandlung und des Wettstreits“ (Hark 1996: 142). Hier knüpfe ich an mein in der Einleitung dargelegtes Verständnis von queer-Feminismen an, das im Verlauf der Arbeit als Folie für die Diskussion der empirischen Ergebnisse dient.
- Daran anschließend nähere ich mich mit Butler und Foucault den Begriffen Ein- und Ausschluss als sich gegenseitig bedingend und prozessual. Wichtig ist mir hierbei herauszustellen, dass auch Einschlüsse repressive bzw. normierende Effekte haben können, und es daher nicht um eine Wertung der Begrifflichkeiten (Einschluss = gut, Ausschluss = schlecht) geht. Vielmehr verstehe ich Ein- und Aus-schlüsse als notwendige Effekte von Handeln. Zentral ist außerdem die Dimension der Ausschlüsse aus gesellschaftlichen Verhältnissen, die Butler als Bedrohung der Intelligibilität (des Lebbaren) versteht (vgl. bspw. Butler 2004: 29).
- Um die Praktiken und Debatten um so genannte Freiräume einordnen zu können, wird der Herstellungsprozess von Räumen theoretisch anhand des Begriffs der Raumkonstitution diskutiert. Die aktive Gestaltung von Räumen und deren Atmosphäre gilt als zentraler Aspekt des Gelingens des Ladyfest-Aktivismus und benötigt daher eine theoretische Einordnung.
- Im Kapitel *Strategien politischen Handelns jenseits von Identitätskategorien* sind aus unterschiedlichen theoretischen Traditionen Ansätze zusammenge-

stellt, die sich bereits mit der Frage von politischer Handlungsfähigkeit im Kontext von Identitätskritik befasst haben. Diese sind als Folie zu verstehen, um die Strategien der Aktivist_innen zu kontrastieren, aber auch deren Orientierung an einzelnen Ideen aus diesem Feld zeigen zu können.

Anschließend habe ich gezeigt, dass der Ladyfest-Aktivismus in der Tradition des Punk-Rock-Feminismus und der riot-grrrl-Bewegung steht. Mit ihrer Ausrichtung auf informelle Selbstorganisierung und DIY-Politiken lassen sich Ladyfeste in einer gesellschaftskritischen und kapitalismuskritischen Aktivismustradition verorten, weil die Praktiken der Organisierung als Gegenstrategien zu herkömmlichen Organisierungsformen beschrieben werden. Empowerment, also Selbstermächtigung und Emanzipation von diskriminierenden Strukturen, die Ungleichheit herstellen und reproduzieren, ließ sich hier als geteiltes Ziel herausarbeiten. Durch Organisationsformen, die Zugang zu selbstorganisierter Wissensaneignung und -vermittlung, Eigeninitiative und Teilhabe bieten, zeigen sich hier auch Formen von einschließenden Praktiken, die sich außerhalb einer normativen bzw. restriktiven Öffentlichkeit verorten, dabei jedoch auch Grenzziehungspraktiken im Sinne von ‚Szenecodes' herstellen. Aus der Diskussion des Entstehungskontextes ergeben sich zudem konkrete Fragen für die empirische Analyse der Selbstverständnistexte von Ladyfestgruppen und Interviews mit Ladyfest-Aktivist_innen: Wenn Ladyfeste aus der riot-grrrl-Bewegung entstanden sind und der Begriff Lady als Weiterentwicklung verstanden werden kann, dann stellt sich die Frage, welchen Stellenwert er für die Aktivist_innen hat und welche Themen anhand dessen verhandelt werden. Daher ist Lady ein Schlüsselbegriff in der empirischen Erhebung und Analyse.

Bezüglich der empirischen Auswertung habe ich aus der Analyse der Verhandlungen von Grenzziehungspraktiken im Ladyfest-Aktivismus in den Zwischenfazits der Kapitel 7 bis 10 bereits verschiedene Ergebnisse festgehalten. Da diese jedoch ineinandergreifen, werde ich nachfolgend zwei zentrale Ergebnisse aus diesen Kapiteln herausgreifen und zusammen diskutieren: Erstens diskutiere ich das nicht-identifikatorische Potenzial des Lady-Begriffs; zweitens diskutiere ich den Aspekt der Freiräume im Ladyfest-Aktivismus. Beide Aspekte verstehe ich als die zentralen Ergebnisse der empirischen Auswertung. Sie tragen ein Spannungsverhältnis in sich, das vom gleichzeitigen Rekurs auf unterschiedliche (queer-) feministische Traditionen geprägt ist. Abschließend komme ich dann in Unterkapitel 10.4 dazu, diese Ergebnisse vor dem Hintergrund pluraler, transkategorialer Bündnispolitik zu diskutieren.

11.2 NICHT-IDENTIFIKATORISCHES POTENZIAL VON ‚LADY'

Der Begriff Lady besitzt – unter anderem – ein nicht-identifikatorisches Potenzial. Das bedeutet, dass er von den Aktivist_innen nicht als Selbstbezeichnung oder Identifikationsbegriff herangezogen wird. Während Lady in den Selbstverständnistexten als Sammelbegriff (‚umbrella term') und kollektiver Bezugspunkt dient (wie bspw. das Ladyfest Hannover 2006 als Gemeinsamkeit die Erfahrung des Weiblich-Seins formuliert), steht in den Interviews mit den Aktivist_innen im Vordergrund, dass der Begriff trotz aller Bemühungen um Umdeutung, Aneignung und Prozessualität nicht als Selbstbezeichnung fungiert. Die Ladyfest-Aktivist_innen gruppieren zwar einen großen Teil ihres Aktivismus um die Begriffe Lady bzw. Ladyfest, sie besitzen aber keine identifikatorische Funktion für die einzelnen Aktivist_innen über die kollektive Praxis hinaus. So lehnt bspw. Tanja im Interview eine Auseinandersetzung mit ‚Lady' mit den Worten ab: „Aber ich bin keine Lady, ich gehe aber trotzdem hin". Demnach geht es nicht um ‚Ladysein', sondern um das konkrete Handeln. Diese Orientierung am Handeln korrespondiert mit dem Anspruch der Aktivist_innen, notwendige Ausschlüsse nicht an Identitätspositionen, sondern an etwaigem Fehlverhalten festzumachen und diese Ausschlüsse an den Einschränkungen für Andere, die bspw. aus übergriffigem Verhalten resultieren, zu vollziehen.

Das nicht-identifikatorische Potenzial des Begriffs wird von den Aktivist_innen aktiv – durch ihre Positionierungen – hergestellt.[3] In dieser Praxis zeigen sich (kollektive) Bezeichnungen als unabgeschlossene Prozesse, als etwas Gewordenes und deshalb auch Veränderbares. Die Konstruktionsprozesse einer kollektiven Bezeichnung liegen somit offen, werden reflektiert und machen die Gewordenheit und Heterogenität des in Anspruch genommenen ‚Wir' transparent. Die Zugehörigkeit zu diesem ‚Wir' entsteht sowohl durch kognitive Prozesse der Auseinandersetzung mit Inhalten, als auch über affektive Dimensionen. Das von den Ladyfest-Aktivist_innen formulierte ‚Wir' bleibt nicht unbestimmt, aber unabgeschlossen. Der Ladyfest-Aktivismus zeigt sich hier als eine voraus-

3 Im Sinne des Konzepts der Disidentifikation von José Esteban Muñoz zeigen sich hier auch die verschiedenen intersektionalen Anrufungen im Prozess der Identifizierung und Gegenidentifizierung, jedoch nicht in dem Maße, dass dies im Vordergrund der Analyse stehen könnte. Da Muñoz' Perspektive auf der Analyse von Performances, Filmen und Kunst liegt, wären für die vertiefende Diskussion in meiner Arbeit zusätzliche Untersuchungen bspw. des Umgangs mit Lady in Performances, Bildern und Logos etc. nötig gewesen (vgl. Kapitel 10.5).

setzungsvolle Praxis, da Zugang zu Wissen und Debatten notwendig ist. Diese Hürden des Zugangs müssen auch als Ausschlussmechanismen verstanden werden.

Die Haltung der Nicht-Identifikation der Aktivist_innen lässt sich als ein utopischer Moment des Lady-Begriffs interpretieren, als eine Offenheit und ein Wunsch nach Gemeinsamkeiten, die nicht an Identitäten festgemacht werden. Der Begriff fungiert als Chiffre für ein transgressives Geschlechterkonzept, also eines, das offen ist für geschlechtliche Positionierungen jenseits von Zweigeschlechtlichkeit und Heteronormativität. Gleichzeitig zeigt sich in dem Begriff jedoch auch der Moment der Vereindeutigung, wenn es um die Bestimmung geht, wer bzw. was ausgeschlossen bleiben soll, um Ladyfeste als queer-feministischen Raum zu markieren. Dadurch wird ‚Lady' eine offene Form der ‚Kategorie Frau', die lediglich durch das begrenzt wird, was ich als Cis-Männlichkeit bezeichne. Dieser Begriff kommt im Material selten vor, zumal er zum Zeitpunkt der Interviews noch nicht derart gebräuchlich war wie heute. Er fasst jedoch das, was ‚Lady' meist nicht bezeichnen soll, treffend zusammen: Menschen, die biologisch und sozial in ungebrochener Form hegemoniale Männlichkeit und Heterosexualität leben. Der Begriff ‚Macker', der im Material gebräuchlicher ist, ist damit nicht gleichzusetzen, schließt aber im Sinne von übersteigerter (Cis-) Männlichkeit daran an. Im Material konnte insbesondere anhand der Kontrastfälle von Yasemin und Phillip gezeigt werden, dass auch der Ausschluss von Menschen mit männlicher Sozialisation je nach Standpunkt unterschiedlich bewertet wird. Während Yasemin auf dem Ausschluss von Menschen mit männlicher Sozialisation beharrt und diese damit für sie ‚schicksalhaft' unveränderbar bleibt, argumentiert Phillip für die Veränderbarkeit von Sozialisation und für ein prozessuales und im Ende offenes Verständnis von geschlechtlicher Sozialisation.

Der Aspekt des nicht-identifikatorischen Potenzials des Begriffs Lady trägt diese beiden Momente gleichzeitig in sich: das utopische Moment der Uneindeutigkeit und das Moment der Vereindeutigung. Der Begriff beschreibt einen Möglichkeitsraum, einen utopischen Denkraum für einen Aktivismus ohne Identitätskategorien, der immer wieder an Grenzen stößt. In dieser Gleichzeitigkeit muss es zwangsläufig zu einem Scheitern kommen. Aber gerade in diesem Ringen um Kategorien, in diesem Scheitern, entsteht ein queer-feministisches utopisches Potenzial. Entscheidend dafür sind der Gestaltungswille der Aktivist_innen und ihre Bereitschaft, scheinbar Selbstverständliches – wie bspw. Zweigeschlechtlichkeit – in Frage zu stellen. In dieser Hinsicht orientieren sich die Aktivist_innen an einer ‚kritischen Wissenspraxis' im Sinne von Sabine Hark: „Um die Welt denken zu können, ‚wie sie ist und wie sie sein könnte', braucht es

Wissenspraxen, die sich der ‚Gefahr' aussetzen, auch das eigene Sein immer wieder neu zu riskieren" (Hark 2014: 71).

Ladyfest-Aktivist_innen, so ließen sich die Ergebnisse dieser Studie vor dem Hintergrund des Zitats interpretieren, sind bereit die Grundlagen ihres Handelns zu ‚riskieren', um die Welt zu verändern, um sie zu gestalten. Indem sie ihre Bezugskategorien wie FrauenLesbenTrans*, Lady oder _ (Unterstrich) stets als im Prozess befindlich betrachten und weiterentwickeln, reflektieren sie auch kontinuierlich ihre eigene Praxis. Damit setzen sie sich der Gefahr des Scheiterns aus und entwerfen gleichzeitig Perspektiven, wie ‚die Welt sein könnte'. Dies lässt sich als queer-feministische Utopie verstehen, in der der Begriff Lady als alternative Referenzkategorie für kollektives politisches Handeln betrachtet werden kann. Die damit beschriebene Utopie wäre eine politische Praxis, die keine Identitätskategorien braucht und die alle einschließt, die sich queer-feministischen Positionen zugehörig fühlen. Allerdings scheint diese Utopie unerreichbar, ähnlich wie dies Bini Adamczak und Mike Laufenberg für eine queere Kollektivität diagnostizieren. Sie lässt sich nicht realisieren, sondern zeigt sich nur an den Rändern, in Momenten: „Was in der Gegenwart ist, sind Gesten und Affekte, die die Erfahrung für einen kurzen Moment auf etwas anderes hin öffnen mögen, als das, was ist" (Adamczak/Laufenberg 2011). Schließlich bleibt zu fragen, was diese ‚Ladyfest-Wirs' für ein mögliches, wie auch immer geartetes, ‚queer-feministisches Wir' bedeuten könnten. Meines Erachtens scheinen im Ladyfest-Aktivismus diese kurzen Momente auf, wie gemeinsame Positionen im Kontext einer Entähnlichung, einer kritischen und selbstreflexiven Bezugnahme auf Kategorien aussehen könnten.

11.3 Begrenztheit von queer-feministischen Freiräumen

Von diesen utopischen Momenten im Ladyfest-Aktivismus ausgehend werden auch immer wieder die Grenzen jener utopischen (Frei-)Räume sichtbar: Die Uneindeutigkeit, wie sie im Begriff Lady oder Weiterentwicklungen wie _ (Unterstrich) zum Ausdruck kommt, verlangt gleichzeitig im Ladyfest-Aktivismus eine Praxis der Vereindeutigung, wenn es um die Gestaltung von Räumen und konkrete Einlasspolitiken geht. Hier gelangt auch das nicht-identifikatorische Potenzial des Begriffs an seine Grenzen. Dies wird insbesondere bei den Verhandlungen von Einlasspolitiken virulent, in denen auf Identitätskategorien, insbesondere geschlechtliche Kategorien, rekurriert wird. Zudem beziehen auch die Aktivist_innen selbst in ihre Überlegungen mit ein, dass die von ihnen gestalteten temporären Räume nicht frei von gesellschaftlichen Ungleichheitsstrukturen sind. Der Möglichkeitsraum zeigt sich als begrenzt.

Mit der Gestaltung von Räumen im Ladyfest-Aktivismus werden Möglichkeitsräume hergestellt, in denen andere Erfahrungen möglich und erlebbar werden. Dabei ist es aber auch nicht vermeidbar, dass gesellschaftliche Hierarchien und Herrschaftsverhältnisse sich im Prozess der Raumkonstitution reproduzieren (vgl. Löw 2001: 272ff., Bourdieu 1991). Dass gesellschaftliche Herrschaftsverhältnisse sich in der Beschaffenheit von Räumen reproduzieren, lässt sich sowohl mit den theoretischen Ausführungen von Martina Löw (vgl. Kapitel 4.3) als auch in der Analyse des empirischen Materials herausarbeiten.

In der Auseinandersetzung mit den Freiraum-Konzepten der Aktivist_innen zeigt sich zweierlei: Erstens müssen in der Praxis durch konkrete Einlasspolitiken vereindeutigende Entscheidungen getroffen werden, die der Uneindeutigkeit Grenzen setzen. Dabei werden geschlechtliche Kategorisierungen und Zuschreibungen wieder virulent, die zunächst abgelehnt wurden. Zweitens zeigt sich, dass in der Aushandlung dieser Frage Bezüge zu queeren, aber auch insbesondere zu feministischen Ideen von Freiräumen hergestellt werden. Dies habe ich im Fazit des Kapitels *Freiräume ohne Ausschluss?* als Spannungsverhältnis diskutiert, das ich als Kristallisationspunkt von zentralen Verhandlungsfeldern queerfeministischer Politiken verstehe.

Mit ihrem Anspruch, einen Gegenraum zu herrschenden Geschlechterverhältnissen zu schaffen und damit auch teilweise an separatistische Politiken anzuknüpfen, stellen die Ladyfest-Aktivist_innen sich in die Tradition feministischer Freiraumkonzepte (insbesondere der Neuen Frauenbewegung). Dies ist besonders in dem Hinblick interessant, dass in der expliziten ‚Geschichtsschreibung', also in den Selbstverständnistexten, als Entstehungskontext fast ausschließlich die riot-grrrl-Bewegung genannt wird. Bezüge zur Neuen Frauenbewegung, zu Frauenmusikfestivals oder ähnlichem werden von den Ladyfest-Aktivist_innen kaum hergestellt. Die Anknüpfung an Debatten um Räume, in denen Cis-Männlichkeit oder Menschen mit männlicher Sozialisation ausgeschlossen werden (wie das bei Yasemin herausgearbeitet wurde) muss jedoch als ein impliziter Rekurs auf die Neue Frauenbewegung gelesen werden. Die Begründungen für die Notwendigkeit von Räumen nur für FrauenLesbenTrans*-Personen rekurrieren dabei auffallend häufig auf eine ‚besondere Atmosphäre', die in gänzlich offenen, also nicht regulierten Räumen, nicht die gleiche sei.

Gleichzeitig werden im Ladyfest-Aktivismus auch die Entwicklungen virulent, die bspw. die Broschüre von GLADT e.V. *Frauen*Räume und die Diskussion um Trans*-Offenheit* behandelt. In der Broschüre wird die aktuelle Situation reflektiert, dass Freiräume, die ursprünglich nur für ‚Frauen' oder ‚FrauenLesben' gedacht waren, im Hinblick auf die verstärkt gelebte geschlechtliche Vielfalt in queer-feministischen Kontexten mit der Diskussion um Öffnungen konfrontiert sind. Als queer-feministischer Aktivismus ist die Verhandlung von Einlasspolitiken für Ladyfest-Gruppen ein zentrales Thema. Für den Erhalt eines Freiraums mit ‚besonderer Atmosphäre' wird der Bezug zum herrschenden Geschlechterverhältnis hergestellt, wobei eben nicht mehr mit typisch männlichen oder weiblichen Verhaltensweisen argumentiert wird, sondern mit Sozialisationserfahrungen und konkretem Verhalten. Diese Argumentation ist notwendig, weil die Aktivist_innen nicht mit Identitätskategorien argumentieren. Insbesondere ‚Sozialisationserfahrung' kann jedoch auch in einer deterministischen Weise verwendet werden, so dass ‚Sozialisation zum Schicksal gerinnt'. Damit verschiebt sich jedoch lediglich das, was als Grenze definiert wird: von geschlechtlichen Zuschreibungen zu einer selbstbestimmten Selbstbezeichnung, vom Körper als Schicksal zur Sozialisation als Schicksal.

Somit entstehen widersprüchliche Fragen, wenn es um die aktive Raumgestaltung der Aktivist_innen und deren Umgang mit Identitätskategorien geht. Räume sollen einerseits von jenen bestimmt werden, die sonst in der Minderheit sind, wie Trans*Personen, Drag Kings, Drag Queens, Gender Bender und andere, aber gleichzeitig soll die Definition, für wen dieser Raum ist, niemand ausschließen, der oder die nicht benannt ist (vgl. zu dieser Frage auch Schuster 2010: 294).

An der Frage um Freiräume zeigt sich besonders deutlich, dass der Ladyfest-Aktivismus im Spannungsverhältnis gleichzeitiger Bezüge zu feministischen Wurzeln und queeren Themen steht. Dies zeigt sich außerdem, wenn wir noch einmal den Begriff Lady anschauen, der von den Aktivist_innen sehr unterschiedlich im queer-Feminismus verortet wird: Während einige die feministischen Wurzeln und damit den – wenn auch an den Rändern offenen – Bezug zu Frau-Sein in einem ungleichen Geschlechterverhältnis herstellen, verorten andere ‚Lady' als gänzlich queere Figur, die zweigeschlechtliche Bezüge überwindet (vgl. Kapitel 10.4). Entsprechend kommt es auch zu unterschiedlichen Einschätzungen, für wen der ‚Freiraum Ladyfest' offen sein soll bzw. wer ausgeschlossen werden muss, damit der Freiraum ein anderer Raum sein kann, der das herrschende Geschlechterverhältnis kritisch reflektiert.

Hier wird besonders deutlich, dass sich das Verständnis der Aktivist_innen von der zu Grunde gelegten Definition von queer-Feminismen meiner Forschungsperspektive unterscheidet. Ich gehe davon aus, dass queere und feministische Ansätze gemeinsame theoretische Grundlagen und Grundannahmen haben (vgl. Kapitel 4). Für die Aktivist_innen scheinen hier zumindest unterschiedliche

Schwerpunkte zu gelten, wenn diese auch nicht eindeutig als Widersprüche formuliert werden.

11.4 KATEGORIENKRITIK UND PLURALE TRANSKATEGORIALE BÜNDNISSE

Auch wenn Lady keine Kategorie im strengen Sinne ist, so steht deren Verhandlung doch im Zeichen der Kategorienkritik. Ich habe in der Studie herausgearbeitet, dass der aktivistische Umgang mit dem Begriff Lady im Kontext der Kategorienkritik gelesen werden muss und als Arbeit an Kategorien verstanden werden kann. Bleibt zusammenfassend die Frage zu diskutieren, warum im Ladyfest-Aktivismus die Notwendigkeit einer vehementen Kritik an Kategorien gesehen wird. Entscheidend dafür ist die enge Verzahnung des queer-feministischen Aktivismus mit theoretischen Überlegungen. Ladyfest-Aktivist_innen, dies wird vor allem in den Selbstverständnistexten deutlich, beziehen sich darauf, dass das herrschende gesellschaftliche Geschlechterverhältnis ungleich ist und Benachteiligung, Diskriminierung und Gewalt hervorbringt. Dies entspricht auch dem, was unter anderem Gudrun Axeli Knapp als Gemeinsamkeit von aktuellen pluralen, feministischen Ansätzen beschreibt.[4] Diese Auffassung einer ungleich strukturierten Gesellschaft gilt im Sinne einer intersektionalen Perspektive nicht nur auf die Geschlechterkategorien bezogen, sondern auch auf andere gesellschaftliche Strukturkategorien wie Klasse, Ethnizität (*race*) etc. Insbesondere in der Auswertung der Selbstverständnistexte wurde deutlich, dass die gesellschaftskritische Perspektive der Ladyfest-Aktivist_innen sich auch darin ausdrückt, die Vielheit von gesellschaftlichen Ungleichheits-strukturen mit in Betracht zu ziehen und diese in ihren Strategien und Praktiken zu berücksichtigen.

Die ‚praktizierte Kategorienkritik', wie sie in meinem Feld anhand der Verhandlung des Begriffs Lady deutlich wird, wird demnach notwendig durch die diskriminierenden, verletzenden Effekte, die (auch) die Berufung auf Kategorien hervorruft. Hinzu kommt die Unzuverlässigkeit von Kategorien, die die Komplexität gelebter Erfahrungen nicht einzufangen vermögen. Betrachten wir die vielfältigen Lebensrealitäten, die aus einer heteronormativen Ordnung herausfallen, geht es bei der Kategorienkritik auch um Lebbarkeit von Pluralität: Welche Leben sind denkbar, lebbar, intelligibel? Insofern geht es mit einer Kategorienkritik auch darum, die eigene Positioniertheit außerhalb der vorherrschenden Ka-

4 Siehe hierzu Kapitel 1.2, vgl. Knapp (2014: 13).

tegorien und gesellschaftlichen Strukturen denkbar und lebbar zu machen, „unbewohnbare Zonen bewohnbar zu machen“ (Adamczak/Laufenberg 2011).

Ladyfest-Aktivist_innen schaffen Räume, die in ihrer Gestaltung entgegen der herrschenden Ordnung Möglichkeitsräume eröffnen sollen. Diese sind insbesondere am queer-feministischen Anspruch von Ladyfest-Aktivist_innen ausgerichtet: Es sollen Safer Spaces für FrauenLesbenTrans*Personen hergestellt werden, ein Raum, in dem andere geschlechtliche Seinsweisen möglich, lebbar, feierbar werden. Zudem wird der Anspruch der Aktivist_innen, Räume jenseits normativer Ordnungen zu gestalten, auch durch die Art und Weise der Herstellung der Räume umgesetzt. In diesen informellen Selbstorganisierungsformen spielen Selbstermächtigung, alternativer Zugang zu und Teilhabe an Wissen sowie Eigeninitiative eine wichtige Rolle. Dieser insgesamt gesellschaftskritische Rahmen, in dem Ladyfest-Aktivismus verortet und verstanden werden muss, erklärt die Dringlichkeit des Widerspruchs, die Lust an der Kritik an normativen Ordnungen und an Kategorien, die im Aktivismus sichtbar werden.

Davon ausgehend bleibt zu diskutieren, welche Begriffe oder Konzepte hilfreich sein können, den Ladyfest-Aktivismus zu beschreiben und eine Perspektive für dessen Weiterentwicklung zu geben. Anschließend an Susanne Baers Begriff der postkategorialen Politik möchte ich den Ladyfest-Aktivismus als transkategoriale Politik[5] verstehen. Der Begriff ‚postkategoriale Politik‘ wird von Baer im juristischen Kontext entwickelt und ist daher von der Auseinandersetzung mit dem Antidiskriminierungsrecht[6] geprägt. Entscheidend für Baers Argumentation ist es, die Gesellschaft als ungleich zu begreifen. Benachteiligung und Diskriminierungen seien keine Ausnahme, sondern beruhten auf einer asymmetrischen Gesellschaft, die Ungleichheit hervorbringe. Unter postkategorialer Politik versteht sie drei Typen von Maßnahmen: Erstens Empowerment für die von Dis-

5 Der Begriff ‚transkategorial‘ scheint in diesem Kontext nicht systematisch erschlossen, wird aber hin und wieder gebraucht. Siehe bspw. Hannah Fitsch (2006): Transkategoriale Körperkonzeptionen, Videoarbeit https://neurogenderings.wordpress.com/members-2/hannah-fitsch-dr/ [rev. 5.8.2015]

6 Baer geht von der Problematik des ‚Gruppismus‘ im Recht aus, also von der Notwendigkeit, einer Gruppe von Benachteiligten zugehörig sein zu müssen, um im Antidiskriminierungsrecht anerkannt zu werden. Sie wendet sich gegen ‚Gruppismus‘, da dieser homogenisierende, essenzialisierende Wirkungen habe und Ungleichheit und Diskriminierung festschreibe: „Wer sich an Gruppen orientiert, tendiert dazu, kollektive Identitätskonzepte als Identitätspolitiken zu verfestigen“ (Baer 2010: 26). Siehe auch Baer (2013).

kriminierung betroffenen Gruppen[7], das heißt insbesondere die Selbstorganisierung und Selbstreflexion zu fördern, zweitens Schulung und Qualifikation der Menschen mit Entscheidungsmacht, damit sie möglichst diskriminierungsfreie Entscheidungen treffen, und drittens Gestaltung von Gesellschaft, damit Pluralität[8] möglich wird (vgl. Baer 2010: 37ff.). Bestechend an ihren Überlegungen ist, dass sie die gesamte Gesellschaft als ungleiche im Blick hat und alle Maßnahmen daher auch gesamtgesellschaftlich angelegt sein müssen, um wirken zu können. Auch wenn sich ihre Forderungen hauptsächlich an staatliche Institutionen richten, denkt sie jedoch die Notwendigkeit der Selbstreflexion mit. Erweiternd zu den drei Punkten von Baer fügen Liebscher et al. den Aspekt der Resignifizierung von Kategorien hinzu. In ihrem Aufsatz weisen sie zurecht darauf hin, dass Kategorien „fiktional und real zugleich" (Liebscher et al. 2012: 205), also durch künstliche Grenzziehungen und Stereotype gekennzeichnet sind, die jedoch einen Effekt auf die Lebensrealität und Identifizierungsprozesse haben. Daher lassen sich Kategorien nicht nur im Recht, sondern auch auf einer gesellschaftlichen Ebene nicht ‚abschaffen', sondern vielmehr muss die Stoßrichtung sein, den Umgang mit Kategorien reflexiv zu gestalten und diese als offenen Prozess der Resignifizierung zu verstehen. Bezogen auf die rechtliche Perspektive von Baer argumentieren die Autor_innen, dass es darum gehe, Schutz vor Diskriminierungen zu gewährleisten, „ohne eine Verdinglichung, Essentialisierung und Homogenisierung in Form kategorialer Zuordnung zu wiederholen" (ebd.: 217), die nämlich selbst wieder diskriminierend wirke. Die Benennungspraxis solle auf „Handlungen, Prozesse und Verhältnisse" rekurrieren (ebd.). Entscheidend ist es, die soziale Konstruktion und Kontingenz von Kategorien in den Blick zu bekommen und in der Praxis deren prozessualen Charakter zu betonen und sichtbar zu machen. Damit wird eingeholt, dass eine Politik jenseits der oder ‚nach' den Kategorien nicht möglich ist, sondern vielmehr eine Politik angestrebt werden muss, die die oben angestellten Überlegungen mit einbezieht bzw. zu ihrer Vorbedingung macht. Postkategoriale Politik müsste deswegen auch nicht als ‚nach den Kategorien', sondern als eine Politik verstanden werden, die die Konstruktionsprozesse von Kategorien reflexiv mit einbezieht. So-

7 Um nicht dem Paternalismus zu verfallen, gehört für Baer die Förderung von Netzwerken und Vereinigungen, Bildungs- und Qualifizierungsmaßnahmen dazu (nicht nur für von Diskriminierung Betroffene, sondern auch für Privilegierte) (vgl. Baer 2010: 36).

8 Baer bevorzugt den Begriff Pluralität vor anderen Begriffen wie Diversität oder Vielfalt, da es um Ermöglichung von „unzähligen Lebensentwürfen" (Baer 2011: 37) geht und nicht die Unterschiede im Vordergrund stehen sollen.

mit möchte ich vorschlagen, mit dem Begriff transkategoriale Politik dieses Durchschreiten bzw. Durchdenken der Konstruktionsprozesse zu betonen.

Jedoch darf bei aller Kategorienkritik nicht vergessen werden, dass diese auch an Grenzen gerät, wenn es darum geht Differenzen sichtbar zu halten. Dabei geht es um bekannte, aber auch noch unbekannte Differenzen, um Differenzen zwischen Menschen, aber auch in uns selbst (vgl. Hark 2013: 43). Insbesondere jene Differenzen sollten nicht unsichtbar werden, die zu unterschiedlichen Diskriminierungserfahrungen führen, wie bspw. Differenzen in Bezug auf Herkunft, Hautfarbe oder Aufenthaltsstatus. Dafür schlage ich vor, sich an Bündnissen bzw. Coalition Politics (vgl. Johnson Reagon 1983)[9] zu orientieren, die die Anerkennung von Differenzen, von Vielfalt als zentralen Bestandteil des Aktivismus in den Mittelpunkt rücken. Herausforderung ist hier, an einer Anerkennung von Pluralität zu arbeiten und keine Homogenität anzustreben. Pluralität meint, dass aus der Vielheit verschiedener Teile keine Einheit entsteht, sondern als ‚Vielheit' sichtbar bleibt. Wenn also plurale Positionierungen und Differenzen nebeneinander stehen bleiben können, sind tatsächliche Bündnisse möglich. Coalition Politics nach Bernice Johnson Reagon hat dabei die unbequeme Aufgabe im Blick, in der Bündnisarbeit Differenzen bestehen zu lassen. Sie führen dazu, dass Rückzugsräume für Aktivist_innen nicht homogen und konfliktfrei bleiben, eben keine ‚places like home' (ebd.: 359) sind, sondern von ihnen Anstrengungen, Konfliktfähigkeit und Positionierungen verlangen.

Ich schlage vor, queer-feministischen Aktivismus mit dem Begriff der transkategorialen Bündnispolitik weiter zu diskutieren. Ziel einer solchen transkategorialen Bündnispolitik wäre es, dass Differenzen sichtbar bleiben, ohne dass sie zu Identitätsbrocken erstarren (Hark 1996: 17) und dass deren ausschließende Effekte stetig reflektiert werden. Damit würde ein Kampf um die Bewohnbarkeit der unbewohnbaren Zonen stattfinden, (Adamczak/Laufenberg 2011) und jene Differenzen in den Vordergrund gestellt werden, „von denen wir noch nicht wissen" (Hark 2013: 43). Hier wäre auch mit dem Begriff der Entähnlichung auf die Gemeinsamkeiten zu schauen, die meines Erachtens für eine queer-feministische Utopie kennzeichnend wären.

Dabei stellt sich die Frage, ob dies in Ansätzen eine praktische Entsprechung findet. Mit Blick auf die Auseinandersetzungen um die Kategorie Geschlecht können Ansätze ausgemacht werden, die versuchen – z.B. mit der Umdeutung des Begriffs Lady – Differenzen und Kategorien offen zu halten und somit Bündnisse möglich zu machen. Wie sich an verschiedenen Stellen der Studie

9 Siehe Kapitel 2.6 und 4.4. Für Allianzen bzw. Bündnisse argumentiert auch Hark (2013), ebenso in Bezug auf Bernice Johnson Reagon und Ladyfeste Ommert (2009a).

zeigt, ist jedoch die Thematisierung einer weißen Mehrheit im Ladyfest-Aktivismus ein Feld, das einer aktiven transkategorialen Bündnisarbeit bedürfte, die aber kaum realisiert wird. Im Forschungsstand in Kapitel 2.6 wird bereits auch die Auseinandersetzung im aktivistischen Kontext nachgezeichnet. Zur Illustration greife ich wie in der Einleitung auf einen Eintrag über den Besuch des Ladyfest Nürnberg 2005 in meinem Forschungstagebuch zurück.

An verschiedenen Stellen auf dem Ladyfest Nürnberg entdecken wir einen handgeschriebenen Aushang, auf dem thematisiert wird, dass Ladyfeste vornehmlich von weißen, Mittelklasse- und studierten Frauen besucht und organisiert werden und diese auch ansprechen. Warum sind wenig Schwarze Frauen und Frauen mit Migrationshintergrund auf einem Ladyfest präsent? Wir selbst wollten das in unserer Gruppe anders machen, stießen jedoch auf die Schwierigkeit, in der Thematisierung nicht ein „Wir" und ein „Die" zu reproduzieren. Schließlich war uns wichtig, dass Teilnehmer_innen unsere Inhalte teilten und nicht wo sie herkommen oder welche Hautfarbe sie haben. Und: obwohl die antirassistische Kritik auch auf unsere Ladyfest-Gruppe im Großen und Ganzen zutraf, macht sie doch auch die vorhandene Vielfalt von ‚uns' unsichtbar. (Aus meinem Forschungstagebuch)

Die Thematisierung von Ausschlussmechanismen und den Effekten von Ausschlüssen im Ladyfest-Aktivismus ist omnipräsent, jedoch werden kaum vorhandene Strategien ausgeschöpft, diesen Ausschlussmechanismen zu begegnen. In der Analyse des Ladyfest-Aktivismus zeigt sich eine ausdifferenzierte Auseinandersetzung mit der Kategorie Geschlecht, wenn es jedoch um andere gesellschaftliche Strukturkategorien geht, bleiben Strategien oder Auseinandersetzungen eindimensional. Es gibt zwar den Anspruch einer antirassistischen Politik, diese Haltung mündet jedoch selten explizit in der Thematisierung von Strategien und Bündnissen, die Differenzen und unterschiedliche Erfahrungen von Diskriminierung und Privilegien konfrontieren (wie Reagon es in ihrem Konzept fordert). Die Bereitschaft zur internen konflikthaften Auseinandersetzung scheint in der Praxis wenig ausgeprägt zu sein, sondern es lässt sich eher eine Orientierung am Konsens beobachten. Dies lässt sich erklären aus den informellen Selbstorganisierungsformen, zu denen auch das Konsensprinzip gehört und das Teilhabe sicherstellen soll (Kapitel 7), und aus den Freiraumkonzepten der Aktivist_innen, die die Ideen von Safer Spaces (Kapitel 9) beinhalten.

Den Ladyfest-Aktivismus und einen queer-feministischen Aktivismus insgesamt unter dem Begriff der transkategorialen Bündnisse zu reflektieren, könnte ein Instrument sein, mit der weißen Hegemonie im Ladyfest-Aktivismus umzugehen, Veränderungen herbeizuführen und die strukturellen Hürden zu überwinden, die dies behindern.

11.5 QUEER-FEMINISTISCHE UTOPIE IS UNWRITTEN...

„The Future is unwritten" lautet ein Bonmot aus dem Punk. Die Zukunft des queer-feministischen Aktivismus muss ungeschrieben bleiben, weil er als ein gesellschaftskritischer Aktivismus nicht endgültig bestimmbar ist und im Prozess verstanden werden muss. Doch verortet im queer-feministischen Theoriekontext, Punk-Rock-Feminism und in Traditionen von autonomen, emanzipatorischen und gesellschaftskritischen Politiken stellt sich der Ladyfest-Aktivismus alles andere als beliebig dar: Queer-feministischer Aktivismus ist gekennzeichnet von der Suche nach und Auseinandersetzung mit transgressiven Potenzialen. Diese sind nicht erst ‚nach Butler' virulent, sondern die selbstreflexive Auseinandersetzung mit dem feministischen ‚Wir' und mit Zugehörigkeiten ist Thema von Beginn an (siehe bspw. Knapp 2008, Kapitel 1.2). Aktuell ist queer-feministischer Aktivismus von einer Gleichzeitigkeit verschiedenster Traditionen und Ansätze geprägt. Daher können bestimmte Auseinandersetzungen auch als beständiger Kampf um Deutungshoheit in (queer-)feministischen Kontexten gelesen werden.

Der Ladyfest-Aktivismus zeichnet sich durch die Durcharbeitung der Kategorie Geschlecht bzw. Lady aus, wobei andere Kategorien weniger Beachtung finden. Aus der Perspektive einer transkategorialen Bündnispolitik gibt es hier Entwicklungsbedarf, insbesondere dort wo es um antirassistische Positionierungen und Sichtbarkeit von vorhandener Vielfältigkeit geht.

Unter der Pluralität feministischer Ansätze existieren zeitgleich andere feministische Aktivismusformen, die weniger Berührungsängste mit universalistischen Positionierungen haben und in denen die Frage der Differenzen zwischen ‚Frauen' keine oder kaum Beachtung findet. Bspw. fand medial die feministische Gruppe *Femen* breite Resonanz und beanspruchte in ihren Aktionen, für alle Frauen* zu sprechen. Aber auch *Slutwalk*-Gruppen, die dem Ladyfest-Aktivismus kulturell näher stehen, zeigen wenig Sensibilität hinsichtlich der Ausschlüsse, die sie produzieren. Diese beiden Gruppen vergleichend kommt Theresa O'Keefe (2014) zu der Einschätzung, dass beide mit ihren Protestformen verunmöglichen, dass sich andere als weiße, nicht-behinderte Frauen zugehörig fühlen können.[10] Ausschlussmechanismen zeigten sich in ihren Organisationsstrukturen und dem Mangel an Berücksichtigung von vielfältigen Erfahrungen von Frauen (‚lack of diversity‘) und Herrschaftskategorien (vgl. O'Keefe 2014: 12). Durch die Analyse und Beschreibung der beiden Gruppen von O'Keefe wird deutlich, dass sich diese explizit nicht kritisch mit Zweigeschlechtlichkeit auseinandersetzen und daher – so würde ich argumentieren – auch zu problematischen Vereinnahmungen und Sprechpositionen kommen.

Ein weiteres Beispiel für aktuelle feministische Artikulationsformen, die eine universalisierende Perspektive einnehmen, ist die Journalistin und Bloggerin Laurie Penny (2012). In ihrem Buch *Fleischmarkt* reflektiert sie über aktuelle Bedingungen weiblicher Sozialisation und spricht dabei in einer vereindeutigenden Weise von Frauen, die gleichzeitig die beschriebenen spezifischen Erfahrungen universalisiert. Zwar thematisiert sie Transphobie in bestimmten feministischen Kreisen und fordert eine transfeministische Solidarität (vgl. Penny 2012: 86), doch zeugt ihre universalisierende Sprache von einem Wunsch nach Vereinfachung: Aus ihrer Sicht seien alle Frauen (und hier meint sie auch Trans*-Frauen) durch gleiche Erfahrungen von Körper und Kapitalismus geprägt. Dementsprechend spricht sie in ihrem Buch ‚einfach‘ von ‚Frauen‘. Fragen nach Sprechpositionen, Positionalität, nach Pluralität von queer-feministischen Subjekten und Lebensrealitäten, dem Unterworfen-Sein unter eine Vielzahl von Diskriminierungen, Benachteiligungen und Gewaltverhältnisse scheinen hier zu Gunsten von Vereindeutigungen vernachlässigt zu werden. Damit werden Kritiken an einem feministischen Universalismus, der Differenzen unsichtbar macht, aus einer queer-feministischen Sprechposition heraus dethematisiert.

Abgesehen davon lässt sich in Bezug auf die Sichtbarkeit und Lebbarkeit von Geschlechtervielfalt sagen, dass in den letzten Jahren viel erreicht wurde. Inter- und Transsexualität wird in vielen Bereichen sichtbarer und – so ist zu hoffen – lebbarer. In dieser Hinsicht könnte man Ladyfest-Aktivist_innen als Avantgarde bezeichnen, die – neben anderen Aktivist_innen natürlich – mit ihren Debatten das Thema vorbereitet und somit eine öffentliche Diskursfähigkeit miterkämpft haben. Andere Themen, wie bspw. die Sichtbarkeit von Aktivist_innen of Color und eine stetige antirassistische kritische Revision des Aktivismus bleiben eine aktuelle, wichtige Aufgabe.

---

10 „I am primarily concerned with the ways in which gender norms are (re)appropriated by these groups, their reliance on universalism that in turn foster the marginalisation of women von diverse backgrounds, and their anaemic analysis of structural oppression." (O'Keefe 2014: 3)

Dies sind nur wenige Beispiele für die aktuelle (queer-) feministische Pluralität, in der die besondere Perspektive des Ladyfest-Aktivismus als kategorienkritische Praxis gesehen werden muss. Wie Knapp argumentiert, darf Pluralismus nicht heißen, dass Dominanzverhältnisse unkommentiert bzw. unreflektiert bleiben. Insofern ist die Aufgabe, aus einer Perspektive der transkategorialen Bündnispolitik diejenigen Aktivismen zu kritisieren, die eine universalistische Perspektive reproduzieren. Diese kritische Perspektive auf Universalität als Aufgabe im Blick zu behalten, kann die Analyse des Ladyfest-Aktivismus zur Entwicklung queer-feministischer Ansätze beitragen: Die herausgearbeiteten blinden Flecken im Ladyfest-Aktivismus zeigen die Notwendigkeit der Sichtbarkeit von Differenzen und einer Arbeit an Formen von transkategorialen Bündnispolitiken. Es zeigt sich hier die Notwendigkeit einer Infragestellung der eigenen Grundlagen und einer reflexiven Praxis.

Der Ladyfest-Aktivismus interveniert in diesen queer-feministischen Diskurs auf einer Ebene von Praktiken und Strategien der Selbstermächtigung und Raumaneignungen, durch die Verhandlung von Kategorien und Reflexion der eigenen Praxis und repräsentiert damit eine queer-feministische politische Handlungsfähigkeit jenseits von (und: nicht nach) Kategorien. Im Prozess der Entähnlichung ginge es somit darum, das Verhältnis von Ungleichheiten und Gemeinsamkeiten auszuloten, um artikulieren zu können, was ‚wir' teilen und wo ‚wir' Konflikte und Auseinandersetzungen aufgrund unserer Unterschiedlichkeit austragen müssen. Es sind diese utopische Momente im Aktivismus, die sichtbar machen, was es heißen könnte ‚im Offenen zu wohnen' (Mbembe 2014) und wie die Welt dann sein könnte.

Literatur und Anhang

Adamczak, Bini/Laufenberg, Mike (2011): „Zur unmöglichen Möglichkeit queerer Kollektivität“, in: *Kulturrisse. Zeitschrift für radikaldemokratische Kulturpolitik* (01).

Affront (2011): „Freie Räume?: Autonome FrauenLesbenTrans-Organisierung“, in: Affront (Hrsg.), *Darum Feminismus!: Diskussionen und Praxen*, Münster, 54–65.

Aktionsrat zur Befreiung der Frauen, Gruppe Westberlin (2008): „Selbstverständnis des Aktionsrats zur Befreiung der Frauen“, in: Ilse Lenz (Hrsg.), *Die Neue Frauenbewegung in Deutschland: Abschied vom kleinen Unterschied; eine Quellensammlung*, Wiesbaden, 65–66.

Allen, Pamela (1972): „Der Freiraum“, in: Arbeitskollektiv der Sozialistischen Frauen Frankfurt/M (Hrsg.), *Frauen gemeinsam sind stark: Texte und Materialien des Women's Liberation Movement in den USA*, Frankfurt am Main, 63–72.

Anders, Ann (1988): „Chronologie der gelaufenen Ereignisse“, in: Ann Anders (Hrsg.), *Autonome Frauen: Schlüsseltexte der neuen Frauenbewegung seit 1968*, Frankfurt am Main, 10–38.

Andersen, Mark/Jenkins, Mark (2006): *Punk, DC. Dance of days; Washington-Hardcore von Minor Threat bis Bikini Kill*, Mainz.

Ankele, Gudrun (2011): „Mädchen an die Macht: Manifeste und Geschichten feministischen Widerstands“, in: Katja Peglow/Jonas Engelmann (Hrsg.), *Riot Grrrl revisited: Geschichte und Gegenwart einer feministischen Bewegung*, Mainz, 51–60.

Aragon, Janni (2008): „The ‚Lady‘ Revolution in the Age of Technology“, in: *International Journal of Media and Cultural Politics*, 4(1), 71–85.

Arbeitskollektiv der Sozialistischen Frauen Frankfurt/M (Hrsg.) (1972): Frauen gemeinsam sind stark. Texte und Materialien des Women's Liberation Movement in den USA, Frankfurt am Main.

Austin, John L. (1998): *Zur Theorie der Sprechakte. How to do things with Words*, Stuttgart.

Autorinnen*kollektiv des FemRef der Universität Bielefeld (2014): „Was wir wollen: Autonomer feministischer Freiraum an der Universität Bielefeld", in: Yvonne Franke et al. (Hrsg.), *Feminismen heute: Positionen in Theorie und Praxis*, Bielefeld, 283–293.

Baer, Susanne (2010): „Chancen und Risiken Positiver Maßnahmen: Grundprobleme des Antidiskriminierungsrechts", in: Heinrich Böll Stiftung (Hrsg.), *Positive Maßnahmen. Von Antidiskriminierungsrecht zu Diversity*, Berlin, 23–39.

Baer, Susanne (2011): *Rechtssoziologie. Eine Einführung in die interdisziplinäre Rechtsforschung*, Baden-Baden.

Baer, Susanne (2013): „Der problematische Hang zum Kollektiv und ein Versuch, postkategorial zu denken", in: Gabriele Jähnert et al. (Hrsg.), *Kollektivität nach der Subjektkritik: Geschlechtertheoretische Positionierungen*, Bielefeld, 47–67.

Baldauf, Anette (Hrsg.) (1998): *Lips, tits, hits, power? Popkultur und Feminismus*, Wien.

Bauer, Birgit (2001): „Identity is the crisis, can't you see?: Alternative Entwürfe zur Identitätspolitik auf den Spuren von Donna Haraway und Leslie Feinberg", in: Ulf Heidel (Hrsg.), *Jenseits der Geschlechtergrenzen: Sexualitäten, Identitäten und Körper in Perspektiven von Queer Studies*, Hamburg, 330–345.

Baumann, Zygmunt (2000): *Die Krise der Politik. Fluch und Chance einer neuen Öffentlichkeit*, Hamburg.

Becker, Ruth (2008): „Raum: Feministische Kritik an Stadt und Raum", in: Ruth Becker et al. (Hrsg.), *Handbuch Frauen- und Geschlechterforschung: Theorie, Methoden, Empirie*, Wiesbaden, 652–664.

Becker, Sophinette (2004): „Transsexualität – Geschlechtsidentitätsstörung", in: Götz Kockott/Eva-Maria Fahrner (Hrsg.), *Sexualstörungen*, Stuttgart/New York, 153–201.

Behnke, Cornelia/Meuser, Michael (1999): *Geschlechterforschung und qualitative Methoden*, Opladen.

Bendel, Petra (2010): „Basisdemokratie", in: Dieter Nohlen (Hrsg.), *Lexikon der Politikwissenschaft: Theorien, Methoden, Begriffe*, München, 65–66.

Benhabib, Seyla (1993): „Feminismus und Postmoderne. Ein prekäres Bündnis", in: Seyla Benhabib et al. (Hrsg.), *Der Streit um Differenz. Feminismus und Postmoderne in der Gegenwart*, Frankfurt am Main.

Benhabib, Seyla (1995): „Von der ‚Politik der Differenz' zum ‚sozialen Feminismus' in der US-Frauenbewegung: ein Plädoyer für die 90er Jahre", in: Jörg Huber et al. (Hrsg.), *Instanzen/Perspektiven/Imaginationen: Interventionen*, Basel/Frankfurt am Main.

Benhabib, Seyla/Butler, Judith/Cornell, Drucilla/Fraser, Nancy (Hrsg.) (1993): Der Streit um Differenz. Feminismus und Postmoderne in der Gegenwart, Frankfurt am Main.

Berger, Peter L./Luckmann, Thomas (1999): *Die gesellschaftliche Konstruktion der Wirklichkeit. Eine Theorie der Wissenssoziologie*, Frankfurt am Main.

Bergmann, Franziska/Moos, Jennifer/Münzing, Claudia (Hrsg.) (2008): *queere (t)ex(t)perimente*, Freiburg im Breisgau.

Beyer, Ina (2005): „Smells like queer spirit", in: *Testcard: Discover America*, Mainz, 118–125.

Bierbaum, Anja (1999): „Girlism durch die queere Brille betrachtet", in: *Potsdamer Studien zur Frauen- und Geschlechterforschung*, 3(2), 37–52.

Blaze, Cazz (2007): „Poems on the Underground", in: Nadine K. Monem (Hrsg.), R*iot Grrrl: Revolution Girl Style Now!*, London, 50–97.

Bogner, Alexander (Hrsg.) (2005): *Das Experteninterview. Theorie, Methode, Anwendung*, Wiesbaden.

Bohn, Cornelia (Hrsg.) (2006): *Inklusion, Exklusion und die Person*, Konstanz.

Bohnsack, Ralf (2006a): „Dokumentarische Methode", in: Ralf Bohnsack et al. (Hrsg.), *Hauptbegriffe Qualitativer Sozialforschung*, Opladen & Farmington Hills, 40–44.

Bohnsack, Ralf (2006b): „Orientierungsmuster", in: Ralf Bohnsack et al. (Hrsg.), *Hauptbegriffe Qualitativer Sozialforschung*, Opladen & Farmington Hills, 132–133.

Bohnsack, Ralf (2006c): „Praxeologische Wissenssoziologie", in: Ralf Bohnsack et al. (Hrsg.), *Hauptbegriffe Qualitativer Sozialforschung*, Opladen & Farmington Hills, 137–138.

Bohnsack, Ralf et al. (2007): „Einleitung: Die dokumentarische Methode und ihre Forschungspraxis", in: Ralf Bohnsack et al. (Hrsg.), *Die dokumentarische Methode und ihre Forschungspraxis: Grundlagen qualitativer Sozialforschung*, Wiesbaden, 9–27.

Bohnsack, Ralf (2008): *Rekonstruktive Sozialforschung. Einführung in qualitative Methoden*, Opladen & Farmington Hills.

boi, tom (2008): „Translocating Queer Feminism oder: Randbemerkung", in: Franziska Bergmann et al. (Hrsg.), *queere (t)ex(t)perimente*, Freiburg im Breisgau, 31–38.

Borchardt, Kirsten (1997): „Vorwort“, in: Juno/Kirsten Borchardt (Hrsg.), *Angry women: Die weibliche Seite der Avantgarde*, St. Andrä-Wördern, 6–7.

Bourdieu, Pierre (1991): „Physischer, sozialer und angeeigneter physischer Raum“, in: Martin Wentz (Hrsg.), *Stadt-Räume*, Frankfurt am Main/New York, 25–34.

Bourdieu, Pierre (2003): *Die feinen Unterschiede. Kritik der gesellschaftlichen Urteilskraft*, Frankfurt am Main.

Bourdieu, Pierre (2008): „Ortseffekte“, in: Pierre Bourdieu et. al. (Hrsg.), *Das Elend der Welt: Zeugnisse und Diagnosen alltäglichen Leidens an der Gesellschaft*, Konstanz, 159–167.

Bretz, Leah/Lantzsch, Nadine (2013): *Queer_Feminismus. Label und Lebensrealität*, Münster.

Burzan, Nicole (2007): *Soziale Ungleichheit. Eine Einführung in die zentralen Theorien*, Wiesbaden.

Butler, Judith (1991): *Das Unbehagen der Geschlechter*, Frankfurt am Main.

Butler, Judith (1993a): „Für ein sorgfältiges Lesen.“, in: Seyla Benhabib et al. (Hrsg.), *Der Streit um Differenz. Feminismus und Postmoderne in der Gegenwart*, Frankfurt am Main, 122-132.

Butler, Judith (1993b): „Ort der politischen Neuverhandlung: Der Feminismus braucht ‚die Frauen‘, aber er muß nicht wissen ‚wer‘ sie sind.“, in: *Frankfurter Rundschau,* 27.07.1993.

Butler, Judith (1997): *Körper von Gewicht. Die diskursiven Grenzen des Geschlechts*, Frankfurt am Main.

Butler, Judith (1998): *Haß spricht. Zur Politik des Performativen*, Berlin.

Butler, Judith (2001): *Psyche der Macht. Das Subjekt der Unterwerfung*, Frankfurt am Main.

Butler, Judith (2004): „Beside Oneself: On the Limits of Sexual Autonomy“, in: Judith Butler (Hrsg.), *Undoing Gender*, New York, 17–39.

Califia, Patrick (2003): *Sex Changes. The Politics of Transgenderism*, San Francisco.

Calmbach, Marc (2007): *More than music. Einblicke in die Jugendkultur Hardcore*, Bielefeld.

Calmbach, Marc/Rhein, Stefanie (2007): „DIY or DIE!: Überlegungen zur Vermittlung und Aneignung von Do-it-yourself-Kompetenzen in der Jugendkultur Hardcore“, in: Udo Göttlich et al. (Hrsg.), *Arbeit, Politik und Religion in Jugendkulturen: Engagement und Vergnügen*, Weinheim, 69–86.

Castro Varela, María do Mar/Dhawan, Nikita (2005): *Postkoloniale Theorie. Eine kritische Einführung*, Bielefeld.

Chidgey, Red et al. (2009): „Ladyfest: Material Histories of Everyday Feminist Art Production", in: *n.paradoxa – International Feminist Art Journal* (24), 5–12.

Chidgey, Red/Zobl, Elke (2008): „‚Ladyfest: We need to rip it up and start again': An email interview with Terese from London, UK", http://www.grassrootsfeminism.net/cms/node/120, 09.06.2011.

Cole, Elizabeth R./Luna, Zakiya T. (2010): „Making Coalition Work: Solidarity across Difference within US Feminism", in: *Feminist Studies*, 36(1), 71–98.

Combahee River Collective (1983): „Combahee River Collective Statement", in: Barbara Smith (Hrsg.), *Home girls: A black feminist anthology*, New York, 272–282.

Crenshaw, Kimberlé W. (2010): „Die Intersektion von ‚Rasse' und Geschlecht demarginalisieren: Eine Schwarze feministische Kritik am Antidiskriminierungsrecht, der feministischen Theorie und der antirassistischen Politik", in: Helma Lutz et al. (Hrsg.), *Fokus Intersektionalität: Bewegungen und Verortungen eines vielschichtigen Konzepts*, Wiesbaden, 33–54.

Dackweiler, Regina/Holland-Cunz, Barbara (1991): „Strukturwandel feministischer Öffentlichkeit: Zum Strukturwandel von Öffentlichkeit/en", in: *Beiträge zur feministischen theorie und praxis*, 14(30/31), 105–122.

Darlin, Jesse (2008): „grrrls abroad", in: *Plan B,* 2008, 34.

Debord, Guy (1996): *Die Gesellschaft des Spektakels*, Berlin.

Deleuze, Gilles/Guattari, Félix (1992): *Tausend Plateaus. Kapitalismus und Schizophrenie*, Berlin.

Die Schwarze Botin (2008): „Schleim oder Nichtschleim, das ist hier die Frage", in: Ilse Lenz (Hrsg.), *Die Neue Frauenbewegung in Deutschland: Abschied vom kleinen Unterschied; eine Quellensammlung*, Wiesbaden, 114–116.

Dietze, Gabriele et al. (2007): „Checks and Balances: Zum Verhältnis von Intersektionalität und Queer Theory", in: Gabriele Dietze/Katharina Walgenbach (Hrsg.), *Gender als interdependente Kategorie: Neue Perspektiven auf Intersektionalität, Diversität und Heterogenität*, Opladen, 107–139.

Downes, Julia (2007): „Riot Grrrl: The Legacy and Contemporary Landscape of DIY Feminist Cultural Activism", in: Nadine K. Monem (Hrsg.), *Riot Grrrl: Revolution Girl Style Now!*, London, 12–49.

Downes, Julia et al. (2013): „Researching DIY Cultures: Towards a Situated Ethical Practice for Activist-Academia", in: *GJSS – Graduate Journal of Social Scienes*, 10(3), 100–124.

Duggan, Lisa/Hunter, Nan D. (Hrsg.) (1995): *Sex Wars. Sexual Dissent and Political Culture*, New York.

Duncombe, Stephen (1997): *Notes fromUunderground. Zines and the Politics of Alternative Culture*, London.

Easton, Dossie/Liszt, Catherine A. (1997): *The Ethical Slut. A Guide to Infinite Sexual Possibilities*, San Francisco.

Eilers, André (2006): „Not just boys‘ fun?: Punk- und Hardcore-Girls“, in: Doris Lucke (Hrsg.), *Jugend in Szenen: Lebenszeichen aus flüchtigen Welten*, Münster, 141–152.

Eismann, Sonja/Erharter, Christiane (2007): „DIY – Wir machen es uns selbst!: Feministische Strategien in der kulturellen Selbstorganisation“, in: *Malmoe*, 2007, 19.

Elden, Stuart (2002): „Es gibt eine Politik des Raumes, weil Raum politisch ist: Henri Lefèbvre und die Produktion des Raumes“, in: *AnArchitektur*, 1, 27–35.

Ellerbrock, Katharina (2006): *Die Organisation und Durchführung eines Ladyfest. Unter Berücksichtigung der Frauenbewegung und Sex+Gender Debatte*, Diplomarbeit, Bielefeld.

Engel, Antke (2002): *Wider die Eindeutigkeit. Sexualität und Geschlecht im Fokus queerer Politik der Repräsentation*, Frankfurt am Main.

Engel, Antke (2009): *Bilder von Sexualität und Ökonomie. Queere kulturelle Politiken im Neoliberalismus*, Bielefeld.

Engel, Antke (2013): „Trans_Androgynie: Paradoxien queerer Existenzweisen“, in: Dominique Grisard et al. (Hrsg.), *Verschieden sein: Nachdenken über Geschlecht und Differenz*, Sulzbach/Taunus, 69–80.

Erel, Umut et al. (2007): „Intersektionalität oder Simultaneität?!: Zur Verschänkung und Gleichzeitigkeit mehrfacher Machtverhältnisse – Eine Einführung“, in: Jutta Hartmann et al. (Hrsg.), *Heteronormativität: Empirische Studien zu Geschlecht, Sexualität und Macht*, Wiesbaden, 239–250.

Erharter, Christiane/Zobl, Elke (2006): „Mehr als die Summe der einzelnen Teile: Über Feministische Fanzines, Musiknetzwerke und Ladyfeste“, in: Rosa Reitsamer/Rupert Weinzierl (Hrsg.), *Female consequences: Feminismus, Antirassismus, Popmusik*, Wien, 17–30.

Farzin, Sina (2006): *Inklusion/Exklusion. Entwicklungen und Probleme einer systemtheoretischen Unterscheidung*, Bielefeld.

Fenstermaker, Sarah/West, Candace (2001): „‚Doing Difference' Revisited: Probleme, Aussichten und der Dialog in der Geschlechterforschung“, in: Bettina Heintz (Hrsg.), *Geschlechtersoziologie*, Wiesbaden, 236–249.

Flick, Uwe (2006): *Qualitative Sozialforschung. Eine Einführung*, Reinbek bei Hamburg.

Foucault, Michel (1999): *Sexualität und Wahrheit I. Der Wille zum Wissen*, Frankfurt am Main.

Foucault, Michel (2012): *Die Ordnung des Diskurses*, Frankfurt am Main.

Franke, Yvonne/Mozygemba, Kati/Pöge, Kathleen (Hrsg.) (2014): Feminismen heute. Positionen in Theorie und Praxis, Bielefeld.

Fraser, Nancy (2003): „Soziale Gerechtigkeit im Zeitalter der Identitätspolitik: Umverteilung, Anerkennung und Beteiligung", in: Nancy Fraser/Axel Honneth (Hrsg.), *Umverteilung oder Anerkennung?: Eine politisch-philosophische Kontroverse*, Frankfurt am Main, 15–128.

Friebertshäuser, Barbara (1997): „Feldforschung und teilnehmende Beobachtung", in: Barbara Friebertshäuser/Annedore Prengel (Hrsg.), *Handbuch qualitative Forschungsmethoden in der Erziehungswissenschaft*, Weinheim, 503–534.

Funk, Julika (2002): „Transgender people", in: Renate Kroll (Hrsg.), *Metzler Lexikon Gender Studies Geschlechterforschung: Ansätze, Personen, Grundbegriffe*, Stuttgart/Weimar, 391.

Garfinkel, Harold (1967): *Studies in Ethnomethology*, Englewood Cliffs.

Garrison, Ednie K. (2000): „U.S. Feminism-Grrrl Style!: Youth (Sub)Cultures and the Technologics of the Third Wave", in: *Feminist Studies*, 26(1), 141–170.

Garske, Pia (2013): „Intersektionalität als Herrschaftskritik?: Die Kategorie ‚Klasse' und das gesellschaftskritische Potenzial der Intersektionalitätsdebatte", in: Vera Kallenberg et al. (Hrsg.), *Intersectionality und Kritik: Neue Perspektiven für alte Fragen*, Wiesbaden, 245–263.

Geertz, Clifford et al. (1983): *Dichte Beschreibung. Beiträge zum Verstehen kultureller Systeme*, Frankfurt am Main.

Gehring, Petra (2004): „Sind Foucaults Widerstandspunkte Ereignisse oder sind sie es nicht?: Versuch der Beantwortung einer Frage", in: Marc Rölli (Hrsg.), *Ereignis auf Französisch: Von Bergson bis Deleuze*, München, 275–284.

Geisriegler, Ellen (2007): „Ladyfest: the Future of Feminism?", in: *fiber - werkstoff für Feminismus und Popkultur* (12), 20–21.

Genschel, Corinna et al. (2005): „Anschlüsse: zur deutschen Ausgabe", in: Annamarie Jagose (Hrsg.), *Queer Theory: Eine Einführung*, Berlin, 167–194.

Gerbig, Do (2009): „Prozessual-strategische Subjekte in Bewegung!", in: AG Queer Studies (Hrsg.), *Verqueerte Verhältnisse: Intersektionale, ökonomiekritische und strategische Interventionen*, Hamburg, 151–164.

Gerhard, Ute (1995): *Unerhört. Die Geschichte der deutschen Frauenbewegung*, Reinbek bei Hamburg.

Gerhard, Ute (2008): „Frauenbewegung“, in: Roland Roth/Dieter Rucht (Hrsg.), *Die sozialen Bewegungen in Deutschland seit 1945: Ein Handbuch*, Frankfurt am Main, 187–217.

Gertenbach, Lars (2008): „Ein ‚Denken des Außen‘: Michel Foucault und die Soziologie der Exklusion“, in: *Soziale Systeme*, 14(2), 308–328.

Gildemeister, Regine (2008): „Doing Gender: Soziale Praktiken der Geschlechterunterschreidung“, in: Ruth Becker et al. (Hrsg.), *Handbuch Frauen- und Geschlechterforschung: Theorie, Methoden, Empirie*, Wiesbaden, 132–140.

Gildemeister, Regine/Wetterer, Angelika (1992): „Wie Geschlechter gemacht werden: Die soziale Konstruktion der Zweigeschlechtlichkeit und ihre Reifizierung in der Frauenforschung“, in: Gudrun-Axeli Knapp/Angelika Wetterer (Hrsg.), *Traditionen Brüche*, Freiburg im Breisgau, 201–254.

GLADT e.V. (2010): *Frauen*Räume und die Diskussion um Trans*-Offenheit*, Berlin.

Goetz, Judith (2010): „Von der Lady zur Lady*“, in: *an.schläge* (Juli/August), 19–20.

Gottlieb, Joanne/Wald, Gayle (1995): „Smells like Teen Spirit: Riot Grrrls, Revolution und Frauen im Independent Rock“, in: Cornelia Eichhorn/Susanne Grimm (Hrsg.), *Gender Killer: Texte zu Feminismus und Politik*, Berlin, 167–189.

Graf, Silke (2005): „Ladyfest Wien 2004: Eine feministisch-queere Praxis erobert die Bühne“, in: *TRANS. Internet-Zeitschrift für Kulturwissenschaften* (16).

Graf, Silke (2010): *Verhandlungen von Geschlecht nach der Dekonstruktion. Ladyfest Wien 2004*, Wien.

Graf, Silke/Yun, Vina (2011): „Do it like a Lady!: Die Riot Grrrls werden erwachsen“, Im Gespräch mit Melanie Groß, in: Katja Peglow/Jonas Engelmann (Hrsg.), *Riot Grrrl revisited: Geschichte und Gegenwart einer feministischen Bewegung*, Mainz, 137–142.

Greven, Micheal T. (2004): „Was bewegt sich in sozialen Bewegungen?: Bewegungsmetaphorik und politisches Handeln“, in: Gabriele Klein (Hrsg.), *Bewegung: Sozial- und kulturwissenschaftliche Konzepte*, Bielefeld, 217–237.

Griese, Hartmut M. (2000): „‚Jugend(sub)kultur(en)‘: Facetten, Probleme und Diskurse“, in: Roland Roth (Hrsg.), *Jugendkulturen, Politik und Protest: Vom Widerstand zum Kommerz?*, Opladen, 37–47.

Grisard, Dominique et al. (2013): „Einleitung: Ohne Angst verschieden sein“, in: Dominique Grisard et al. (Hrsg.), *Verschieden sein: Nachdenken über Geschlecht und Differenz*, Sulzbach/Taunus, 11–25.

Groß, Melanie et.al. (2010): „Guerilla-Strategie: Lady. Interview mit Melanie Groß", in: *an.schläge* (Juli/August), 20–24.

Groß, Melanie (2006a): „‚All genders welcome' – Ladyfeste im Netz", in: Angela Tillmann/Ralf Vollbrecht (Hrsg.), *Abenteuer Cyberspace: Jugendliche in virtuellen Welten*, Frankfurt am Main, 77–88.

Groß, Melanie (2006b): „Das Internet als Plattform politischer Interventionen: Ladyfeste im Netz", in: *kommunikation@gesellschaft*, 7, Beitrag 4.

Groß, Melanie (2008): *Geschlecht und Widerstand. post.../queer... / linksradikal...*, Königstein im Taunus.

Gross, Melanie/Winker, Gabriele (Hrsg.) (2007): *Queer-, feministische Kritiken neoliberaler Verhältnisse*, Münster.

Gutiérrez Rodríguez, Encarnación (2012): „Repräsentation, Subalternität und postkoloniale Kritik", in: Hito Steyerl/Encarnación Gutiérrez Rodríguez (Hrsg.), *Spricht die Subalterne deutsch?: Migration und postkoloniale Kritik*, Münster, 17–37.

Ha, Kien N. et al. (2007): „Einleitung", in: Kien Nghi Ha et al. (Hrsg.), *re/visionen: Postkoloniale Perspektiven von People of Color auf Rassismus, Kulturpolitik und Widerstand in Deutschland*, Münster, 9–21.

Ha, Kien N. (2007): „People of Color: Koloniale Ambivalenzen und historische Kämpfe", in: Kien Nghi Ha et al. (Hrsg.), *re/visionen: Postkoloniale Perspektiven von People of Color auf Rassismus, Kulturpolitik und Widerstand in Deutschland*, Münster, 31–40.

Hacke, Peter (2014): „Frauengewalt gegen Männergewalt: Die Neue Frauenbewegung und ihr Verhältnis zur Gewalt", in: Feminismus Seminar (Hrsg.), *Feminismus in historischer Perspektive: Eine Reaktualisierung*, Bielefeld, 193–220.

Hagemann-White, Carol (1988): „Wir werden nicht zweigeschlechtlich geboren...", in: Carol Hagemann-White/Maria Rerrich (Hrsg.), *FrauenMänner-Bilder: Männer und Männlichkeit in der feministischen Diskussion*, Frankfurt am Main/New York, 224–235.

Hahn, Alois (2008): „Exklusion und die Konstruktion personaler Identität", in: Lutz Raphael (Hrsg.), *Zwischen Ausschluss und Solidarität: Modi der Inklusion/Exklusion von Fremden und Armen in Europa seit der Spätantike*, Frankfurt am Main, 65–96.

Halberstam, Judith (2003): „What's that Smell?: Queer Temporalities and Subcultural Lives", in: *International Journal of Cultural Studies*, 6(3), 313–333.

Haraway, Donna (1995): *Die Neuerfindung der Natur. Primaten, Cyborgs und Frauen*, Frankfurt am Main.

Harding, Sandra (2006): „Transformation vs. Resistance Identity Projects: Epistemological Resources for Social Justice Movements“, in: Linda Martín Alcoff et al. (Hrsg.), *Identity Politics Reconsidered*, New York, 246–284.

Hark, Sabine (1994): „‚Jenseits‘ der Lesben Nation?: Die Dezentrierung lesbisch-feministischer Identität“, in: Verein Sozialwissenschaftliche Forschung und Bildung für Frauen (Hrsg.), *Facetten feministischer Theoriebildung: Zur Krise der Kategorie Frau, Lesbe, Geschlecht*, Frankfurt am Main, 89–112.

Hark, Sabine (1996): *Deviante Subjekte. Die paradoxe Politik der Identität*, Opladen.

Hark, Sabine (1998a): „Die Paradoxe Politik der Identität: Was ist eine ‚authentische lesbische Identität‘?“, in: Ulrich Biechele (Hrsg.), *Identitätsbildung, Identitätsverwirrung, Identitätspolitik: Eine psychologische Standortbestimmung für Lesben, Schwule und andere*, Berlin, 35–55.

Hark, Sabine (1998b): „Parodistischer Ernst und politisches Spiel: Zur Politik in der Geschlechterparodie“, in: Antje Hornscheidt et al. (Hrsg.), *Kritische Differenzen – Geteilte Perspektiven: Zum Verhältnis von Feminismus und Postmoderne*, Opladen.

Hark, Sabine (1998c): „Umstrittene Wissensterritorien Feminismus und Queer Theory: Reflexivität als Programm“, in: Ursula Ferdinand et al. (Hrsg.), *Verqueere Wissenschaft?: Zum Verhältnis von Sexualwissenschaft und Sexualreformbewegung in der Geschichte und Gegenwart*, Münster, 13–24.

Hark, Sabine (2005): *Dissidente Partizipation. Eine Diskursgeschichte des Feminismus*, Frankfurt am Main.

Hark, Sabine (2006): „Frauen, Männer, Geschlechter, Fantasien: Politik der Erzählung“, in: Gabriele Dietze/Sabine Hark (Hrsg.), *Gender kontrovers: Genealogien und Grenzen einer Kategorie*, Königstein im Taunus, 19–45.

Hark, Sabine (2013): „Wer wir sind und wie wir tun: Identitätspolitiken und die Möglichkeiten kollektiven Handelns“, in: Gabriele Jähnert et al. (Hrsg.), *Kollektivität nach der Subjektkritik: Geschlechtertheoretische Positionierungen*, Bielefeld, 29–46.

Hark, Sabine (2014): „Kontingente Fundierungen: Über Feminismus, Gender und die Zukunft der Geschlechterforschung“, in: Anne Fleig (Hrsg.), *Die Zukunft von Gender: Begriffe und Zeitdiagnosen*, Frankfurt am Main, 51–75.

Hark, Sabine et al. (2015): „Das umkämpfte Allgemeine und das neue Gemeinsame. Solidarität ohne Identität“, in: *Feministische Studien*, 33.(1), 99–103.

Hark, Sabine/Dietze, Gabriele (2006): „Unfehlbare Kategorie? – Einleitung“, in: Gabriele Dietze/Sabine Hark (Hrsg.), *Gender kontrovers: Genealogien und Grenzen einer Kategorie*, Königstein im Taunus, 9–18.

Hartmann, Jutta/Klesse, Christian/Wagenknecht, Peter/Fritzsche, Bettina/Hackmann, Kristina (Hrsg.) (2007): *Heteronormativität. Empirische Studien zu Geschlecht, Sexualität und Macht*, Wiesbaden.

Haunss, Sebastian (2002): „Perspektiven gesellschaftlicher Veränderung im 21. Jahrhundert – Kollektive Identität und identitäre Politik", in: Sylke Bartmann et al. (Hrsg.), *Kollektives Handeln*, Düsseldorf, 13–31.

Haunss, Sebastian (2004): *Identität in Bewegung. Prozesse kollektiver Identität bei den Autonomen und in der Schwulenbewegung*, Wiesbaden.

Herrmann, Steffen K. (2007): „Performing the Gap: Queere Gestalten und geschlechtliche Aneignung", in: A.G. Genderkiller (Hrsg.), *Das gute Leben: Linke Perspektiven auf einen besseren Alltag*, Münster, 195–204.

Hill Collins, Patricia (1991): *Black Feminist Thought. Knowledge, Consciousness and the Politics of Empowerment*, London.

Hillmann, Karl-Heinz (Hrsg.) (2007): *Wörterbuch der Soziologie*, Stuttgart.

Hirschauer, Stefan/Amann, Klaus (1997): *Die Befremdung der eigenen Kultur. Zur ethnografischen Herausforderung soziologischer Empirie*, Frankfurt am Main.

Hitzler, Ronald et al. (2001): *Leben in Szenen. Formen jugendlicher Vergemeinschaftung heute*, Opladen.

Hitzler, Ronald/Pfadenhauer, Michaela (2007): „Freizeitspaß und Kompetenzaneignung: Zur Erlebnisambivalenz in Jugendszenen", in: Udo Göttlich et al. (Hrsg.), *Arbeit, Politik und Religion in Jugendkulturen: Engagement und Vergnügen*, Weinheim, 57–67.

Hoffmann, Jessica (2006): „Making Space for the movement, DIY-Lady Style", in: Melody Berger (Hrsg.), *We don't need another wave: Dispatches from the next generation of feminists*, Emeryville, CA, 84–96.

Holert, Tom/Terkessidis, Mark (Hrsg.) (1996): Mainstream der Minderheiten. Pop in der Kontrollgesellschaft, Berlin.

Holland-Cunz, Barbara (2003): *Die alte neue Frauenfrage*, Frankfurt am Main.

Hölzl, Ute/Mesquila, Sushila/Weißenböck, Iris (2010): „Some Grrrls are Ladies", in: *an.schläge (Juli/August)*, 16–18.

hooks, bell (1992): *Ain't I a Woman. black women and feminism*, Boston.

Hörning, Karl H./Reuter, Julia (Hrsg.) (2004): *Doing Culture. Neue Positionen zum Verhältnis von Kultur und sozialer Praxis*, Bielefeld.

Hornscheidt, Lann (2012): *feministische w_orte. ein lern-, denk- und handlungsbuch zu sprache und diskriminierung, gender studies und feministischer linguistik*, Frankfurt am Main.

Hurrelmann, Klaus (2004): *Lebensphase Jugend. Eine Einführung in die sozialwissenschaftliche Jugendforschung*, Weinheim.

Jähnert, Gabriele/Aleksander, Karin/Kriszio, Marianne (Hrsg.) (2013): *Kollektivität nach der Subjektkritik. Geschlechtertheoretische Positionierungen*, Bielefeld.

Jasper, Maura/Mancini, Hilken (2004): *Punk Rock Aerobics. 75 Killer Moves, 50 Punk Classics, And 25 Reasons To Get Off Your Ass And Exercise*, Cambridge MA.

Johnson Reagon, Bernice (1983): „Coalition Politics: Turning the Century", in: Barbara Smith (Hrsg.), *Home Girls: A Black Feminist Anthology*, New York, 356–368.

Juno, Andrea/Borchardt, Kirsten (Hrsg.) (1997): *Angry women. Die weibliche Seite der Avantgarde*, St. Andrä-Wördern.

Kailer, Katja (1999): „‚SUCK MY LEFT One': Riot Grrrl, eine neue feministische Generation?", in: *Potsdamer Studien zur Frauen- und Geschlechterforschung*, 3(2), 53–66.

Kazeem, Belinda/Schaffer, Johanna (2012): „Talking Back: bell hooks und schwarze feministische Ermächtigung", in: Julia Reuter/Alexandra Krarentzos (Hrsg.), *Schlüsselwerke der Postcolonial Studies*, Wiesbaden, 177–188.

Kearney, Mary C. (2011): „Die Missing Links: Riot Grrrl - Feminismus - Lesbische Kultur", in: Katja Peglow/Jonas Engelmann (Hrsg.), *Riot Grrrl revisited: Geschichte und Gegenwart einer feministischen Bewegung*, Mainz, 61–73.

Keenan, Elizabeth K. (2008): „‚Who are you calling ‚Lady'?: Femininity, Sexuality and Third-Wave Feminism", in: *Journal of Popular Music Studies*, 20(4), 378–401.

Kerner, Ina (2005): „Forschung jenseits von Schwesternschaft: Zu Feminismus, postkolonialen Theorien und Critical Whiteness Studies", in: Cilja Harders et al. (Hrsg.), *Forschungsfeld Politik: Geschlechtskategoriale Einführung in die Sozialwissenschaften*, Wiesbaden, 217–238.

Kerner, Ina (2009): „Alles intersektional?: Zum Verhältnis von Rassismus und Sexismus", in: *Feministische Studien*, 27.(1), 36–50.

Kessler, Suzanne J./McKenna, Wendy (1978): *Gender. An Ethnomethodological Approach*, New York.

Kitchen Politics – Queerfeministische Interventionen (2012): „Einleitung: Oder: Anleitung zum Aufstand aus der Küche", in: Silvia Federici (Hrsg.), *Aufstand aus der Küche: Reproduktionsarbeit im globalen Kapitalismus und die unvollendete feministische Revolution*, Münster, 6–20.

Klapeer, Christine M. (2007): *Queer contexts. Entstehung und Rezeption von queer theory in den USA und Österreich*, Innsbruck.

Knafla, Leonore/Kulke, Christine (1987): „15 Jahre Frauenbewegung: Und sie bewegt sich noch! Ein Rückblick nach vorn“, in: Roland Roth/Dieter Rucht (Hrsg.), *Neue soziale Bewegungen in der Bundesrepublik Deutschland*, Frankfurt am Main, 89–108.

Knapp, Gudrun-Axeli (2008): „‚Intersectionality‘ – ein neues Paradigma der Geschlechterforschung?“, in: Rita Casale/Barbara Rendtorff (Hrsg.), *Was kommt nach der Genderfoschung?: Zur Zukunft der feministischen Theoriebildung*, Bielefeld, 33–53.

Knapp, Gudrun-Axeli (2014): „Geleitwort“, in: Yvonne Franke et al. (Hrsg.), *Feminismen heute: Positionen in Theorie und Praxis*, Bielefeld, 9–15.

Knäpper, Marie-Theres (1984): *Feminismus – Autonomie – Subjektivität. Tendenzen und Widersprüche in der neuen Frauenbewegung*, Bochum.

König, Julia (2008): „Beziehungsweisen jenseits der Zweisamkeits(ver)ordnung oder: Zur Produktion der Grenze: Wer mehr liebt, hat UnRecht“, in: *Kritische Justiz(*3), 271–278.

Koyama, Emi (2006): „Whose Feminism is it Anyway?: The Unspoken Racism of the Trans Inclusion Debate“, in: Susan Stryker/Stephen Whittle (Hrsg.), *The Transgender Studies Reader*, New York, 698–705.

Kruse, Jan (2015): *Qualitative Interviewforschung. Ein integrativer Ansatz*, Weinheim/Basel.

Läpple, Dieter (1991): „Essay über den Raum: Für ein gesellschaftswissenschaftliches Raumkonzept“, in: Hartmut Häußermann (Hrsg.), *Stadt und Raum*, Pfaffenweiler, 157–207.

Laufenberg, Mike (2014): *Sexualität und Biomacht. Vom Sicherheitsdispositiv zur Politik der Sorge*, Bielefeld.

Lauretis, Teresa de (1993): „Der Feminismus und seine Differenzen“, in: *Feministische Studien*, 11(2), 96–102.

Lay, Caren (1999): „Queering Feminism – Feminizing Queer: Sexualitätskonzeptionen im Feminismus und in der Queer Theory“, in: *Potsdamer Studien zur Frauen- und Geschlechterforschung*, 3(2), 21–36.

Lefèbvre, Henri (1991): *The production of space*, Oxford.

Lenz, Ilse (Hrsg.) (2008): *Die Neue Frauenbewegung in Deutschland. Abschied vom kleinen Unterschied; eine Quellensammlung*, Wiesbaden.

Lettow, Susanne/Manz, Ulrike/Sarkowsky, Katja (Hrsg.) (2005): *Öffentlichkeiten und Geschlechterverhältnisse. Erfahrungen, Politiken, Subjekte*, Königstein im Taunus.

Liebsch, Katharina (2008): „Identität und Habitus“, in: Hermann Korte/Bernhard Schäfers (Hrsg.), *Einführung in die Hauptbegriffe der Soziologie*, Wiesbaden, 69–86.

Liebscher, Doris et al. (2012): „Wege aus der Essentialismusfalle: Überlegungen zu einem postkategorialen Antidiskriminierungsrecht“, in: *Kritische Justiz*, 45(2), 204–218.

Listicki, Maria (2010): *Revolution Girl Style Now! Subkultureller Feminismus und soziale Bewegung am Beispiel der Riot Grrrls*, Saarbrücken.

Loist, Skadi/Ommert, Alek (2008): „featuring interventions: Zu queer-feministischen Repräsentationspraxen und Öffentlichkeiten“, in: Celine Camus et al. (Hrsg.), *Im Zeichen des Geschlechts: Repräsentationen, Konstruktionen, Interventionen*, Königstein im Taunus, 124–140.

Lorde, Audre (1993): „Du kannst nicht das Haus des Herren mit dem Handwerkszeug des Herren abreißen“, in: Audre Lorde et al. (Hrsg.), *Macht und Sinnlichkeit: Ausgewählte Texte*, Berlin, 199–212.

Lorey, Isabell (1998): „Dekonstruierte Identitätspolitik: Zum Verhältnis von Theorie, Praxis und Politik“, in: Antje Hornscheidt et al. (Hrsg.), *Kritische Differenzen – Geteilte Perspektiven: Zum Verhältnis von Feminismus und Postmoderne*, Opladen, 93–114.

Löw, Martina (2001): *Raumsoziologie*, Frankfurt am Main.

Löw, Martina et al. (2008): *Einführung in die Stadt- und Raumsoziologie*, Opladen/Farmington Hills.

Lutz, Helma/Wenning, Norbert (2001): „Differenzen über Differenz: Einführung in die Debatte“, in: Helma Lutz/Norbert Wenning (Hrsg.), *Unterschiedlich verschieden: Differenz in der Erziehungswissenschaft*, Opladen, 11–24.

Maihofer, Andrea (1995): *Geschlecht als Existenzweise. Macht, Moral, Recht und Geschlechterdifferenz*, Frankfurt am Main.

Maihofer, Andrea (2013): „Geschlechterdifferenz – eine obsolete Kategorie?“, in: Dominique Grisard et al. (Hrsg.), *Verschieden sein: Nachdenken über Geschlecht und Differenz*, Sulzbach/Taunus, 27–46.

Maldoner-Jäger, Barbara (2008): *‚Baustelle – betreten erbeten‘. Feministisch-queere Raumkonstellationen am Beispiel von Ladyfest Wien*, Diplomarbeit, Innsbruck.

Malinowski, Bronislaw (2013): *Das sexuelle Leben von Wilden. Mit 93 Schwarzweiß-Fotografien von den Trobriand-Inseln*, Hamburg.

Mannheim, Karl (1964): *Wissenssoziologie*, Berlin und Neuwied.

Mannheim, Karl (1980): *Strukturen des Denkens*, Frankfurt am Main.

Marchart, Oliver (2008): *Cultural Studies*, Konstanz.

Marcus, Sara (2010): *Girls to the Front. The True Story of the Riot Grrrl Revolution*, New York.

Mayring, Philipp (2002): *Einführung in die qualitative Sozialforschung. Eine Anleitung zu qualitativem Denken*, Weinheim.

Mayring, Philipp (2007): *Qualitative Inhaltsanalyse. Grundlagen und Techniken*, Weinheim.

Mayring, Philipp/Gläser-Zikuda, Michaela (Hrsg.) (2005): *Die Praxis der Qualitativen Inhaltsanalyse*, Weinheim.

Mbembe, Achille (2014): *Kritik der schwarzen Vernunft*, Berlin.

McKay, George (1998): „DiYCulture: Notes Towards an Intro“, in: George McKay (Hrsg.), *DiY Culture: Party and Protest in Nineties' Britain*, London, 1–53.

McRobbie, Angela (1982): „Abrechnung mit dem Mythos Subkultur: Eine feministische Kritik“, in: Angela McRobbie/Monika Savier (Hrsg.), *Autonomie – aber wie!: Mädchen, Alltag, Abenteuer*, München, 205–226.

Mecheril, Paul (2008): „Der Begriff der Zugehörigkeit als migrationspädagogischer Bezugspunkt“, in: Barbara Rendtorff (Hrsg.), *Schule, Jugend und Gesellschaft: Ein Studienbuch zur Pädagogik der Sekundarstufe*, Stuttgart, 78–88.

Mecheril, Paul/Castro Varela, María do Mar/Dirim, Inci/Kalpaka, Annita/Melter, Claus (Hrsg.) (2010): Migrationspädagogik, Weinheim/Basel.

Meißner, Hanna (2012): *Butler*, Stuttgart.

Michaelis, Beatrice et al. (2012): „The Queerness of Things not Queer: Entgrenzungen – Affekte und Materialität – Interventionen“, in: *Feministische Studien*, 30(2), 184–197.

Mittag, Jana/Sauer, Arn (2012): „Geschlechtsidentität und Menschenrechte im internationalen Kontext“, in: *Aus Politik und Zeitgeschichte*, 62(20-21), 55–62.

Monem, Nadine K. (Hrsg.) (2007): Riot Grrrl. Revolution Girl Style Now!, London.

Mooshammer, Bettina/Trimmel, Eva (2007a): „Ladyfest can save your life!: Ladyspace als Strategie feministischer Raumproduktion“, in: Sonja Eismann (Hrsg.), *Hot topic: Popfeminismus heute*, Mainz, 184–189.

Mooshammer, Bettina/Trimmel, Eva (2007b): „Räume verändern: Das Ladyfest als feministische Raumpraxis“, in: *Kulturrisse. Zeitschrift für radikaldemokratische Kulturpolitik* (2).

Mouffe, Chantal (2002): „Feministische kulturelle Praxis aus antiessentialistischer Sicht“, in: Chantal Mouffe/Jürgen Trinks (Hrsg.), *Feministische Perspektiven; Mesotes: Jahrbuch für philosophischen Ost-West-Dialog*, Wien, 11–22.

Mouffe, Chantal (2007a): „Pluralismus, Dissens und demokratische Staatsbürgerschaft“, in: Martin Nonhoff (Hrsg.), *Diskurs, radikale Demokratie, He-*

gemonie: Zum politischen Denken von Ernesto Laclau und Chantal Mouffe, Bielefeld, 41–54.

Mouffe, Chantal (2007b): *Über das Politische. Wider die kosmopolitische Illusion*, Frankfurt am Main.

Muñoz, José Esteban (1999): *Disidentifications. Queers of Color and the Performance of Politics*, Minneapolis.

Nemec, Christina (2005): „Feministische Netzwerke analog/digital und deren Alltagspraxen und -tauglichkeiten", in: *Transversal* (3).

Nguyen, Mimi T. (2011): „Race & Riot: Über ein problematisches Verhältnis", in: Katja Peglow/Jonas Engelmann (Hrsg.), *Riot Grrrl revisited: Geschichte und Gegenwart einer feministischen Bewegung*, Mainz, 74–78.

Niekant, Renate (1999): „Zur Krise der Kategorien ‚Frauen' und ‚Geschlecht': Judith Butler und der Abschied von feministischer Identitätspolitik", in: Christine Bauhardt/Angelika von Wahl (Hrsg.), *Gender and Politics: ‚Geschlecht' in der feministischen Politikwissenschaft*, Opladen, 29–45.

Nohl, Arnd-Michael (2008): *Interview und dokumentarische Methode. Anleitungen für die Forschungspraxis*, Wiesbaden.

Nussbaum, Martha (1999): „Judith Butlers modischer Defätismus", in: *Leviathan. Zeitschrift für Sozialwissenschaften*, 27(4).

Offen, Susanne (2013): *Achsen adoleszenter Zugehörigkeitsarbeit. Geschlecht und sexuelle Orientierung in politischer Bildung*, Wiesbaden.

Oguntoye, Katharina/Opitz, May/Schultz, Dagmar (Hrsg.) (1992): *Farbe bekennen. Afro-deutsche Frauen auf den Spuren ihrer Geschichte,* Frankfurt am Main.

O'Keefe, Theresa (2014): „my body is my manifesto!: SlutWalk, FEMEN and femmenist protest", in: *feminist review*(107), 1–19.

Ommert, Alek (2008): „‚Feminists we're calling you. Please report to the front desk…': Ladyfeste als queer-feministische Praxis", in: *Feministische Studien*, 26(2), 230–238.

Ommert, Alek (2009a): „The in's and out's: Vielfalt und Ausschluss in queer-feministischen Kontexten", in: *diskus. Frankfurter Student_innen Zeitschrift*, 58(1), 34–39.

Ommert, Alek (2009b): „The Use of Social Network Software for queer-feminist activism, using the example of Ladyfest", http://www.grassrootsfeminism.net/cms/sites/default/files/Social%20Network%20Software%20for%20Ladyfests_ommert.pdf, 28.07.2014.

Ommert, Alexandra (2004): *Wo ist das politische Subjekt versteckt? Subjektkonstitution und Handlungsfähigkeit bei Judith Butler in der Diskussion*, Magisterarbeit, Frankfurt am Main.

Paris, Rainer (2000): „Schwacher Dissens: Kultureller und politischer Protest“, in: Roland Roth (Hrsg.), *Jugendkulturen, Politik und Protest: Vom Widerstand zum Kommerz?*, Opladen, 49–62.

Parpart, Nadja (2000): *Geschlecht und Kontingenz*, Frankfurt am Main.

Pasqualoni, Pier-Paolo/Treichl, Helga M. (2004): *Aktivismus als Beruf? Zum Selbstverständnisprozess von ATTAC Österreich*, Innsbruck.

Paulus, Stanislawa (2001): *Identität ausser Kontrolle. Handlungsfähigkeit und Identitätspolitik jenseits des autonomen Subjekts*, Münster/Hamburg/London.

Peglow, Katja (2011): „Quiet Riot: Warum Riot Grrrl in Deutschland still blieb“, in: Katja Peglow/Jonas Engelmann (Hrsg.), *Riot Grrrl revisited: Geschichte und Gegenwart einer feministischen Bewegung*, Mainz, 162–166.

Peglow, Katja/Engelmann, Jonas (2011a): „Hit it or quit it: Im Gespräch mit Jessica Hopper“, in: Katja Peglow/Jonas Engelmann (Hrsg.), *Riot Grrrl revisited: Geschichte und Gegenwart einer feministischen Bewegung*, Mainz, 85–87.

Peglow, Katja/Engelmann, Jonas (Hrsg.) (2011b): *Riot Grrrl revisited. Geschichte und Gegenwart einer feministischen Bewegung,* Mainz.

Penny, Laurie (2012): *Fleischmarkt. Weibliche Körper im Kapitalismus*, Hamburg.

Perko, Gudrun (2005): *Queer-Theorien. Ethische, politische und logische Dimensionen plural-queeren Denkens*, Köln.

Pewny, Katharina (2005): „In One Breath: Performance Theory as Queer/Feminist Violence Critique“, in: Elahe Haschemi Yekani/Beatrice Michaelis (Hrsg.), *Quer durch die Geisteswissenschaften: Perspektiven der Queer Theory*, Berlin, 115–131.

Plenum des Bundesfrauenkongresses (2008): „Protokoll zum Plenum des Bundesfrauenkongresses am 12. März 1972 in Frankfurt/M.“, in: Ilse Lenz (Hrsg.), *Die Neue Frauenbewegung in Deutschland: Abschied vom kleinen Unterschied; eine Quellensammlung*, Wiesbaden, 85–93.

Plesch, Tine (2004): „Popmusikerinnen und Ladyfeste. Versuch einer Positionsbestimmung“, in: *Kulturrisse. Zeitschrift für radikaldemokratische Kulturpolitik(*2).

Plesch, Tine (2011): „Rocking the free world: Riot Grrrl und Ladyfeste“, in: Katja Peglow/Jonas Engelmann (Hrsg.), *Riot Grrrl revisited: Geschichte und Gegenwart einer feministischen Bewegung*, Mainz, 133–136.

Plesch, Tine (Hrsg.) (2013): *Rebel girl. Popkultur und Feminismus*, Mainz.

polymorph (Hrsg.) (2002): *(K)ein Geschlecht oder viele? Transgender in politischer Perspektive*, Berlin.

Raab, Heike (2011): *Sexuelle Politiken. Die Diskurse zum Lebenspartnerschaftsgesetz*, Frankfurt am Main/New York.

Raschke, Joachim (1985): *Soziale Bewegungen. Ein historisch-systematischer Grundriß*, Frankfurt am Main/New York.

Ravenscroft, Anthony (2004): *Polyamory. Roadmaps for the Clueless and Hopeful: An Introduction on Polyamory*, Santa Fe.

Richardson, Diane (2006): „Bordering Theory", in: Diane Richardson et al. (Hrsg.), *Intersections Between Feminist and Queer Theory*, New York, 19–37.

Richardson, Diane/McLaughlin, Janice/Casey, Mark E. (Hrsg.) (2006): *Intersections Between Feminist and Queer Theory*, New York.

Rink, Dieter (2000): „Der Traum ist aus?: Hausbesetzer in Leipzig-Connewitz in den 90er Jahren", in: Roland Roth (Hrsg.), *Jugendkulturen, Politik und Protest: Vom Widerstand zum Kommerz?*, Opladen, 119–140.

Rosenberg, Tiina (2008): „LOCALLY QUEER: A Note on the Feminist Genealogy of Queer Theory", in: *GJSS – Graduate Journal of Social Scienes*, 5(2), 5–18.

Roth, Roland/Rucht, Dieter (2008): „Einleitung", in: Roland Roth/Dieter Rucht (Hrsg.), *Die sozialen Bewegungen in Deutschland seit 1945: Ein Handbuch*, Frankfurt am Main, 9–36.

Rucht, Dieter (1994): *Modernisierung und neue soziale Bewegung*, Frankfurt am Main.

Ruoff, Michael (2009): *Foucault-Lexikon*, Paderborn.

Saeed, Humaira (2008): „Why so bitter my Dear?", in: *Race Revolt*, 2008, 31–32.

Sänger, Eva (2005): *Begrenzte Teilhabe. Ostdeutsche Frauenbewegung und Zentraler Runder Tisch in der DDR*, Frankfurt am Main.

Schirmer, Uta (2010): *Geschlecht anders gestalten. Drag Kinging, geschlechtliche Selbstverhältnisse und Wirklichkeiten*, Bielefeld.

Schmetkamp, Susanne (2012): *Respekt und Anerkennung*, Paderborn.

Schmidt, Christian (2004): „Fanzines – Do It Yourself!", in: Christian Schmidt/Dominik Scholl (Hrsg.), *Fanzines – Do It Yourself!: Die Broschüre zur Ausstellung*, Berlin, 3–14.

Schmidt, Christian/Scholl, Dominik (Hrsg.) (2004): *Fanzines – Do It Yourself! Die Broschüre zur Ausstellung*, Berlin.

Schmidt, Jan (2006): „Social Software: Onlinegestütztes Informations-, Identitäts- und Beziehungsmanagement", in: *Forschungsjournal Neue Soziale Bewegungen*, 19(2), 37–47.

Schönfisch, Dagmar (2007): „Frauenkneipen: Kommunikationsorte für FrauenLesben“, in: Gabriele Dennert et al. (Hrsg.), *In Bewegung bleiben: 100 Jahre Politik, Kultur und Geschichte von Lesben*, Berlin, 218–222.

Schulze, Gerhard (1992): *Die Erlebnisgesellschaft. Kultursoziologie der Gegenwart*, Frankfurt am Main/New York.

Schuster, Nina (2008): „Queere Räume?: Strategien queerer Raumproduktion und ambivalente Politiken der Sichtbarkeit“, in: Judith Coffey et al. (Hrsg.), *Queer leben - queer labeln?: (Wissenschafts-)kritische Kopfmassagen*, Freiburg, 128–144.

Schuster, Nina (2010): *Andere Räume. Soziale Praktiken der Raumproduktion von Drag Kings und Transgender*, Bielefeld.

Schütze, Barbara (2010): *Neo-Essentialismus in der Gender-Debatte. Transsexualismus als Schattendiskurs pädagogischer Geschlechterforschung*, Bielefeld.

Sigusch, Volkmar (2005): *Neosexualitäten. Über den kulturellen Wandel von Liebe und Perversion*, Frankfurt am Main.

Singer, Mona (2003): „Feministische Epistemologie: Was folgt aus der feministischen ‚Identitätskrise‘?“, in: Gudrun-Axeli Knapp/Angelika Wetterer (Hrsg.), *Achsen der Differenz: Gesellschaftstheorie und feministische Kritik II*, Münster, 228–239.

Spehr, Christoph (2002): „Gegenöffentlichkeit“, http://www.linksnet.de/artikel.php?id=709, 19.03.2007.

Spivak, Gayatri C. (1988): „Can the Subaltern Speak?“, in: Cary Nelson/Lawrence Grossberg (Hrsg.), *Marxism and the Interpretation of Culture*, Chicago, 271–313.

Spivak, Gayatri C. (2003): „Can the subaltern speak?“, in: *Die Philosophin - Forum für feministische Theorie und Philosophie*, 13(27), 42–58.

Stark, Whitney et al. (2013): „The Conditions of Praxis: Theory and Practice in Activism and Academia: Editorial“, in: *GJSS – Graduate Journal of Social Scienes*, 10(3), 8–14.

Stichweh, Rudolf (2005): *Inklusion und Exklusion. Studien zur Gesellschaftstheorie*, Bielefeld.

Taylor, Verta/Rupp, Leila J. (1993): „Women‘s Culture and Lesbian Feminist Activism: A Reconsideration of Cultural Feminism“, in: *Signs*, 19(1), 32–61.

Taylor, Verta/Whittier, Nancy E. (1992): „Collective Identity in Social Movement Communities: Lesbian Feminist Mobilization“, in: Aldon D. Morris/Carol McClurg Mueller (Hrsg.), *Frontiers in Social Movement Theory*, New Haven/London, 104–129.

Terese (2007): „Ladyfest, Race, and the Politics of Coalition Building“, in: *Race Revolt,* 2007.

Thomas, Tanja/Wischermann, Ulla (2015): „Einleitung: Solidaritäten – theoretische Einsichten und soziales Handeln“, in: *Feministische Studien*, 33(1), 3–8.

Thon, Christine (2008): *Frauenbewegung im Wandel der Generationen. Eine Studie über Geschlechterkonstruktionen in biographischen Erzählungen*, Bielefeld.

Thon, Christine (2013): „Kollektivität braucht radikale Demokratie: Politik und ihre Subjekte aus hegemonietheoretischer Perspektive“, in: Gabriele Jähnert et al. (Hrsg.), *Kollektivität nach der Subjektkritik: Geschlechtertheoretische Positionierungen*, Bielefeld, 101–116.

Trimmel, Eva/Mooshammer, Bettina (2007): *Ladyspace. Feministische Raumpraktiken am Beispiel Ladyfest*, Diplomarbeit, Wien.

Tuider, Elisabeth (2013): „Geschlecht und/oder Diversität?: Das Paradox der Intersektionalitätsdebatten“, in: Elke Kleinau/Barbara Rendtorff (Hrsg.), *Differenz, Diversität und Heterogenität in erziehungswissenschaftlichen Diskursen*, Opladen, Berlin/Toronto, 79–102.

Turner, Chérie (2001): *Everything You Need to Know About the Riot Grrrl Movement. The Feminism of a New Generation*, New York.

Vaskovics, Lazlo A. (1995): „Subkultur und Subkulturkonzepte“, in: *Forschungsjournal Neue Soziale Bewegungen*, 8(2), 11–23.

Vergewaltigte Frauen-Notruf und Beratung (Hrsg.) (1979): Gewalt gegen Frauen und was Frauen dagegen tun, Berlin.

Villa, Paula-Irene (2007): „Kritik der Identität, Kritik der Normalisierung – Positionen von Queer Theory“, in: Lutz Hieber/Paula-Irene Villa (Hrsg.), *Images von Gewicht: Soziale Bewegungen, Queer Theory und Kunst in den USA*, Bielefeld, 165–190.

Volkmann, Maren (2011): *Frauen und Popkultur. Feminismus, Cultural Studies, Gegenwartsliteratur*, Bochum.

Wagels, Karen (2014): „‚… und wie weit es möglich wäre, anders zu denken.‘: Queerfeministische Perspektiven auf Transformation“, in: Yvonne Franke et al. (Hrsg.), *Feminismen heute: Positionen in Theorie und Praxis*, Bielefeld, 77–88.

Wagenknecht, Peter (2007): „Was ist Heteronormativität?: Zu Geschichte und Gehalt des Begriffs“, in: Jutta Hartmann et al. (Hrsg.), *Heteronormativität: Empirische Studien zu Geschlecht, Sexualität und Macht*, Wiesbaden, 17–34.

Walgenbach, Katharina (2007): „Gender als interdependente Kategorie“, in: Gabriele Dietze/Katharina Walgenbach (Hrsg.), *Gender als interdependente*

Kategorie: Neue Perspektiven auf Intersektionalität, Diversität und Heterogenität, Opladen, 23–64.

Ward, Jane (2008): *Respectably Queer. Diversity Culture in LGBT Activist Organizations*, Nashville.

Warner, Michael (2002): *Publics and Counterpublics*, New York et al.

Wesemüller, Ellen (2009): „Das IKEA aller Festivals?: Feminismus und Subversion in der Ladyfestbewegung", in: *testcard* (18), 104–113.

West, Candace/Zimmerman, Don (1987): „Doing Gender", in: *Gender & Society*, 1(1), 125–151.

Wetterer, Angelika (2008): „Konstruktionen von Geschlecht: Reproduktionsweisen von Zweigeschlechtlichkeit", in: Ruth Becker et al. (Hrsg.), *Handbuch Frauen- und Geschlechterforschung: Theorie, Methoden, Empirie*, Wiesbaden, 122–131.

Wetzel, Michael (2010): *Derrida*, Stuttgart.

Wex, Marianne (1980): *,Weibliche' und ,männliche' Körpersprache als Folge patriarchalischer Machtverhältnisse*, Frankfurt.

Whittier, Nancy E. (1995): *Feminist Generations. The Persistence of the Radical Women's Movement*, Philadelphia.

Winker, Gabriele/Degele, Nina (2009): *Intersektionalität. Zur Analyse sozialer Ungleichheit*, Bielefeld.

Wischermann, Ulla (2003a): „Feministische Theorien zur Trennung von privat und öffentlich: Ein Blick zurück nach vorn", in: *Feministische Studien*, 21(1), 23–34.

Wischermann, Ulla (2003b): *Frauenbewegungen und Öffentlichkeiten um 1900. Netzwerke – Gegenöffentlichkeiten – Protestinszenierungen*, Königstein im Taunus.

Woolf, Virginia (1994): *Ein Zimmer für sich allein*, Frankfurt am Main.

Zobl, Elke (2004a): „Persephone is Pissed!: Grrrl Zine Reading, Making, and Distributing across the Globe", in: *Hecate: An Interdisziplinary Journal of Women's Liberation*, 156–174.

Zobl, Elke (2004b): „Revolution Grrrl and Lady Style, Now!", in: *Peace Review: A Journal of Social Justice*, 16(4).

Zobl, Elke (2012): „Zehn Jahre Ladyfest: Kulturelle Produktion und rhizomatische Netzwerke junger Frauen", in: *p/art/icipate - Kultur aktiv gestalten*(01), 1–21.

Zobl, Elke/Drüeke, Ricarda (Hrsg.) (2012): *Feminist Media. Participatory Spaces, Networks and Cultural Citizenship*, Bielefeld.

Zobl, Elke/Schilt, Kirsten (2008): „Connecting the Dots: Riot Grrrls, Ladyfests, and the International Grrrl Zine Network“, in: Anita Harris (Hrsg.), *Next Wave Cultures: Feminism, Subculture, Activism*, New York, 171–192.

ANHANG

Ladyfest Selbstverständnistexte

_fest Köln (2010): _fest (advancing the ideas of ladyfest: play gender 2008), http://gapfest.wordpress.com/ [nicht mehr abrufbar]

Frauenfest Wels (2007): Warum machen wir ein Frauenfest? Nur in Print, graue Literatur

Ladyfest Berlin (2006): Ladyfest?, http://www.ladyfest.net/ [nicht mehr abrufbar], teilweise erreichbar unter: http://ladyfestberlin.blogspot.de/2006/05/4-ladyfest-berlin-2006.html [10.5.2016]

Ladyfest Berlin (2007) Lady(?)Fest, http://www.ladyfest.net/archiv/the-future-of-feminism/ [nicht mehr abrufbar]

Ladyfest Bern (2008): Was ist ein Ladyfest?, http://www.ladyfest.ch [nicht mehr abrufbar]

Ladyfest Bukarest (2007): About us, http://www.myspace.com/ladyfest_romania [Text nicht mehr abrufbar]

Ladyfest Düsseldorf (2006): Manifest, http://www.ladyfest-duesseldorf.de/ [nicht mehr abrufbar]

Ladyfest Hannover, September (2006): Über uns, http://www.ladyfest-hannover.de [nicht mehr abrufbar]

Ladyfest Leipzig (2007): again and again and again – once more, http://www.ladyfest.leipzigerinnen.de/home/home.htm [rev. 10.5.2016]

Ladyfest London (2008): Our Aims, http://www.ladyfestlondon.co.uk/ [nicht mehr abrufbar]

Ladyfest Mülheim an der Ruhr (2008): About, http://www.ladyfest-muelheim.net [nicht mehr abrufbar]

Ladyfest München (2008) About, http://www.ladyfestmuenchen.org/ladyfest08.html [rev.10.5.2016]

Ladyfest Rostock (2008): Ladyfest – not Malestream!, http://www.ladyfest-rostock.de/home.html [nicht mehr abrufbar]

Ladyfest Ruhr (2006): Konzept, http://www.ladyfest-ruhr.de/ [nicht mehr abrufbar]

Ladyfest Wien (2007): under construction, ladyfest goes gruppenprozess, und schleich di, interventionen – räume verändern, Definitionen alt und neu, www.ladyfestwien.org/ladyfest07/index.html [rev. 10.5.2016]

Internetseiten

http://ladyfest.org/ [rev. 25.7.2016]
https://neurogenderings.wordpress.com/members-2/hannah-fitsch-dr/ [rev. 25.7. 2016]
http://www.grrrlzines.net/resources/ladyfests.htm [rev. 25.7.2016]
http://www.ladyfestwien.org/ [rev. 25.7.2016]
www.grassrootsfeminism.net [rev. 25.72016]
www.isdonline.de [rev. 25.7.2016]
www.michfest.com [rev. 25.7.2016]
www.queeruption.org/q1/queeruption1.htm [rev. 9.8.2011], aktuell nicht mehr verfügbar
www.selbst.de [rev. 25.7.2016]

Graue Literatur / Zines

Interview mit HannaH (2005) (HerJazz Zine) über Hannahs Zine, Feminismus und das Ladyfest in Hamburg. In: Trash it away #3/2005
Zine Ladyfest Bielefeld (2005), entstanden auf dem Ladyfest Bielefeld 2005
Fleeing the arch (2007). Workshop und zine-Produktion im Rahmen des Ladyfest Berlin 2007 und Queer-Feministische Tage in Berlin
Not Lady-like (2005): Ladyfest Berlin 2005 Travel Journal Zine by Nina/o riotgrrrl
Ladyfest Romania (2007) #2
Saeed, Humaira (2008): „Why so bitter my Dear?“, in: *Race Revolt*, 2008, 31–32
Terese (2007): „Ladyfest, Race, and the Politics of Coalition Building“, in: Race Revolt, 2007.
Ladyfest Nürnberg (2005): Programmheft.

Queer Studies

Madeleine Sauer
Widerspenstige Alltagspraxen
Eine queer-feministische Suchbewegung wider den Kapitalozentrismus

Juli 2016, 266 Seiten, kart., 34,99 €,
ISBN 978-3-8376-3469-3

Kirstin Mertlitsch
Sisters – Cyborgs – Drags
Das Denken in Begriffspersonen der Gender Studies

März 2016, 278 Seiten, kart., 34,99 €,
ISBN 978-3-8376-3349-8

Bundesstiftung Magnus Hirschfeld (Hg.)
Forschung im Queerformat
Aktuelle Beiträge der LSBTI*-, Queer- und Geschlechterforschung

2014, 312 Seiten, kart., 24,99 €,
ISBN 978-3-8376-2702-2

Leseproben, weitere Informationen und Bestellmöglichkeiten finden Sie unter www.transcript-verlag.de

Queer Studies

Nadine Heymann
Visual Kei
Körper und Geschlecht
in einer translokalen Subkultur

2014, 322 Seiten, kart., z.T. farb. Abb., 29,99 €,
ISBN 978-3-8376-2883-8

Wenzel Bilger
Der postethnische Homosexuelle
Zur Identität »schwuler Deutschtürken«

2012, 294 Seiten, kart., 29,80 €,
ISBN 978-3-8376-2108-2

Nina Schuster
Andere Räume
Soziale Praktiken der Raumproduktion
von Drag Kings und Transgender

2010, 328 Seiten, kart., zahlr. Abb., 29,80 €,
ISBN 978-3-8376-1545-6

Leseproben, weitere Informationen und Bestellmöglichkeiten finden Sie unter www.transcript-verlag.de

Queer Studies

Sabine Meyer
»Wie Lili zu einem richtigen Mädchen wurde«
Lili Elbe: Zur Konstruktion von Geschlecht und Identität zwischen Medialisierung, Regulierung und Subjektivierung
2015, 352 Seiten, kart., zahlr. z.T. farb. Abb., 39,99 €,
ISBN 978-3-8376-3180-7

Martin J. Gössl
Schöne, queere Zeiten?
Eine praxisbezogene Perspektive auf die Gender und Queer Studies
2014, 256 Seiten, kart., 29,99 €,
ISBN 978-3-8376-2831-9

Christine M. Klapeer
Perverse Bürgerinnen
Staatsbürgerschaft und lesbische Existenz
2014, 344 Seiten, kart., 34,99 €,
ISBN 978-3-8376-2000-9

Zülfukar Cetin
Homophobie und Islamophobie
Intersektionale Diskriminierungen am Beispiel binationaler schwuler Paare in Berlin
2012, 422 Seiten, kart., 32,80 €,
ISBN 978-3-8376-1986-7

Leseproben, weitere Informationen und Bestellmöglichkeiten finden Sie unter www.transcript-verlag.de